K종이접기 마에스트로

1단 (Level 1)

세계종이접기창작개발원 지음

종이나라
JONG IE NARA

왜 종이여야 하며, 종이접기인가

서원선 원장
(재)종이문화재단 세계종이접기창작개발원

종이처럼 우리 인류 역사에 지대한 영향을 끼친 발명품이 또 어디 있을까? 인류의 역사를 종이 위에 적어 놓지 않았다면 역사라는 말조차 존재하지 않았을 것이다. 그만큼 종이는 위대한 발명품이었다. 아마도 그 시대에 종이는 지금의 반도체처럼 최첨단의 물질이었음이 확실하다.

그만큼 귀하고 중요한 물건이었으리라는 점은 군이 깊은 학문적 지식이 없더라도 충분히 상식적인 생각만으로도 추측이 가능하며 우리의 보존된 글들을 보더라도 나라(조선시대:조지서 造紙署)에서 관리하고 종이를 함부로 사용치 못하도록 많은 제한을 두었던 사실을 생각한다면 종이는 귀하고 소중한 물건이었음이 확실하다.

이처럼 귀했던 종이가 기술의 발전과 물질적 풍요에 힘입어 우리가 쉽게 얻을 수 있는 물건이 되어줌으로써 아이들의 놀잇거리가 되어 준 것은 역설적으로 모든 물자가 부족하기만 했던 6.25 전쟁 이후가 아니었을까 한다. 물론 그 이전에도 종이접기는 존재했지만….

그 시기의 아이들은 쓰고 남은 공책, 책등의 종잇장을 뜯어 놀잇감을 만들어 놀았다. 우리가 알고 있던 종이의 용도 중 최고의 용도는 종이비행기를 접어 날리고, 고깔 접어 머리에 쓰고, 배를 접어 띄우고, 딱지를 접어 노는 것이었다. 물론 전후 세대인 나 또한 당연히 종이

와 종이접기는 최고의 재료와 놀이였다. 학교가 끝나면 엄청난 양의 딱지를 모아 놓고 몇 시간씩 친구들과 딱지치기를 했으니 말이다. 그만큼 종이는 그 위대한 역할보다는 우리의 친숙한 친구였다. 하지만 시간이 지나면서 과거의 위대한 발명품인 종이는 기록이라는 종이 본연의 기능을 디지털 기술에 서서히 내어주었고 스마트폰, 게임기 등에 놀이의 기능까지도 내어주는 시절을 맞게 되었다. 어쩌면 아이들은 더 이상 딱지치기, 종이배를 모르는 상황이 오지 않을까 염려가 된다. 혹자는 군이 이러한 옛 시대의 유물로 치부될 수도 있는 종이접기를 왜 고집하는지에 대하여 반문할지도 모른다. 그래서 나는 고민했다.

"왜? 종이여야 하며, 종이접기여야 하는지에 대하여…!"
나 역시 하루에 몇 시간을 스마트폰 게임으로 시간을 보낸 적이 있었고, 4살 된 손주 또한 유튜브 영상으로 시간을 보내기도 한다. "이것이 현실임을 왜 모르겠는가?", "세상에 재미있는 것들이 얼마나 많은가?" 진심으로 종이접기의 시간은 끝나가는 것일지도 모른다는 생각도 들었다.

60대 우리들 시대에는 종이접기가 하루에 반나절을 차지하는 놀이였다면, 30대인 우리 자식들의 시대에는 한두 시간의 학습과 놀이였으며 현재 아이들에게는 한

시간도 안 되는 놀이라고 생각된다. 그만큼 종이접기는 우리에게서 점점 멀어져 가고 있는 것이리라…. 평생을 종이접기로 살아온 나로서는 그저 밀어닥치는 현실로 받아들일 수밖에 없다.

어느 날 나는 어린 손주의 모습에서 그동안 놓치고 온 점을 볼 수 있었다. 아이가 빨간색 색종이 한 장을 들고 할아버지에게 다가와서는 잘 나르는 종이비행기를 접어 달라는 것이었다. 참으로 의외였다. 그 많은 장난감을 다 제쳐두고 웬, 종이비행기? 하면서 종이접기를 직업으로 살아온 나는 자신있게 손주로부터 종이를 받아 들었다.

음, 순간… 나는 긴 한숨을… 쉴 수밖에 없었다. 15㎝ 색종이로는 A4 크기로 접는 배꼽 비행기처럼 잘 날아가는 비행기를 만들 수 없었기 때문이었다. 30권이 넘는 종이접기 서적과 수천 점이 넘는 창작 작품을 만들어 냈고 종이접기가 직업인 나조차도 색종이로 잘 날아가는 종이비행기 하나 접어 줄 수 없으면서 종이접기가 아이들에게서 외면받고 멀어지고 있음을 당연히 받아들이고 있었기 때문이었다. 며칠을 고민 끝에 아이에게 색종이 비행기를 접어 줄 수 있었다. 15㎝ 비행기를 날려 본 친구들의 소감에 의하면 우아하게 날아간다는 적절한 표현력이 내 맘에 새겨졌다.

이 일이 있었던 날부터 나는 그동안 우리가 아이들에게 가르치고 있었던 종이접기 내용을 돌아보았다. 유감스럽게도 그 내용들은 벌써 수십 년 전의 종이접기로 구성된 내용들로 가르치는 선생님들과 학습 받는

어린이들이나 매우 익숙한(유튜브나 시중에 오래전부터 유통되어 오던 서적들) 내용들이 있다.

물론, 처음 종이접기를 하는 사람들에게는 그것들 또한 새로운 것들이겠지만 조금만 익숙해지면 너무나 쉽게 정보를 얻을 수 있는 것들이기에 종이접기 과정을 학습하는 중이거나 과정 후에 종이접기에 대한 흥미를 잃게 되는 요인 중 하나임을 알 수 있었다.

우리는 새로운 내용과 좀 더 높은 수준의 과정이 필요함에 공감하였고, 작업에 몰두하였다.

새로운 물결은 어쩔 수 없는 현실의 벽이라 하더라도 종이와 종이접기가 가지고 있는 장점을 최대한 살려 단, 30분이라도 종이의 감성, 접기의 과학성, 작품의 예술성을 충분히 느낄 수 있는 내용으로 구성하려고 노력하였다. 책을 만들며 매 순간 선택의 기로에서도 가장 기준이 되어준 것은 창작하는 사람(creator)의 입장이 아닌 접는 사람(folder)의 입장에서 종이접기를 바라보는 것이었다. 그렇기에 우리는 마에스트로(maestro) 단계별(1단, 2단, 3단) 책이 완성이 아닌 조금씩 완성되어 가는 과정이 되길 희망하며, 많은 종이접기인들이 함께 내용을 채워가는 책이 되길 또한 소망해 본다.

어찌 이 마에스트로 과정으로 종이접기의 깊이를 모두 알 수 있겠는가? 이 책이 종이접기의 해답집이 아닌 문제집이 됨으로써 독자들이 스스로에게 "왜? 종이여야만 하고, 종이접기인가?"라는 질문을 하고 그 해답을 찾는 데 작은 도움이 되기를 바란다.

창작·예술활동의 거장, 「K종이접기 마에스트로」를 위하여…

노영혜 이사장

종이문화재단·세계종이접기연합

유구한 우리의 전통 종이접기와 우수한 종이문화를 부활시키고, 재창조하기 위해 종이문화가 폐허였던 1987년, 우리는 함께 심혈을 기울여 K종이접기 (Korea Jong ie Jupgi: Paper Folding) 국민 운동으로 씨를 뿌리고 종이문화의 꽃을 피웠습니다. 그리하여 K종이접기로 창작과 힐링, 교육, 예술 활동, 평화운동 등을 위한 발전을 거듭하고 있습니다.

우리나라에서 처음으로 「대한민국 종이접기강사」 (1990년) 책이 발행된 후 35만 명 이상의 강사가 배출되고 사범, 지도사범마스터, 명인으로도 탄생하였습니다. 그러나 그 뛰어난 지도자들도 '새로운 창작 의욕을 갖도록 어떻게 지도해야 하는가? 예술 작품을 어떻게 잘 만들 수 있을까?' 등의 문제 제기가 대두되고 있는 즈음에 「K종이접기 마에스트로 (MAESTRO)」 책이 시의적절하게 발행되어 그 해답을 찾게 되니 무척 기쁘게 생각합니다.

즐겁고 행복해지며, 수학이고 과학이고 예술인 종이접기 세계를 도입하여 최근에는 우주정거장 설계, 건축, 의학, 우주공학 등 과학기술 산업에까지 사용하며 세계 여러 나라에서 창작 종이접기 작가들과 훌륭한 예술가들이 배출되고 있습니다. 이러한 현상은 계속 발전되어 훌륭한 종이접기 예술과 종이접기 창조의 세계로 확대되어 나갈 것입니다.

친환경 물질인 종이는 정보와 문화를 담는 그릇이며, 지혜와 평화를 상징합니다. 겸손하게 받들며 기도하는 모습을 종이에 담아 접은 고깔(천·지·인: 삼신 모자)은 한국문화의 원형이며 K종이접기의 모태입니다. 그 속에는 널리 인간 세계를 이롭게 한다는 홍익인간 이념이 담겨 있어 K컬처 시대에 미래를 향해 널리 펼쳐 나아갈 것입니다. 이러한 자랑스럽고 유구한 역사의 K종이접기 문화유산을 이어받아 창작·예술 활동의 거장 'K종이접기 마에스트로'로 성장하시는 여러분들께서 K종이접기 창작계발과 세계 종이접기 문화예술 발전을 리더해주시고 세계평화에 이바지해 주시기를 바랍니다.

이 책을 펴내는 데 열정과 사명감으로 헌신을 다하여 수고해 주신 서원선, 이인경 작가님께 진심으로 축하드리오며, 뜻을 함께하며 적극 협력해 주신 여러분들께 깊은 감사를 드립니다.

종이접기로 과학기술을, 인격을, 예술을, 평화를,
종이문화로 세계화를!
조이 종이 Joy!

차례

종이접기의 기본기호와 약속

Basic Symbols

종이접기선　접기선은 앞으로 접는 '골짜기접기'와 뒤로 접는 '산접기' 두 종류가 있습니다.

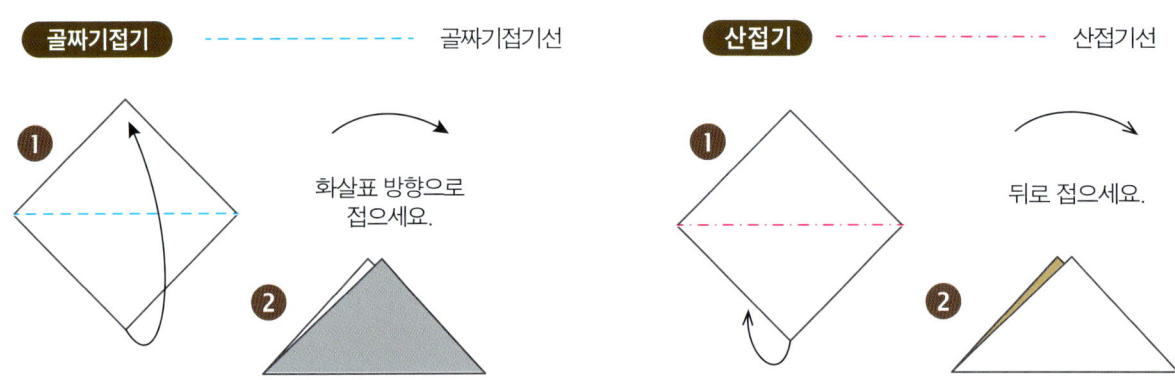

종이접기 기호　접기 도안을 보조하는 화살표와 기호입니다.

종이를 뒤집으세요.

종이를 회전시켜 방향을 바꾸세요.

도안을 확대

도안을 축소

종이를 당기세요(종이를 밀어 넣으세요).

화살표 안쪽을 벌리세요.

화살표 부분을 같은 방법으로 접는다.

종이에 숨겨진 부분의 숨은선 또는 접기선

기본적인 종이접기 방법　이 책에서 사용하는 대표적인 종이접기 방법입니다.

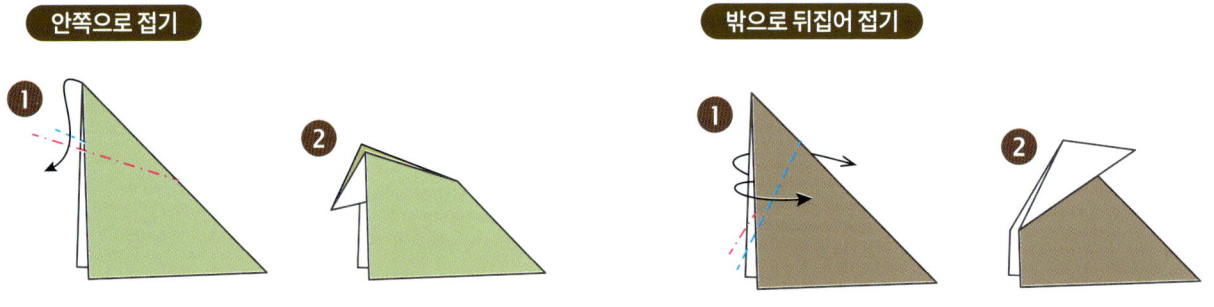

안쪽으로 접으세요.

양쪽 종이를 밖으로 뒤집듯 접으세요.

접었다 편 선 만들기

1 **2**

접었다 편 선

접었다 펴서 접기선을 만드세요.

계단접기

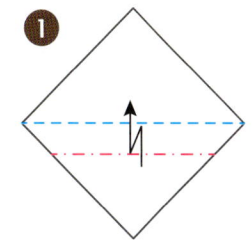 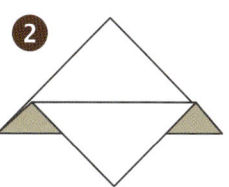

1 **2**

골짜기접기, 산접기를 연달아 하세요.

비율에 맞추어 접기선 만들기

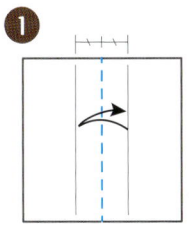 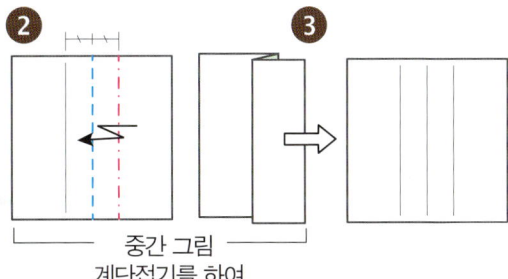

1 **2** **3**

── 중간 그림 ──
계단접기를 하여
접기선을 만들면 쉬워요.

주름접기

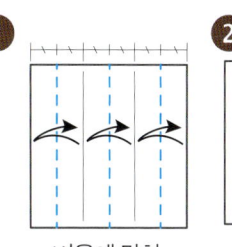 

1 **2**

비율에 맞춰
접기선을 만드는
작업을 되풀이하세요.

포개접기

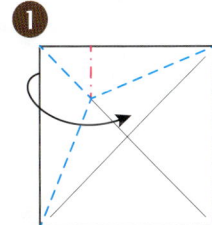 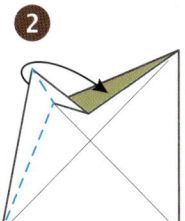

1 **2** **3**

접기선에 맞춰
각을 포개어 접으세요.

중간모습

회전축 접기

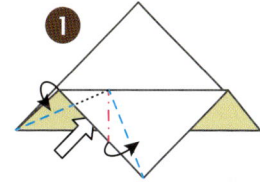 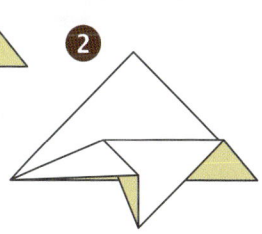

1 **2**

화살표 안쪽으로
손가락을 넣어
펼쳐 눌러 접으세요.

펼쳐 눌러 접기

예시1

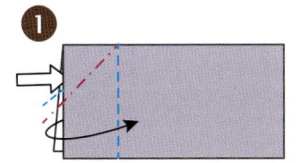

1 **2**

가장자리를 세워 눕히듯 접으세요.

예시 2

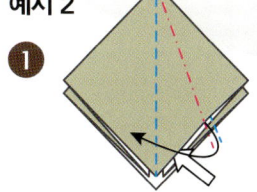 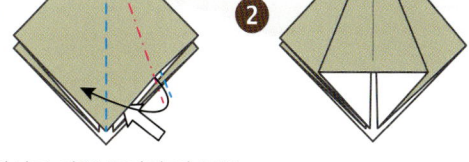

1 **2**

화살표 안쪽 종이의 빈 곳을
넓히며 왼쪽으로 눌러 접으세요.

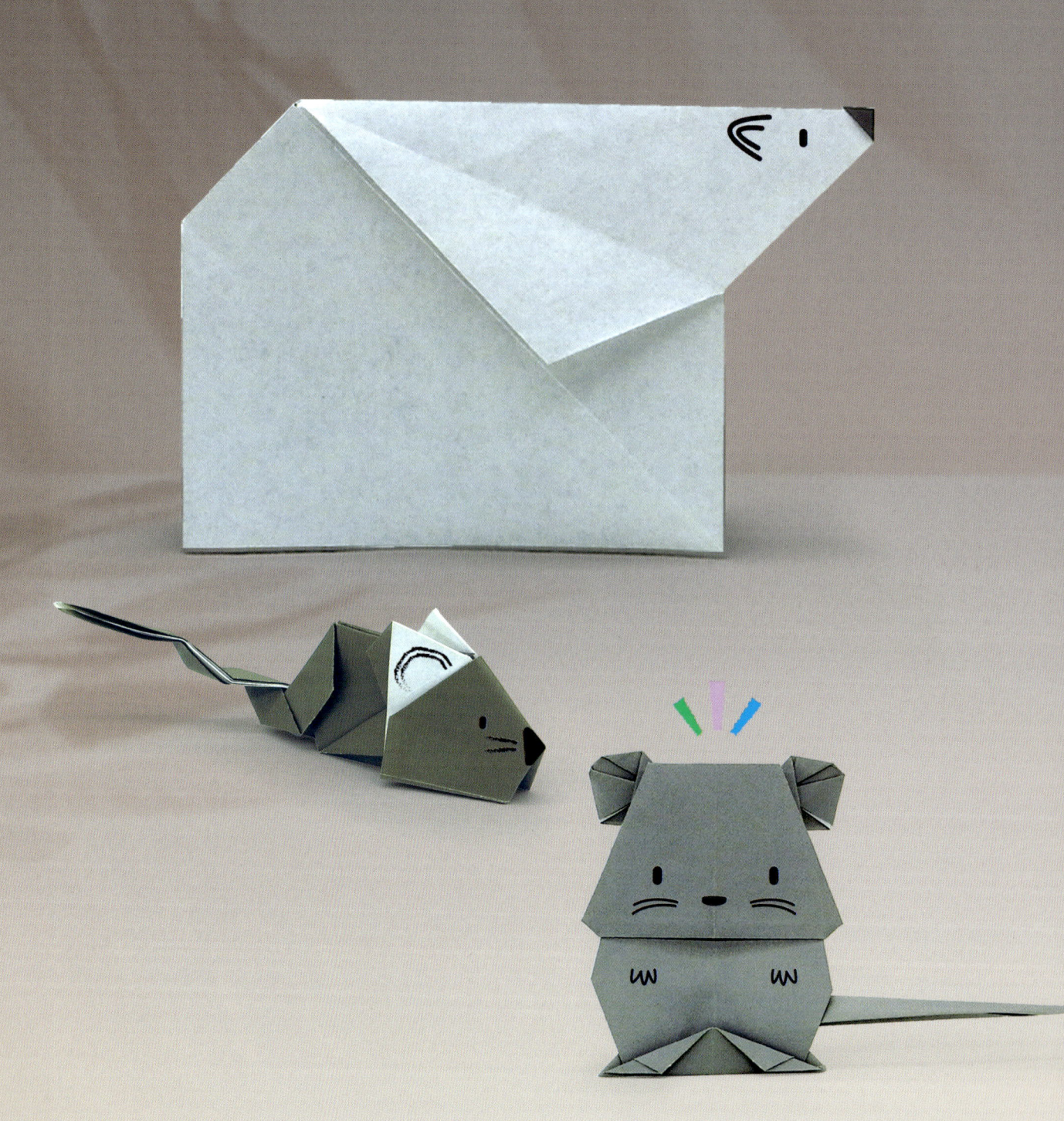

간단한 종이접기

1

종이접기로 사물을 단순하게 형상화한
작품들 속에 숨겨진
작가의 의도와 기법들을 만나보세요!

종이접기의
의미와 규칙
Meaning and Rules

구체적 형태의 사물 혹은 추상적 형태의 모양을 불문하고 종이를 접어서 표현하는 행위라는 사전적 의미에 시대적, 지역적 그리고 종이접기를 주도했던 작가들의 경향에 따라 종이접기의 규칙을 더하여 종이접기 개념을 정의하여 왔습니다. 한국에서의 종이접기(Jong ie Jupgi)를 영어권에서는 'Paper Folding', 프랑스에서는 'pliage de papier', 독일에서는 'Papierfalten', 일본에서는 '折り紙'으로 표현합니다.

1. 사전적 의미의 종이접기

(1) 국어사전 : 종이를 접어서 여러 가지 실물의 모형을 만드는 일(국립국어원 "신어" 자료집 2003년)

(2) 두산백과사전 : 종이를 접어서 새나 옷·배·꽃·투구 같은 여러 가지 모양을 만들어내는 기술이자 놀이. 정사각형의 종이 한 장을 썰거나 베지 않으며 풀칠하지 않고, 그저 접기만 하여서 온갖 조형을 만들어 내는 것을 이상으로 하는 놀이입니다. 그러나 간혹 가윗집을 넣거나 화필을 가하는 경우도 있고 금은박을 입히기도 합니다. 종이접기는 손에서 손으로 전승되어 왔기 때문에 기원에 대해서는 정확히 알 수가 없습니다(출처:네이버 백과사전).

(3) 브리테니커 : 종이를 자르거나 풀로 붙이거나 또는 장식하지 않고 그대로 접어서 어떤 형태를 만드는 기술

(4) Origami U.S.A.용어해설: The art of folding paper into decorative shapes, usually from uncut squares.

(5) B.O.S (British Origami Society:영국종이접기협회) 용어해설 : A Japanese word meaning 'folding paper'

2. 종이접기의 규칙

(1) 자르지 않고, 풀칠하지 않고, 종이에 장식을 달지 않고 종이를 접습니다.(종이조형기법백과)

(2) 동일한 수준의 작품 경우 두 장 혹은 그 이상의 종이로 접는 것 보다는 한 장의 종이를 사용한 것을 우선하고 자르지 않는 것을 우선으로 합니다. 다른 모양의 종이 형태보다는 정사각형의 종이를 사용한 것을 우선합니다.(the origamian vol 12, issue 2, journal of the origami center of america) 위 사항을 종합하면 제한적 의미의 종이접기는 정사각형의 종이 한 장을 자르거나 풀칠하거나 장식치 않고 그저 접기만 하여서 온갖 조형을 만들어 내는 것을 이상으로 하는 기술이 됩니다. 확장적 의미의 종이접기는 종이를 주로 접는 방법을 사용하여 온갖 형태를 만들어내는 기술이자 놀이가 됩니다.

3. 종이접기의 특징

(1) 연령적, 장소적 친근성 : 남녀노소 누구나 언제, 어디서든 즐길 수 있습니다.

(2) 재료적 쉬운 수급성 : 재료가 종이이기 때문에 쉽게 구할 수 있습니다.

(3) 접는 과정에서의 절차성 : 정해진 순서대로 접어나갑니다.

(4) 각 단계에서의 정확성 : 각을 맞추고 직선으로 접습니다.

(5) 종이 이외의 추가적 재료 없이 가능한 작업 단독성 또는 독립성

4. 종이접기의 분류

(1) 순수 종이접기 : 창작 종이접기, 종이접기 자체의 즐거움을 추구하거나 활용 종이접기의 전 단계로 기존 종이접기를 활용하여 독창적으로 새로운 형태를 창작해 냅니다.

(2) 활용 종이접기 : 생활 종이접기이며 접은 작품을 실생활에 활용하는 종이접기

(3) 교육 종이접기 : 접은 작품을 교육적 목적에 활용하는 종이접기

5. 창작 종이접기의 평가 기준

(1) 원칙성 : 종이접기의 제한적 정의에 얼마나 충실했는지에 대한 정도

(2) 공유성 : 도면화를 통한 여러 사람이 함께 접어볼 수 있는지에 대한 정도

(3) 독창성 : 기존 작품들과의 차별화된 과정을 갖추었는지에 대한 정도

(4) 효율성 : 종이를 얼마나 효율적으로 사용하였는지에 대한 정도

(5) 완성도 : 전체적 밸런스와 특징 표현 등

6. 종이접기의 인적 구성 3요소

종이접기에는 세 분야의 역활이 필요합니다. 창작자, 도면 제작자, 접는자가 있습니다. 창작자(creator)는 작품을 구상하고 새롭고 독창적으로 접어내는 사람이며 도면 제작자(diagramer)는 작품을 도면화하여 그 방법 등을 통해 공유할 수 있는 역할을 하는 사람입니다. 접는자(folder)는 도면 등을 보고 접어 표현하는 사람입니다. 현대적 추세는 한 사람이 세 가지 모두를 다하는 쪽으로 흐르고 있습니다. 한편 테스트폴더(Test folder)는 창작가 아닌 제작된 도면을 접어보고 오류를 찾아내는 작업을 하는 사람을 뜻합니다.

7. 종이접기를 풀이하는 절차도diagramer 방식

(1) 실물 스크랩 : 한 과정 한 과정을 색종이로 접어서 순서를 나열하는 방식으로 많이 사용하는 방식이나 스텝이 많은 경우 사용이 어렵습니다.

(2) 손그림 : 그리는 사람은 쉽게 이해할 수 있으나 기호가 일정하지 않아 제3자가 이해하기 어렵고 깔끔하게 그리기 어렵습니다.

(3) 사진 다이어그램 : 많은 스텝의 작품에 활용도가 높으나 인쇄난 출력시에 노출 등이 다른 이유로 문제가 많이 생길 수도 있는 방식입니다.

(4) PC를 이용한 다이어그램 : 일러스트레이터 프로그램 등을 이용한 작업으로 출판 등에 적합한 도구이나 프로그램 비용이 지출되며 숙달된 기술이 필요한 작업입니다.

(5) 크리스 패턴 방식 : 펼친 그림 형식으로 한 장의 종이에 산선과 계곡선만을 이용해 표시한 것으로 도안은 쉽지만 패턴 해석은 쉽지 않습니다. 보관은 좋으나 이용하기가 어렵습니다.

(6) 영상 방식 : 플레시 애니메이션이라고도 합니다. 단순하고 쉬운 접기에 주로 사용되는 방식이나 전문적 제작 기술이 필요합니다.

(7) 동영상 방식 : 제작이 쉽고 이해가 가장 쉬운 방식이나 유튜브 등과 같이 출력 방식이 제한적입니다.

백곰

Polar Bear

종이 | 《단면 색종이》 15cm

단순한 종이접기에서 발을 생략하는 것은
자주 있는 경우입니다. 사지가 없어도
충분히 백곰의 육중한 느낌을 줄 수 있습니다.

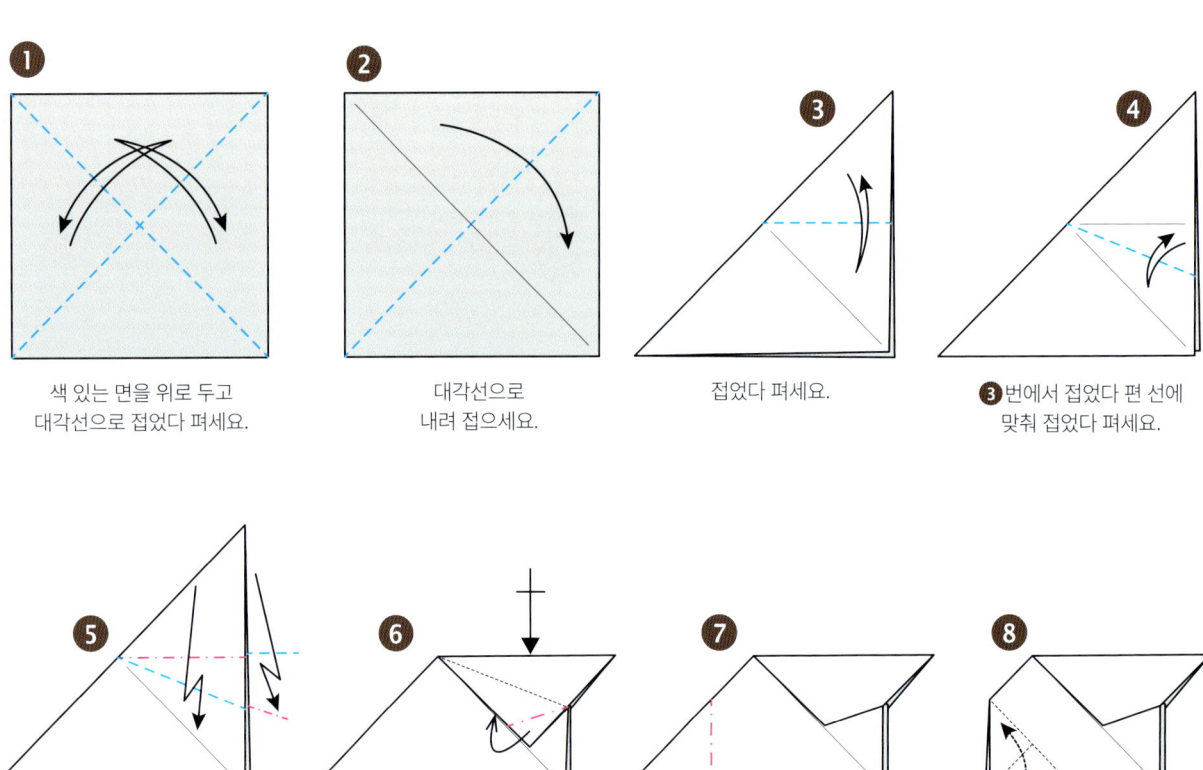

❶ 색 있는 면을 위로 두고
대각선으로 접었다 펴세요.

❷ 대각선으로
내려 접으세요.

❸ 접었다 펴세요.

❹ ❸번에서 접었다 편 선에
맞춰 접었다 펴세요.

❺ 씌워접기 하세요.

❻ 뒤로 접으세요.

❼ 안으로
접어 넣으세요.

❽ 안으로
접어 넣으세요.

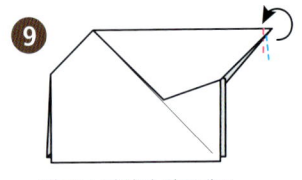

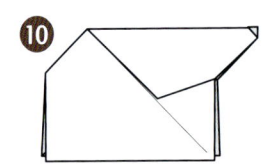

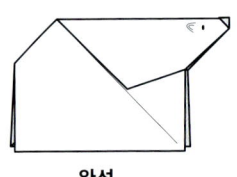

❾ 밖으로 뒤집어 접으세요.

❿ 눈과 귀를 그려 꾸미세요.

완성

토끼1

Rabbit 1

종이 | 《단면 색종이》 15*cm*

⑪ 번에서 얼굴 형태를 귀엽게 만드는
과정에 유의하세요.
토끼가 좋아하는 당근을 접어 붙여보세요.

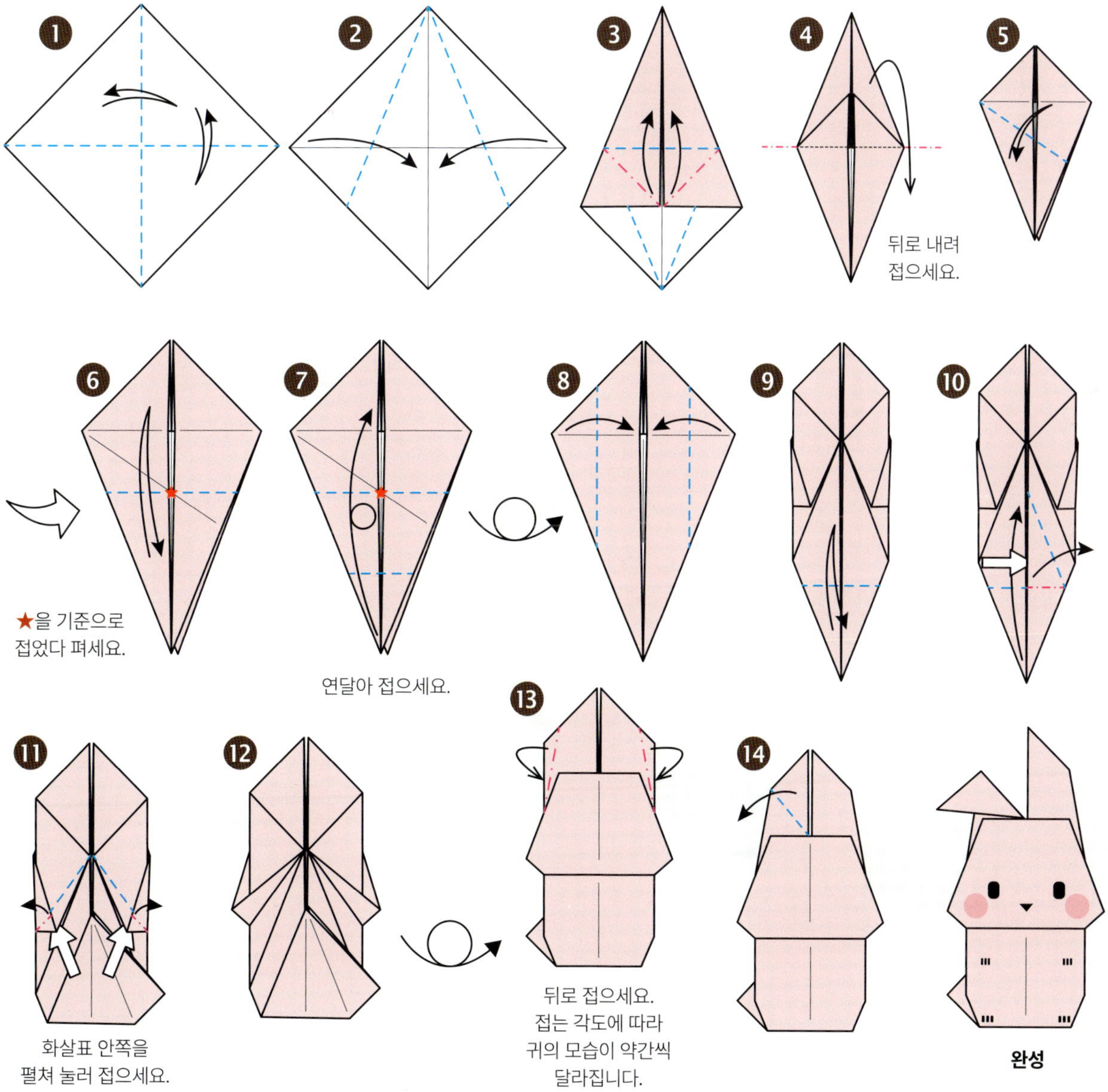

❶

❷

❸

❹

❺

뒤로 내려
접으세요.

❻

★을 기준으로
접었다 펴세요.

❼

연달아 접으세요.

❽

❾

❿

⓫

화살표 안쪽을
펼쳐 눌러 접으세요.

⓬

⓭

뒤로 접으세요.
접는 각도에 따라
귀의 모습이 약간씩
달라집니다.

⓮

완성

간단한 종이접기

주스잔

Glass

종이 | 《단면 색종이》 15㎝, 2장

⑩번 부분을 직각으로 꺾어 접으면
세울 수 있습니다.

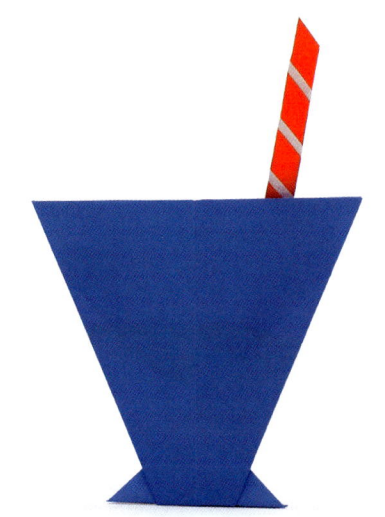

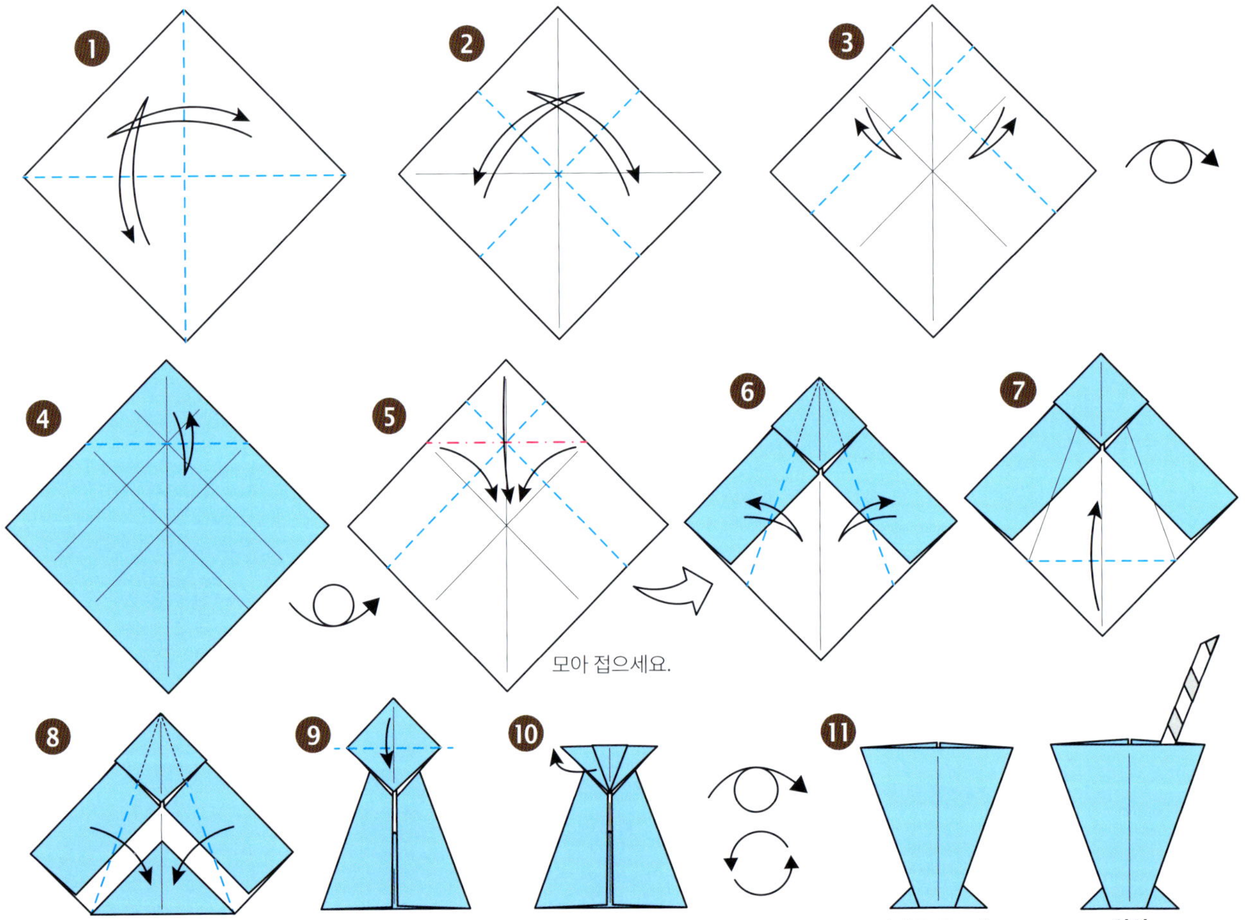
1
2
3
4
5
6
7
모아 접으세요.
8
9
10
11
빨대를 꽂으세요.
완성

빨대

15cm 색종이를 1/4로 자른 것을 1장 준비하세요

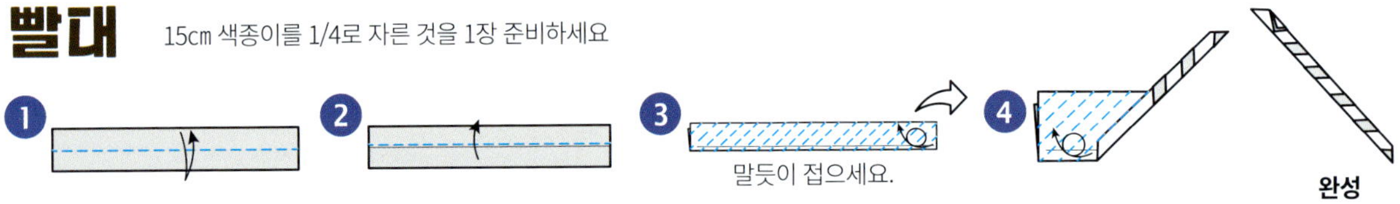
1
2
3
말듯이 접으세요.
4
완성

머그잔

Mug

종이 | 《단면 색종이》 15cm

안쪽에 물을 담을 수 있는
공간이 있는 입체 컵접기 입니다.
30cm로 접으면 실제 크기의 머그잔이 됩니다.

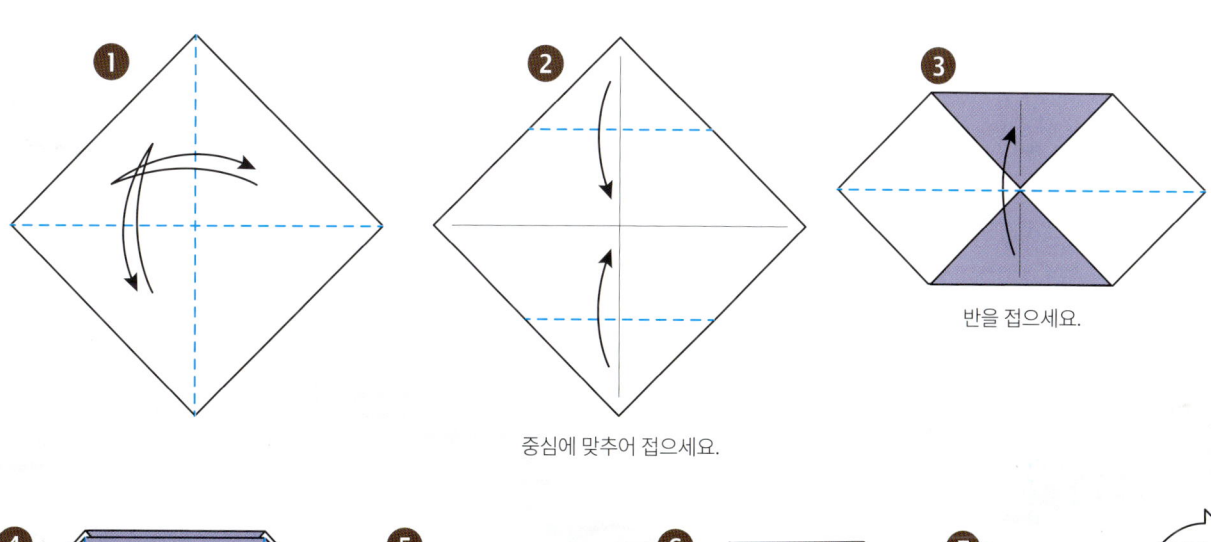

중심에 맞추어 접으세요.

반을 접으세요.

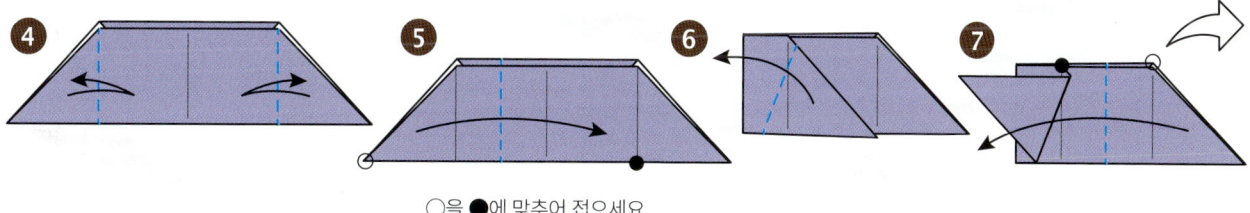

○을 ●에 맞추어 접으세요.

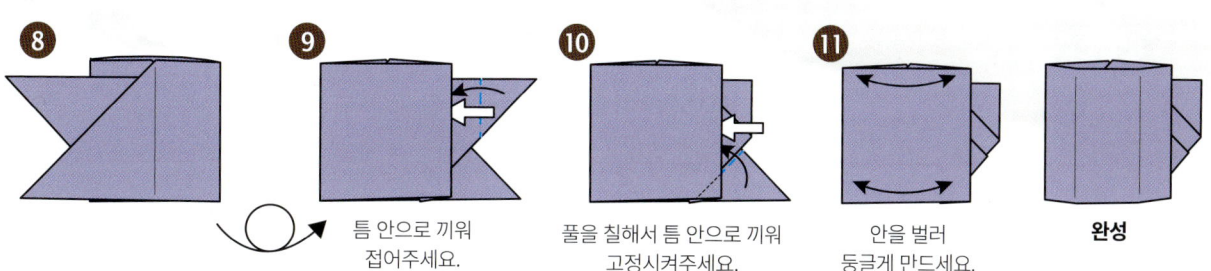

틈 안으로 끼워
접어주세요.

풀을 칠해서 틈 안으로 끼워
고정시켜주세요.

안을 벌려
둥글게 만드세요.

완성

간단한 종이접기

생쥐 1

Mouse 1

종이 | 《단면 색종이》 15㎝, 2장

13쪽 토끼 1과 유사한 구조입니다.
귀여운 눈과 코를 그려 넣어주세요.

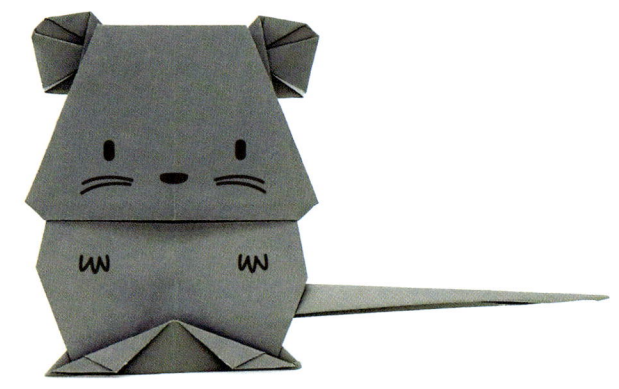

몸체

1

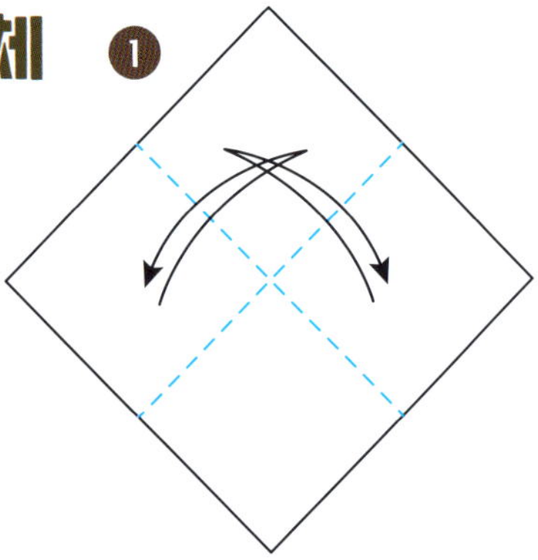

2

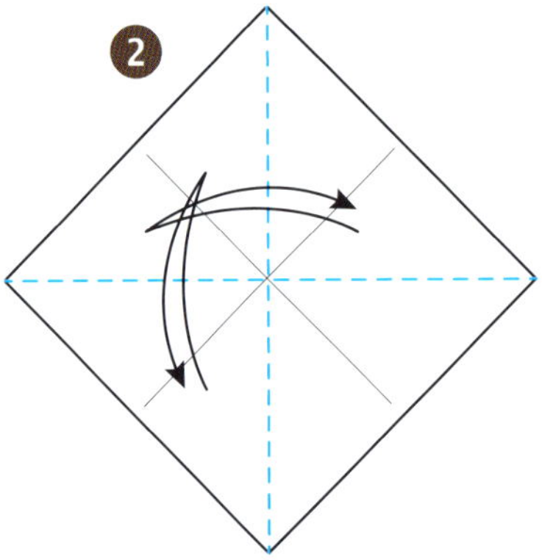

3

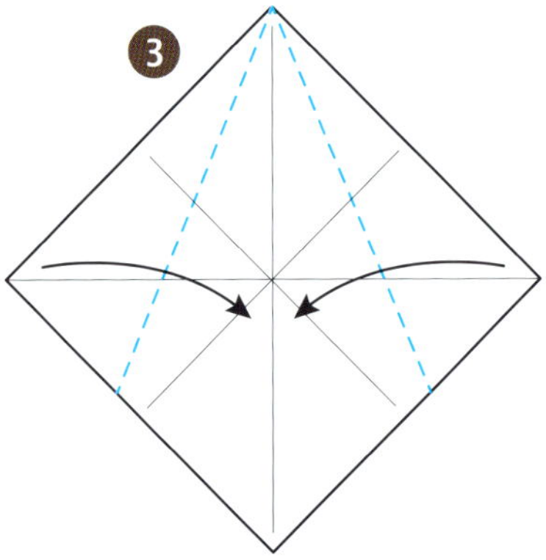

4

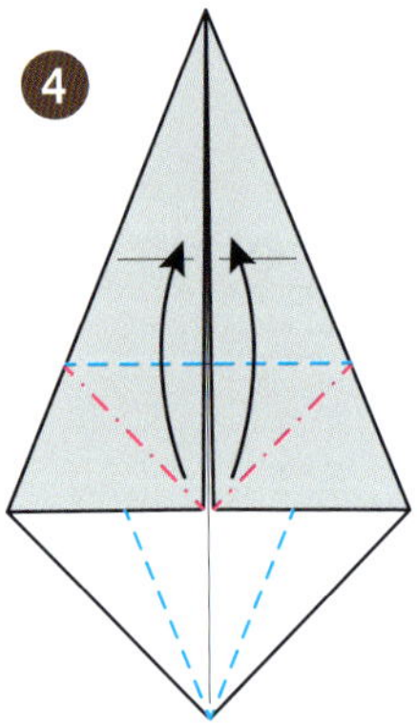

5

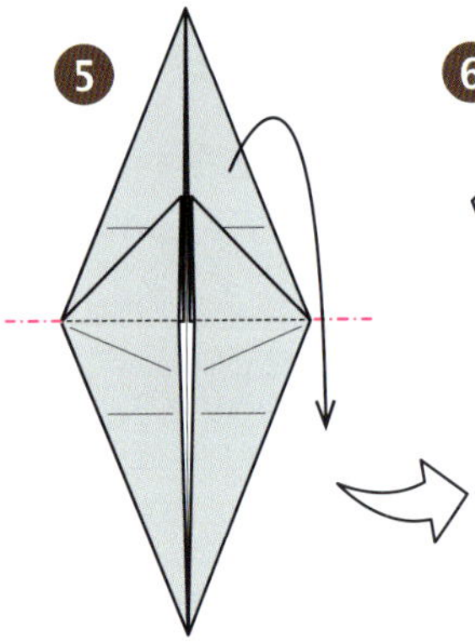

6

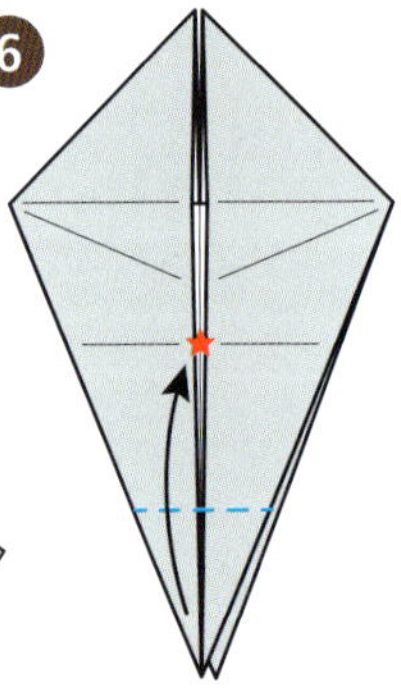

7

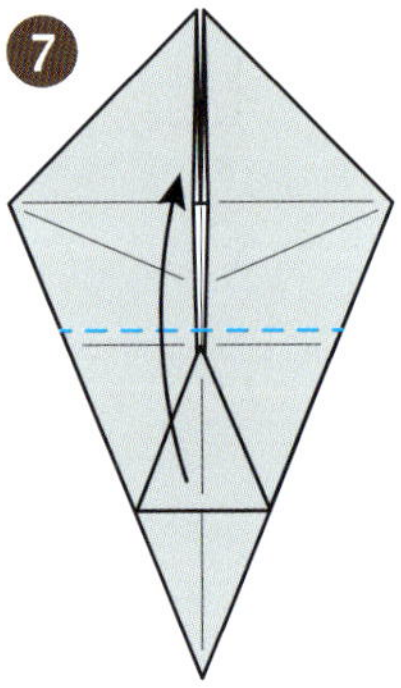

8

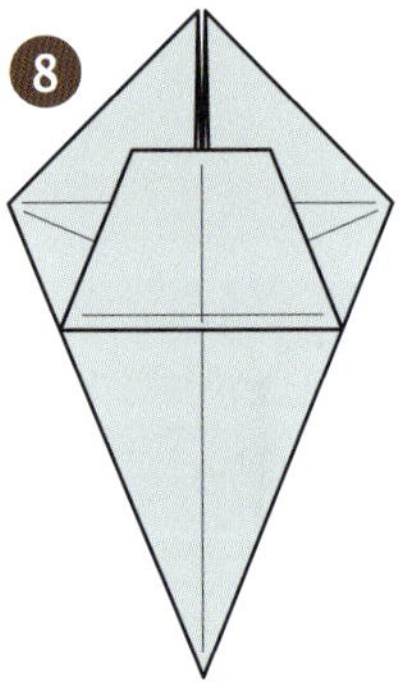

9

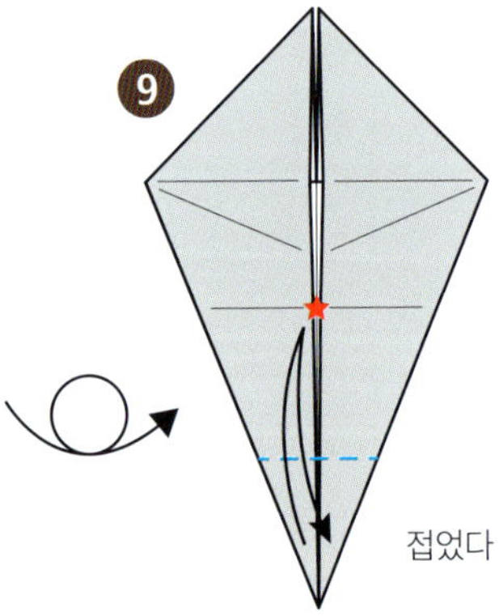

접었다 펴세요.

10

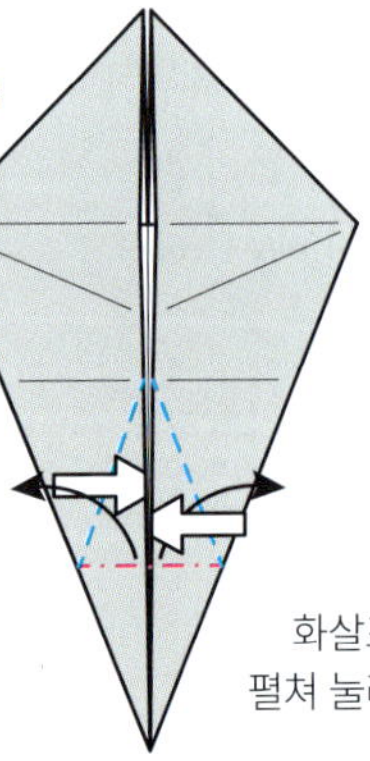

화살표 안쪽을
펼쳐 눌러 접으세요.

11

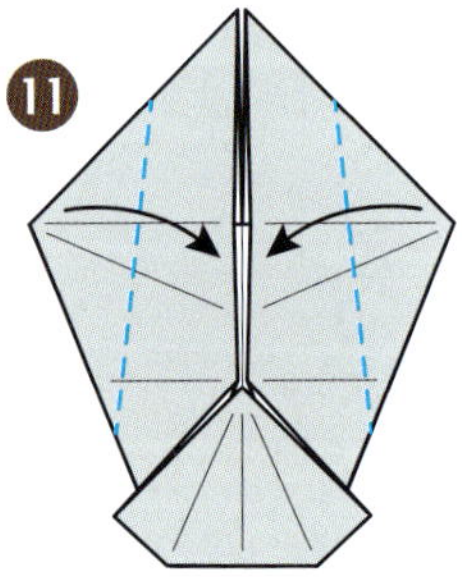

12

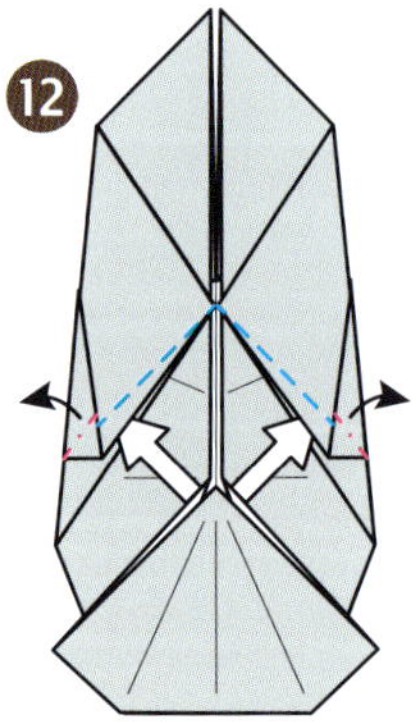

화살표 안쪽을
펼쳐 눌러 접으세요.

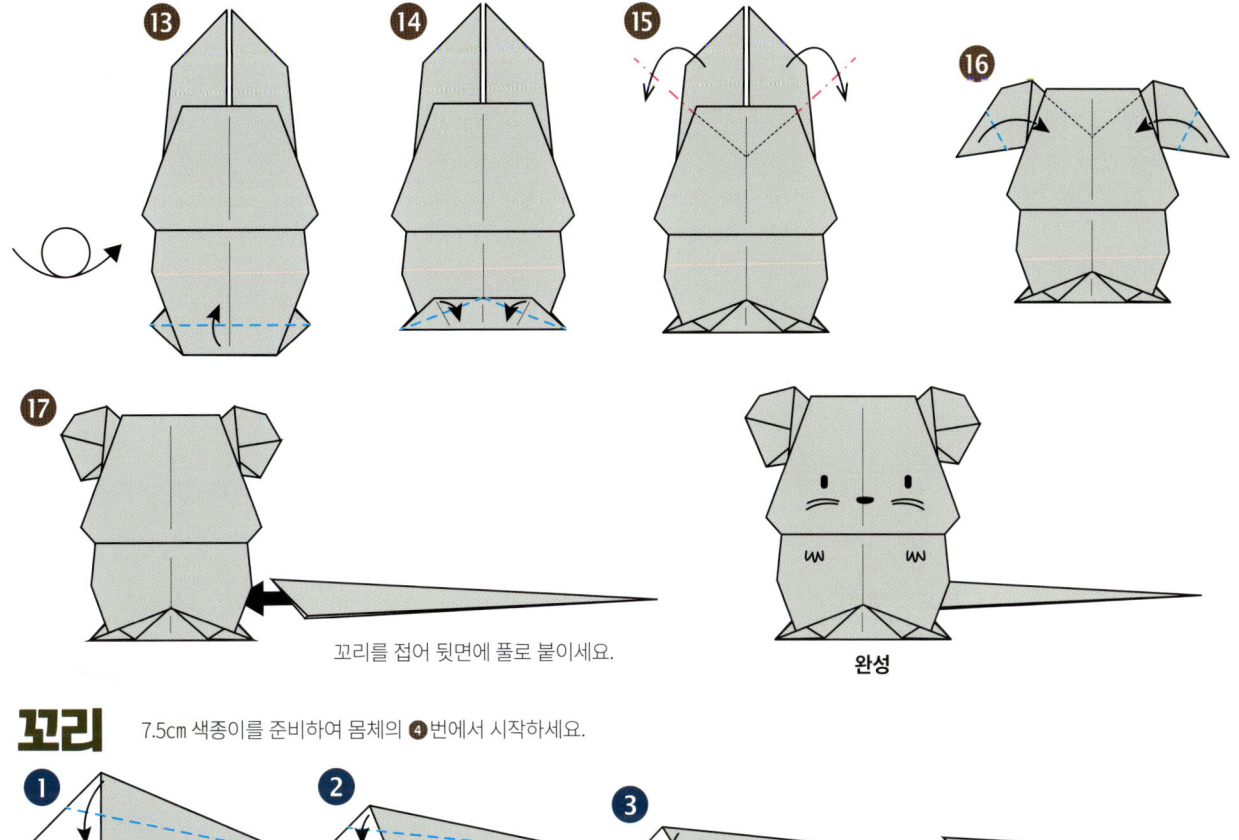

꼬리를 접어 뒷면에 풀로 붙이세요.

완성

꼬리 7.5㎝ 색종이를 준비하여 몸체의 ❹번에서 시작하세요.

완성

간단한 종이접기

간단한 종이접기의 특징은 ① 종이의 재질 및 크기에 구애받지 않습니다. ② 오랜 시간 접지 않아도 되므로 시간이 절약됩니다. ③ 누구나 쉽게 접근이 가능합니다. ④ 종이접기의 가치를 폄하하는 시각을 유발할 수 있습니다. ⑤ 심미안적 접근을 요구합니다. 이렇게 다섯 가지로 요약해 볼 수 있습니다.

이를 다시 종합해 보면 종이접기 분야에서 쉬운 종이접기(simple and easy paper folding)는

1. 종이접기의 기술적이나 기법적인 면에서 방법, 스텝 수 – easy

2. 종이접기 작품의 완성도 형태적 단순함 – simple

3. 종이를 접는 사람의 분류 경험적 측면 – beginner 이 3가지를 혼합해서 사용합니다.

별 1☆ – simple, 별 2 ☆☆ – intermediate, 별 3☆☆☆ – complex, 별 4 ☆☆☆☆ – very complex
별 5 ☆☆☆☆☆ – super complex(killing model)인 다섯 단계로 분류하거나
혹은 simple–intermediate–complex 세 단계로 분류하기도 합니다.

기본형으로 접기

기본형에서 발전해 나가는 종이접기를 경험해보세요.
한 장으로 접는 종이접기의 매력을 느낄 수 있습니다!

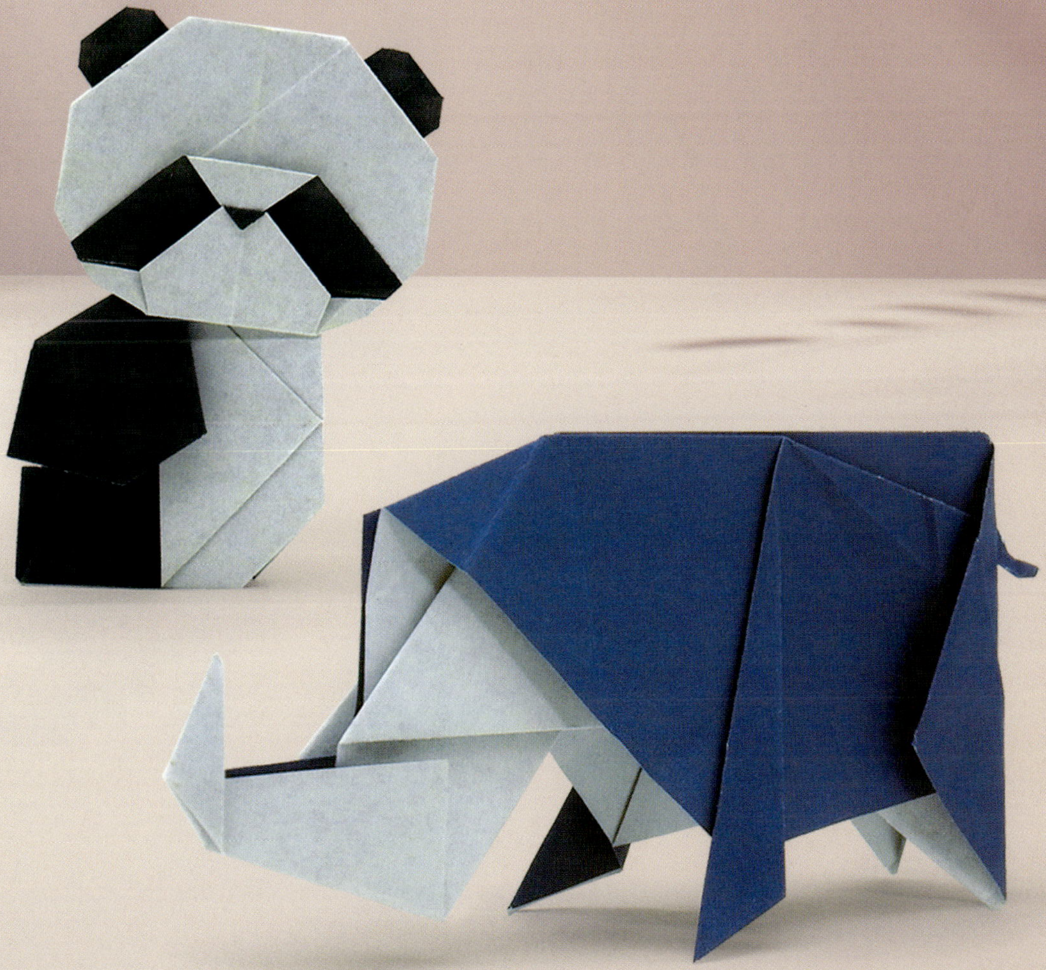

종이접기의
기본형에 대하여
About the Basic Form

과연 기본형이란 무엇이며 왜 필요하고, 사용되어지는지 알아보도록 하겠습니다. 이것들에 대해 알기 위해서는 우리는 영국, 미국 그리고 일본 종이접기협회의 자료에 주목해야만 합니다. 왜냐하면 그들 협회가 오래전에 창립되었고 나름의 이론적 기초를 쌓아온 흔적을 발견할 수 있기 때문입니다. 우리의 이론적 축적은 그들의 이론 위에 쌓여진 내용물들이기에 우선 그들의 것을 보도록 하겠습니다.

우리는 1987년 한국종이접기협회(발기 및 창설 노영혜)의 설립과 자격증 제도의 도입에 따라 이론의 정립이 시작되었다고 볼 수 있습니다. 아래의 도표는 한국, 일본, 미국, 영국을 대표하는 각 단체에서 주로 사용하는 종이접기 기본형의 내용입니다. 같은 모양의 경우 다른 이름을 사용하는 경우라던가 약간의 변형(추가 접기)을 통한 기본형 구성 등으로 각 나라마다의 차이는 있으나 서로 크게 모순되는 경우는 없음을 볼 수 있고 나라에 따라 (세분화)〈 일본 – 한국 – 미국 – 영국 〉(통합)의 경향을 보여 줍니다.

한글 표현	영문 표현	한국 (종이문화재단)	일본 (NOA)	미국 (OUSA)	영국 (BOS)
삼각접기	Triangle base	○	○		
사각접기	book base		○		
아이스크림접기	kite base	○	○		○
다이아몬드접기	diamond base		○		
문접기	door base	○	○		
방석접기	blintz base	○	○	○	○
고기접기	fish base1	○	○	○	○
	fish base2		○		
쌍배접기	w-boat base	○	○		
풍차접기	windmill base		○	○	
삼각주머니접기	waterbomb base	○	○	○	○
사각주머니접기	preliminary base, square base	○		○	○
학접기	bird base 1	○	○	○	○
	bird base 2		○		
학접기 확장형	stretched bird base			○	
꽃접기	frog base 1	○	○	○	
	frog base 2		○		
		10종	15종	8종	6종

아래에서 보는 그림은 일반적으로 가장 많이 알고 있는 기본형입니다.

종이문화재단 자격도서에서 일반적으로 가르치는 종이접기 기본형 10가지입니다.

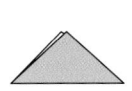 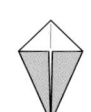 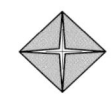 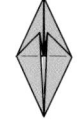 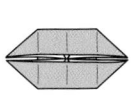 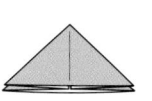  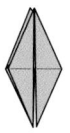 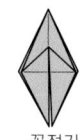

| 삼각접기 | 아이스크림접기 | 문접기 | 방석접기 | 고기접기 | 쌍배접기 | 삼각주머니접기 | 사각주머니접기 | 학접기 | 꽃접기 |

30년 이상 기본이론으로 자리 잡힌 사항이라 언급할 필요가 없을 수도 있지만

작품활동을 하면서 위 기본형에 대한 저의 생각을 조심스레 제안해 봅니다.

- 고기접기 혹은 물고기 접기의 1,2 의 경우 물고기 접기로 간소화 및 통합

- 학접기의 1,2 경우 학접기로 통합

- 꽃접기의 1,2 경우 꽃접기로의 통합

- 다이아몬드접기는 아이스크림접기로의 통합

- 학접기 확장형은 제외

- 삼각접기, 사각접기 제외

- 쌍배접기와 풍차접기 통합

- 아이스크림접기와 연접기는 명칭 단일화

- 고기접기는 물고기접기로 명칭이 변경 되었으면 합니다.

기존 이론가들에 의해 분류하던 기본형

1) basic bases (기본적인 기본형): 접혀진 형태나 방식에 의한 기본형

　: 문접기 기본형, 방석접기 기본형, 풍차접기 기본형(쌍배접기 기본형), 사각주머니접기

　　기본형(preliminary 예비), 삼각주머니접기 기본형(waterbomb base)

2) classic base (고전적인 기본형) – 활용도에 의한 기본형

　: kite base (아이스크림 접기), fish base (물고기 접기), bird base (학접기 기본형),

　　frog base (개구리 접기 기본형)= 꽃접기 기본형

3) extended base (확장된 기본형)

　: 잡아당겨진 학접기 기본형(stretched bird base), 블린츠 버드베이스, 블린츠 프로그 베이스

좀 더 우리의 기준에 적합화하여

1. 문접기 기본형

2. 방석접기 기본형

3. 아이스크림접기 기본형

4. 쌍배접기 기본형

5. 물고기접기 기본형으로 정리하였습니다.

기초적 기본형	확장적 기본형
1. 삼각접기 기본형	7. 쌍배접기 기본형
2. 문접기 기본형	8. 물고기 접기 기본형
3. 방석접기 기본형	9. 꽃접기 기본형
4. 아이스크림접기 기본형	10. 학접기 기본형
5. 삼각주머니접기 기본형	
6. 사각주머니접기 기본형	

종이접기에 있어 기본형이란 말 뜻 그대로 어떠한 사물을 접는데 그 기초, 혹은 기본이 되는 형태(틀)를 말합니다. 최소의 접기 회수를 갖고 가장 효율적인 종이의 안배를 통해 이루어진 형태입니다.

하지만 그 기본형 자체가 완성된 형태라기 보다는 완성을 위한 최초의 시작점 혹은 그 중간 과정이므로 작품을 만들어 내기 위하여는 창조적 변형과 응용이 필요할 것입니다.

사각주머니접기 기본형으로부터, 캥거루의 경우는 쌍배접기 기본형, 바다코끼리 경우 아이스크림접기로부터 진행되는 전형적인 기본형으로부터 시작되는 경우입니다.

기본형 접기의 경우 좌우 혹은 상하 대칭의 기본적 구조를 가지게 되나 특히 캥거루의 경우 2:2의 구조에서(꼭지점 4->4로 변경이 없으나)1:3의 구조로 변경 과정을 거친다거나(이는 특히 꼬리를 갖는 동물 구조에 적합합니다.)

아래의 보기를 보시면 특별히 꼭지점의 수를 늘이지 않고 1머리, 2, 3번 다리, 4번 꼬리의 단순한 구조를 만들어 냅니다. 이와는 달리 바다코끼리표범 경우 아이스크림접기에서 4번~7번으로 펼치는 과정(꼭지점 수 4>6)은 매우 유용한 접근법이기도 합니다.

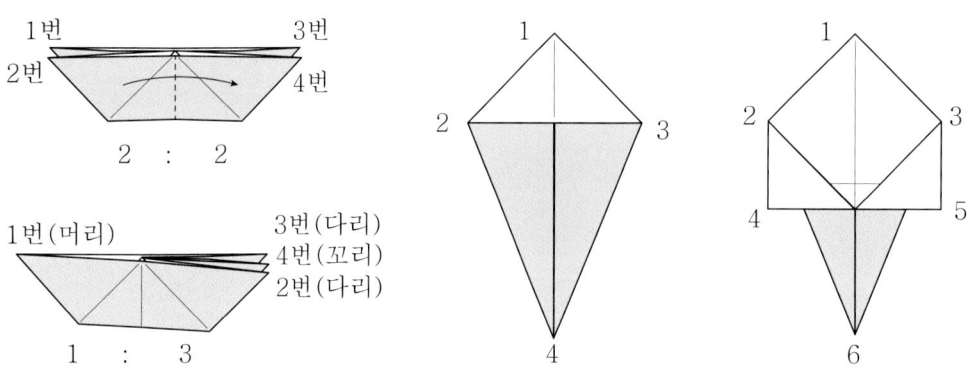

이로 인해 더 많은 부분을 표현할 수 있는 기회를 가지게 됩니다. 하지만 더 많은 꼭지점을 갖기 위해(복잡한 형태의 사물을 접기 위해)여러 번 접어 많은 꼭지점을 갖을 경우 종이 사용의 효율성 즉 두께와 위치에 대한 고려가 우선되어야 합니다. 한 장의 종이로 나비를 접을 경우 다리와 더듬이를 접기 위해 중첩이 많이 될 경우 어쩔 수 없이 날개의 두께가 두꺼워지는 경우를 볼 수 있습니다.

나비의 아름다움은 가볍고 얇고 넓은 날개에 있습니다. 이러한 날개를 포기하고 다리나 더듬이를 갖는 다면 매우 효율성이 떨어지는 어리석은 작업이 될 것입니다. 과감한 포기를 통한 사물의 특징을 잡아내는 것이 바로 최소의 접기로 가장 효율적으로 이루어진 기본형을 적절히 이용하는 것이 종이접기의 기본입니다.

코끼리

Elephant

종이 |《단면 색종이》 15cm

코의 길이가 다리보다 길면 서 있지
못합니다. 다리보다 약간 짧게 접으세요.

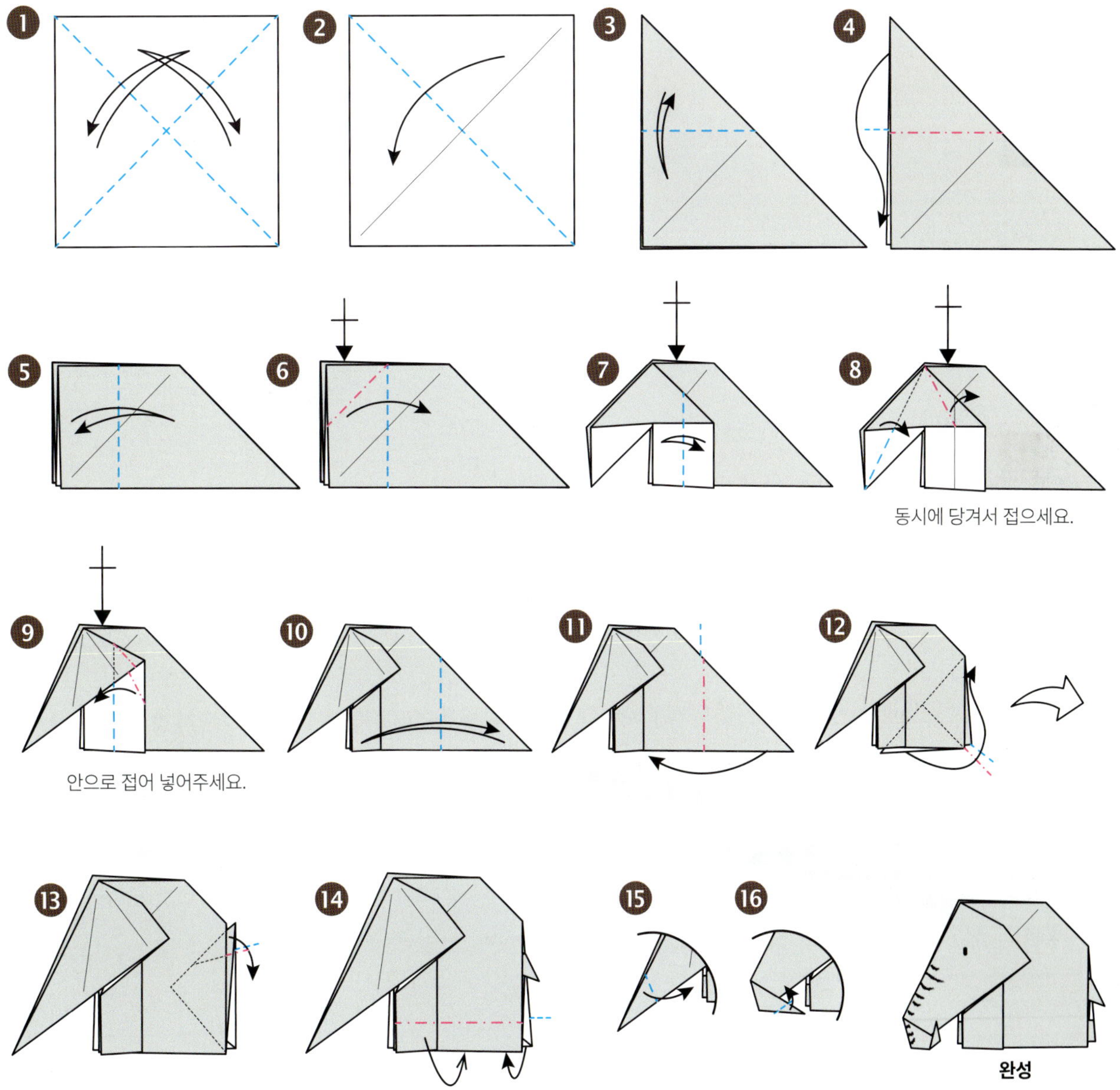

1

2

3

4

5

6

7

8

동시에 당겨서 접으세요.

9

안으로 접어 넣어주세요.

10

11

12

13

14

15

16

완성

23

햄스터

Hamster

종이 | 《단면 색종이》 15*cm*

작지만 앞발과 뒷발이 귀엽게 표현되는
작품입니다.
❿ 번의 경우 전승 종이접기인
투구 접기모양과 유사합니다.

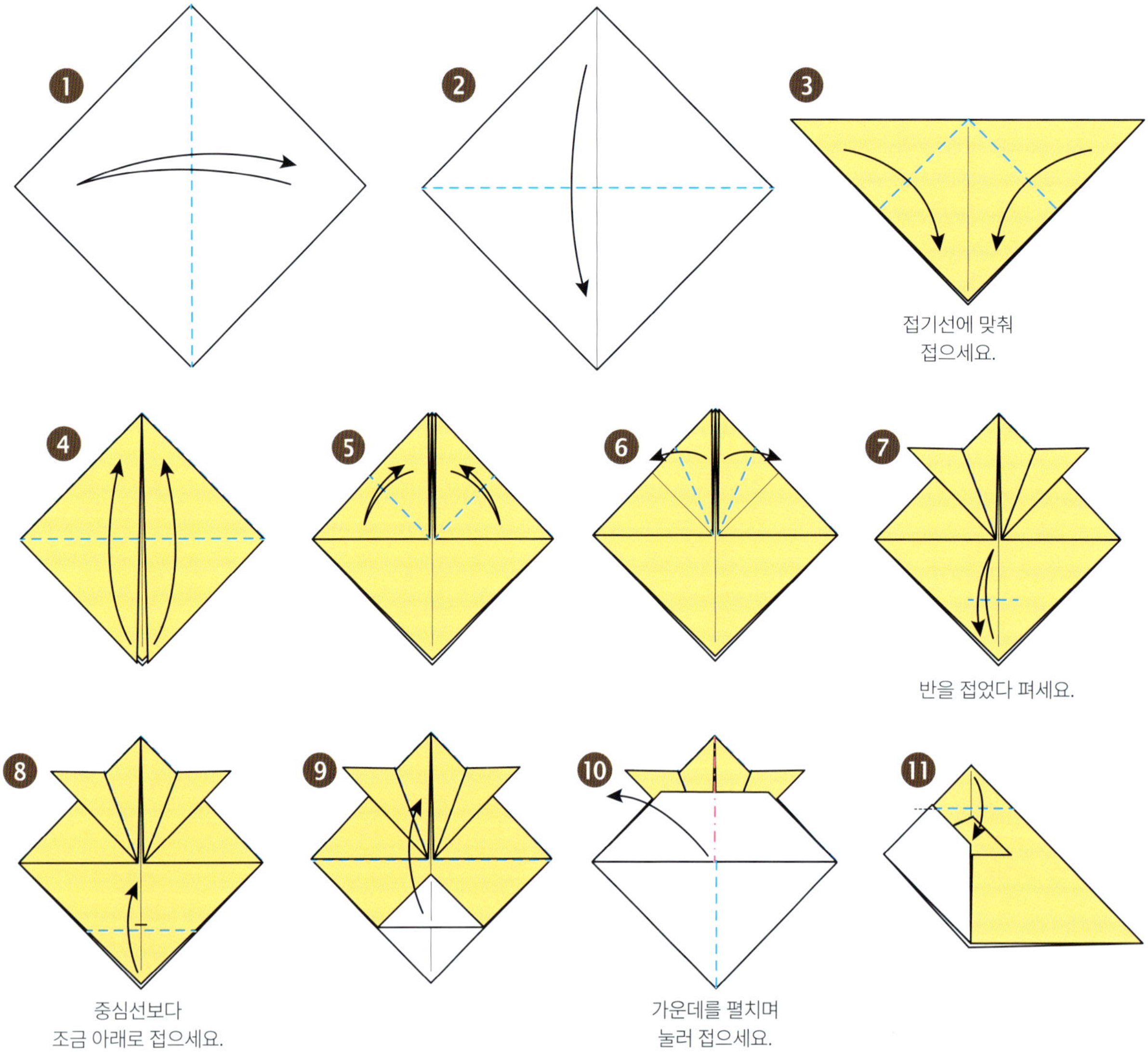

①

②

③

접기선에 맞춰
접으세요.

④

⑤

⑥

⑦

반을 접었다 펴세요.

⑧

중심선보다
조금 아래로 접으세요.

⑨

⑩

가운데를 펼치며
눌러 접으세요.

⑪

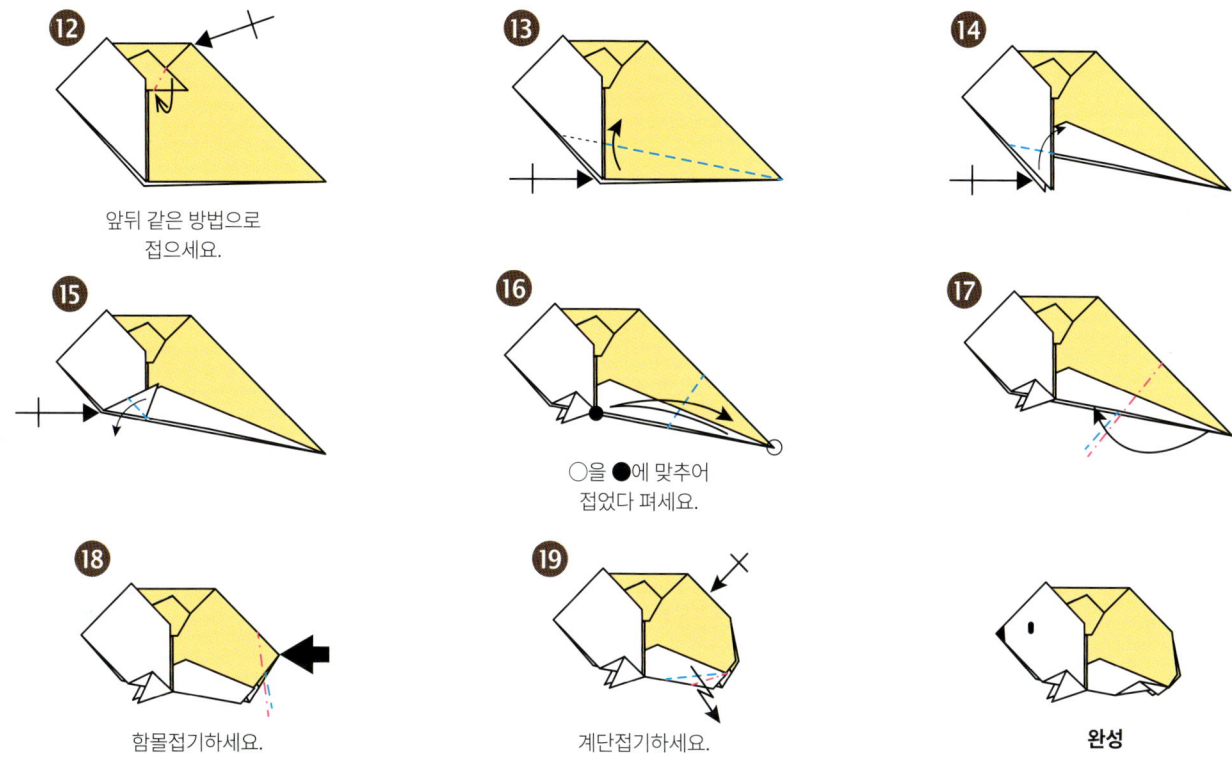

앞뒤 같은 방법으로
접으세요.

○을 ●에 맞추어
접었다 펴세요.

함몰접기하세요.

계단접기하세요.

완성

종이접기는 '접기'라는 행위에 '종이'라는 소재가 결합한 작업

행위적 요소(접기) '접기'는 인간의 행위입니다. 사전적 의미로는 '천이나 종이 따위를 꺾어서 겹친다' 혹은 '일정한 방식으로 겹치게 꺾어 무엇을 만든다' 혹은 '폈던 것을 본래의 모양으로 되게 하다'입니다. 즉 '접기란 어떤 소재를 용도에 맞게 사용하기 위해 꺾어 겹치는 행위'라 할 수 있습니다. 이러한 '접기' 행위는 종이가 발명되기 이전부터 아마도 사람들의 다양한 생활 장면에서 이루어졌으리라 추측해봅니다.

재료적 요소(종이)는 먼저 종이라는 소재가 언제부터 사용되었는지에 대한 연구가 필수적일 것입니다. 종이가 발명됨으로써 비로소 '접기'라는 행위가 '종이접기'라는 문화로 탄생할 수 있었을 것이기 때문입니다. 오늘날 우리가 편리하게 사용하는 종이가 처음 제조되고 널리 사용되어지는 과정을 알아봄으로써 종이접기 문화의 시작과 확산에 대한 기초 자료로 삼을 수 있을 것입니다.

한편 현재까지도 정확히 알아내지 못한 종이접기의 기원을 유추하기 위해 '접기'라는 행위와 '종이'라는 두 가지 요소로 구분하여 각각의 기원을 알아본다면 종이접기의 기원에 대하여 조금 더 합리적으로 다가갈 수 있으리라 생각해봅니다.

아이스크림접기

양

Sheep

종이 | 《단면 색종이》 15㎝

흰색 면을 양의 털로 표현합니다.
⓱ 번을 접어 몸은 옆모습을
얼굴은 앞모습을 표현할 수 있습니다.

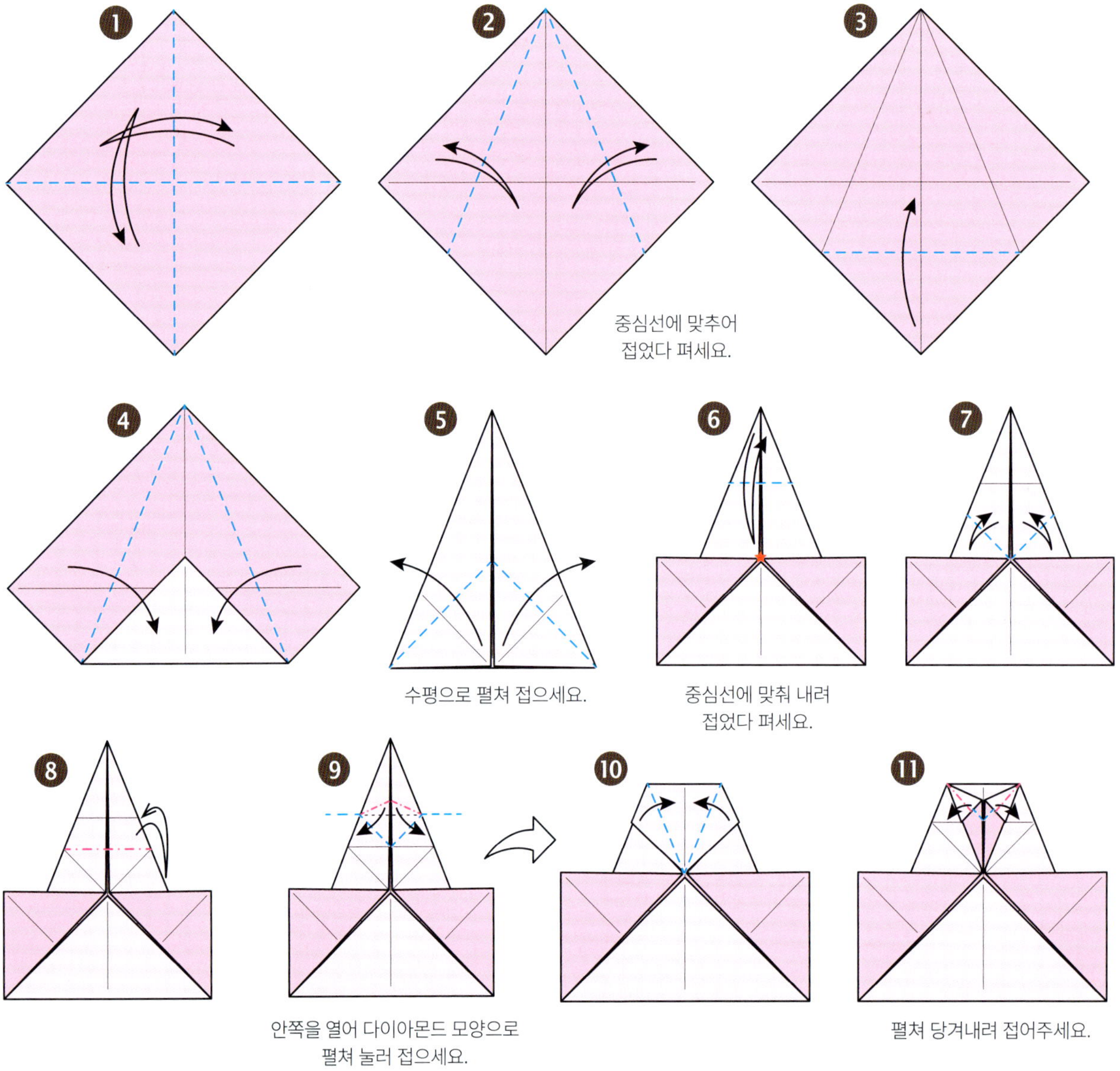

①

②

③

중심선에 맞추어
접었다 펴세요.

④

⑤

수평으로 펼쳐 접으세요.

⑥

중심선에 맞춰 내려
접었다 펴세요.

⑦

⑧

⑨

안쪽을 열어 다이아몬드 모양으로
펼쳐 눌러 접으세요.

⑩

⑪

펼쳐 당겨내려 접어주세요.

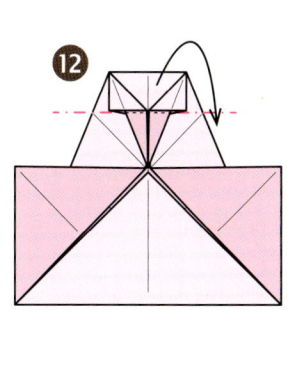
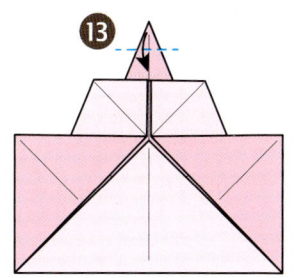
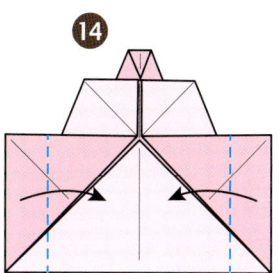
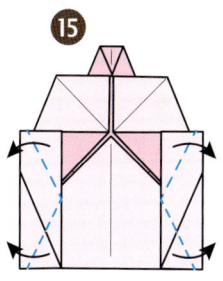

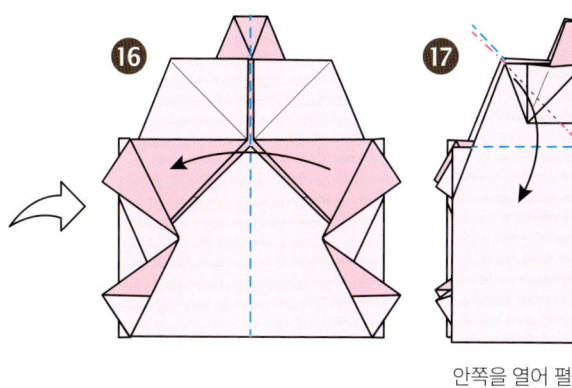

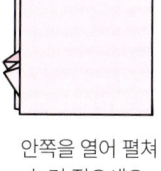

안쪽을 열어 펼쳐
눌러 접으세요.

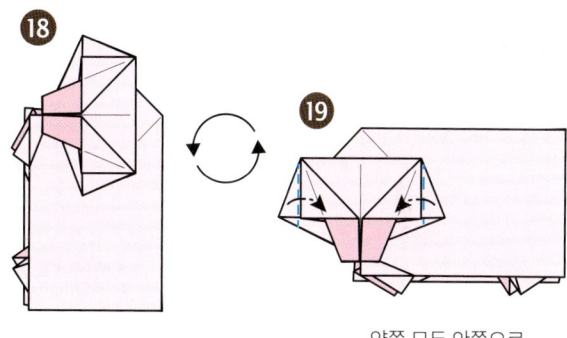

양쪽 모두 안쪽으로
닫아 접으세요.

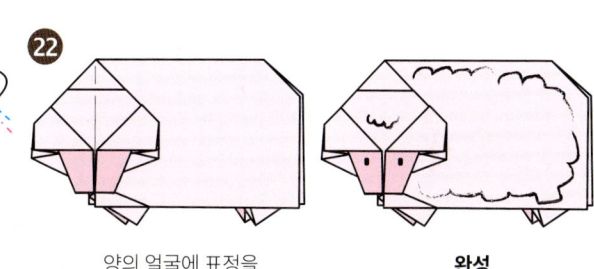

뽀족한 부분을 안쪽으로
넣어 접으세요.

양의 얼굴에 표정을
그려 주세요.

완성

아이스크림접기

다람쥐

Squirrel

종이 | 《단면 색종이》 15㎝

긴 꼬리를 다양하게 변형해 보세요.
다람쥐 먹이인 도토리를 접어서 놓아보세요.

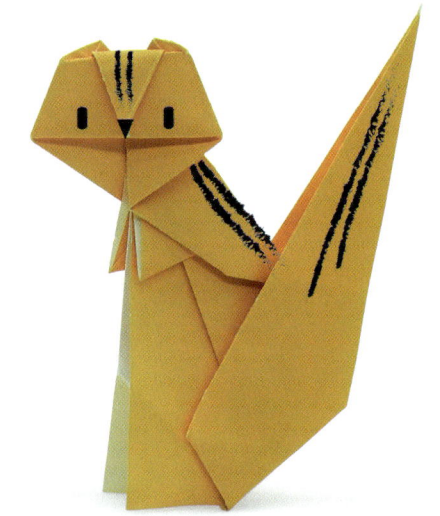

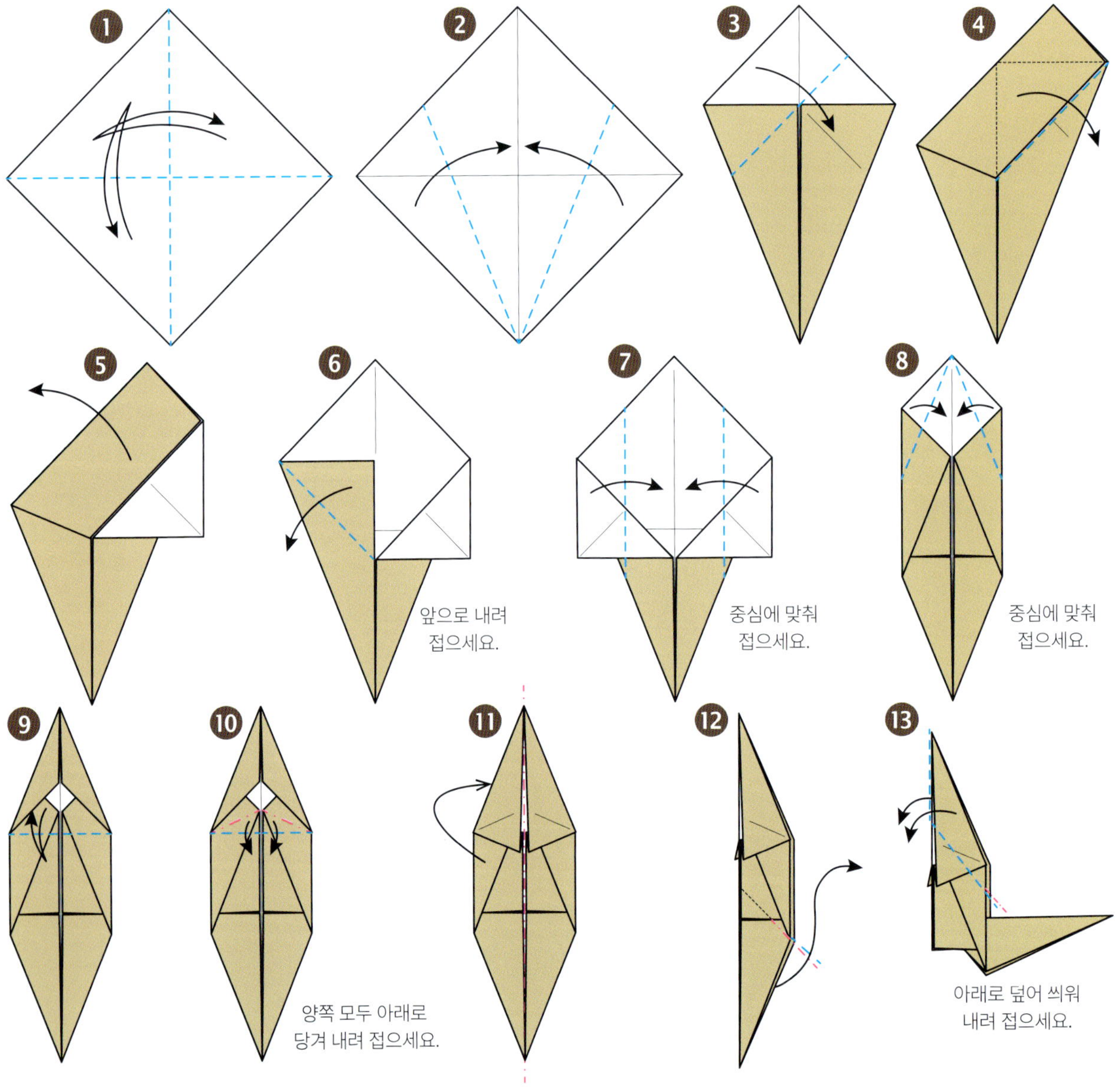
1
2
3
4
5
6
앞으로 내려 접으세요.
7
중심에 맞춰 접으세요.
8
중심에 맞춰 접으세요.
9
10
양쪽 모두 아래로 당겨 내려 접으세요.
11
12
13
아래로 덮어 씌워 내려 접으세요.

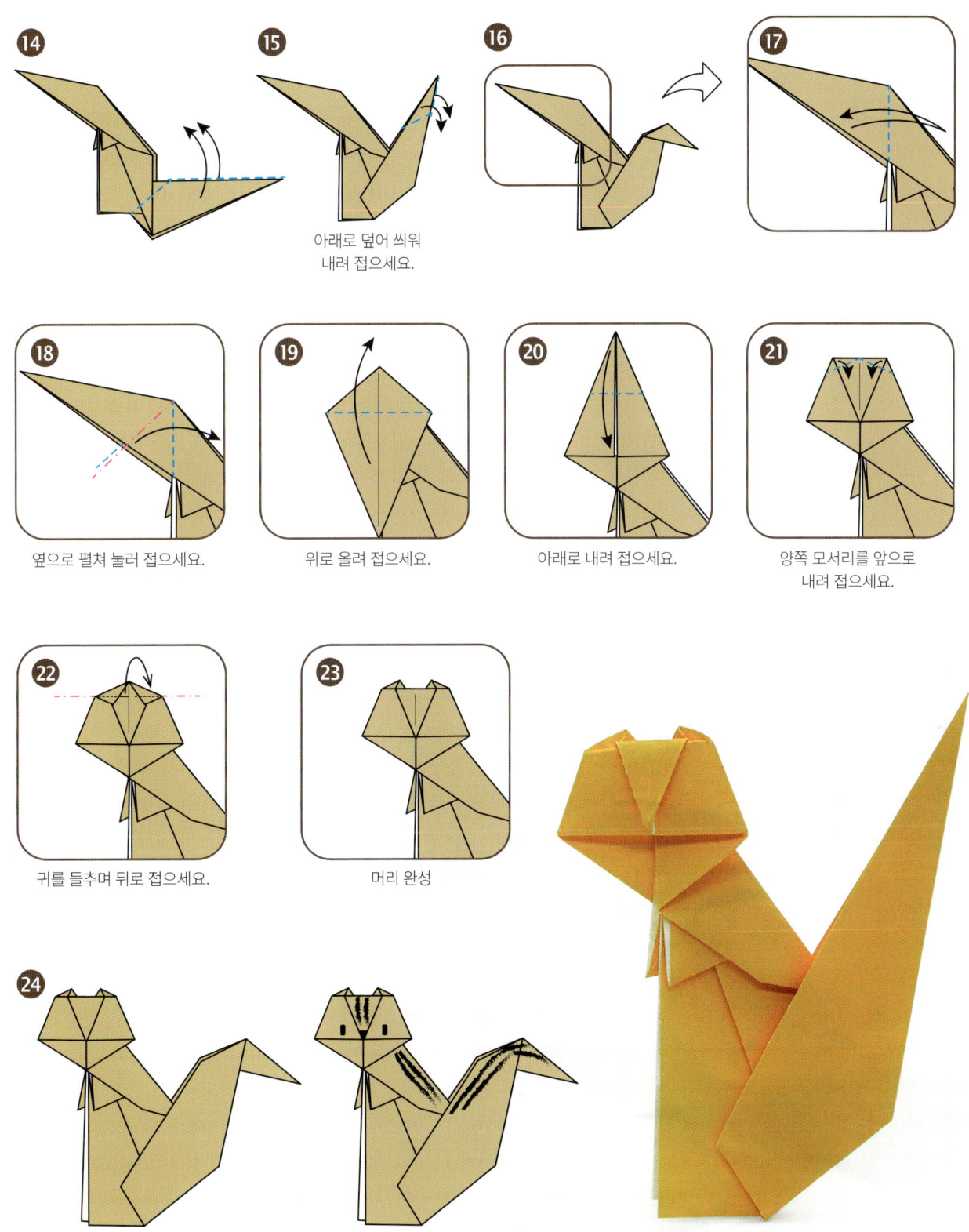

14

15

아래로 덮어 씌워
내려 접으세요.

16

17

18

옆으로 펼쳐 눌러 접으세요.

19

위로 올려 접으세요.

20

아래로 내려 접으세요.

21

양쪽 모서리를 앞으로
내려 접으세요.

22

귀를 들추며 뒤로 접으세요.

23

머리 완성

24

눈, 귀, 몸에 무늬를 그려 주세요.

완성

문접기

돼지

❀심사작품

Pig

종이 | 《단면 색종이》 15㎝

문접기 후 ❻번 과정을 통해 머리와 앞다리, 꼬리와 뒷다리를 만들 수 있어 동물접기에 매우 유용한 기본형입니다

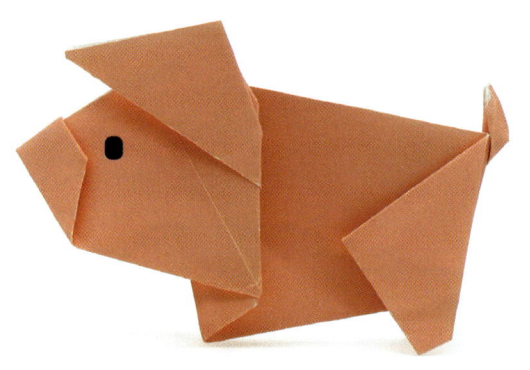

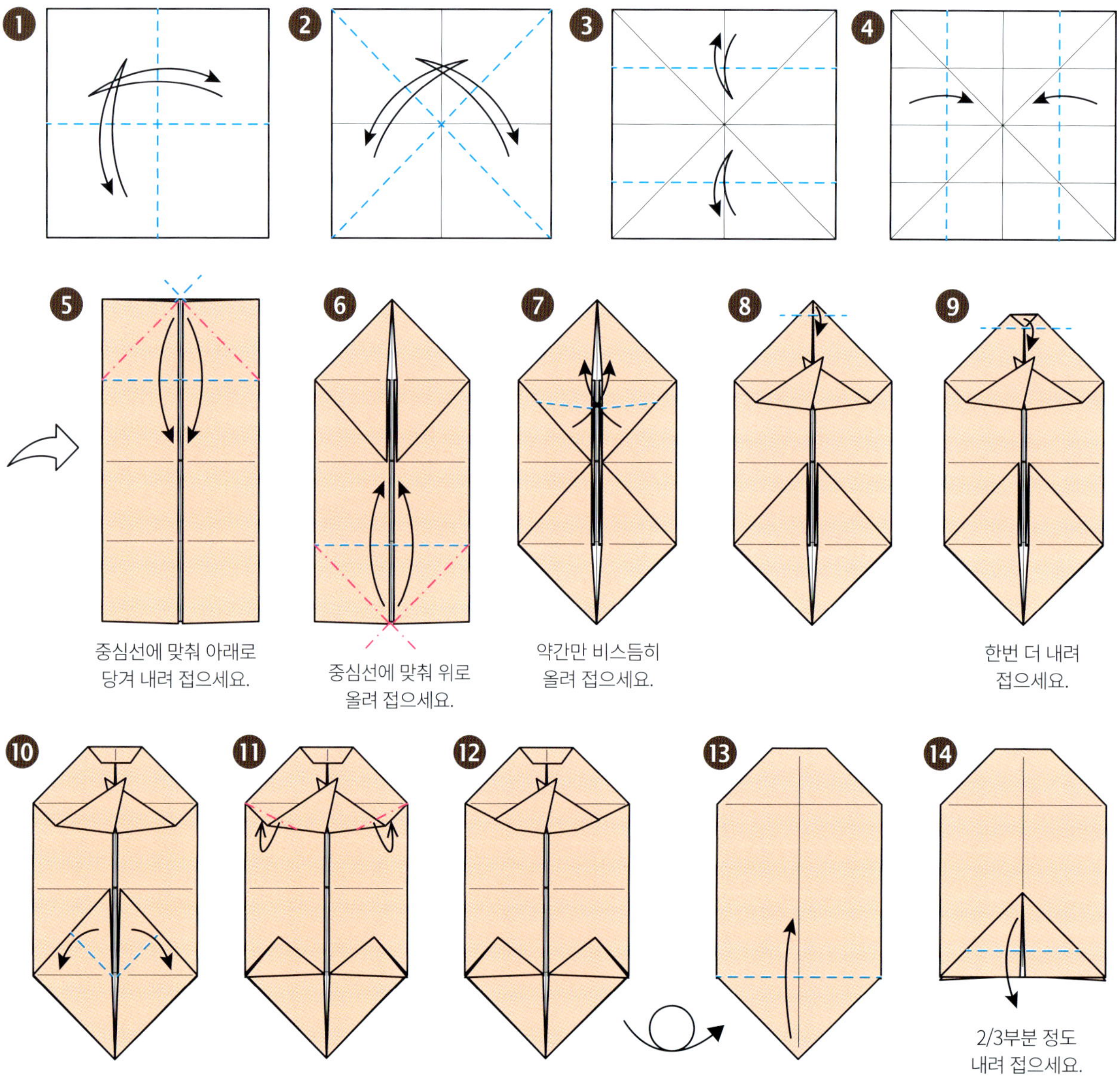

1
2
3
4
5
중심선에 맞춰 아래로 당겨 내려 접으세요.
6
중심선에 맞춰 위로 올려 접으세요.
7
약간만 비스듬히 올려 접으세요.
8
9
한번 더 내려 접으세요.
10
11
12
13
14
2/3부분 정도 내려 접으세요.

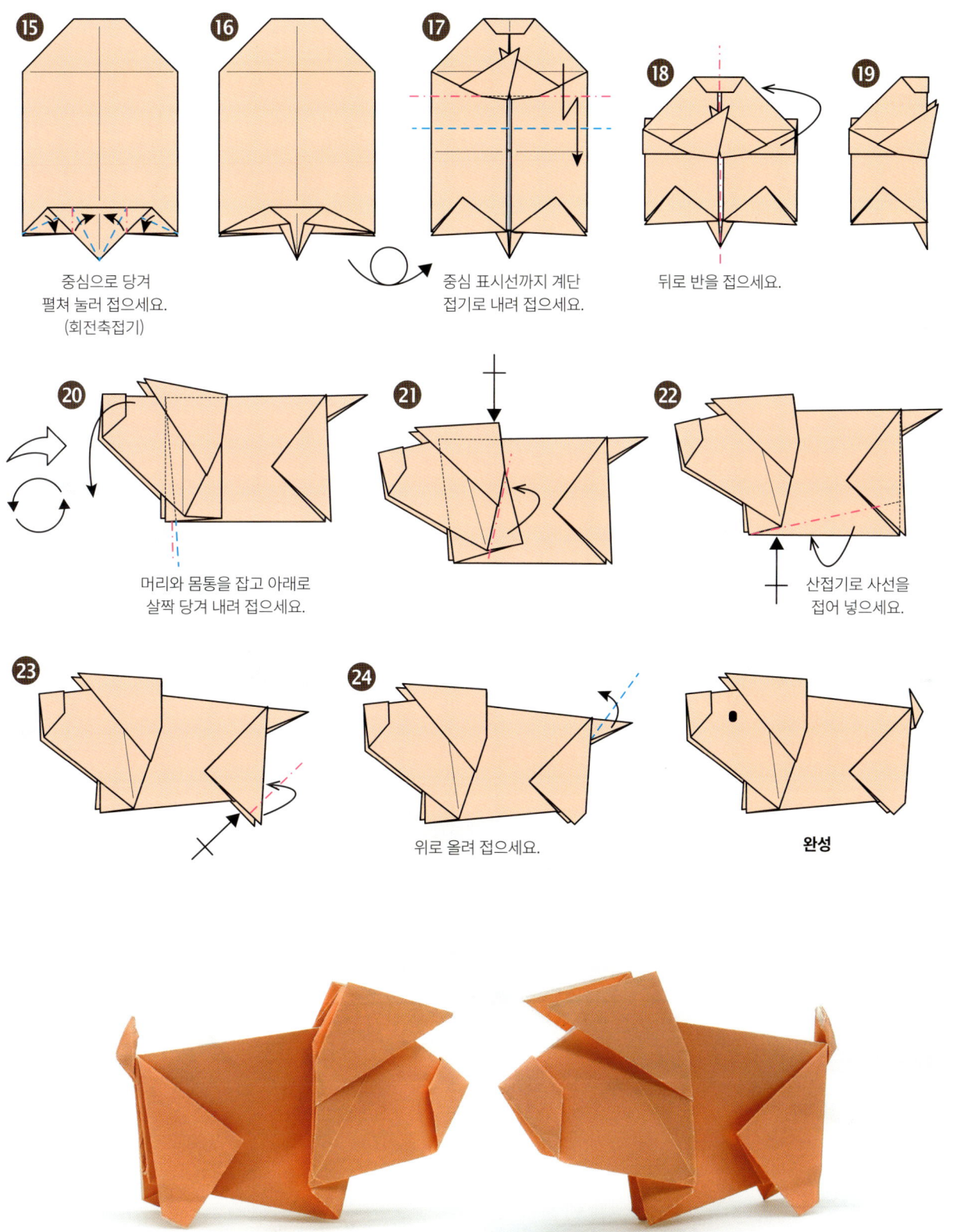

15 중심으로 당겨
펼쳐 눌러 접으세요.
(회전축접기)

16

17 중심 표시선까지 계단
접기로 내려 접으세요.

18 뒤로 반을 접으세요.

19

20 머리와 몸통을 잡고 아래로
살짝 당겨 내려 접으세요.

21

22 산접기로 사선을
접어 넣으세요.

23

24 위로 올려 접으세요.

완성

문접기

여우

Fox

종이 | 《단면 색종이》 15㎝

큰 귀를 만들어 봅시다. ⑩번에서 평평한 모양이 되도록 접는 것에 주의 하세요.

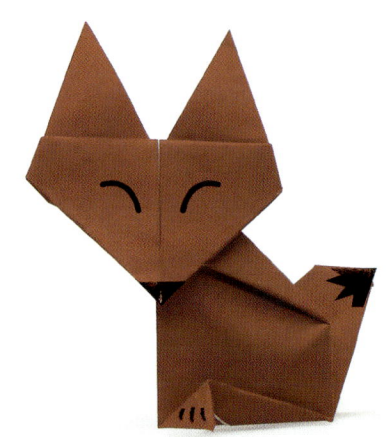

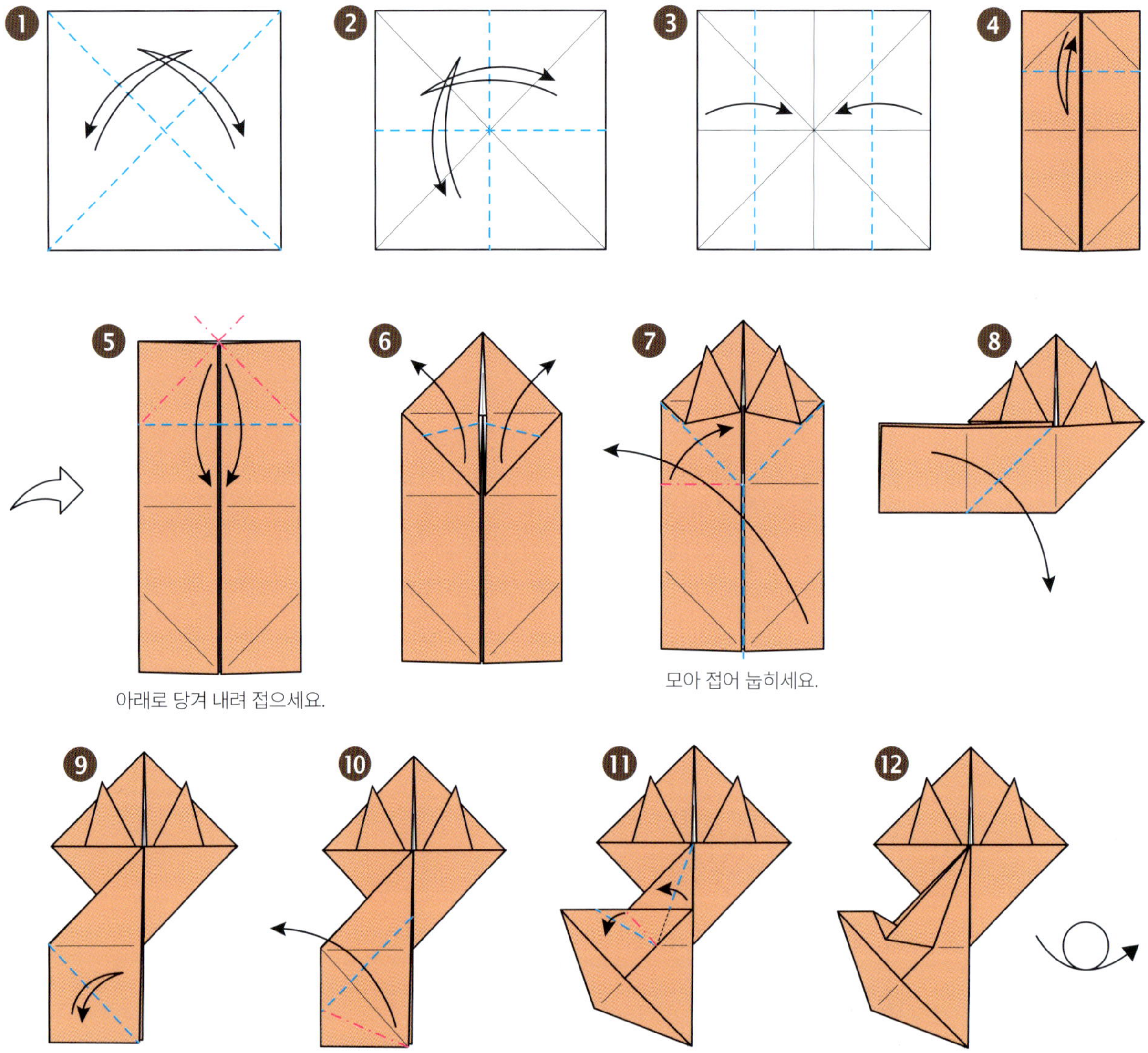
1
2
3
4
5
6
7
8
아래로 당겨 내려 접으세요.
모아 접어 눕히세요.
9
10
11
12

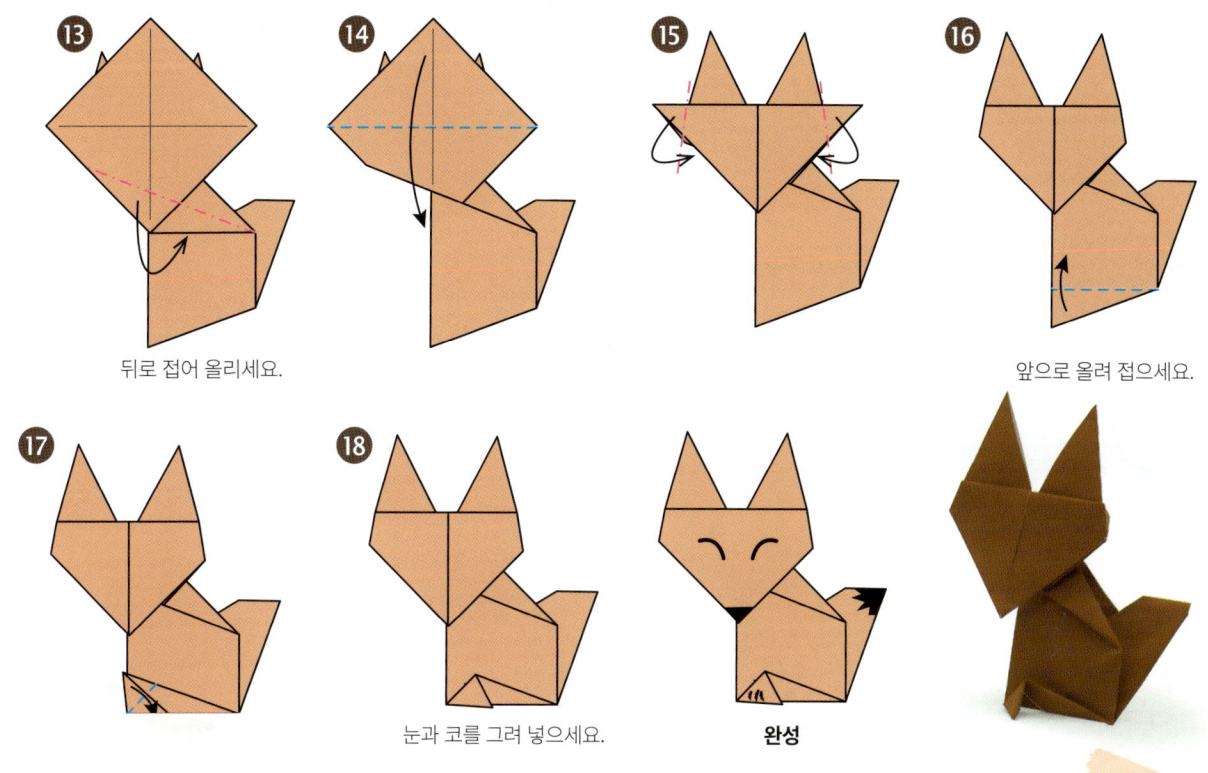

뒤로 접어 올리세요.

앞으로 올려 접으세요.

눈과 코를 그려 넣으세요.

완성

종이접기 용어 상식

Realistic (사실적) – 대상의 주요 특징을 사실적으로 표현해 내는 경우에 쓰이는 말로 대체적으로 복잡한 경우의 작품에 적용한다.

Step (단계) – 종이접기에서 사용되는 경우에는 다이어 그램의 진행 단계를 표현 하는 말로 다이어그램의 수가 20개일 경우 20step 이라 표현하며 일반적으로 step수가 많을수록 복잡한 작품을 의미한다.

Minimal (간소화) – 최소한의 접힘으로 대상의 본질을 담아내는 경우로 단순함에 중점을 둔다.

Modular (모듈) – 여러 장의 종이로 만든 기하학적 작품 플랩과 포켓이 서로 끼워져 다각형이나 다면체를 이룬다. 일반적으로 각 유닛은 동일한 방식으로 연결된다.

Composite (복합) – 여러 장의 종이가 사용되나 모듈과는 달리 일정하지 않고 각각의 부분이 다른 접기의 형태에서 함께 모여 작품을 이루는 경우(이 책의 159쪽 풍차 경우)

Practical (실용성) – 실제로 사용이 가능한 모델 (상자, 컵, 봉투 등)

Life size (실제크기) – 접는 대상의 실제 크기에 가깝게 접는 종이접기. 스위스 쉬포 마보나의 4m 크기의 코끼리를 예로 들 수 있다.

Figurative (구상) – 사물의 모양을 있는 그대로 표현하는 경우의 작품

Tic (예술적) – 종이접기 작품 분류의 한 부분으로 작품의 표현을 사실적인 데에만 치우치지 않고 예술적 의미를 부여하여 표현한 작품군.

Technical (기술적), Abstract (추상, 비구상) – 사물의 모양을 표현하는 것이 아닌 경우(테셀레이션, 기하학적 작품 등)

Artis – 종이접기 작품 분류의 한 부분으로 접기 과정의 기술적 방법이 주로 평가의 대상이 되는 작품군

방석접기
멧돼지
Wild boar

종이 │ 《단면 색종이》 15cm

멧돼지의 특징인 앞니와 큰 머리를 특징적으로
표현했습니다. ⑯ 번의 경우 정확히 정해진
기울기가 없으므로 여러 번 접어 보시기 바랍니다.

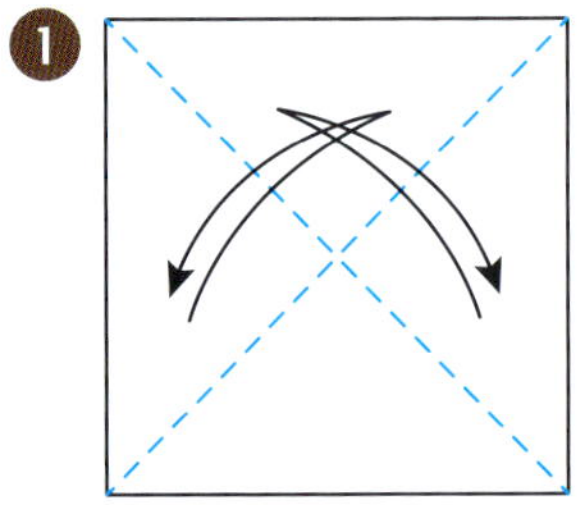

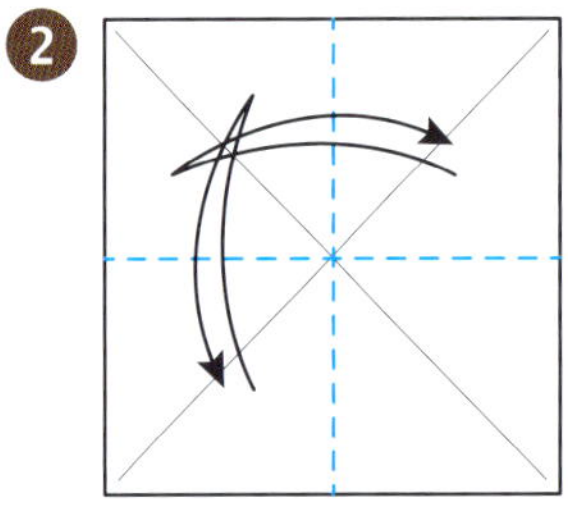

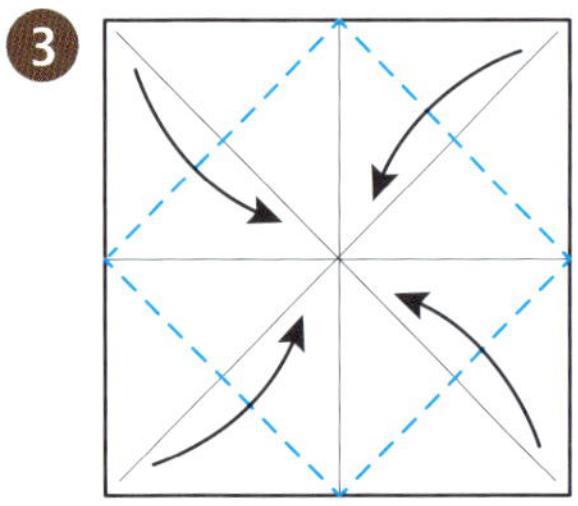

❶

❷

❸

중심에 맞춰 접으세요.

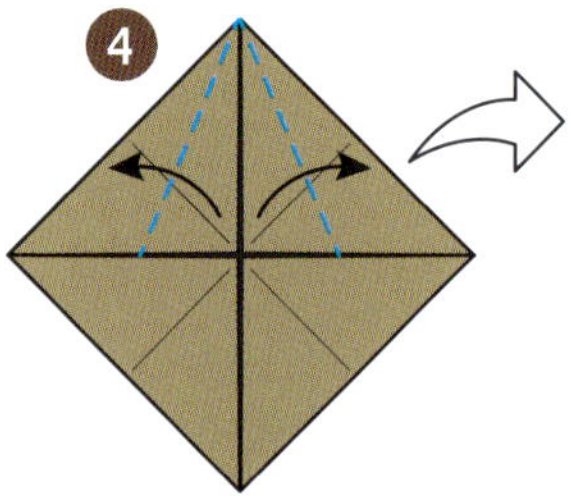

❹

옆으로 펼쳐 접으세요.

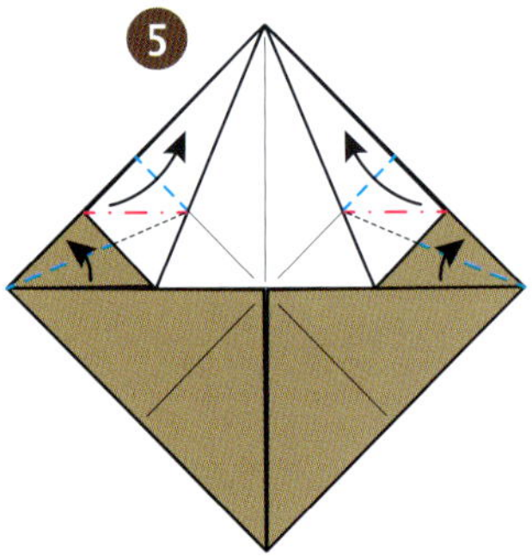

❺

당겨 올려 접으세요.

❻

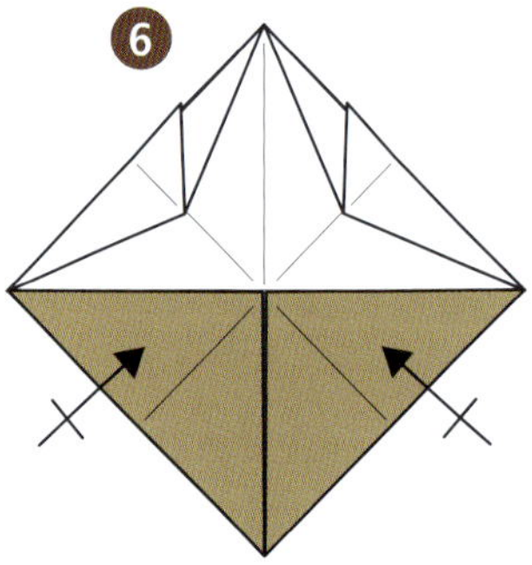

같은 방법으로 접으세요.

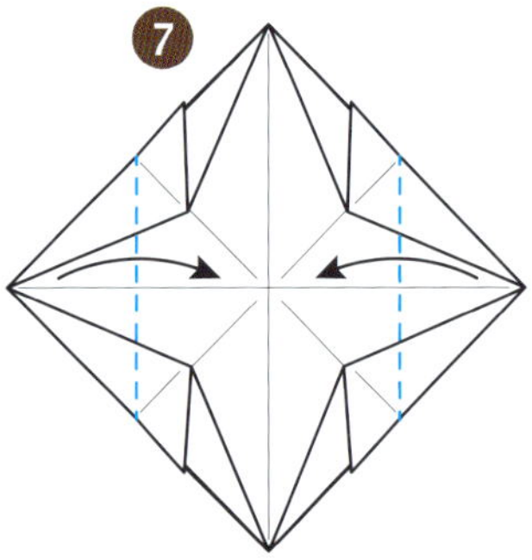

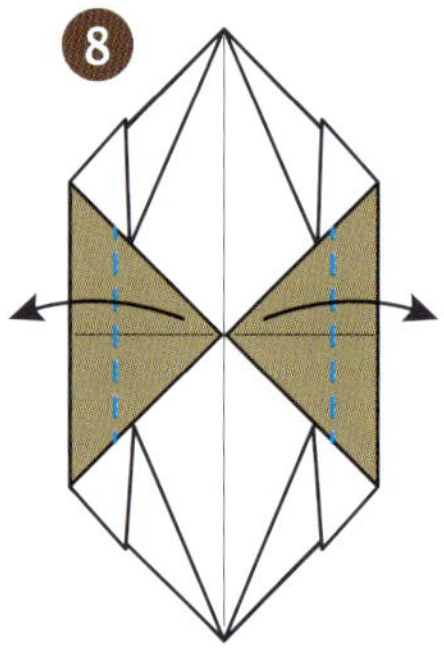

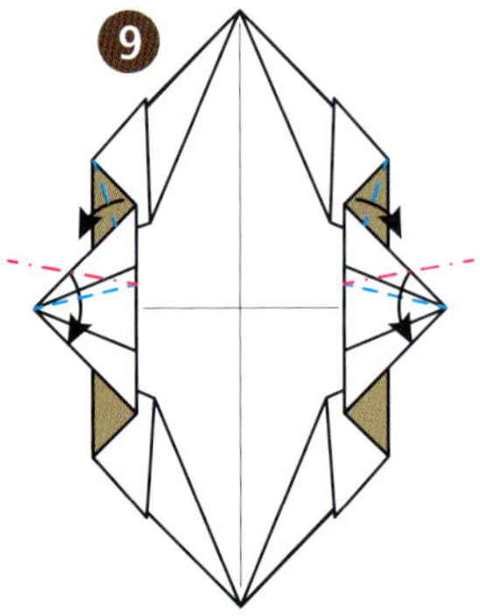

❼

❽

❾

당겨 접으세요.

❿

⓫

⓬

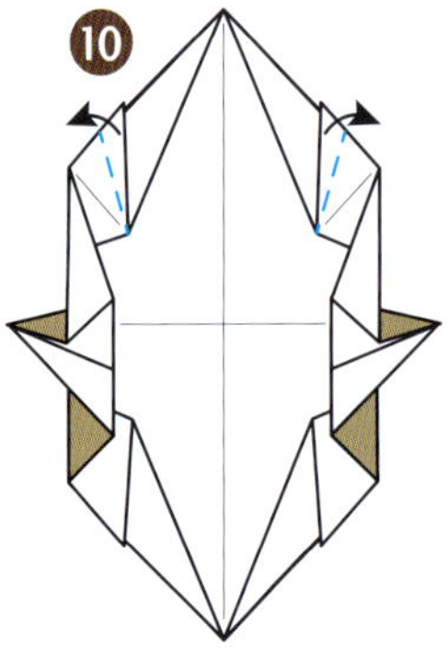

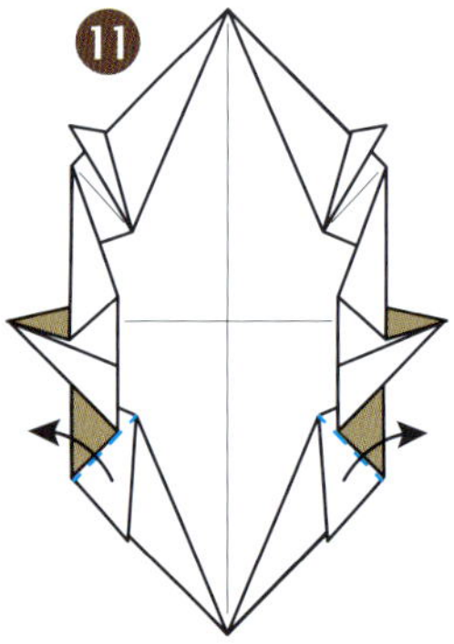

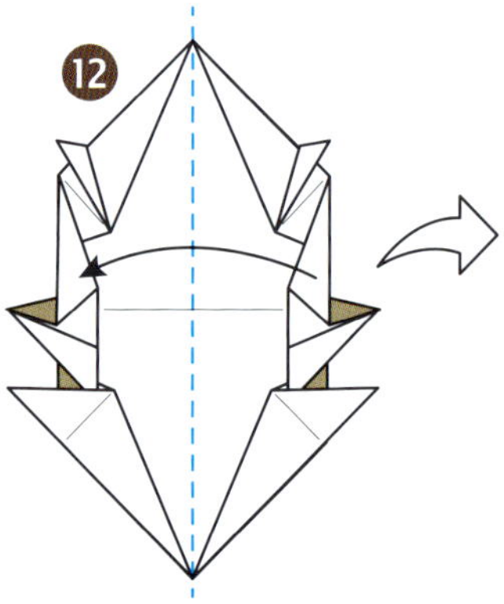

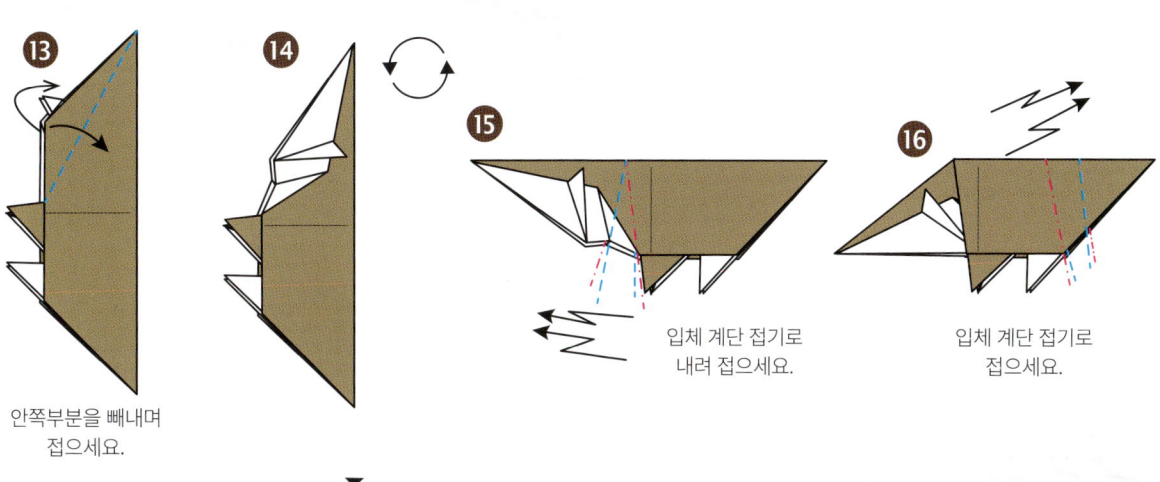

안쪽부분을 빼내며
접으세요.

입체 계단 접기로
내려 접으세요.

입체 계단 접기로
접으세요.

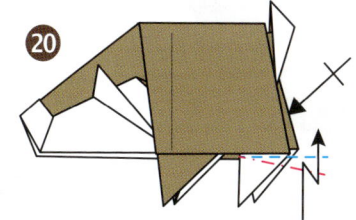

꼬리를 뒤집어
올려 접으세요.

뒤집어 접으세요.

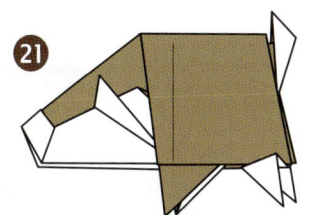

계단접기로 올려 접으세요.

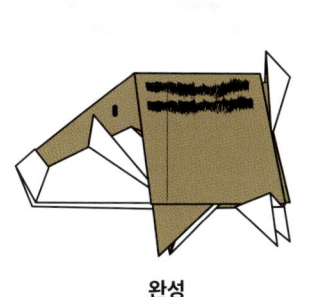

줄무늬를 그려 주세요.

완성

고기접기

코알라

Koala

종이 | 《단면 색종이》 15cm

⑮번의 경우 정확한 각도가 없습니다.
각도를 찾아서 펼쳐 주고 나무를 접어
코알라를 붙여주세요.

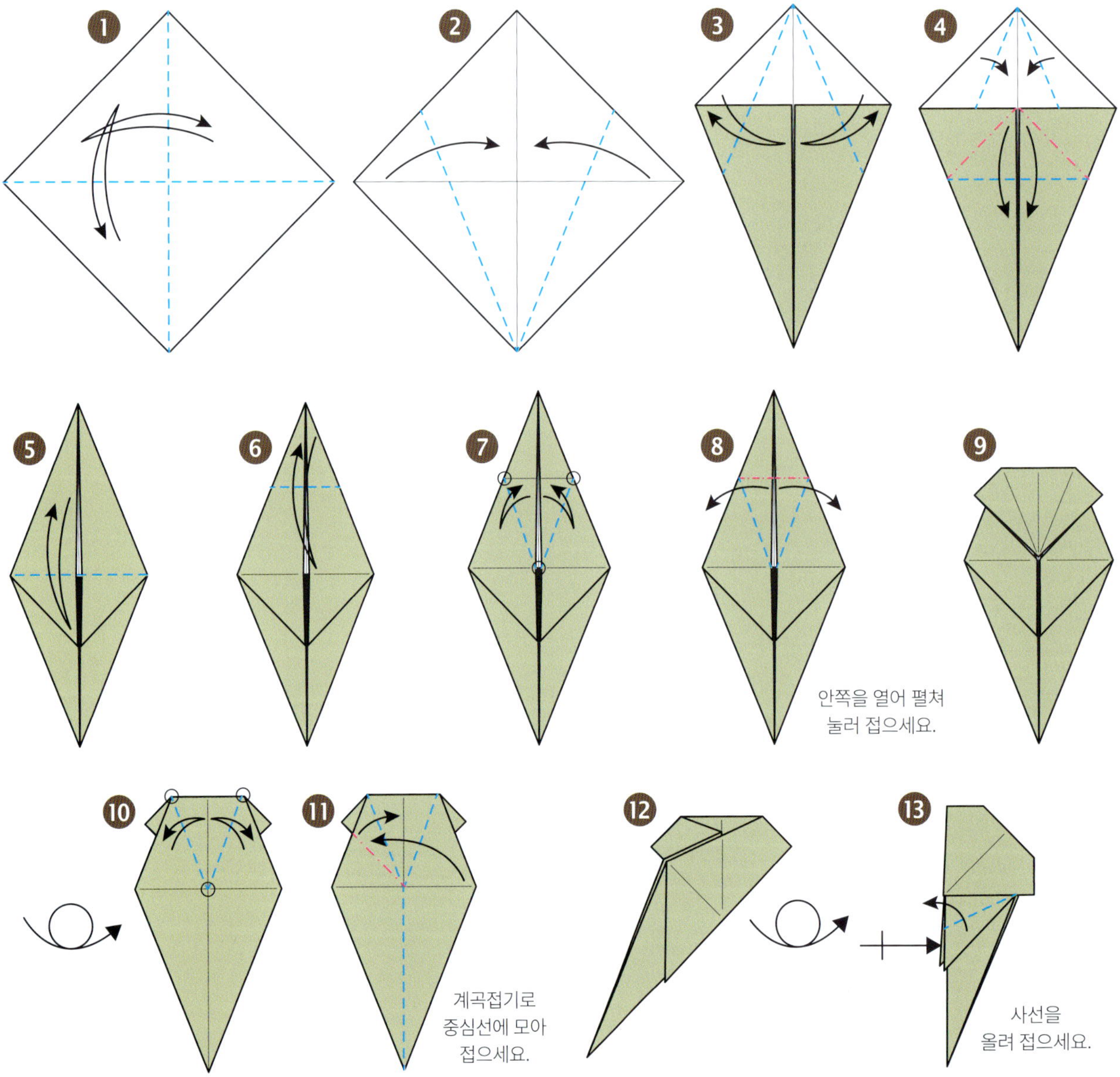

❶

❷

❸

❹

❺

❻

❼

❽

❾

안쪽을 열어 펼쳐
눌러 접으세요.

❿

⓫

계곡접기로
중심선에 모아
접으세요.

⓬

⓭

사선을
올려 접으세요.

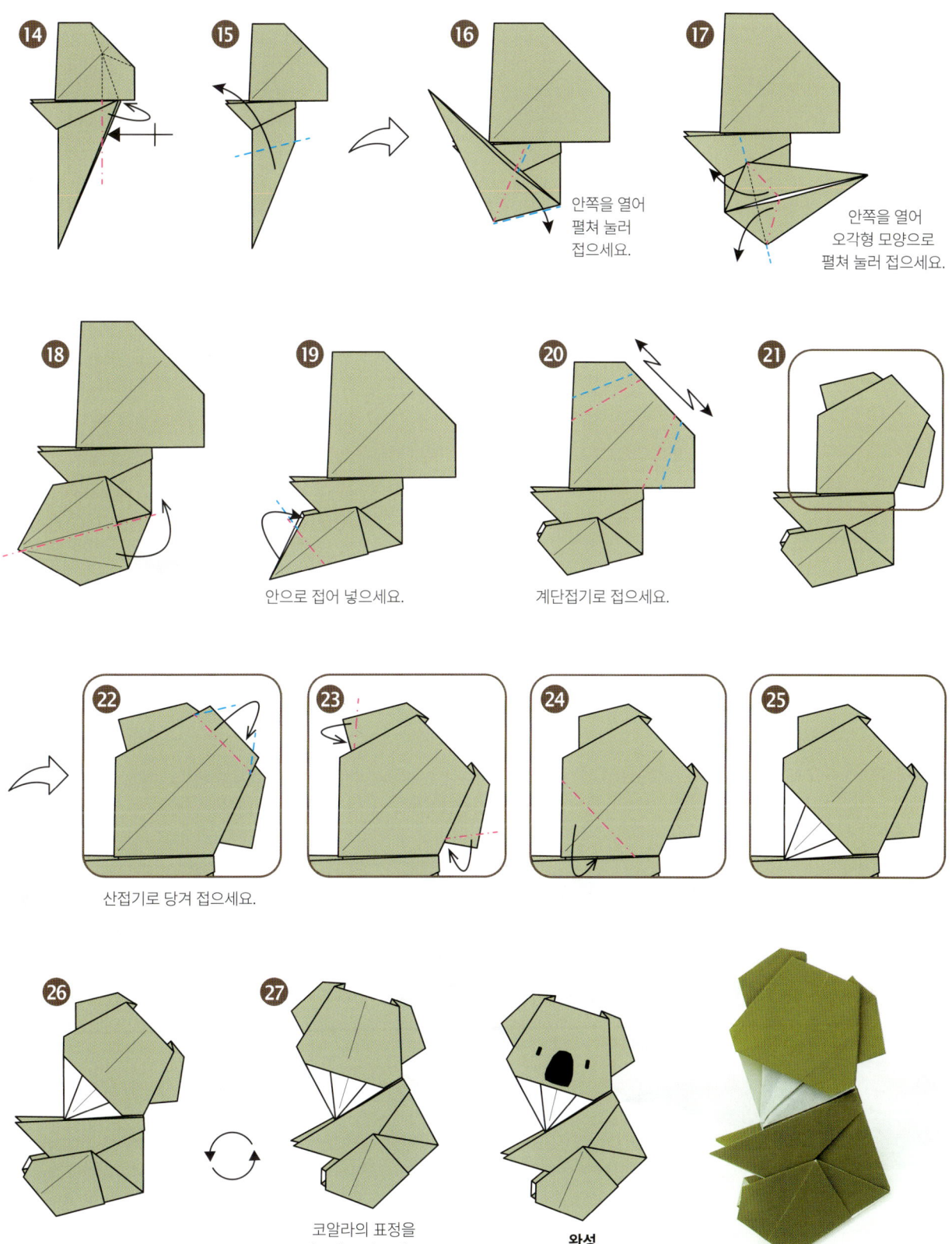

안쪽을 열어
펼쳐 눌러
접으세요.

안쪽을 열어
오각형 모양으로
펼쳐 눌러 접으세요.

안으로 접어 넣으세요.

계단접기로 접으세요.

산접기로 당겨 접으세요.

코알라의 표정을
예쁘게 그려 주세요.

완성

기린

Giraffe

종이 | 《단면 색종이》 15cm

뒷다리가 한 개로 표현되는 작품입니다.
뒷다리를 가위로 반으로 잘라 다리 4개를
표현해도 됩니다.

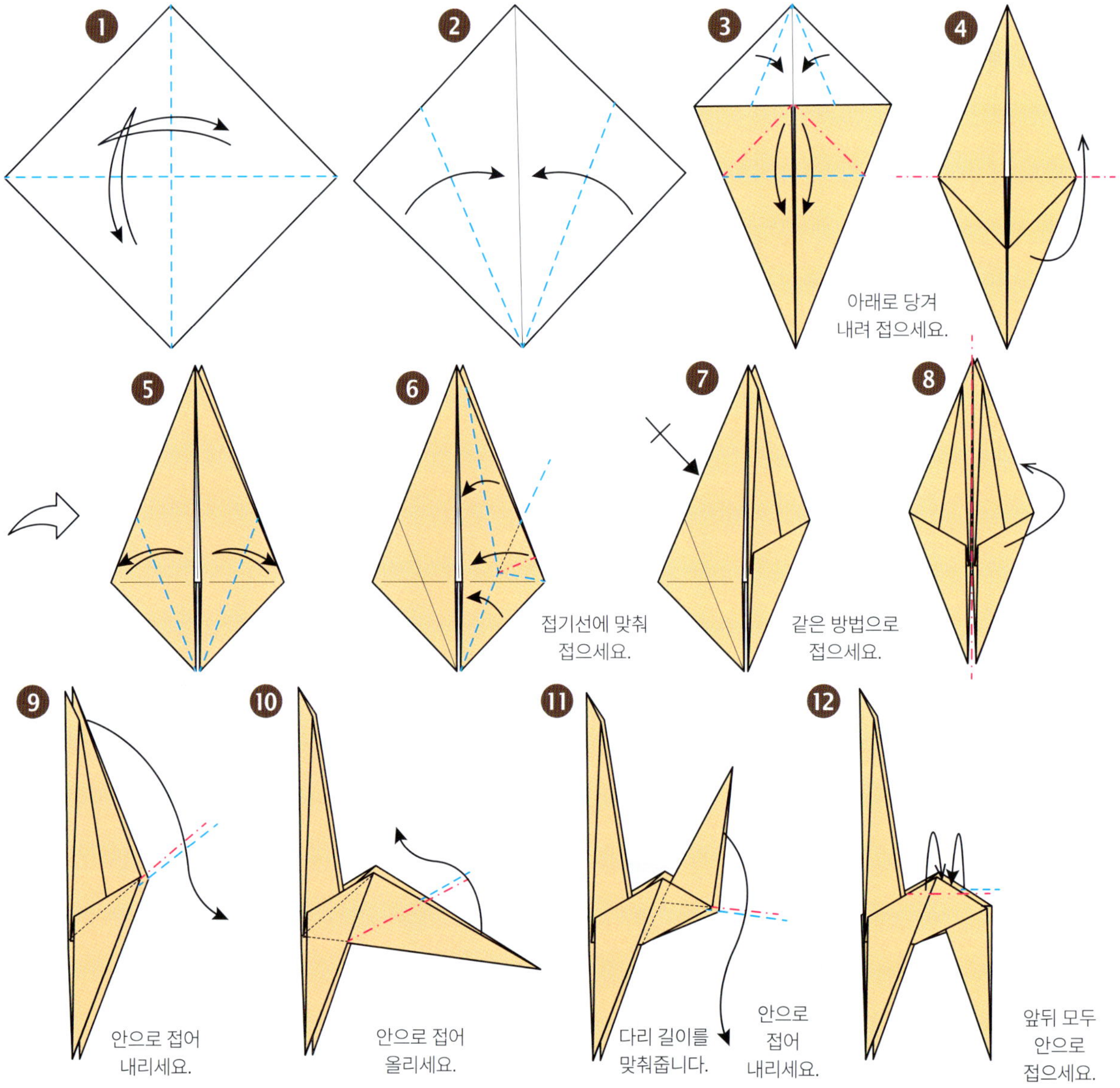

①

②

③

④

아래로 당겨
내려 접으세요.

⑤

⑥

접기선에 맞춰
접으세요.

⑦

⑧

같은 방법으로
접으세요.

⑨

안으로 접어
내리세요.

⑩

안으로 접어
올리세요.

⑪

다리 길이를
맞춰줍니다.

안으로
접어
내리세요.

⑫

앞뒤 모두
안으로
접으세요.

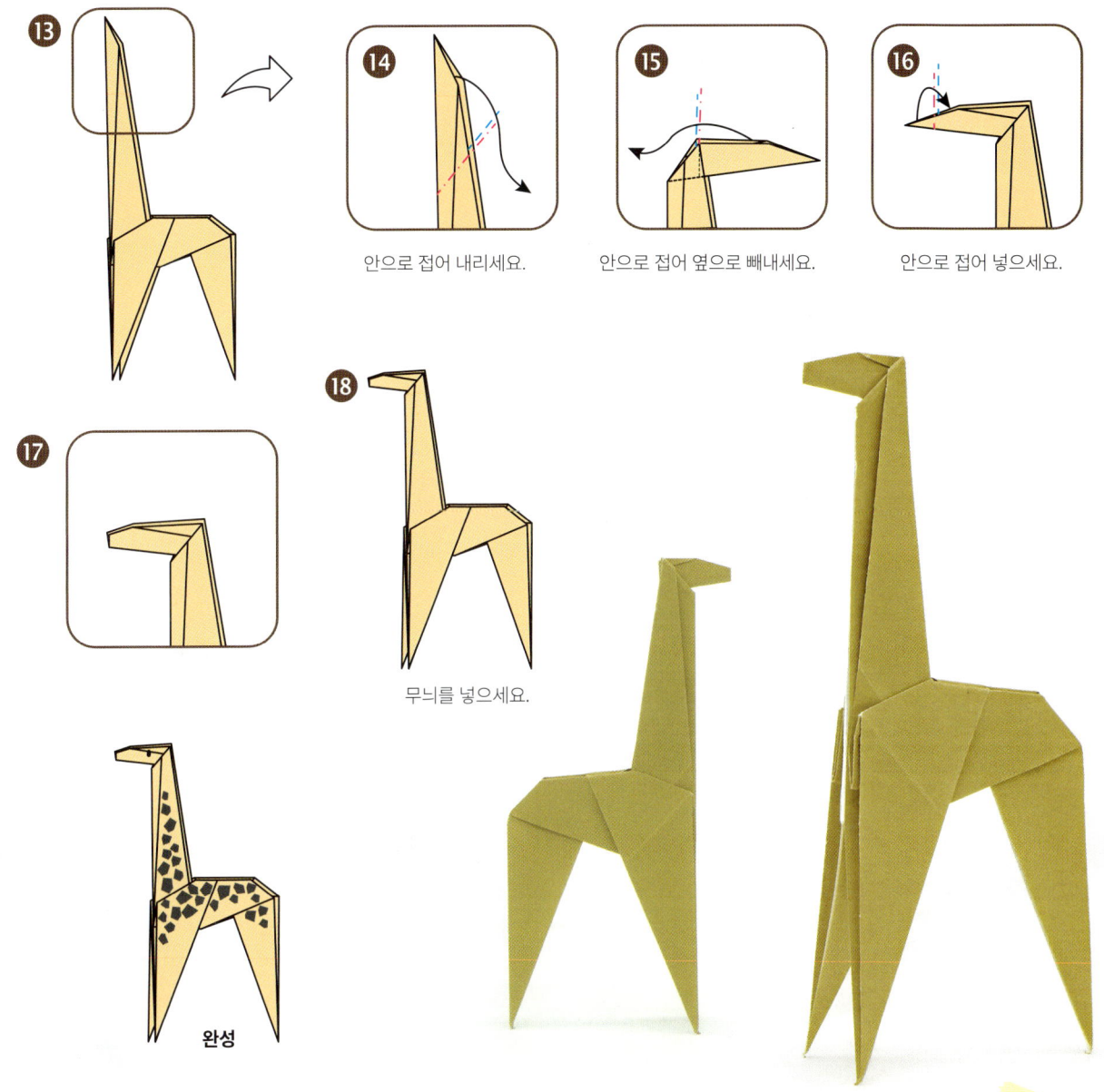

⓮ 안으로 접어 내리세요.

⓯ 안으로 접어 옆으로 빼내세요.

⓰ 안으로 접어 넣으세요.

⓲ 무늬를 넣으세요.

완성

종이접기 기네스북

"기네스북"은 세계 각종 기록을 모은 책으로, 1955년에 처음 출간되었습니다. 매년 새로운 기록을 추가하고 덜 흥미로운 기록은 제거하는 방식으로 업데이트 됩니다. 기린 종이접기에 관한 기록도 있는데, 2015년 5월 6일에 오스트리아 비엔나의 쇤브룬 동물원(Tiergarten Schönbrunn)에서 세계에서 가장 많은 기린 종이접기 기록을 세웠습니다. 이는 1828년에 개장한 동물원의 기린 사육장 개조 공사로 인해 임시 폐쇄되는 동안 진행된 캠페인의 일환으로, 18,490마리의 종이접기 기린이 만들어져 기록에 이름을 올렸습니다.

쌍배접기
캥거루

✿심사작품

Kangaroo

종이 | 《단면 색종이》 15cm

❿ 번의 1:3으로 전환하여 긴 뒷다리와
긴 꼬리 접는 방법에 유의하세요.
㉚ 번은 구조적으로 명확히 접히지 않습니다.
여러 번 시도하여 습득하세요

❶ 접었다 펴세요.

❷ 접었다 펴세요.

❸ 중심선에 맞춰 접으세요.

❹ 접었다 펴세요.

❺ 양쪽 모두 앞으로
당겨 내려 접으세요.

❻ 아래쪽도 같은
방법으로 접으세요.

❼ 접은 모습

❽ 아래로 모아 내려 접으세요.

❾ 쌍배접기 완성.
옆으로 넘겨 접으세요.

❿ 접은 모습

⓫ 접었다
펴세요.

⓬ 옆으로 당겨
펼쳐 눌러
접으세요.

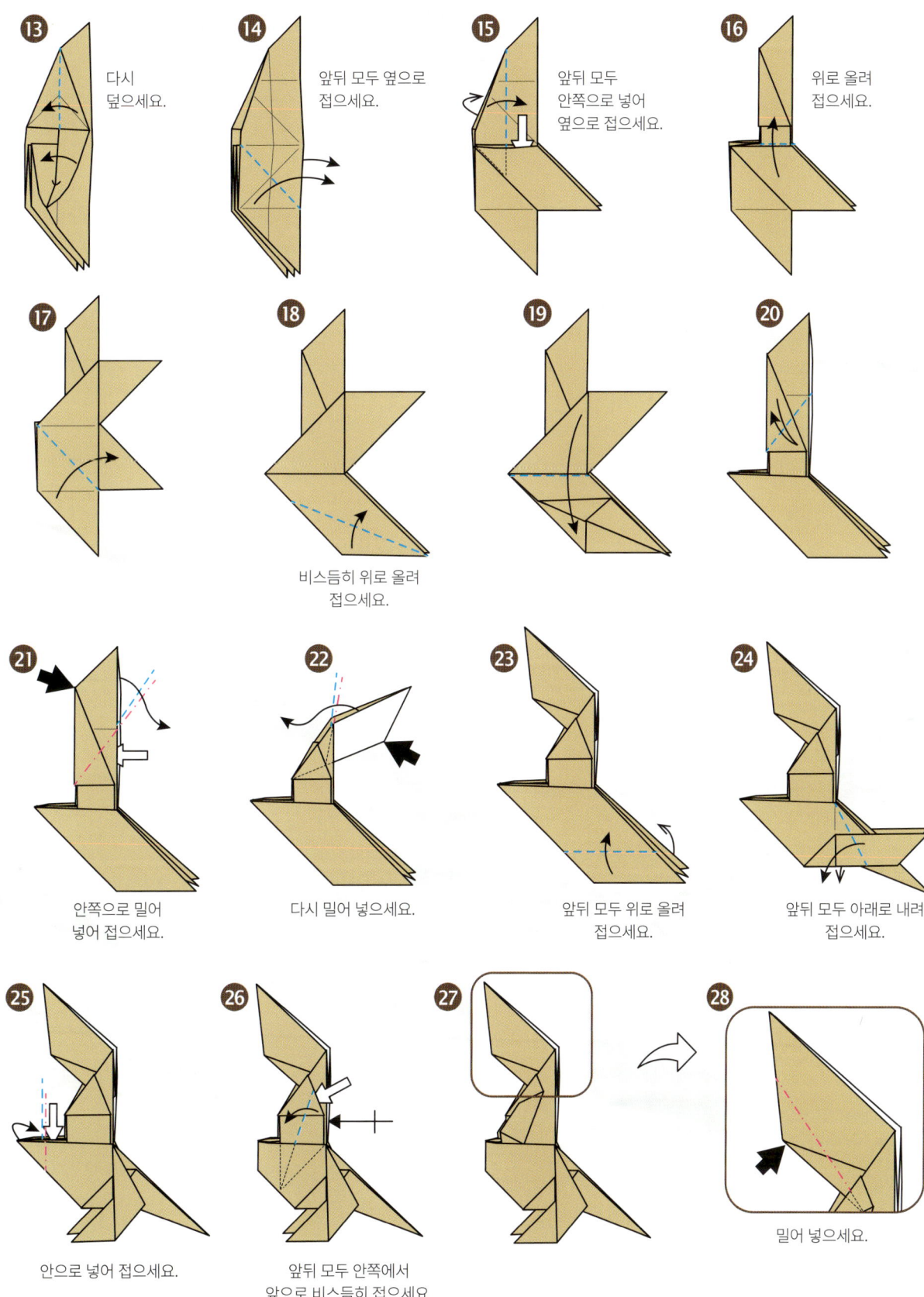

13 다시
덮으세요.

14 앞뒤 모두 옆으로
접으세요.

15 앞뒤 모두
안쪽으로 넣어
옆으로 접으세요.

16 위로 올려
접으세요.

17

18 비스듬히 위로 올려
접으세요.

19

20

21 안쪽으로 밀어
넣어 접으세요.

22 다시 밀어 넣으세요.

23 앞뒤 모두 위로 올려
접으세요.

24 앞뒤 모두 아래로 내려
접으세요.

25 안으로 넣어 접으세요.

26 앞뒤 모두 안쪽에서
앞으로 비스듬히 접으세요.

27

28 밀어 넣으세요.

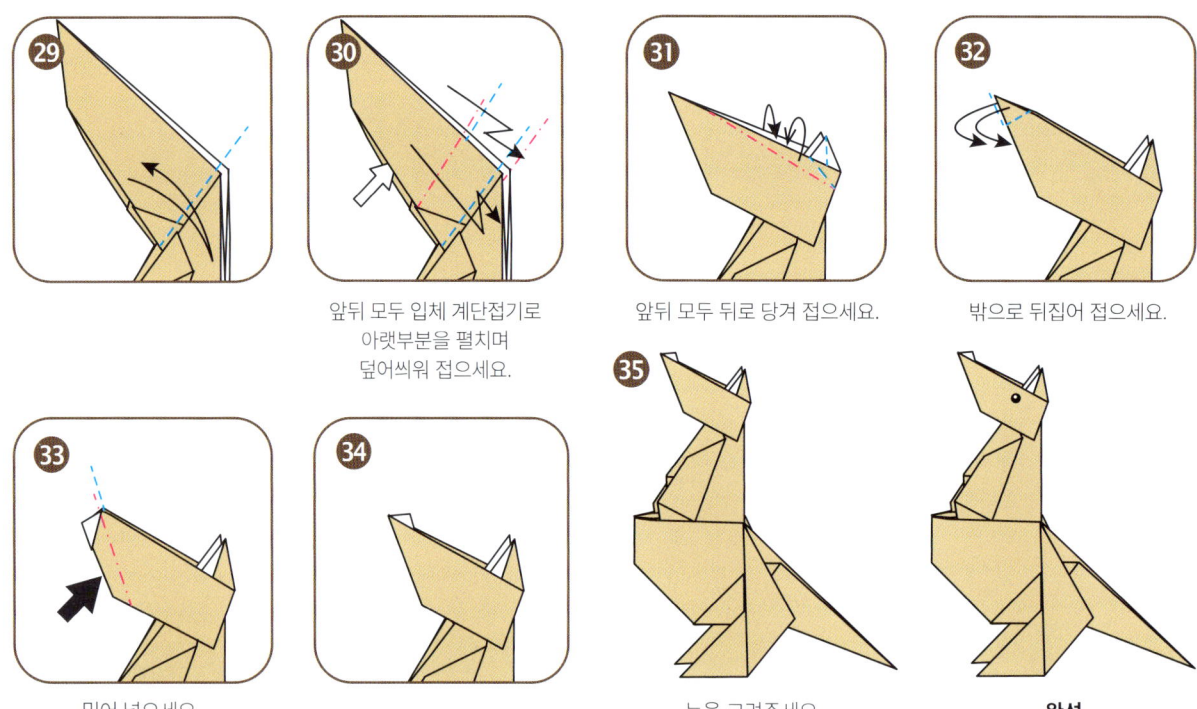

29 **30** 앞뒤 모두 입체 계단접기로
아랫부분을 펼치며
덮어씌워 접으세요.

31 앞뒤 모두 뒤로 당겨 접으세요.

32 밖으로 뒤집어 접으세요.

33 밀어 넣으세요.

34

35 눈을 그려주세요.

완성

종이접기로 만나는 '서울숲 옆 동물원'

(재)종이문화재단 세계종이접기창작개발원 서원선 원장, 이인경 위원은 2016년 문화공간 언더스탠드에비뉴에서 개최한
'서울숲 옆 동물원'에 페이퍼 아트 전시에 참여했다. 전시는 '숲으로 가는 길(Promenade)', '동물의 숲(Forêt)', '작업실(Atelier)' 등
세 가지 테마로 나뉘어 전시되며 잉어, 백조 등 크고 작은 다양한 동물들을 만나볼 수 있었다.

삼각주머니접기

판다

✿심사작품

Panda

종이 | 《단면 색종이》 15*cm*, 2장

머리와 몸체로 나누어 접어 붙이는 판다입니다.

머리

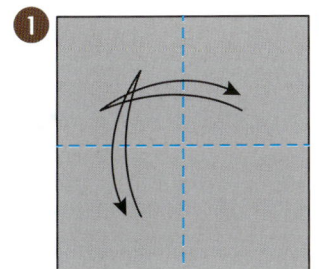

①
반을 접었다 펴세요.

②
1/4정도를 접었다 펴세요.

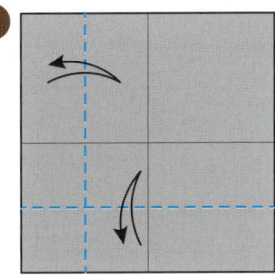

③
접었다 편 부분만 자르세요.

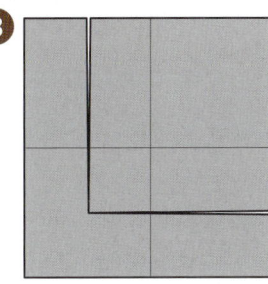

④
반을
접었다 펴세요.

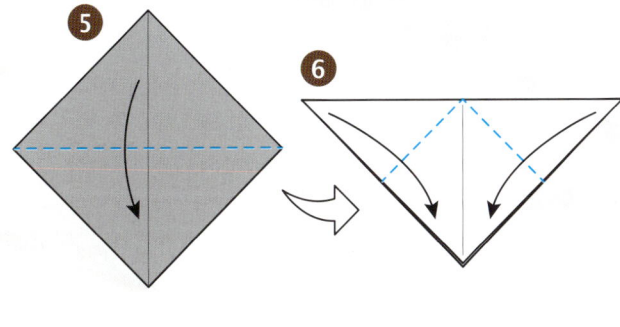

⑤

⑥

⑦

⑧

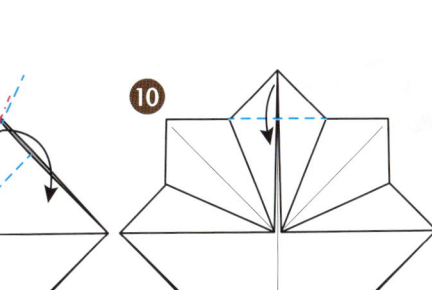

⑨
직각 삼각형을 펼쳐
눌러 접으세요.

⑩

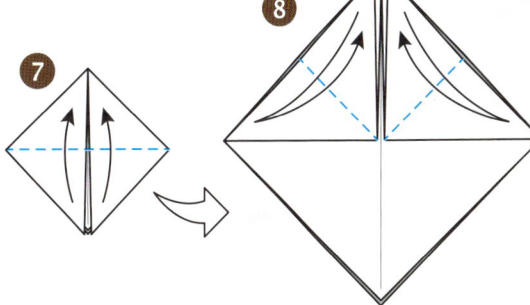

⑪

⑫

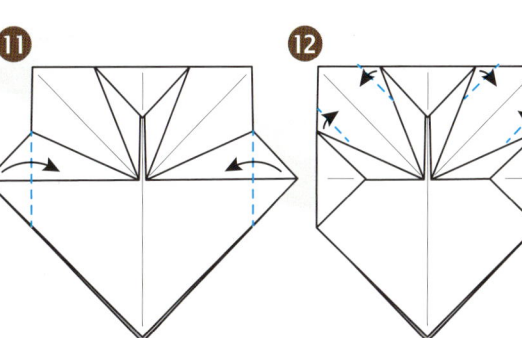

13 **14** 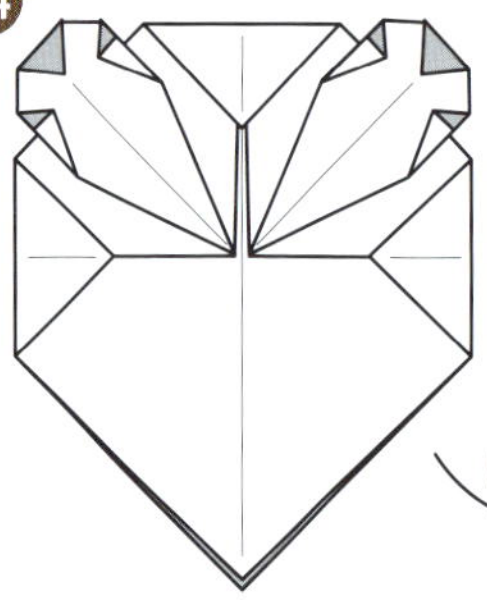 **15** 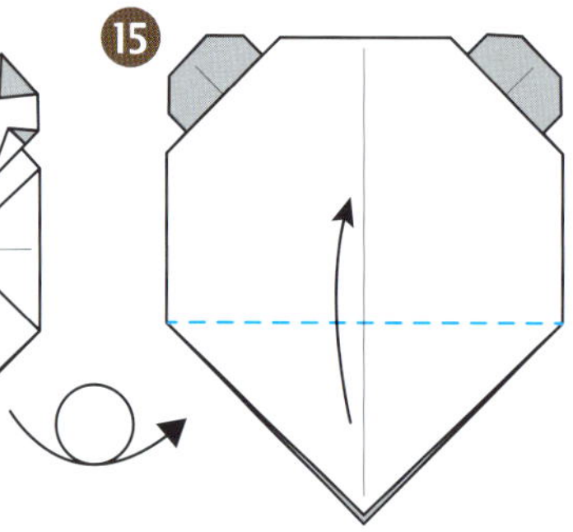 **16**

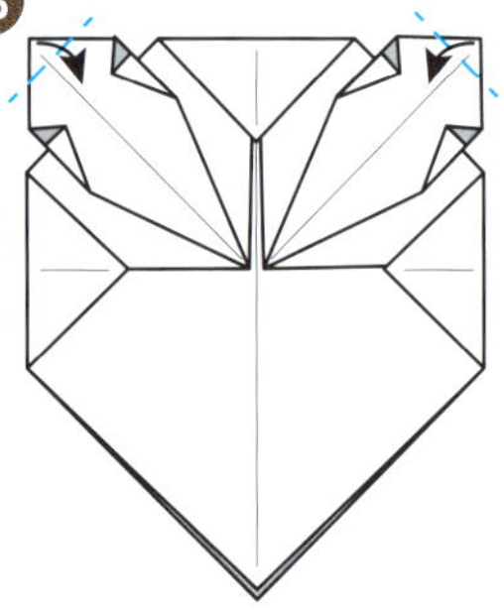

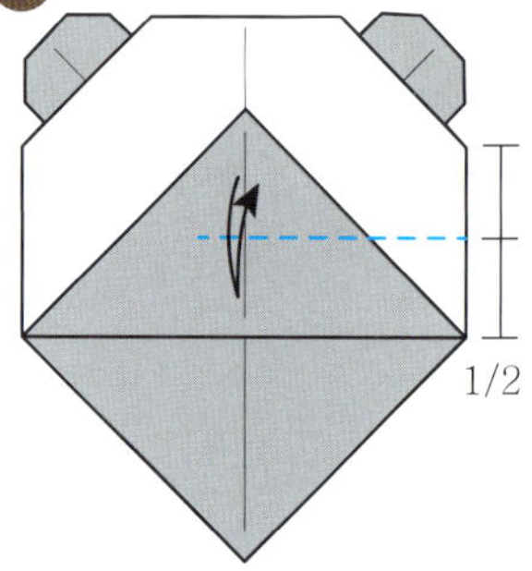

1/2

반을 살짝 접어 표시하고
접었다 펴세요.

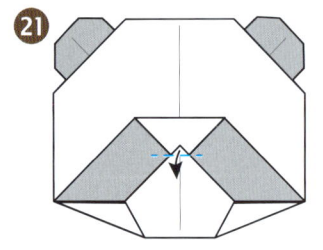 **17** **18** 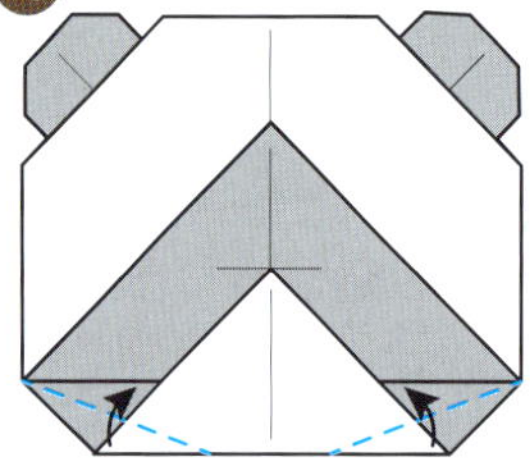 **19** **20**

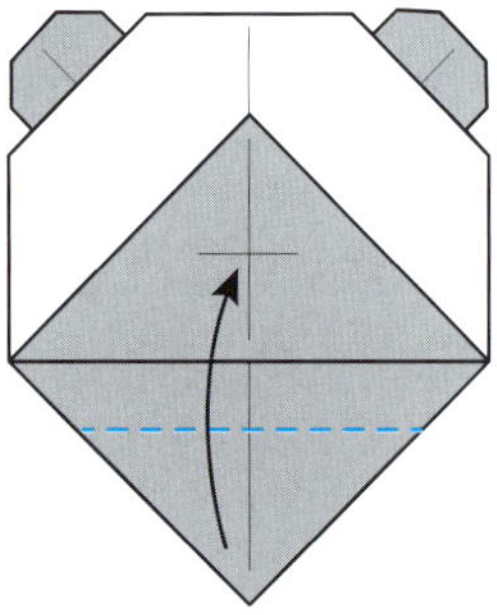

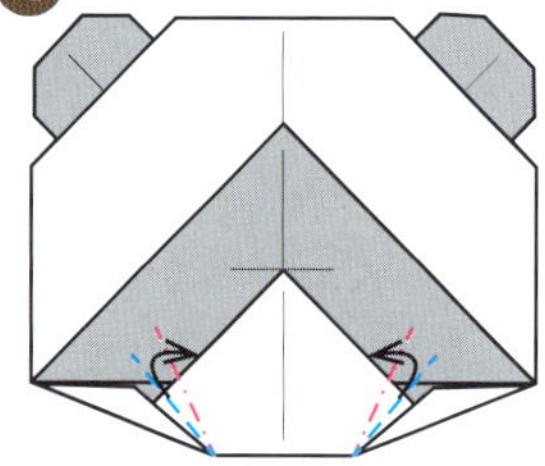

양쪽 모두 산접기하여
안으로 당겨 접어 넣으세요.

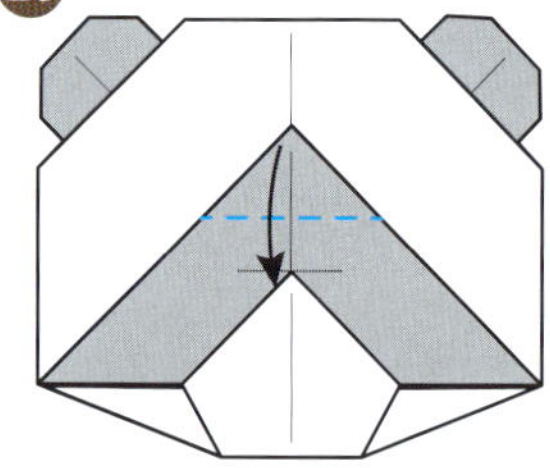

21 **22**

선에 잘 맞춰
내려 접으세요.

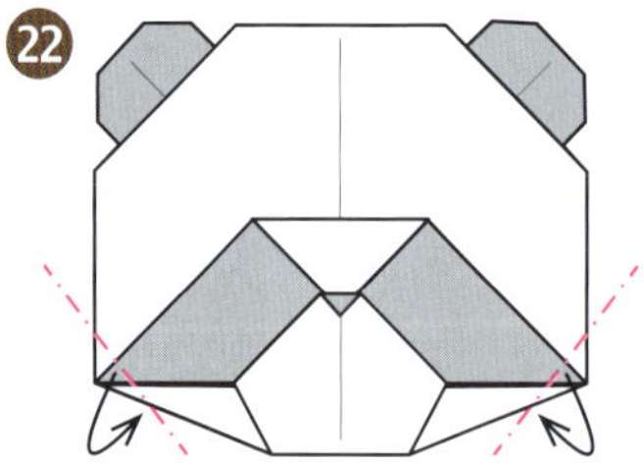

양쪽 모두 모서리를 뒤로 접으세요.

23

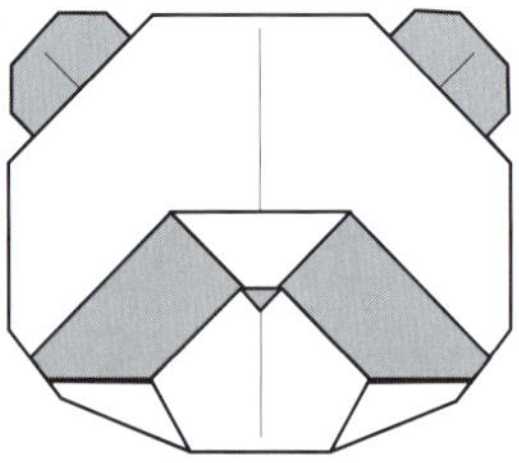

눈을 그려 주세요.

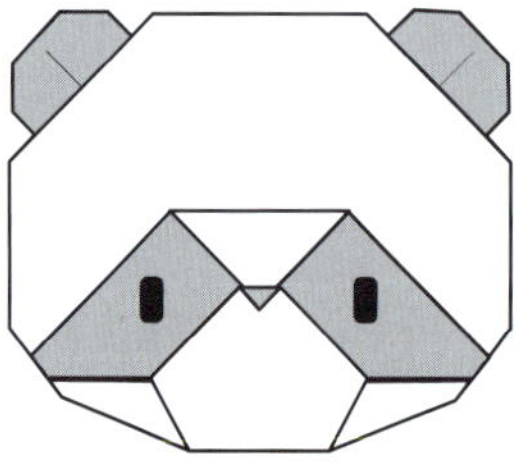

머리 완성

몸체

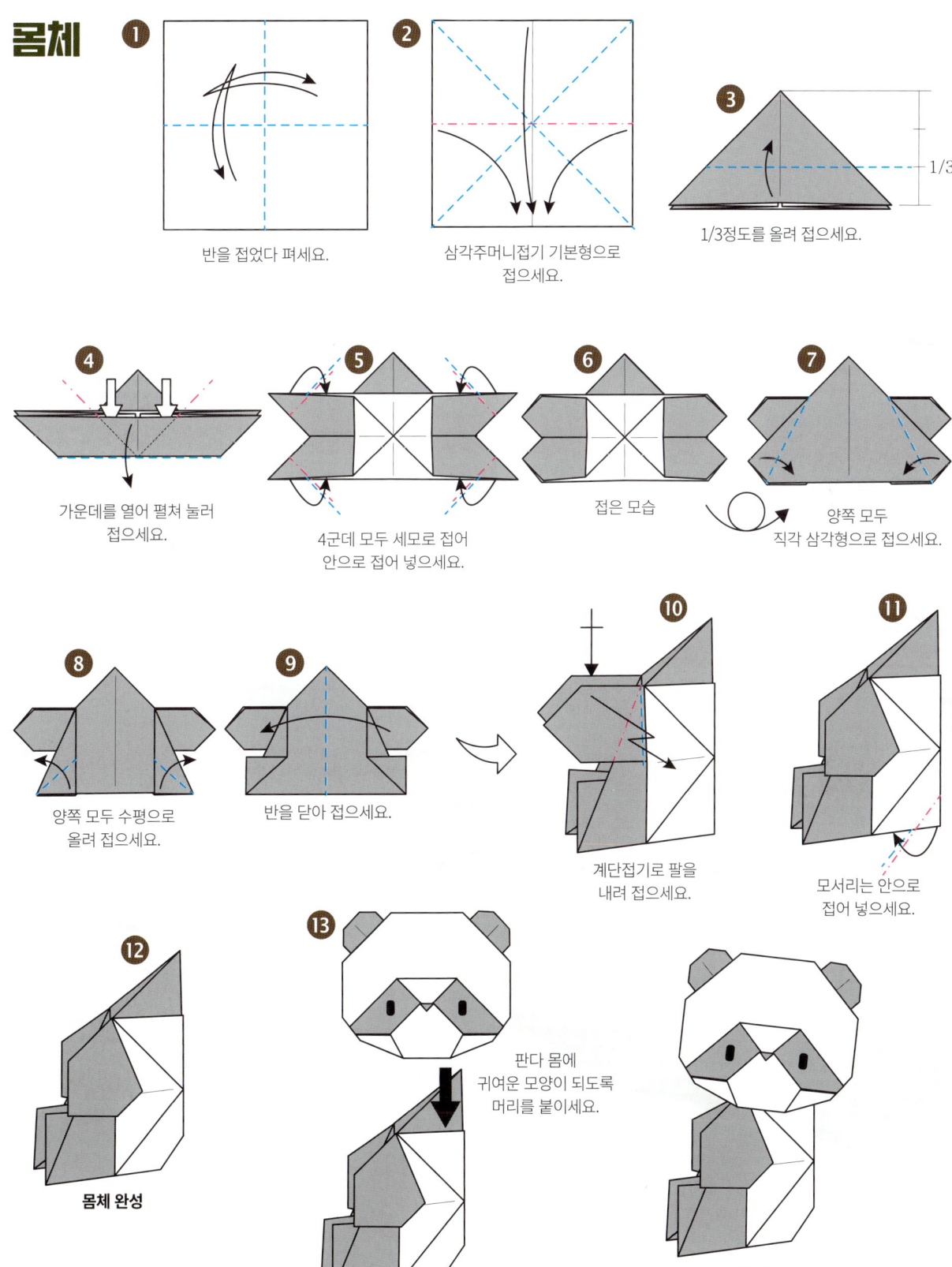

① 반을 접었다 펴세요.

② 삼각주머니접기 기본형으로 접으세요.

③ 1/3정도를 올려 접으세요.

④ 가운데를 열어 펼쳐 눌러 접으세요.

⑤ 4군데 모두 세모로 접어 안으로 접어 넣으세요.

⑥ 접은 모습

⑦ 양쪽 모두 직각 삼각형으로 접으세요.

⑧ 양쪽 모두 수평으로 올려 접으세요.

⑨ 반을 닫아 접으세요.

⑩ 계단접기로 팔을 내려 접으세요.

⑪ 모서리는 안으로 접어 넣으세요.

⑫ 몸체 완성

⑬ 판다 몸에 귀여운 모양이 되도록 머리를 붙이세요.

완성

45

(비대칭) 사각주머니접기

물개

Seal

종이 | 《단면 색종이》 15cm

사각주머니접기가 변형된 형태의 접기입니다.
사각주머니접기는 학접기 기본형과 꽃접기
기본형 전단계에서 확인할 수 있습니다.
❹번 선으로 인해 ❻번~ ❼번까지 중앙을
넘는 접기가 이루어집니다. 주의하세요.

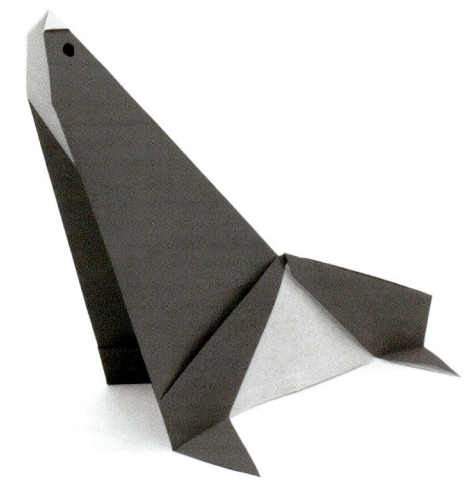

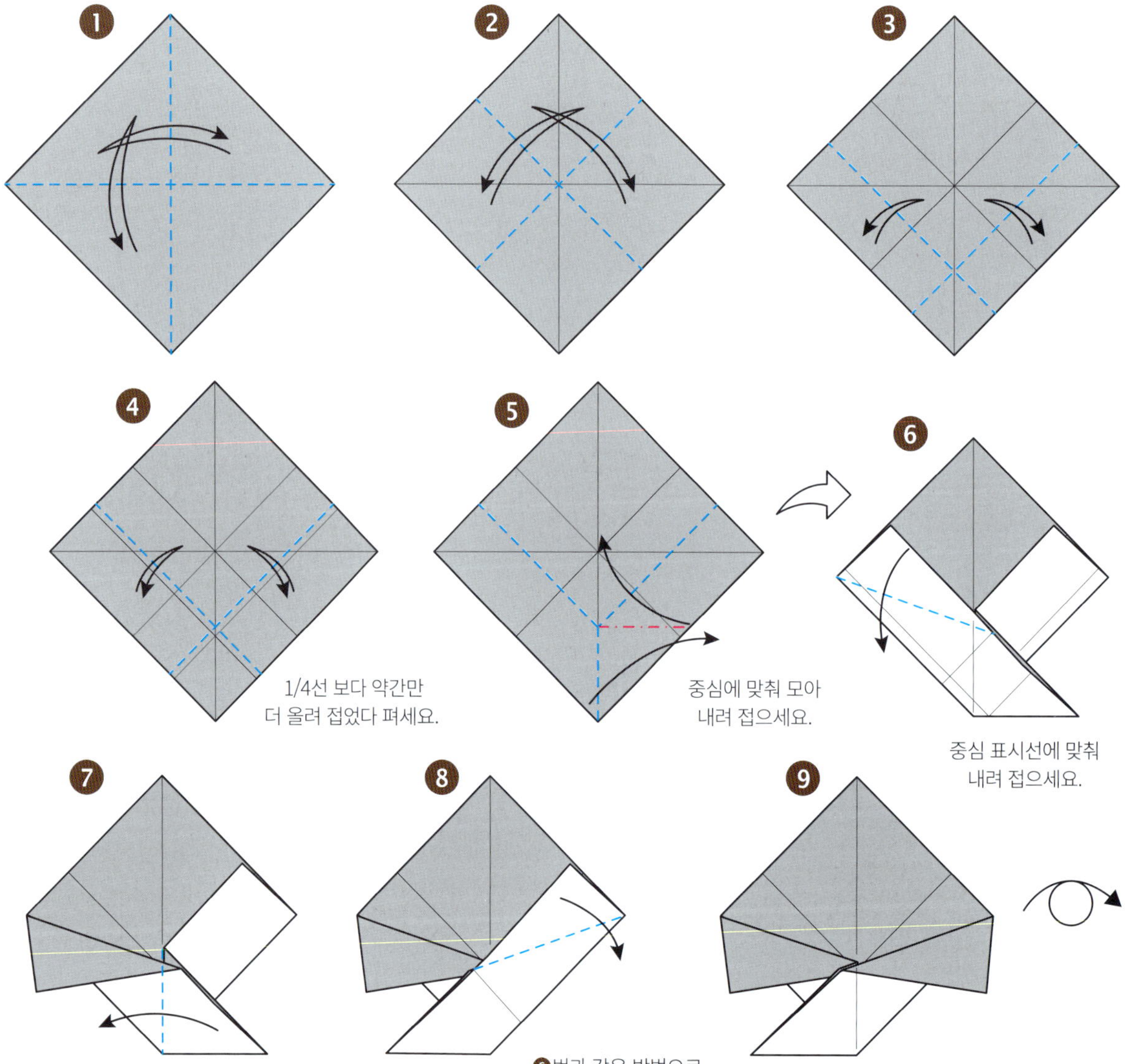

❶

❷

❸

❹

1/4선 보다 약간만
더 올려 접었다 펴세요.

❺

중심에 맞춰 모아
내려 접으세요.

❻

중심 표시선에 맞춰
내려 접으세요.

❼

옆으로 넘겨 접으세요.

❽

❻번과 같은 방법으로
내려 접으세요.

❾

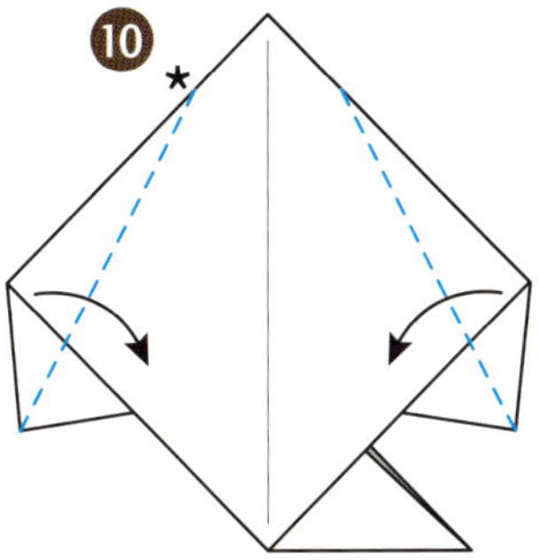

⑩

＊표시한 부분을 잘 보고 양쪽
모두 비스듬히 접으세요.

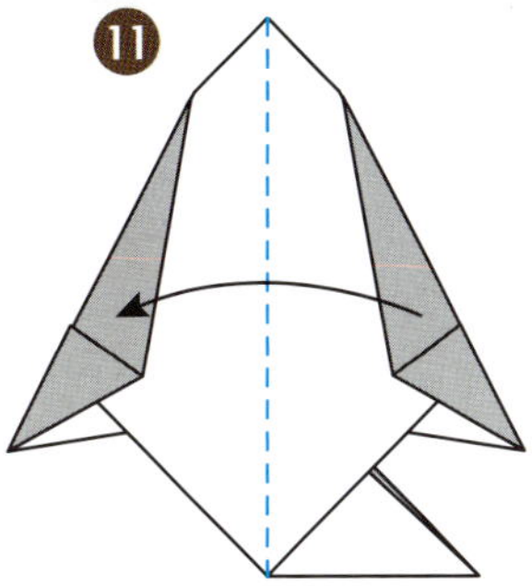

⑪

반을 접으세요.

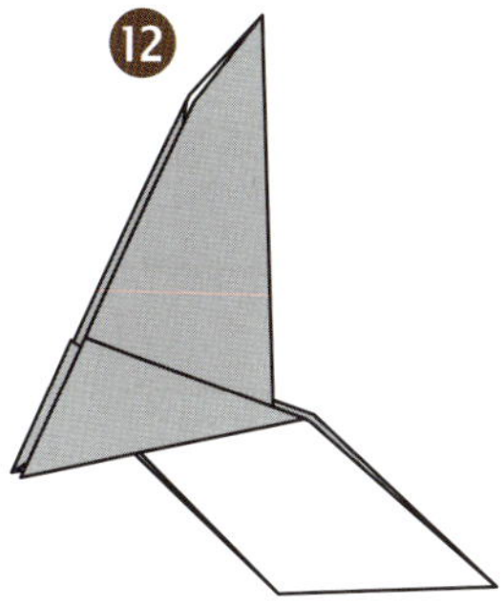

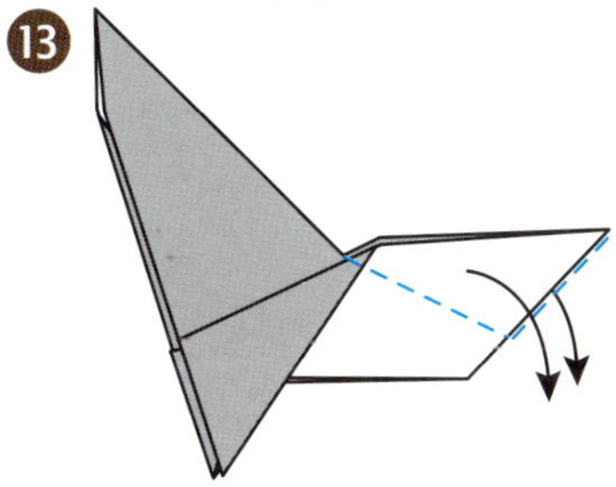

⑫

⑬

뒤집어 접으세요.

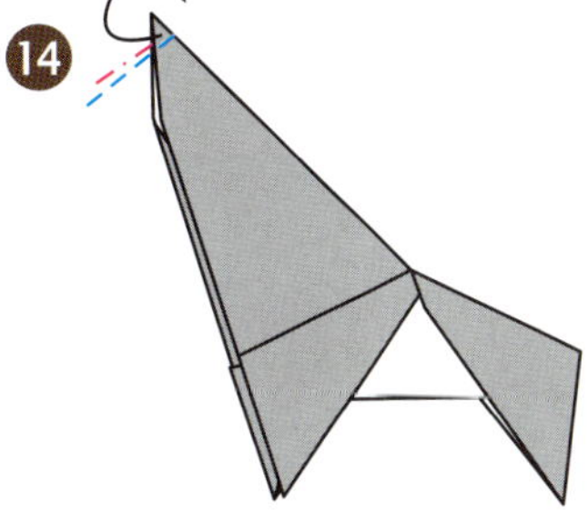

⑭

뒤집어 접으세요.

⑮

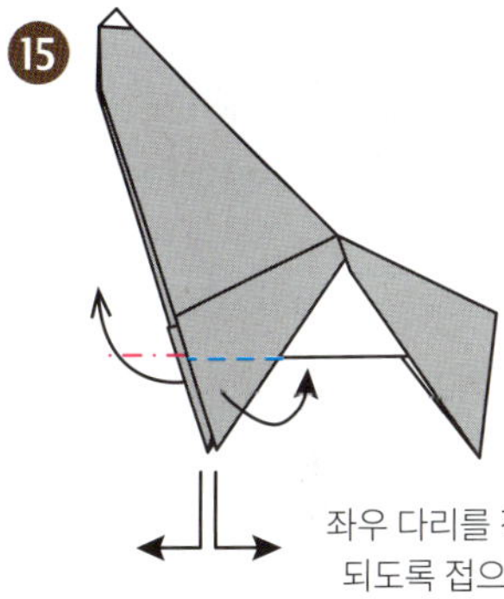

좌우 다리를 직각이
되도록 접으세요.

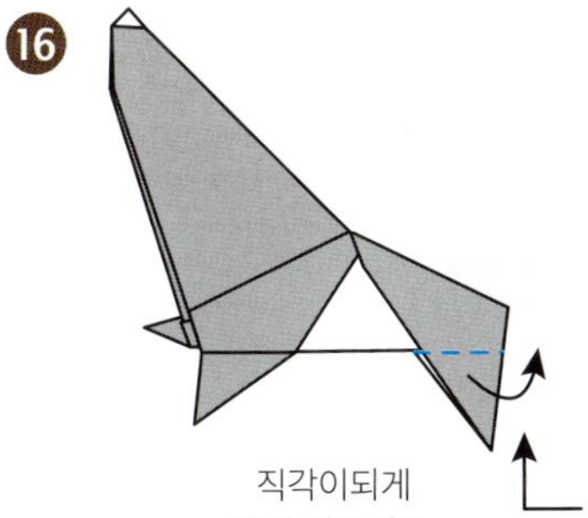

⑯

직각이되게
올려 접으세요.

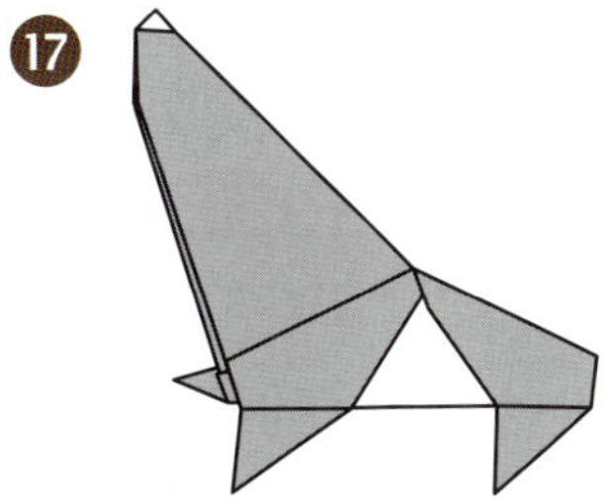

⑰

물개의 얼굴에 눈과 코를
귀엽게 그려 주세요.

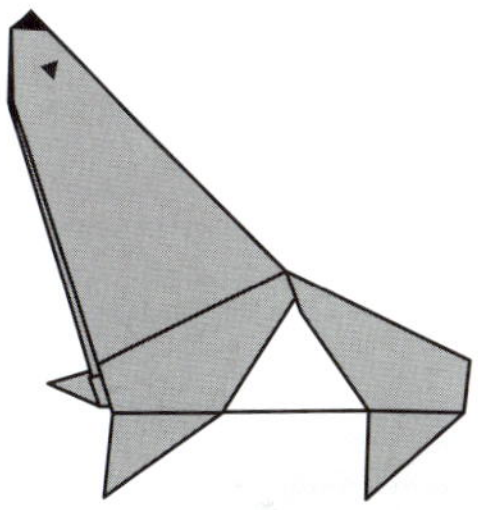

완성

정사각형의 면적을 ½로 줄이는 접기방법들

정사각형 색종이 면적을 ½로 줄이는 접기 방법은 일곱 가지가 있습니다. 다음의 그림처럼 종이접기는 쉬운 방법으로 기하학, 수학에 접근할 수 있게 해줍니다.

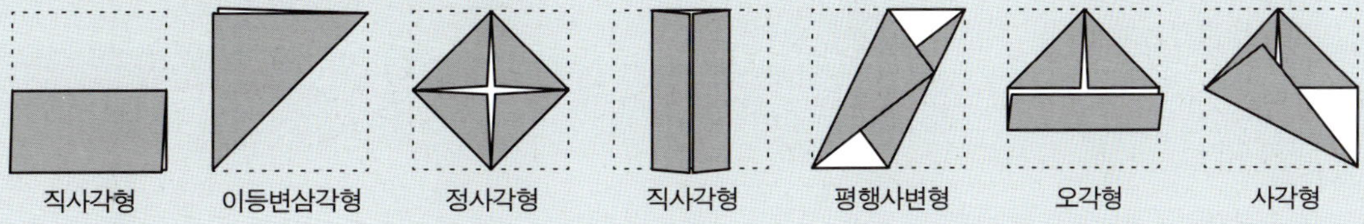

직사각형

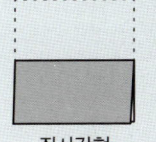 이등변삼각형

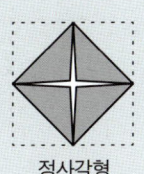 정사각형

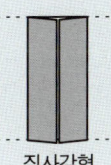 직사각형

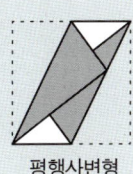 평행사변형

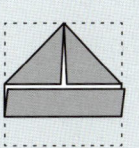 오각형

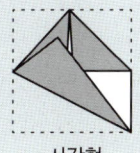 사각형

(비대칭) 사각주머니접기

고릴라

Gorilla

종이 | 《단면 색종이》 15*cm*

사각주머니접기가 비대칭으로 위쪽에 치우친
형태의 작품입니다.
안정적으로 잘 서는 작품입니다. 고릴라의
몸의 형태적 특징을 잘 관찰하기 바랍니다.

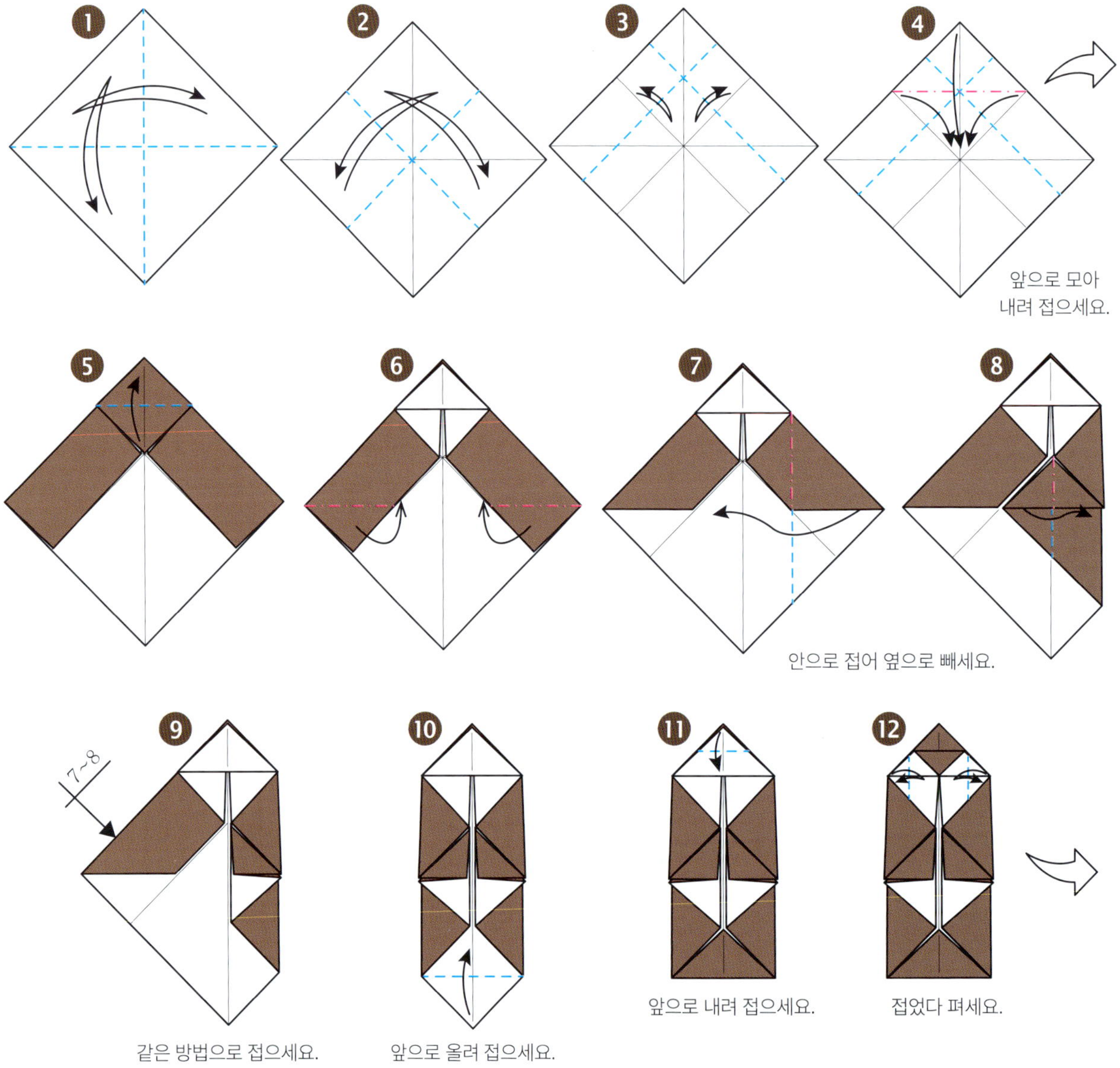

❶

❷

❸

❹

앞으로 모아
내려 접으세요.

❺

❻

❼

❽

안으로 접어 옆으로 빼세요.

❾

7~8

같은 방법으로 접으세요.

❿

앞으로 올려 접으세요.

⓫

앞으로 내려 접으세요.

⓬

접었다 펴세요.

48

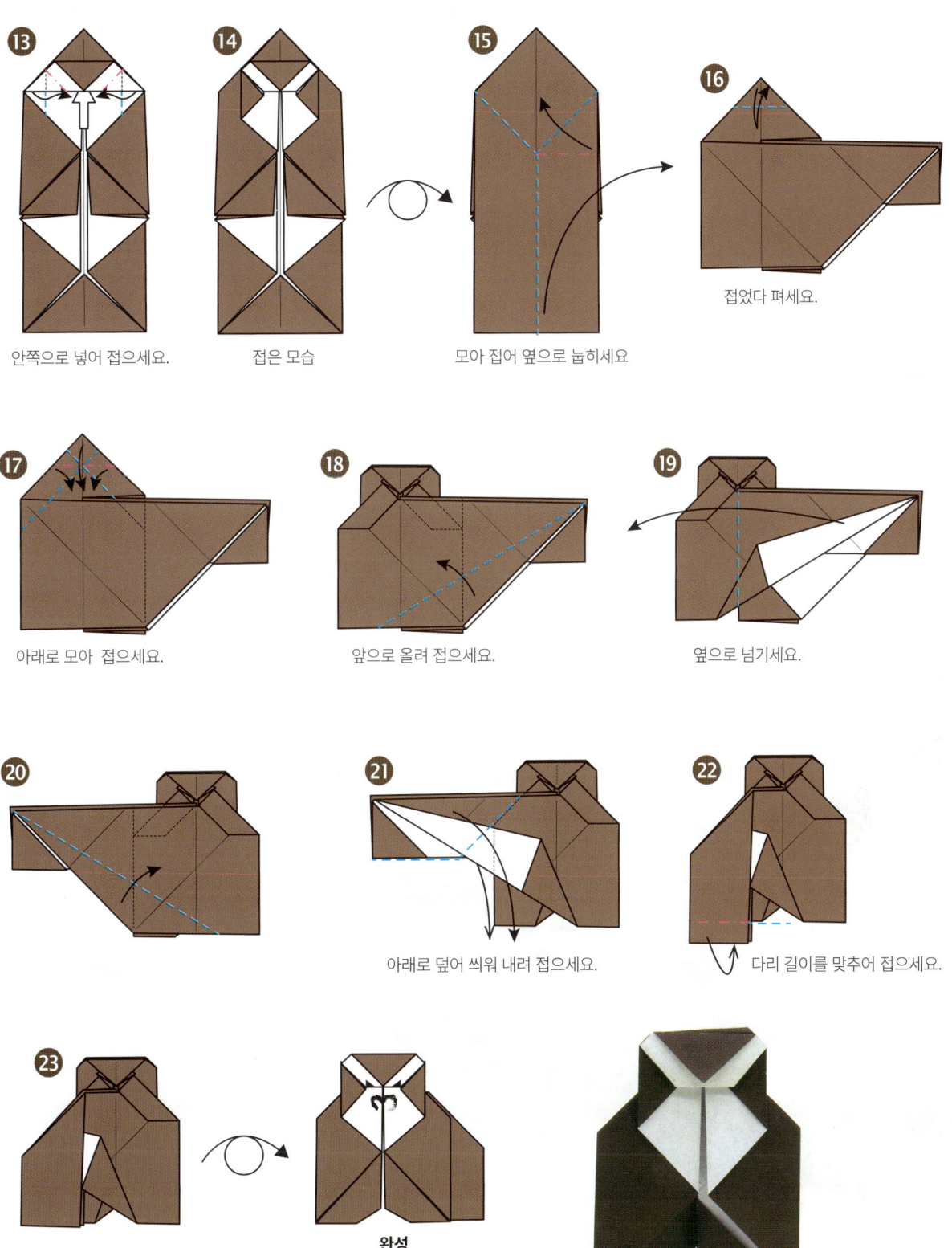

13 안쪽으로 넣어 접으세요.

14 접은 모습

15 모아 접어 옆으로 눕히세요

16 접었다 펴세요.

17 아래로 모아 접으세요.

18 앞으로 올려 접으세요.

19 옆으로 넘기세요.

20

21 아래로 덮어 씌워 내려 접으세요.

22 다리 길이를 맞추어 접으세요.

23

완성

눈과 코를 그려 주세요.

학접기
단봉낙타
Camel

종이 | 《단면 색종이》 15*cm*

뒷다리가 1개인 작품입니다. 뒷다리의 길이를
맞추는 ⑬번 작업에 주의하시기 바랍니다.

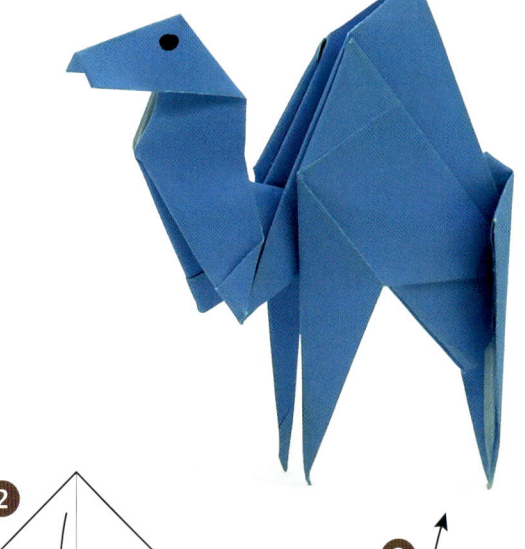

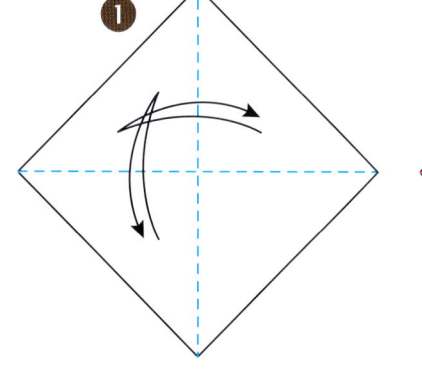

①

② 사각주머니접기
기본형으로 접으세요.

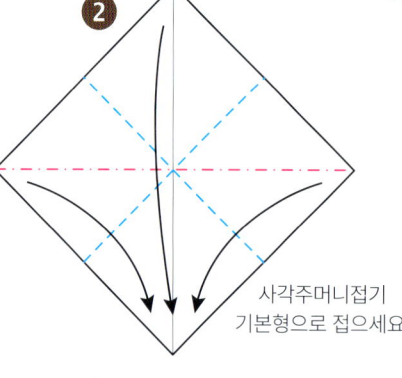

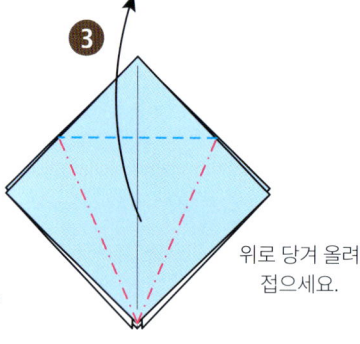

③ 위로 당겨 올려
접으세요.

④

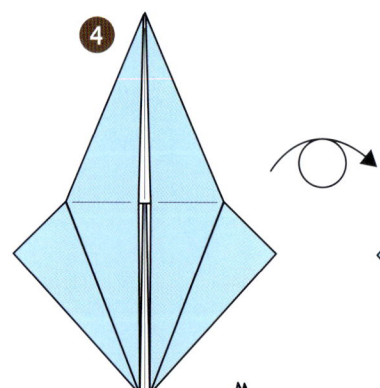

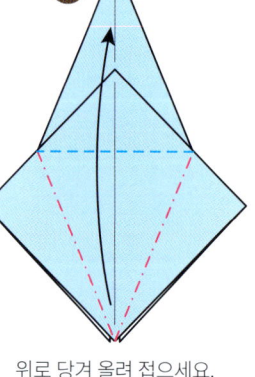

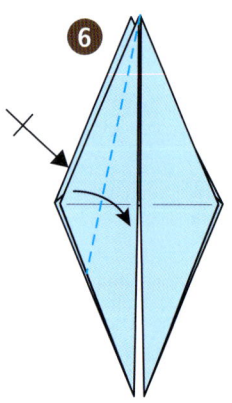

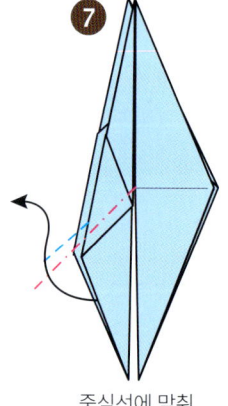

⑤ 위로 당겨 올려 접으세요.

⑥ 뒤쪽도 같은 방법으로
중심선에 맞춰 접으세요.

⑦ 중심선에 맞춰
안쪽으로 접으세요.

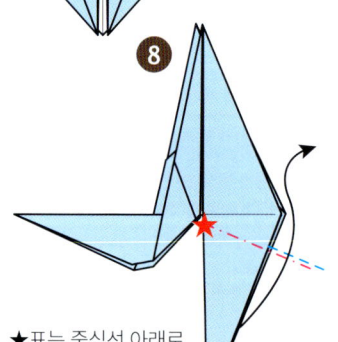

⑧ ★표는 중심선 아래로
접어 안쪽으로
올려 접으세요.

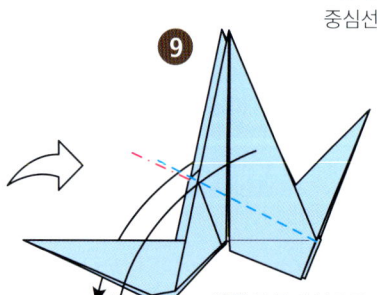

⑨ 양쪽 모두 사선으로
내려 접으세요.

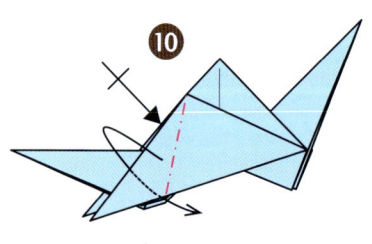

⑩ 사선에 맞춰 산접기로
내려 접으세요.

50

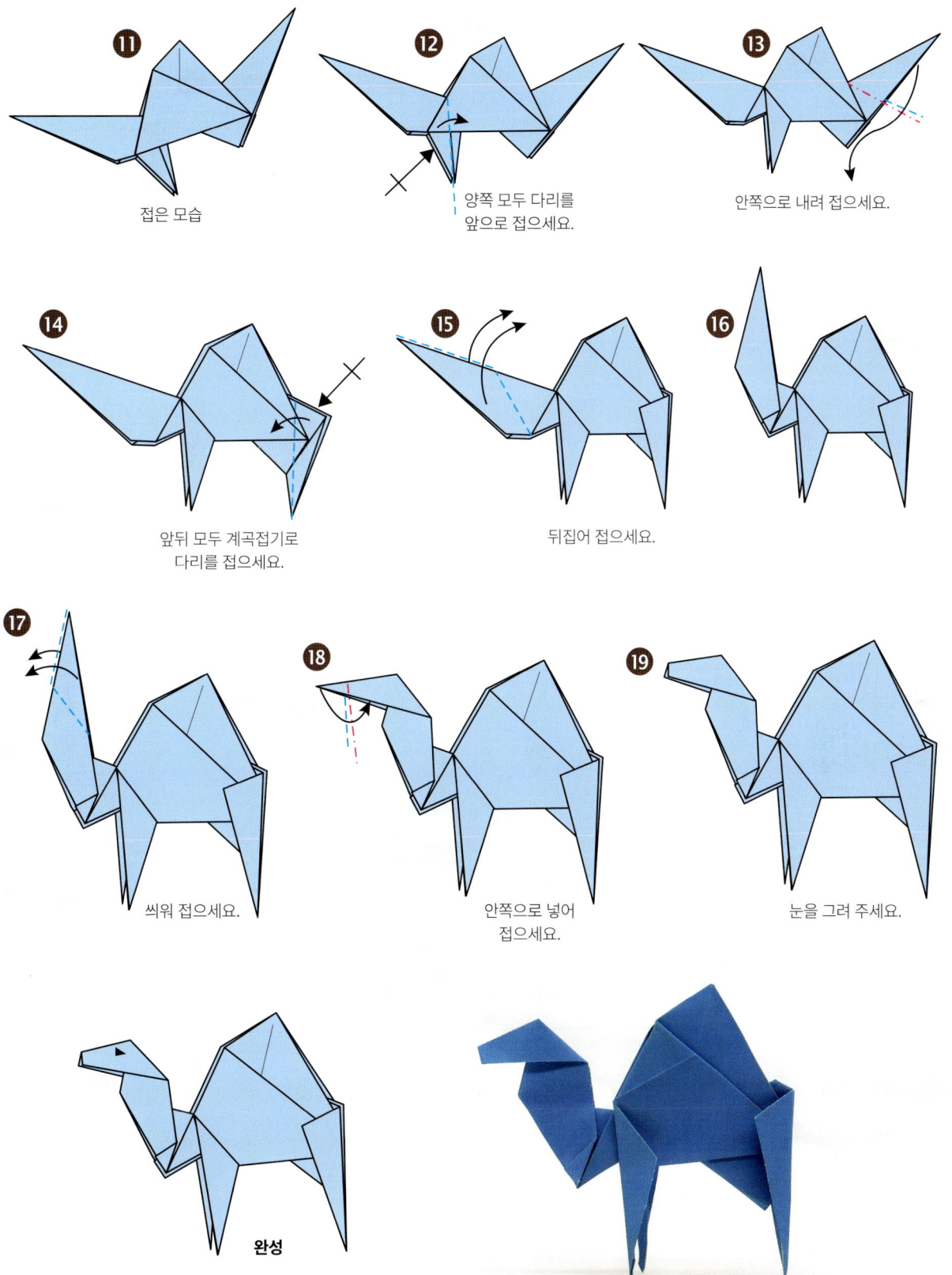

⑪ 접은 모습

⑫ 양쪽 모두 다리를
앞으로 접으세요.

⑬ 안쪽으로 내려 접으세요.

⑭ 앞뒤 모두 계곡접기로
다리를 접으세요.

⑮ 뒤집어 접으세요.

⑯

⑰ 씌워 접으세요.

⑱ 안쪽으로 넣어
접으세요.

⑲ 눈을 그려 주세요.

완성

꽃접기

고슴도치

❀심사작품

Hedgehog

종이 | 《단면 색종이》 15㎝

고슴도치의 특징인 등의 뿔을 표현한 작품입니다.
뿔을 표현하는 데 집중하며 ⓬번 접기에도 주의하세요.

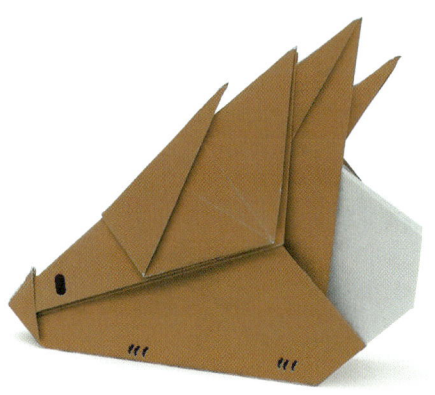

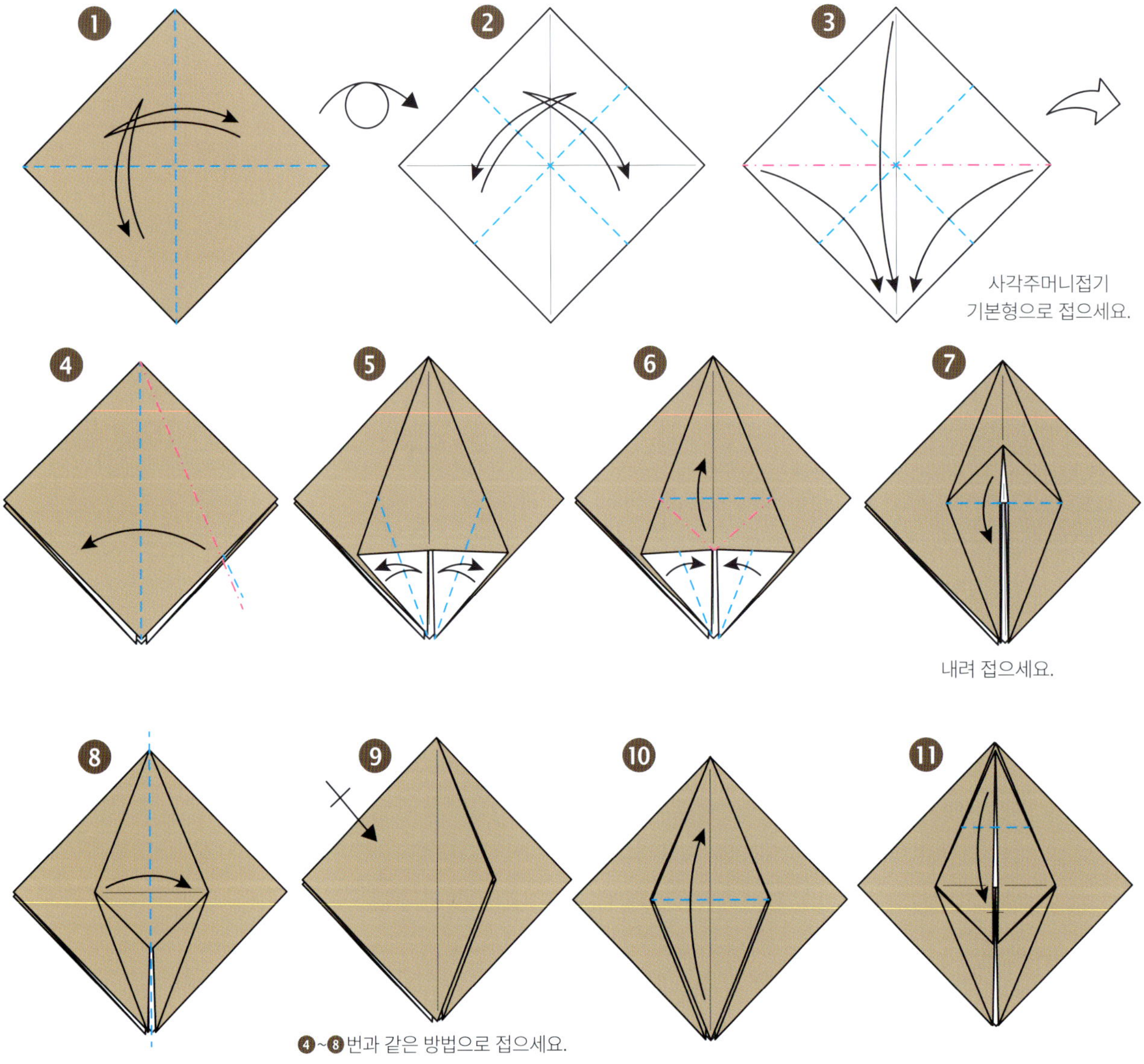

1
2
3
사각주머니접기
기본형으로 접으세요.
4
5
6
7
내려 접으세요.
8
9
10
11
❹~❽번과 같은 방법으로 접으세요.

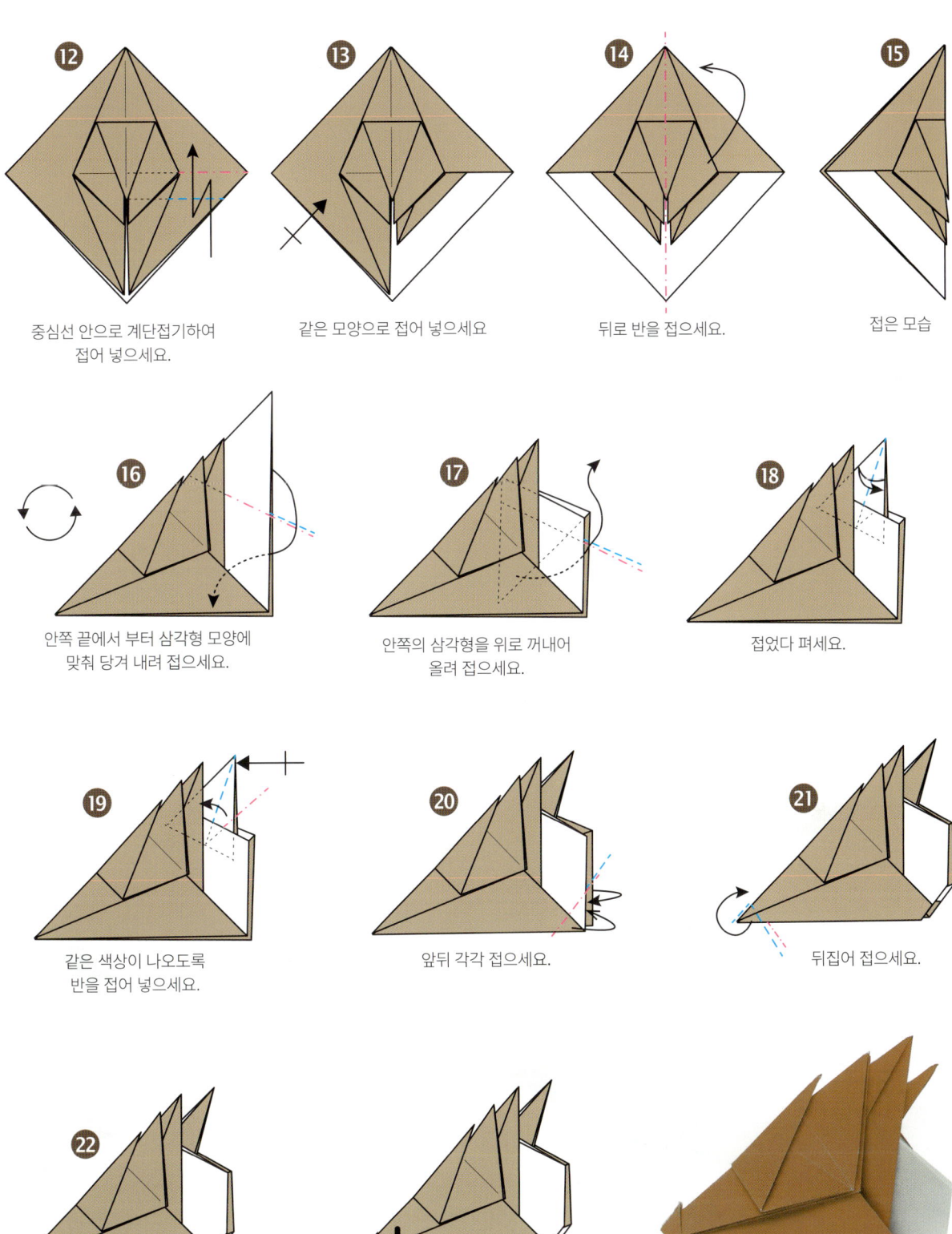

12 중심선 안으로 계단접기하여
접어 넣으세요.

13 같은 모양으로 접어 넣으세요

14 뒤로 반을 접으세요.

15 접은 모습

16 안쪽 끝에서 부터 삼각형 모양에
맞춰 당겨 내려 접으세요.

17 안쪽의 삼각형을 위로 꺼내어
올려 접으세요.

18 접었다 펴세요.

19 같은 색상이 나오도록
반을 접어 넣으세요.

20 앞뒤 각각 접으세요.

21 뒤집어 접으세요.

22 얼굴과 발을 예쁘게 그려 주세요.

완성

호랑이

Tiger

종이 | 《단면 색종이》 15cm

우리가 알고 있는 기본형이 아닌 ⑤번의
형태처럼 비정형적인 형태에서 접어 나가는
작품입니다.

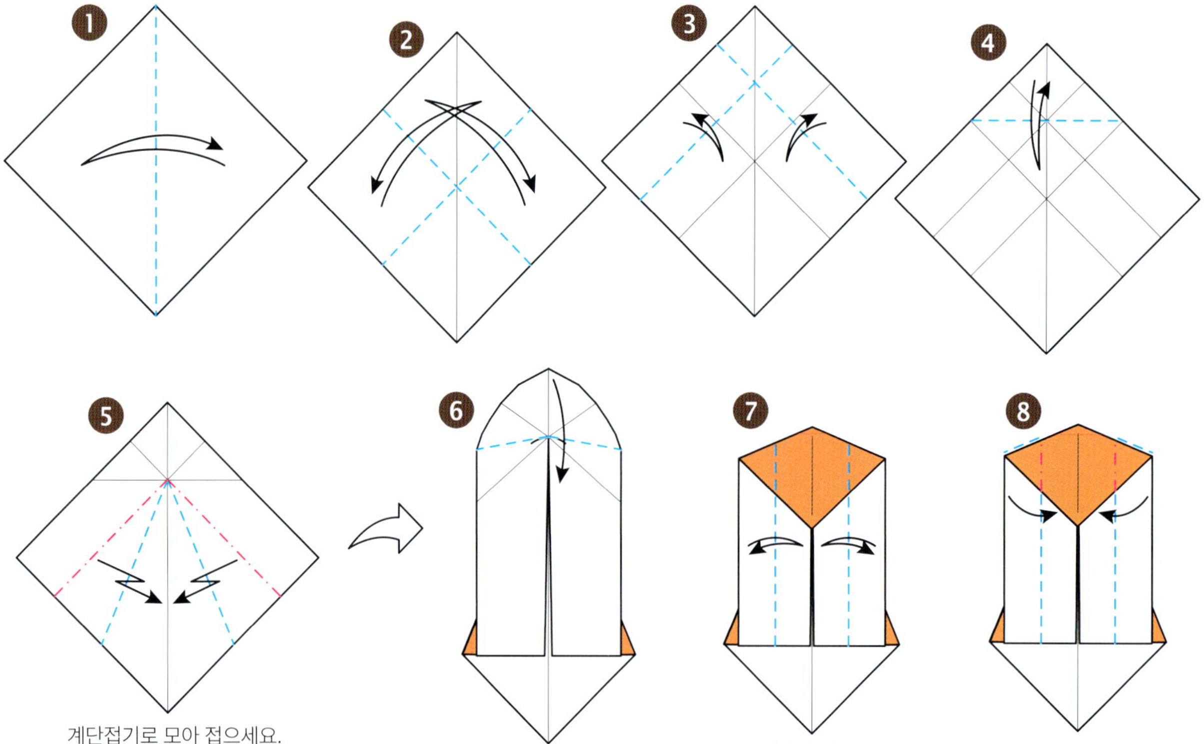

① ② ③ ④

⑤

계단접기로 모아 접으세요.

⑥

앞으로 내려 접으세요.

⑦

접었다 펴세요.

⑧

안으로 접어 모으세요.

⑨ ⑩ ⑪ ⑫

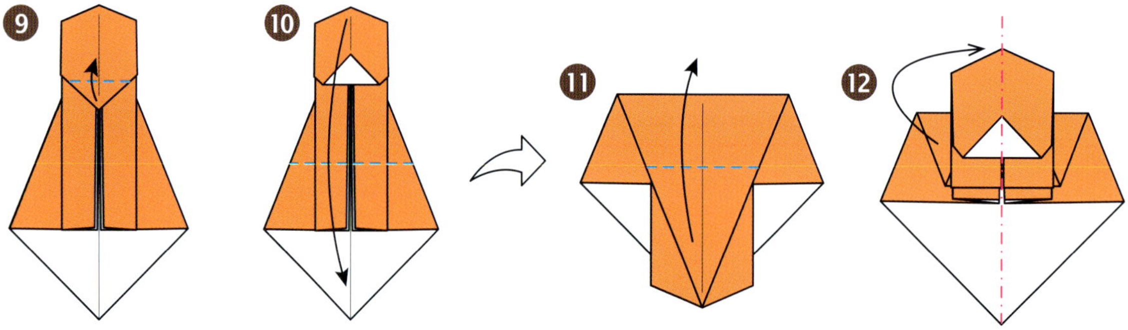

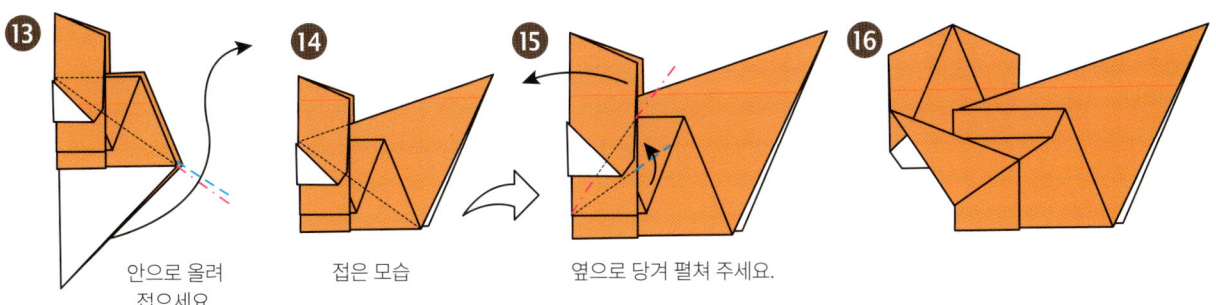

⑬ 안으로 올려
접으세요.

⑭ 접은 모습

⑮ 옆으로 당겨 펼쳐 주세요.

⑯

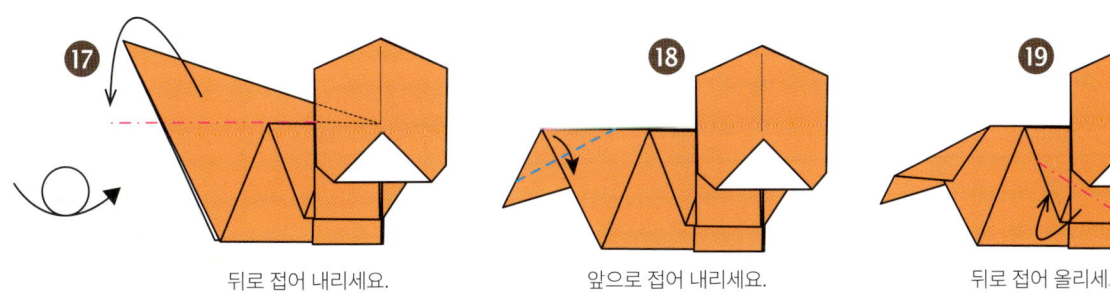

⑰ 뒤로 접어 내리세요.

⑱ 앞으로 접어 내리세요.

⑲ 뒤로 접어 올리세요.

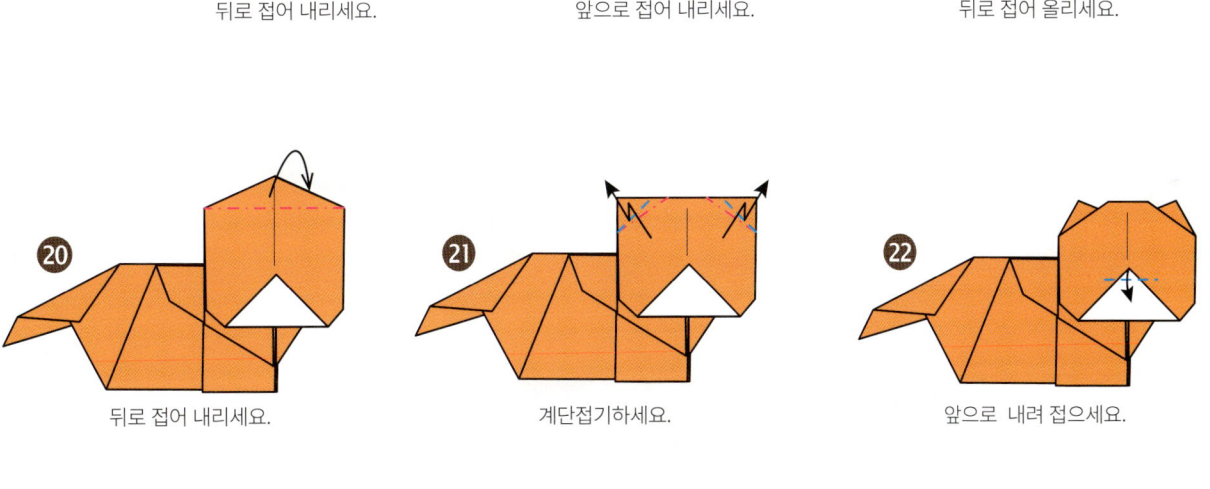

⑳ 뒤로 접어 내리세요.

㉑ 계단접기하세요.

㉒ 앞으로 내려 접으세요.

㉓ 무늬를 그려 주세요.

완성

비기본형

구피

Guppy

종이 | 《단면 색종이》 15㎝

날개접기와 아이스크림접기가 혼합된 접기입니다.
넓고 큰 뒷꼬리를 어떻게 표현하는지 유의하세요.

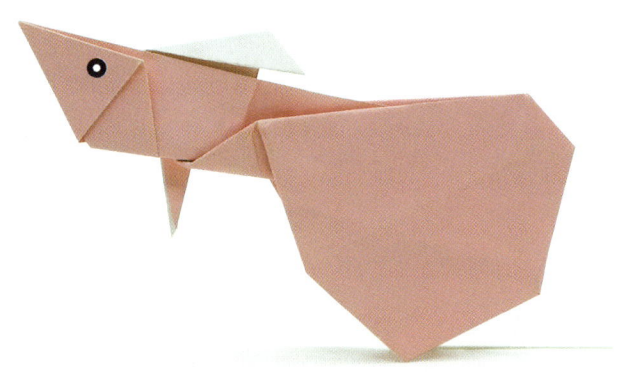

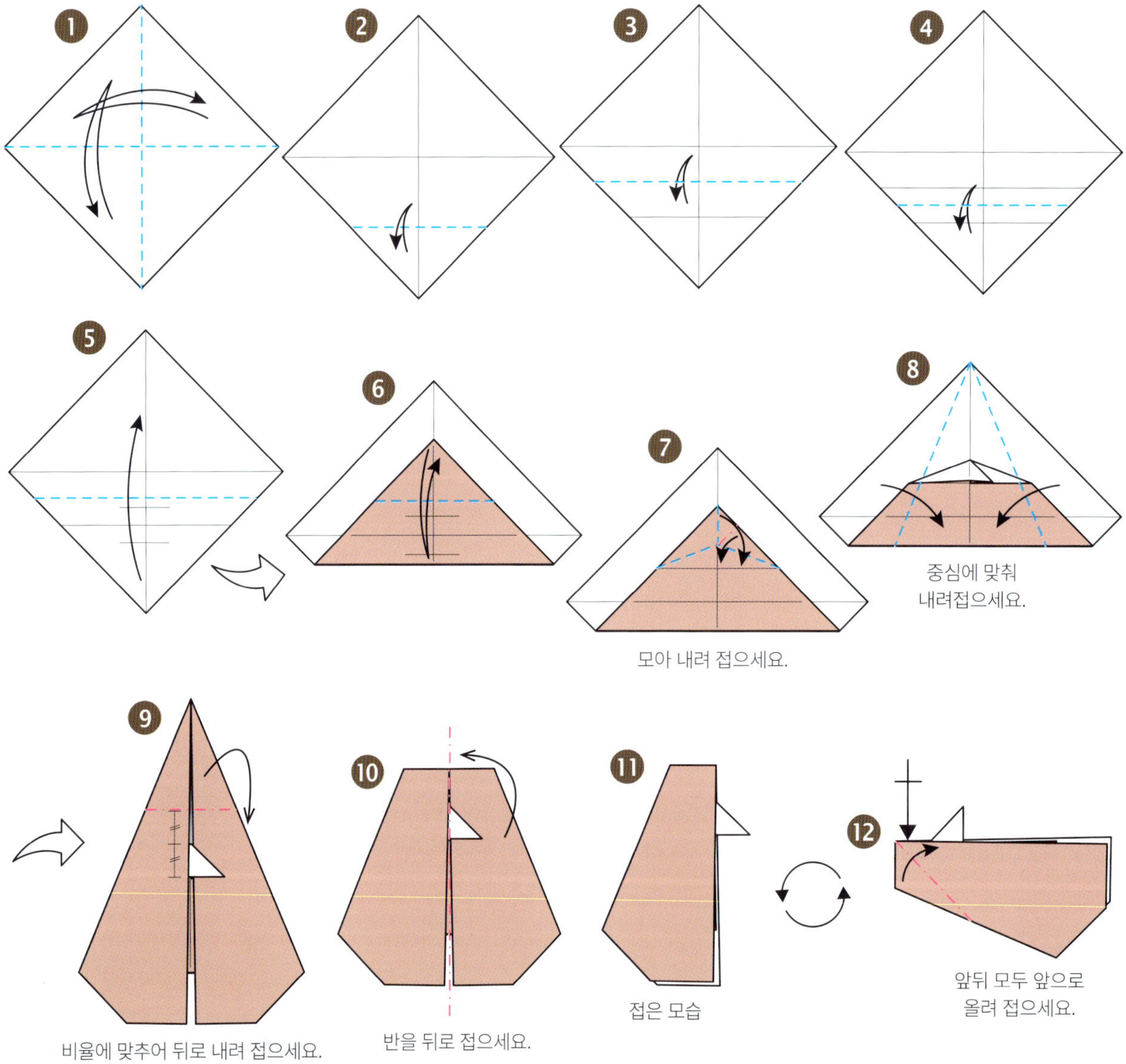
1
2
3
4
5
6
7
8
중심에 맞춰
내려접으세요.
모아 내려 접으세요.
9
비율에 맞추어 뒤로 내려 접으세요.
10
반을 뒤로 접으세요.
11
접은 모습
12
앞뒤 모두 앞으로
올려 접으세요.

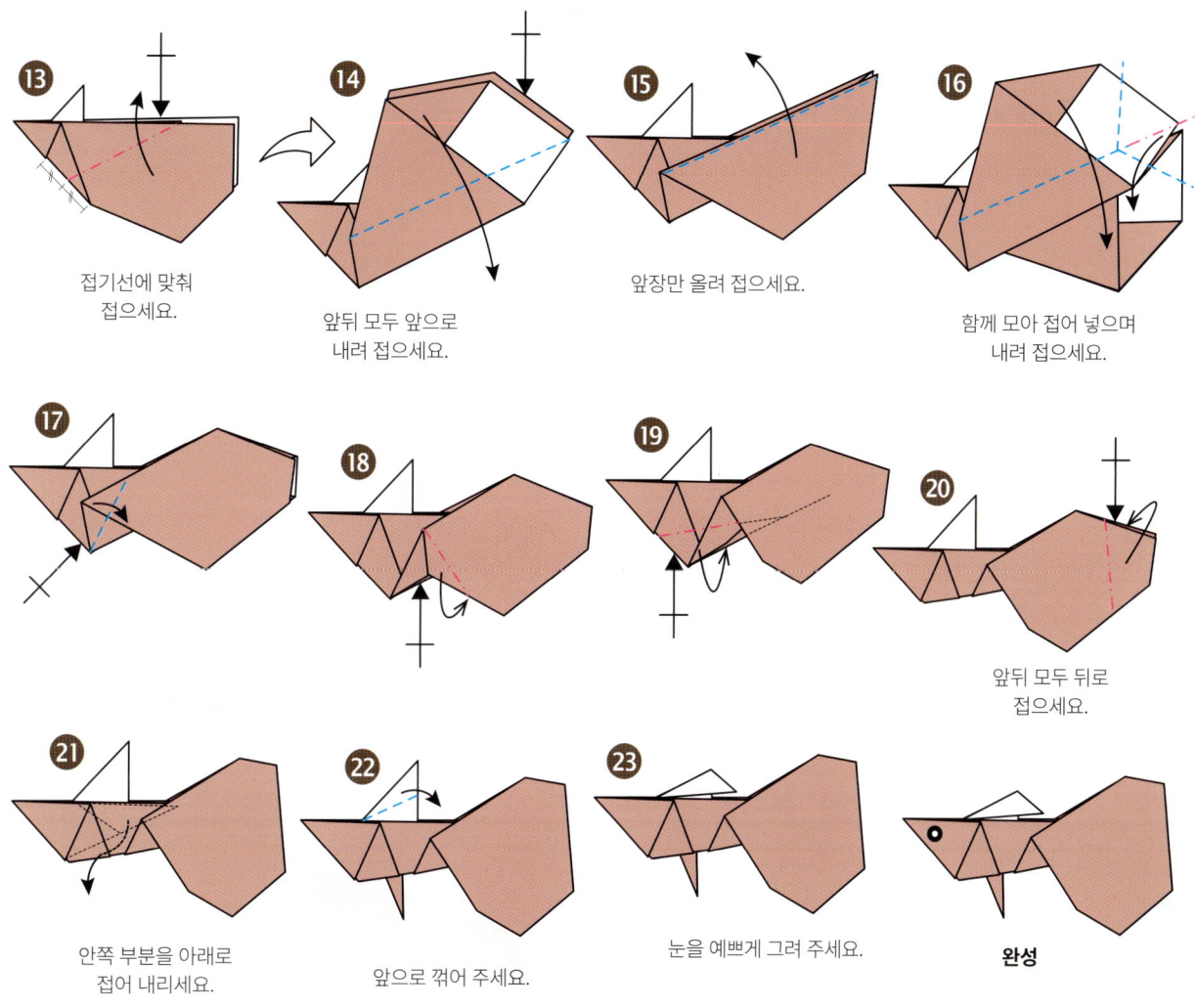

13 접기선에 맞춰
접으세요.

14 앞뒤 모두 앞으로
내려 접으세요.

15 앞장만 올려 접으세요.

16 함께 모아 접어 넣으며
내려 접으세요.

17

18

19

20 앞뒤 모두 뒤로
접으세요.

21 안쪽 부분을 아래로
접어 내리세요.

22 앞으로 꺾어 주세요.

23 눈을 예쁘게 그려 주세요.

완성

종이접기에 사용하는 종이와 도구

종이접기에는 대부분 백상지의 일종인 60g/㎡ 종이를 사용하여 생산한 색종이를 사용하지만 작가의 의도에 따라 다양한 종이를 사용할 수 있습니다. 크기가 크고 스텝이 많은 작품을 제작할 때는 '다물지'나 풀을 먹인 '한지'를 사용하기도 합니다. 색종이는 다양한 크기의 포장된 정사각형으로 판매됩니다. 일반적으로 한 면에 같은 색이 칠해져 있는 '단면'과 '양면' 색종이가 있으며 무늬와 패턴이 있는 버전과 색상이 그라데이션으로 이루어져 있는 '꽃나래' 색종이가 있습니다. 이 종이는 50~70g/㎡ 무게인데, 일반 복사지인 70~90g/㎡이상의 무거운 종이는 두껍기도하여 간단한 접기 이외에는 사용하기 어려워서 습식 접기 등에 사용됩니다.

그 밖에 종이를 반듯하게 접기 위해 사용하는 도구인 '본폴더(Bonefolder)'는 종이를 눌러주는 손가락 역할을 할 수 있으며, '핀셋(Pincette)'을 사용하여 작은 주름을 만들 수 있습니다. 완성된 모델은 모양을 더 잘 유지하도록 '스프레이(Spray)'를 사용하는 경우도 있습니다.

코뿔소

Rhinoceros

종이 | 《단면 색종이》 15cm

기본형에 없는 방식이지만 동물접기에 많이
사용되는 접기형으로 날개접기라고 불립니다.

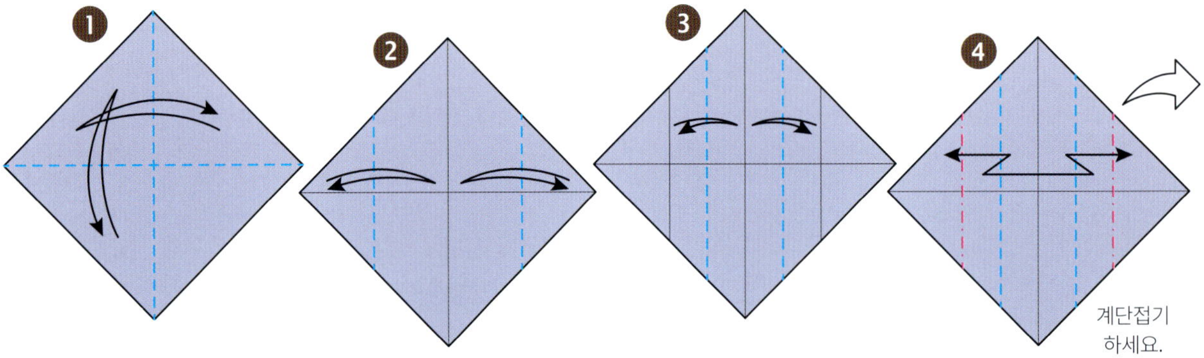

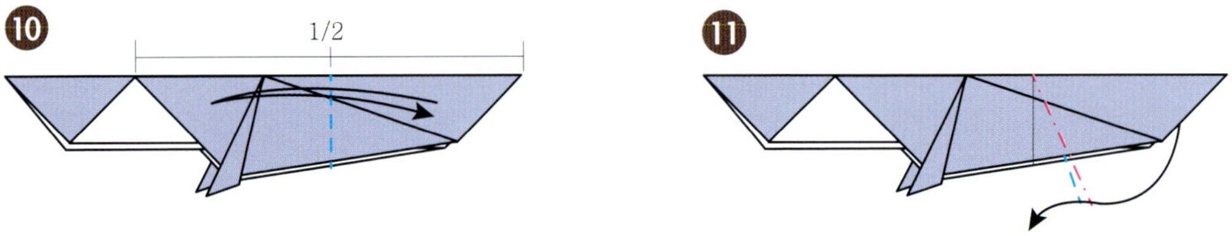

① ② ③ ④

계단접기
하세요.

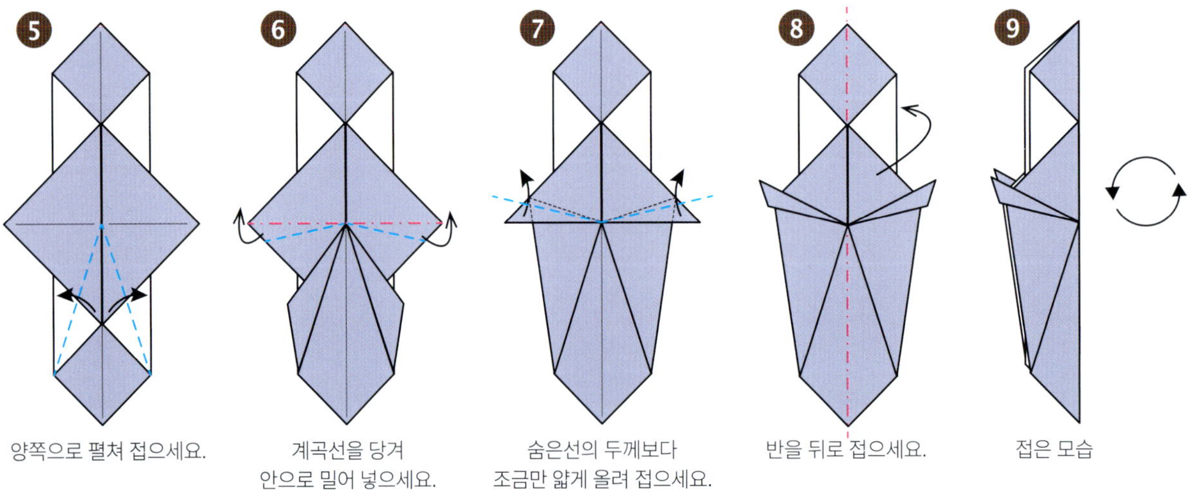

⑤ ⑥ ⑦ ⑧ ⑨

양쪽으로 펼쳐 접으세요. 계곡선을 당겨
안으로 밀어 넣으세요.
숨은선의 두께보다
조금만 얇게 올려 접으세요.
반을 뒤로 접으세요. 접은 모습

⑩ 1/2 ⑪

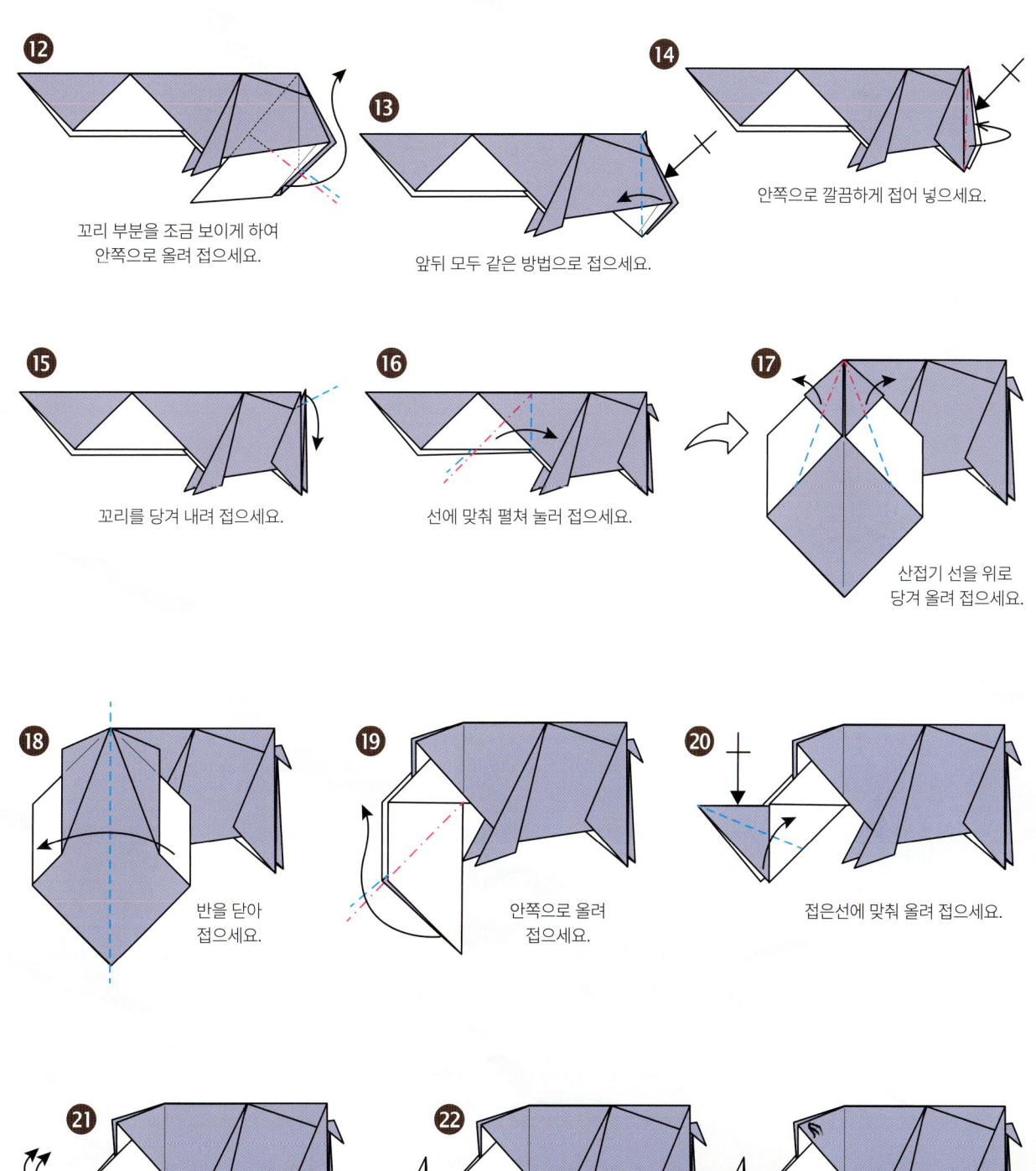

12 꼬리 부분을 조금 보이게 하여
안쪽으로 올려 접으세요.

13 앞뒤 모두 같은 방법으로 접으세요.

14 안쪽으로 깔끔하게 접어 넣으세요.

15 꼬리를 당겨 내려 접으세요.

16 선에 맞춰 펼쳐 눌러 접으세요.

17 산접기 선을 위로
당겨 올려 접으세요.

18 반을 닫아
접으세요.

19 안쪽으로 올려
접으세요.

20 접은선에 맞춰 올려 접으세요.

21 뒤집어 올려 접으세요.

22 눈, 귀를 예쁘게 그려 주세요.

완성

비기본형

날다람쥐

Flying squirrel

종이 | 《단면 색종이》 15㎝

날개 접기로 넓은 날개를 표현할 수 있습니다.
단, 다른 경우에 비해 비율 조정이 복잡한
경우가 있으니 접을 때 주의하세요.

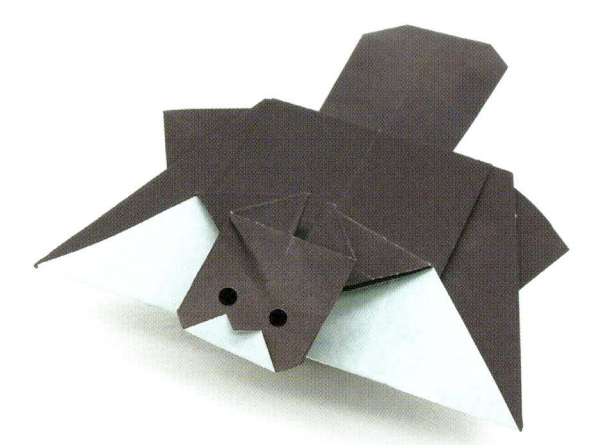

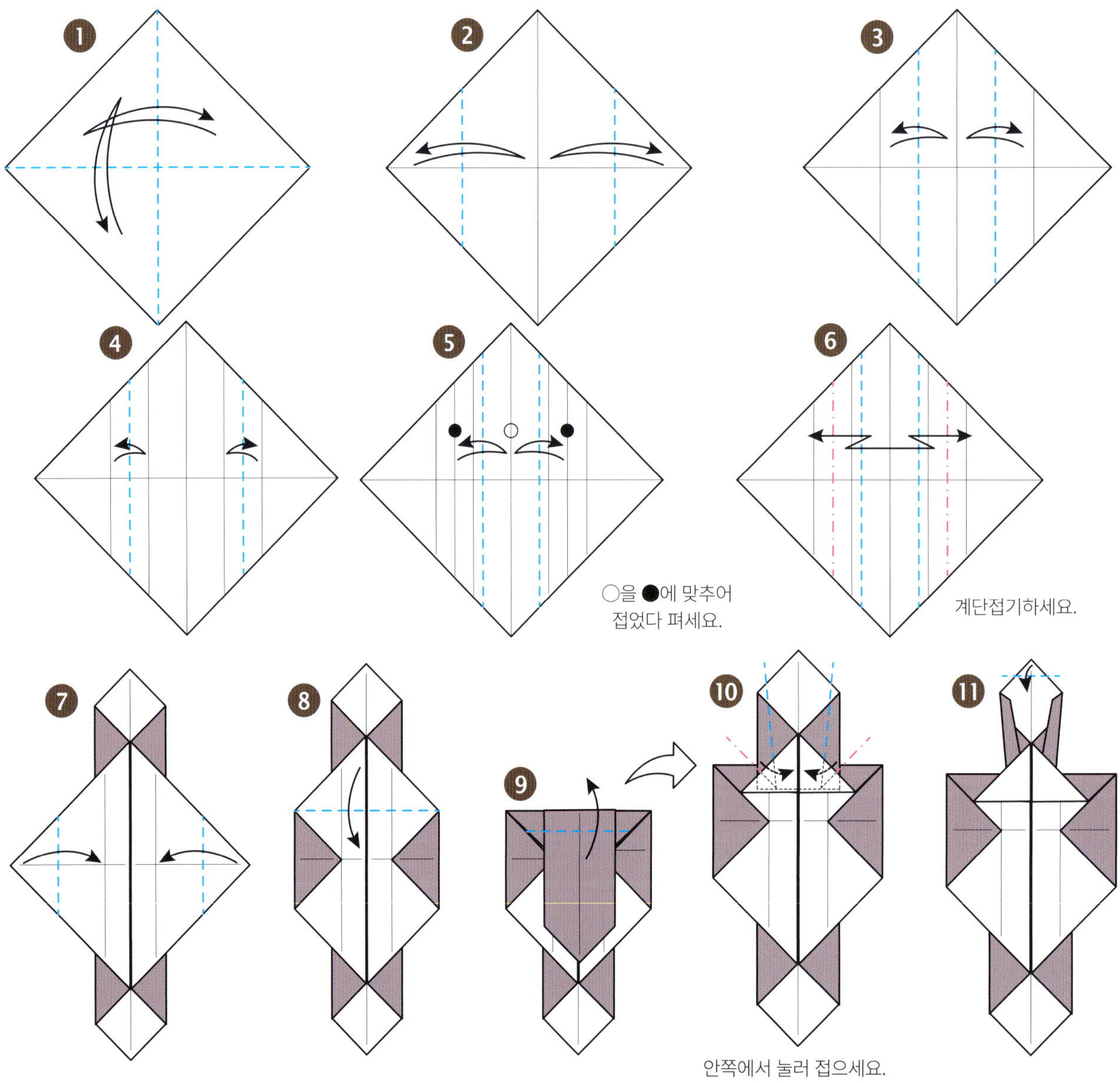

1
2
3
4
5
○을 ●에 맞추어
접었다 펴세요.
6
계단접기하세요.
7
8
9
10
11
안쪽에서 눌러 접으세요.

12

13

14

15

계단접기하세요.

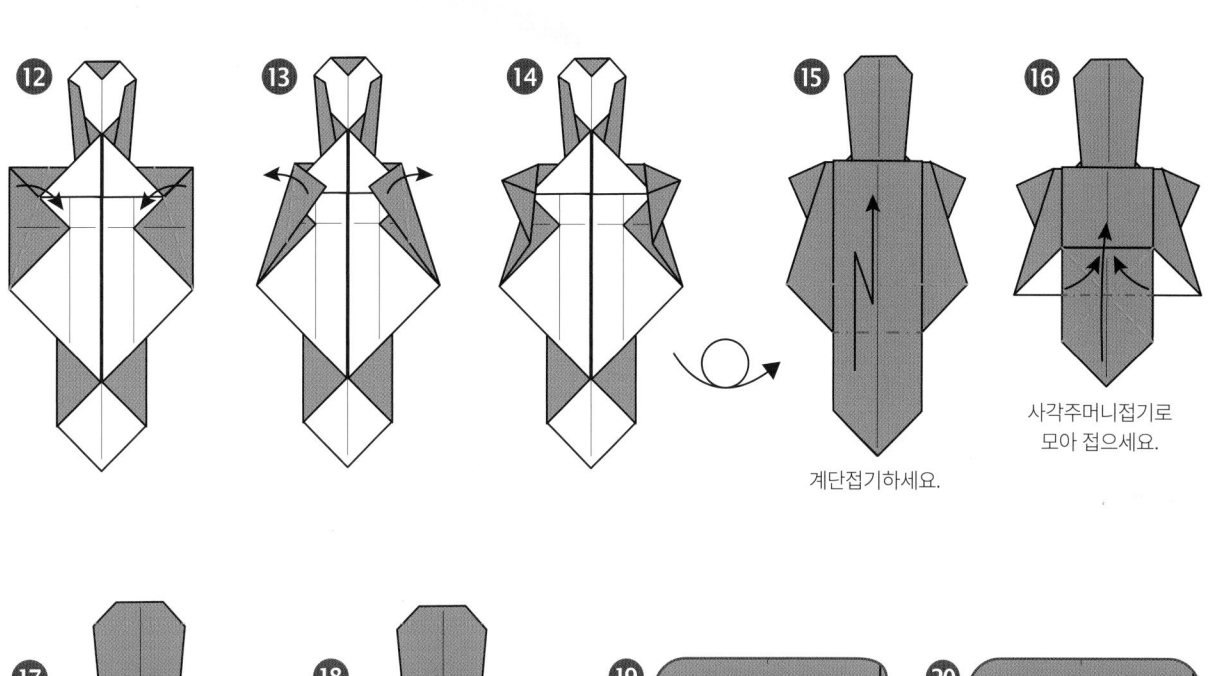

16

사각주머니접기로
모아 접으세요.

17

아래로 당겨
눌러 접으세요.

18

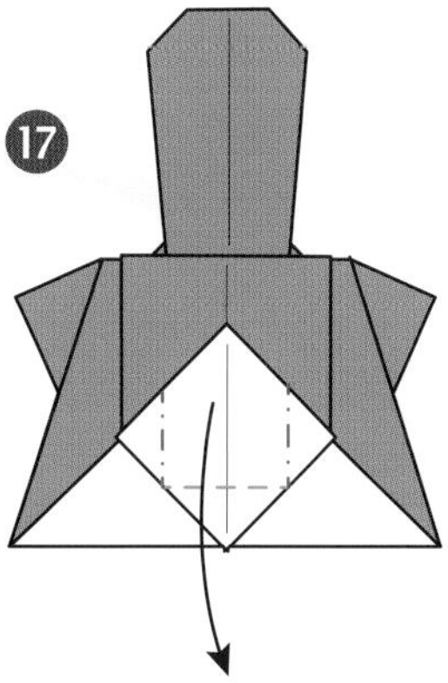

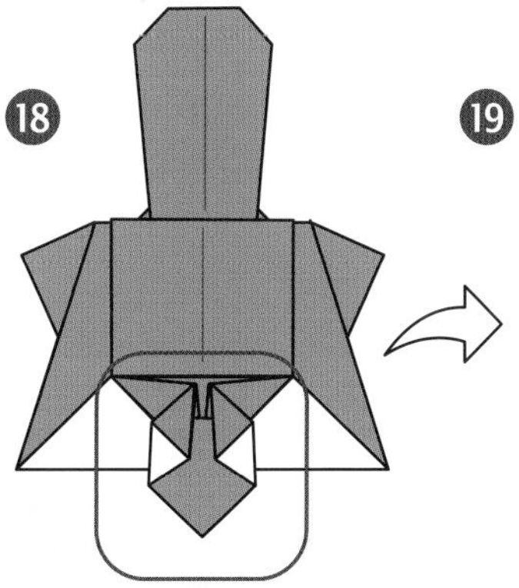

19

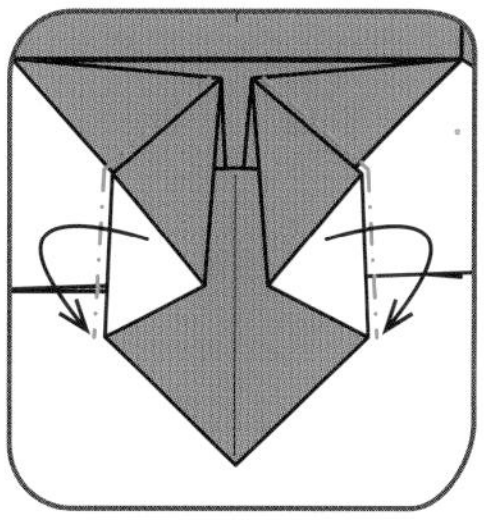

뒤집어 접으세요.

20

올려 접으세요.

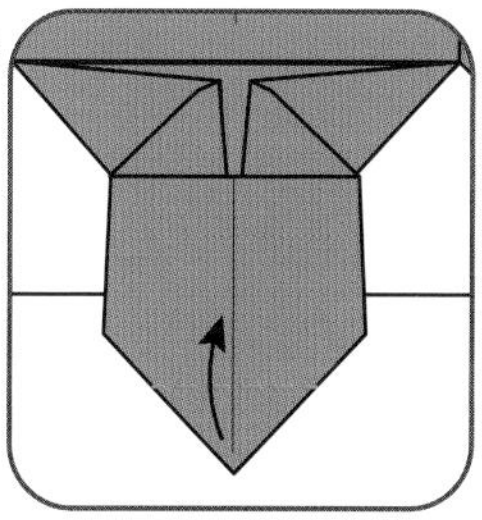

21

코부분을 내려 접으세요.

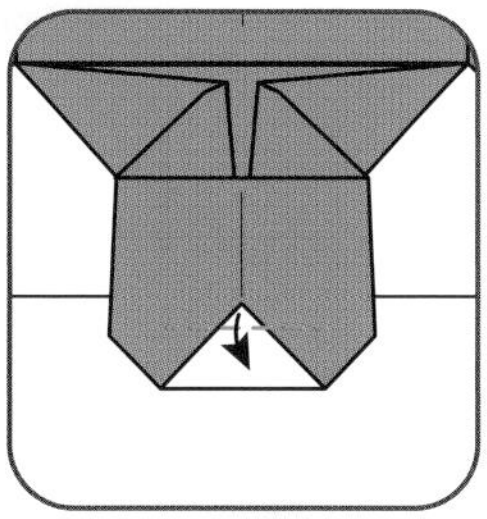

22

눈을 예쁘게 그려 주세요.

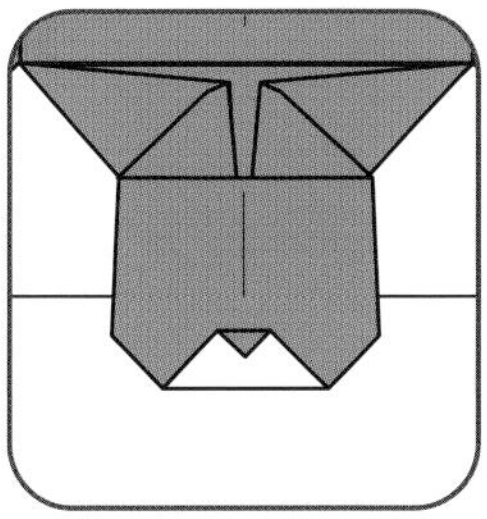

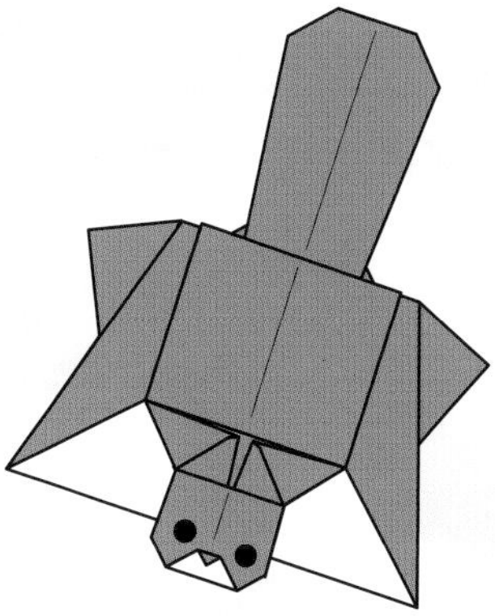

완성

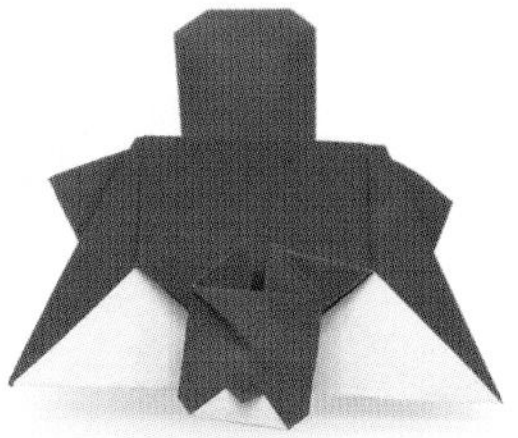

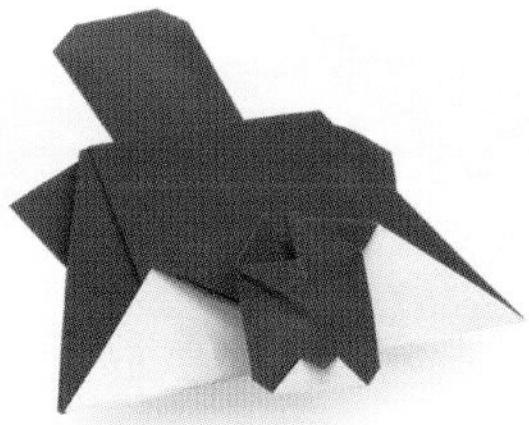

복합형
생쥐2
Mouse 2

종이 | 《단면 색종이》 15㎝

아이스크림접기 기본형과 사각주머니접기
기본형을 활용하여 단순한 큰 귀와
꼬리를 귀엽게 표현하였습니다.

①

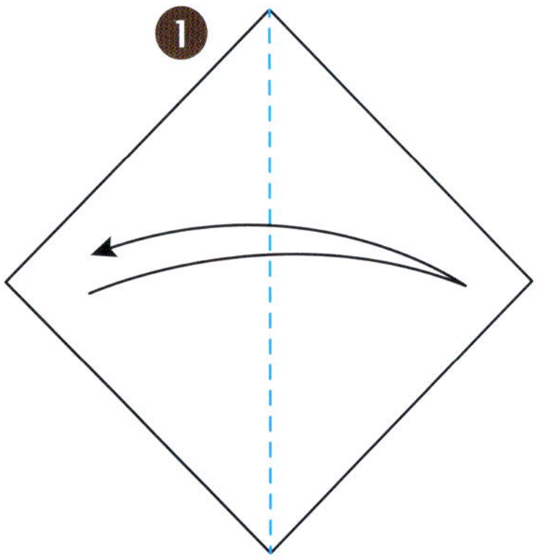

②

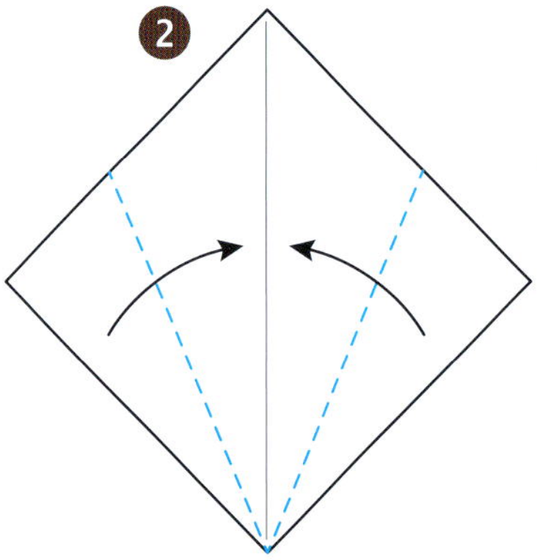

③

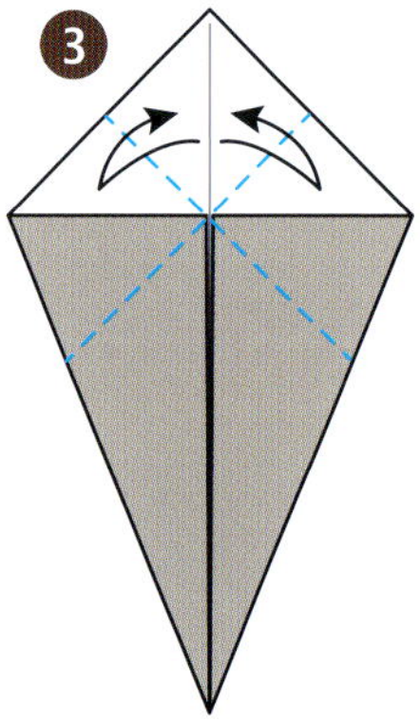

④

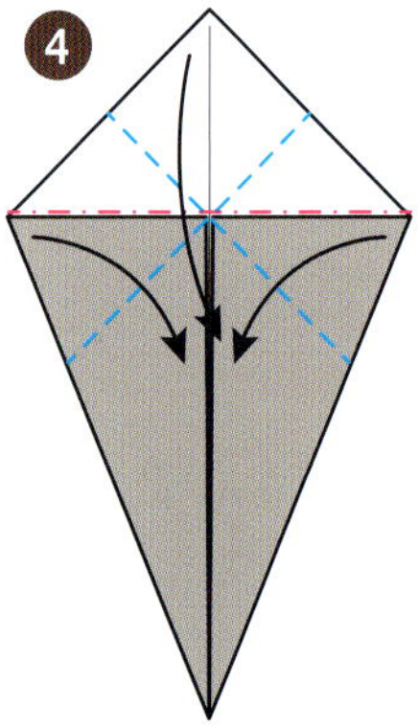

중심점에
모아 접으세요.

⑤

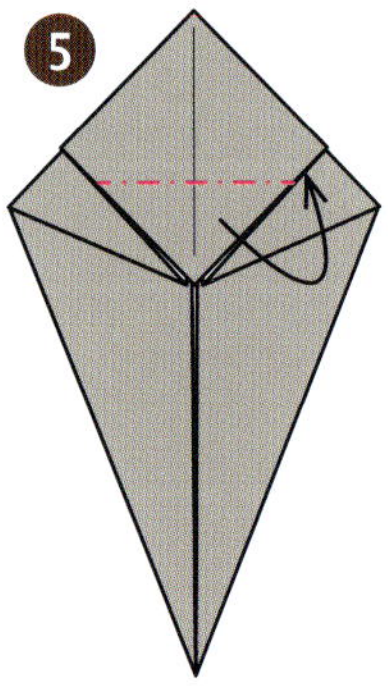

⑥

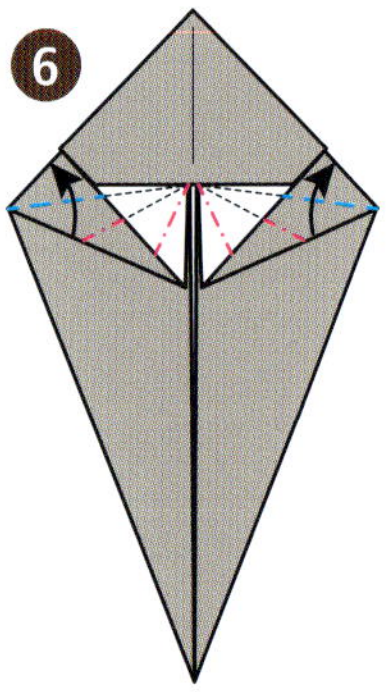

삼각형의 모양이
나오도록 안쪽에서
위로 당겨 접으세요.

⑦

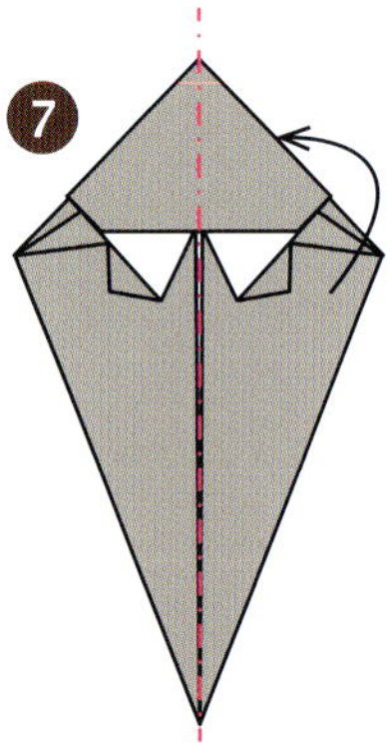

뒤로 반을
접으세요.

⑧

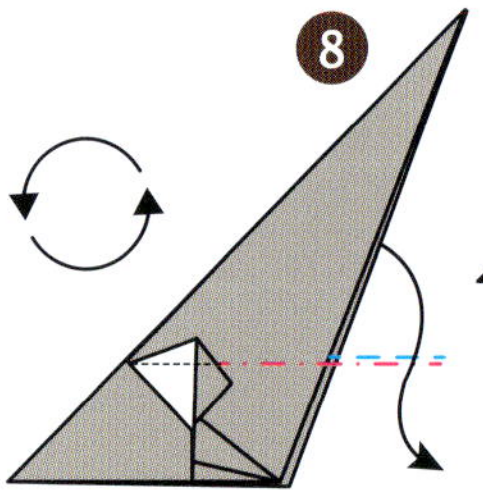

안쪽에서 아래로
당겨 내려 접으세요.

⑨

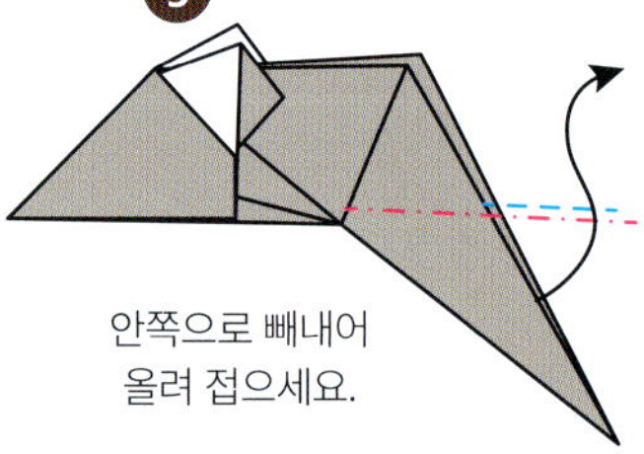

안쪽으로 빼내어
올려 접으세요.

⑩

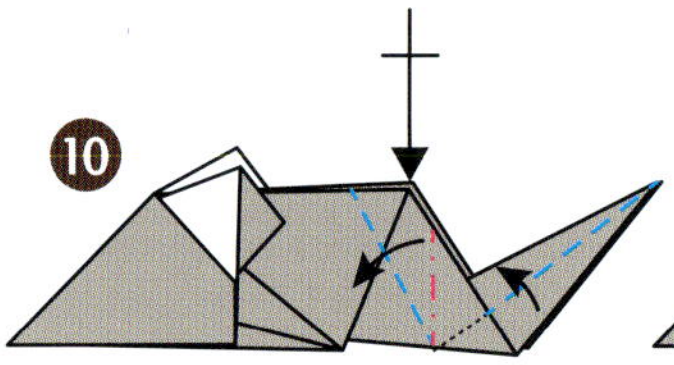

앞으로 당겨 꼬리를
뾰족하게 접으세요.

⑪

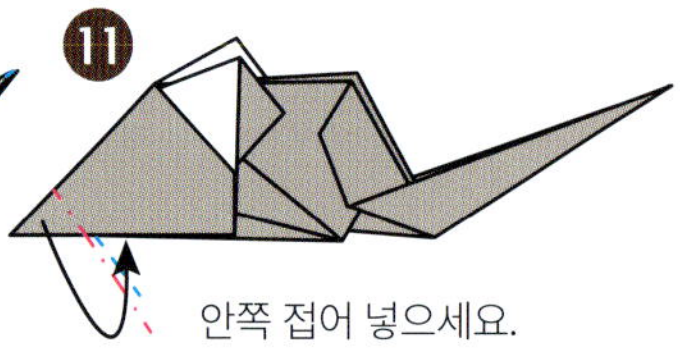

안쪽 접어 넣으세요.

⑫

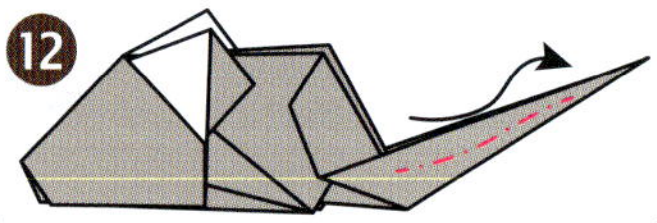

꼬리는 입체감 있게
곡선으로 표현하여
접으세요.

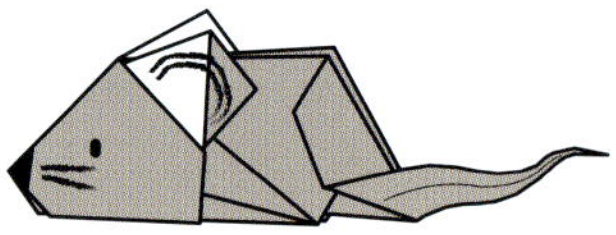

완성

원숭이

🏵️심사작품

Monkey

종이 | 《단면 색종이》 15㎝

아이스크림접기 기본형과 사각주머니접기
기본형의 복합형으로 몸과 머리를 분리하는
과정에 유의하여 접으세요.

62쪽 생쥐2 ❸번에서 시작하세요.

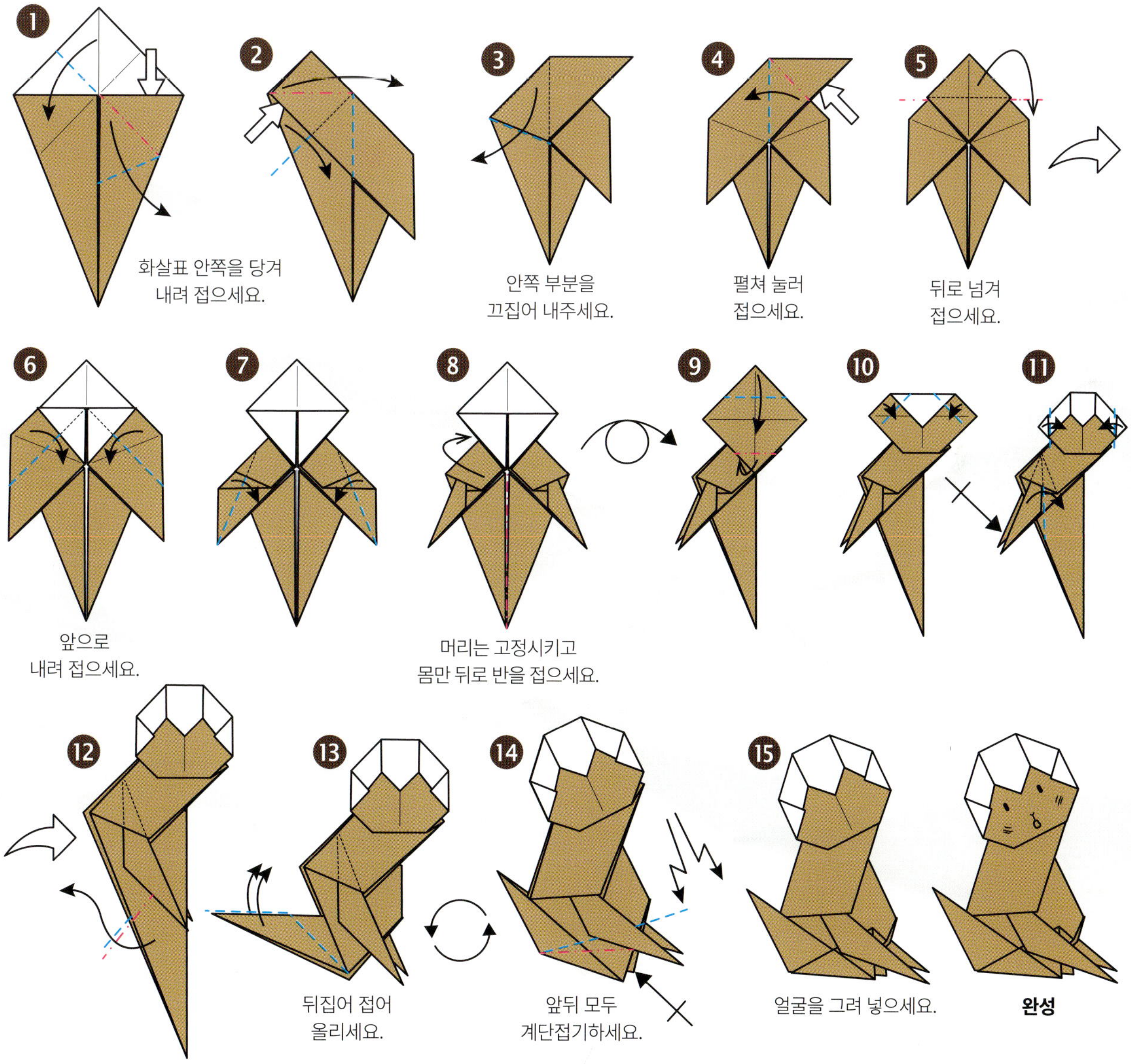

① 화살표 안쪽을 당겨
내려 접으세요.

②

③ 안쪽 부분을
끄집어 내주세요.

④ 펼쳐 눌러
접으세요.

⑤ 뒤로 넘겨
접으세요.

⑥ 앞으로
내려 접으세요.

⑦

⑧ 머리는 고정시키고
몸만 뒤로 반을 접으세요.

⑨

⑩

⑪

⑫

⑬ 뒤집어 접어
올리세요.

⑭ 앞뒤 모두
계단접기하세요.

⑮ 얼굴을 그려 넣으세요.

완성

악어

Crocodile

종이 | 《단면 색종이》 15㎝

아이스크림접기 기본형과 날개접기의
복합형으로 악어의 큰 입과 꼬리의
특징을 잘 표현한 작품입니다.

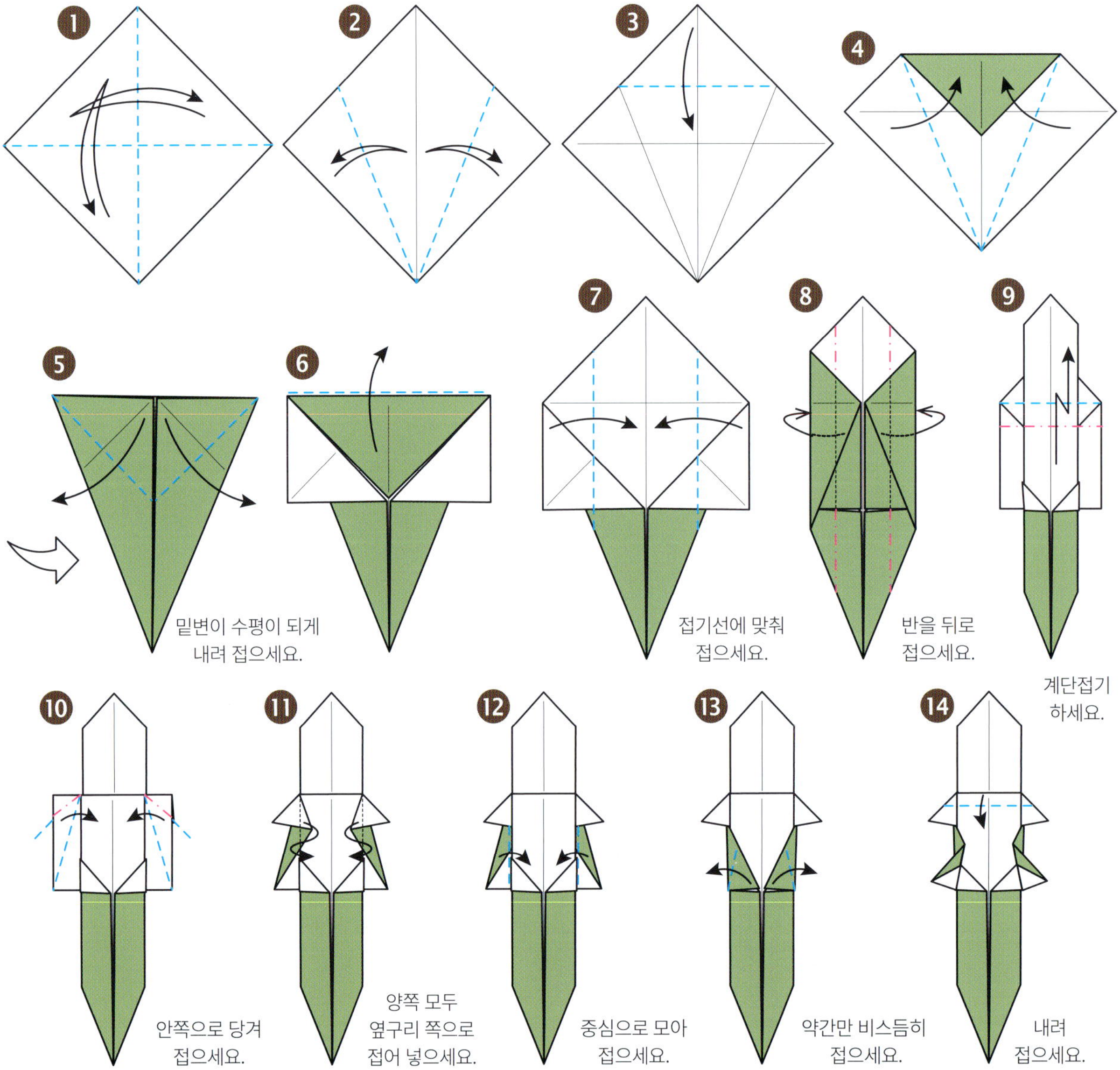

① **②** **③** **④**

⑤

밑변이 수평이 되게
내려 접으세요.

⑥

⑦

접기선에 맞춰
접으세요.

⑧

반을 뒤로
접으세요.

⑨

계단접기
하세요.

⑩

안쪽으로 당겨
접으세요.

⑪

양쪽 모두
옆구리 쪽으로
접어 넣으세요.

⑫

중심으로 모아
접으세요.

⑬

약간만 비스듬히
접으세요.

⑭

내려
접으세요.

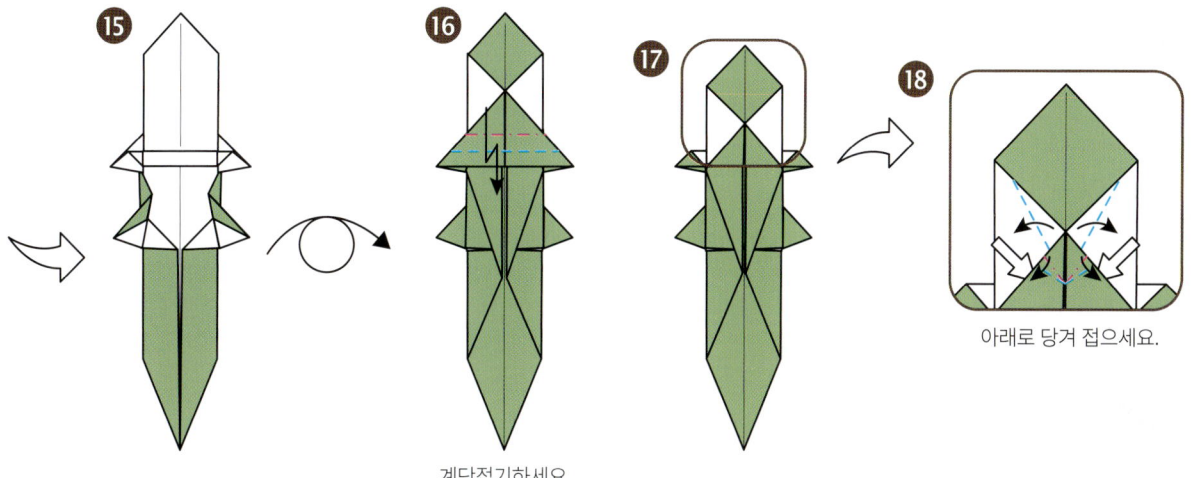

계단접기하세요.

아래로 당겨 접으세요.

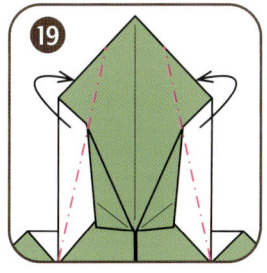

사선으로 뒤로 접으세요.

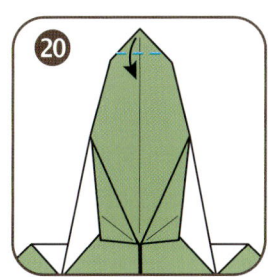

내려 접으세요.

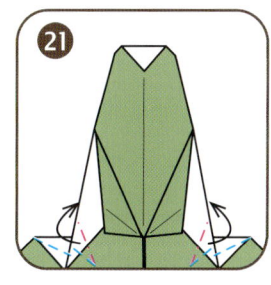

산접기로 뒤로
접어 넣으세요.

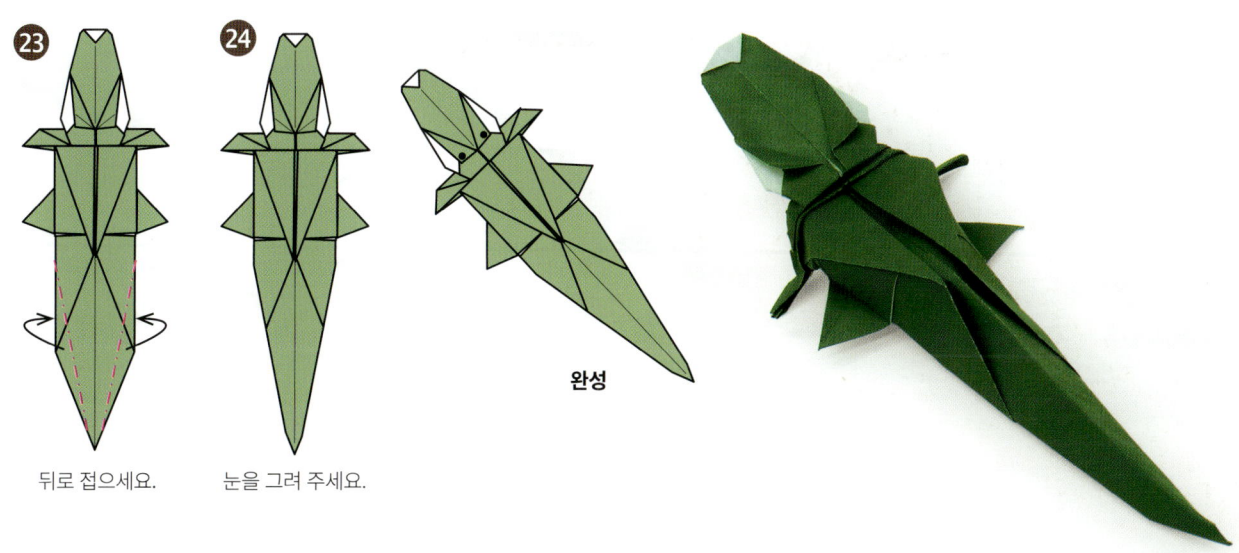

뒤로 접으세요.

눈을 그려 주세요.

완성

3

색종이로 접기

격자접기 기법을 통해 숫자, 알파벳, 한글,
입체적인 세모와 네모로 이루어진 칠교판을 접어봅니다.

숫자

Figure

숫자 0

색종이 2장으로 접습니다.

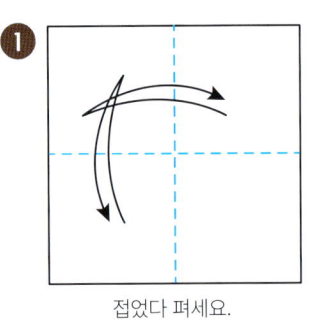

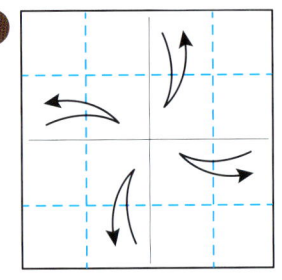

접었다 펴세요.

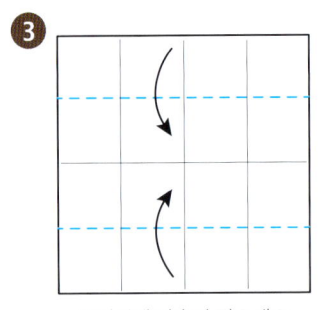

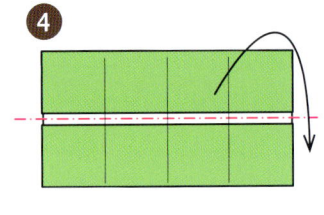

중심선에 맞추어 접으세요.

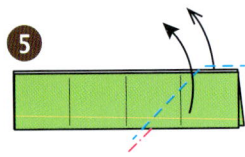

밖으로 뒤집어 접으세요.

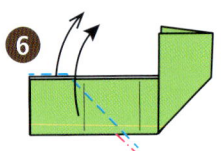

밖으로 뒤집어 접으세요.

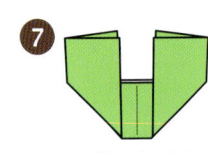

2개를 접으세요.

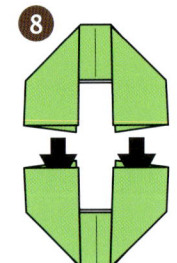

끼우세요.

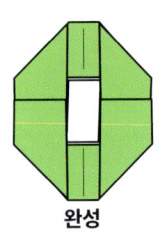

완성

격자접기 규칙

격자접기는 주름접기, 등분접기라고도 하며, 영어로는 박스플릿(Box Pleat)입니다. 기본적으로 2의 배수 등분을 주로 사용하며 이를 응용한 등분법을 통해 접게 됩니다. 각 글자의 굵기를 일정하게 유지하며 모든 글자는 8칸 X 8칸을 기본으로 접어 표현합니다. (숫자의 경우 4칸 X 4칸 X 2장) 각 글자의 최종 크기는 가능한 한 모두 같아야 합니다. (알파벳 가로4 X 세로4칸, 한글 자음 가로 3칸 X 세로4칸) 각 글자의 형태적 특성을 최대한 살려야 하며 풀의 사용을 최대한 절제합니다.

숫자 1 색종이 2장으로 접습니다. 68쪽 숫자 0의 ❷번에서 시작하세요.

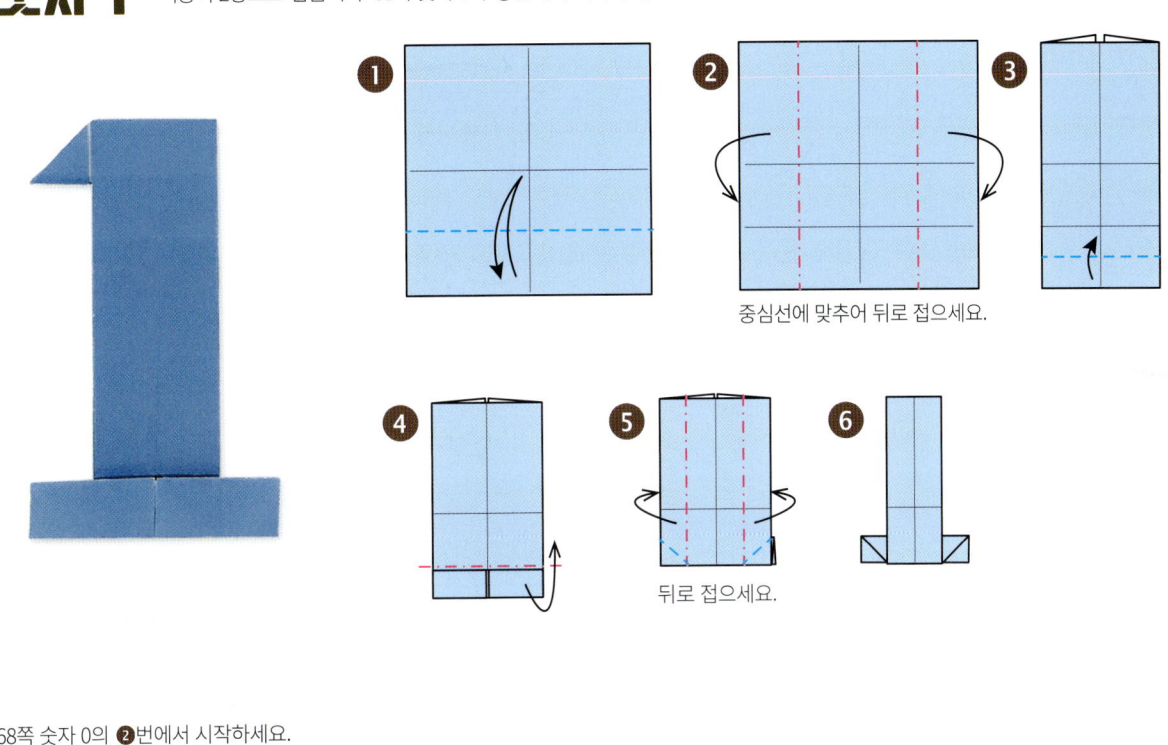

중심선에 맞추어 뒤로 접으세요.

뒤로 접으세요.

68쪽 숫자 0의 ❷번에서 시작하세요.

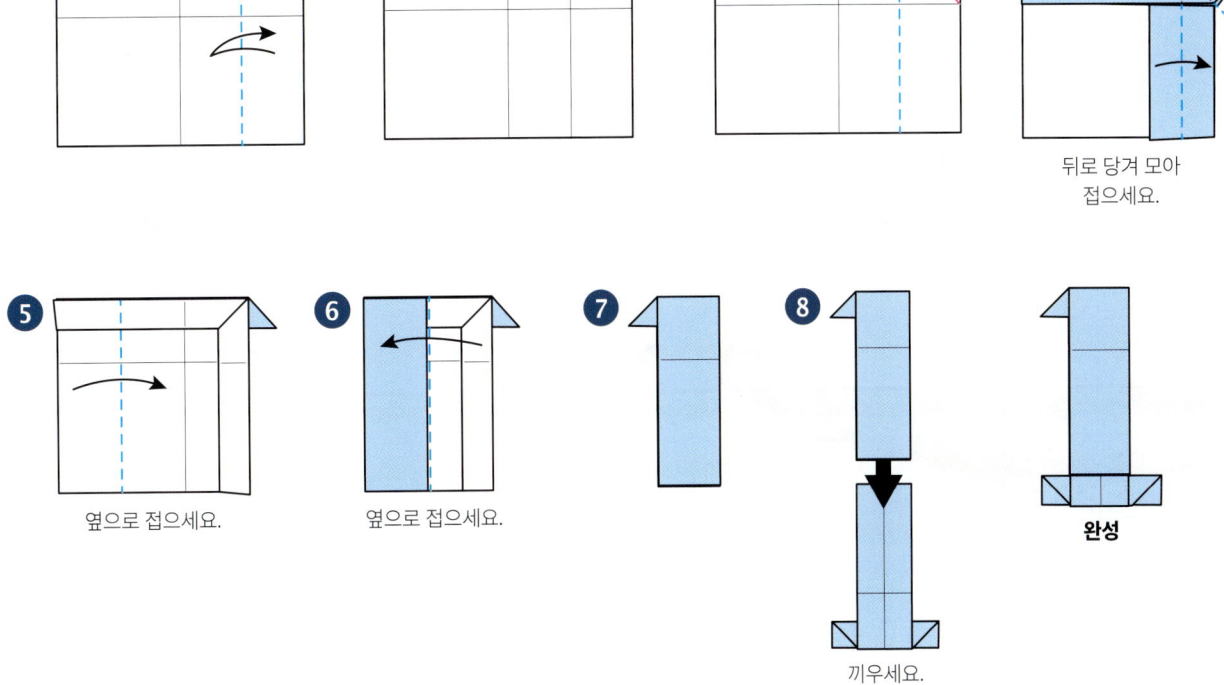

뒤로 당겨 모아
접으세요.

옆으로 접으세요.

옆으로 접으세요.

끼우세요.

완성

숫자 2

색종이 2장으로 접습니다. 68쪽 숫자 0의 ⑥번에서 시작하세요.

① ② ③

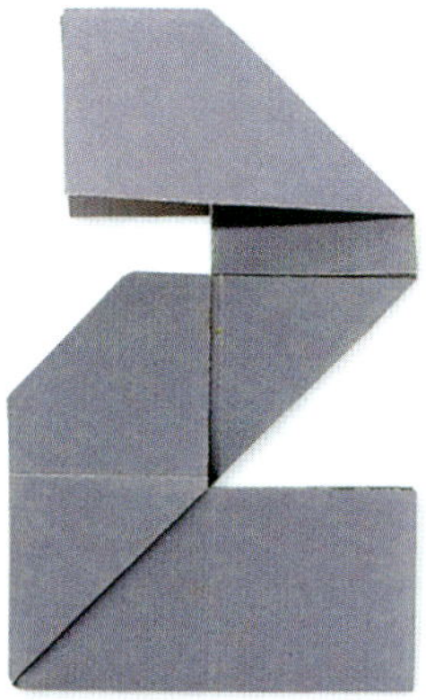

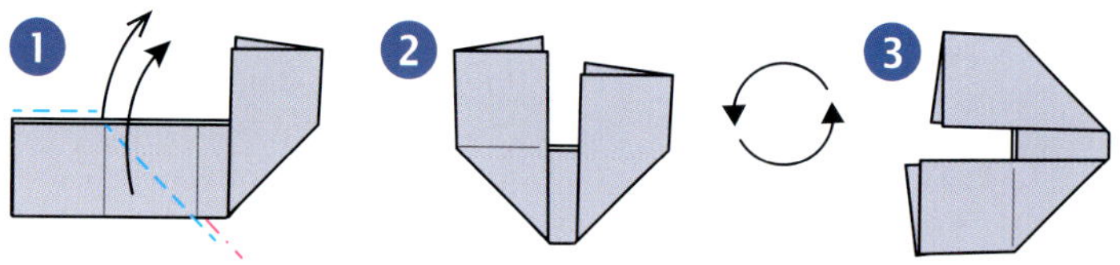

다른 색종이로 68쪽 숫자 0의 ③번에서 시작하세요.

① ② ③ ④

옆으로 접으세요.

모아 접어 옆으로
눕히세요.

⑤ ⑥ ⑦

완성

③번을 끼우세요.

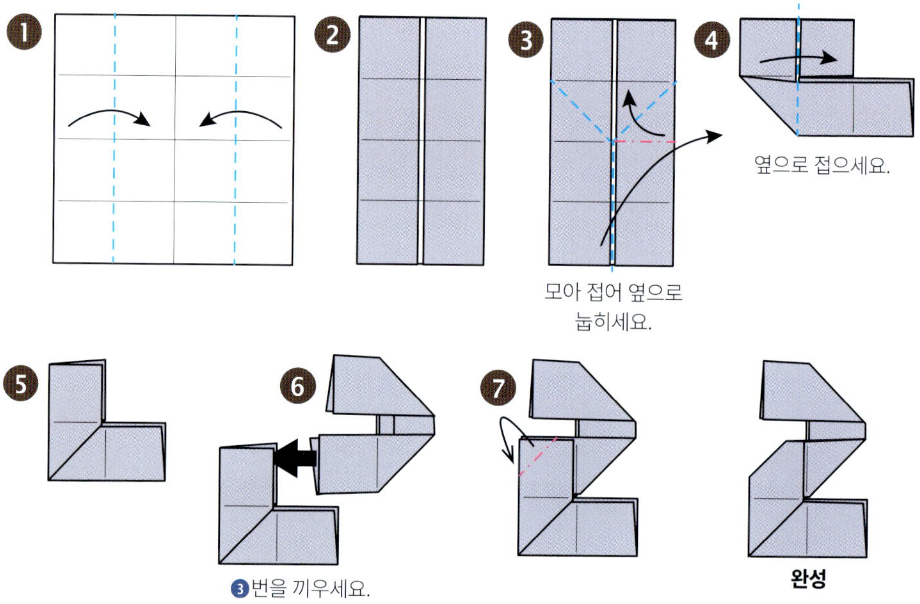

숫자 3

색종이 2장으로 접습니다.

68쪽 숫자 0의 ⑤번에서 시작하세요.

① ② ③

안쪽으로 내려 접으세요. 안쪽으로 내려 접으세요.

다른 색종이로
숫자 2의 ③번
1개를 준비하세요.

④ ⑤

끼우세요. 중간 모습 **완성**

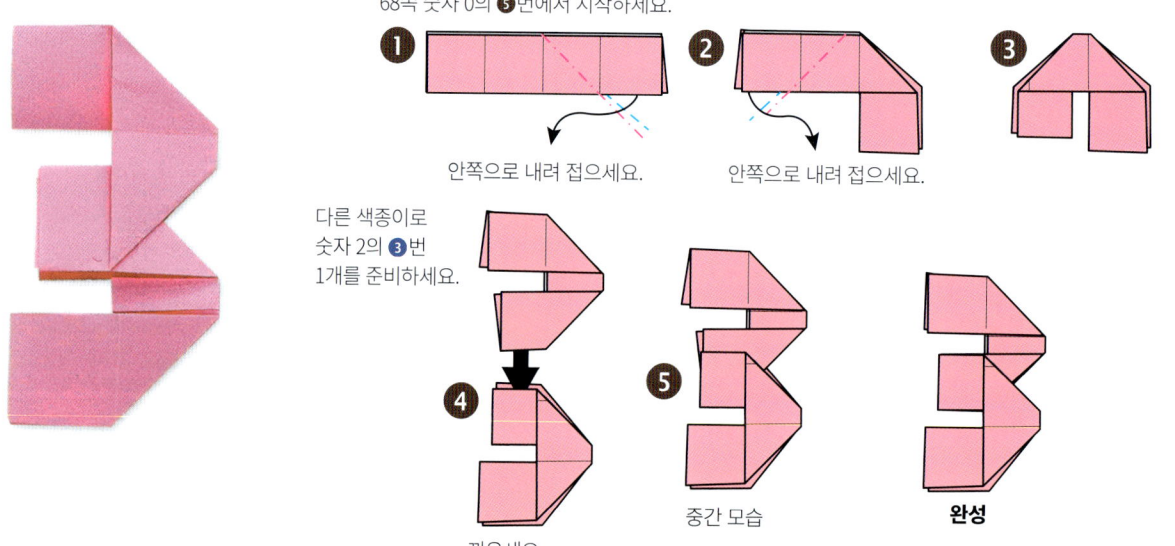

70

숫자 4

색종이 2장으로 접습니다. 68쪽 숫자 0의 ❸번에서 시작하세요.

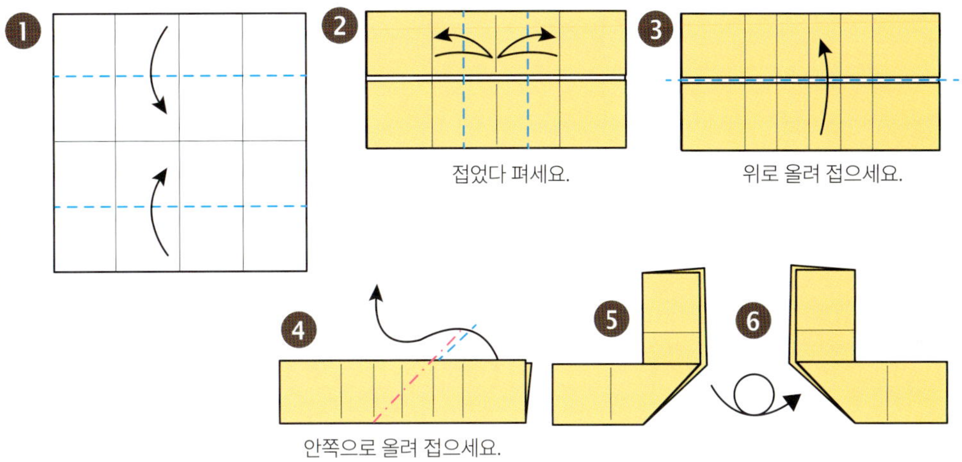

❶

❷ 접었다 펴세요.

❸ 위로 올려 접으세요.

❹ 안쪽으로 올려 접으세요.

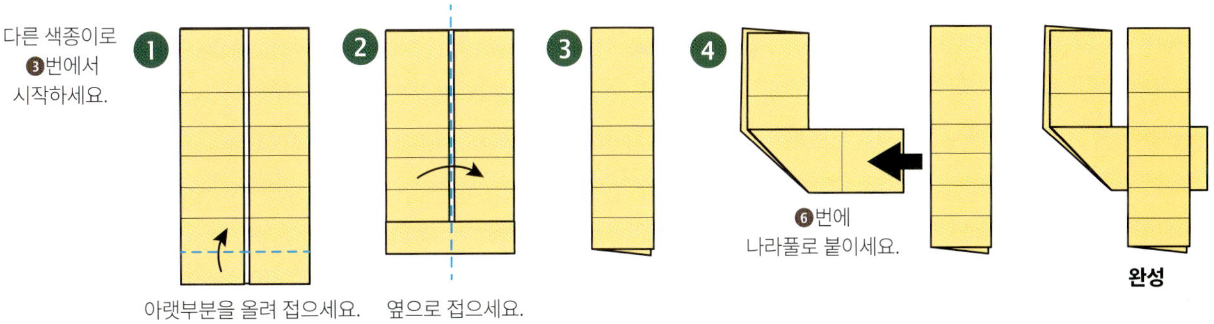

❺ ❻

다른 색종이로
❸번에서
시작하세요.

❶ 아랫부분을 올려 접으세요.

❷ 옆으로 접으세요.

❸

❹ ❻번에
나라풀로 붙이세요.

완성

숫자 5

색종이 2장으로 접습니다. 68쪽 숫자 0의 ❺번에서 시작하세요.

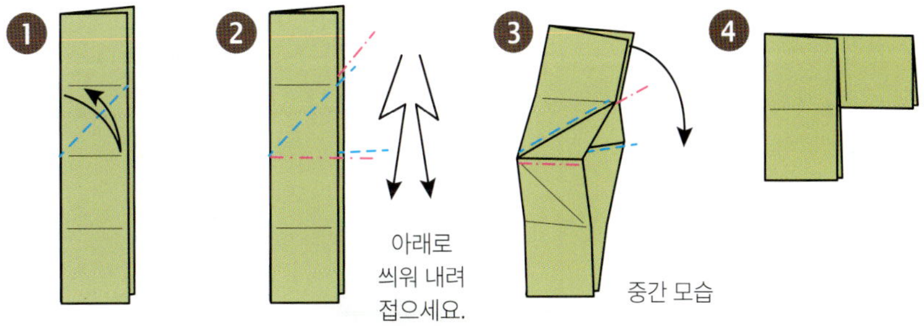

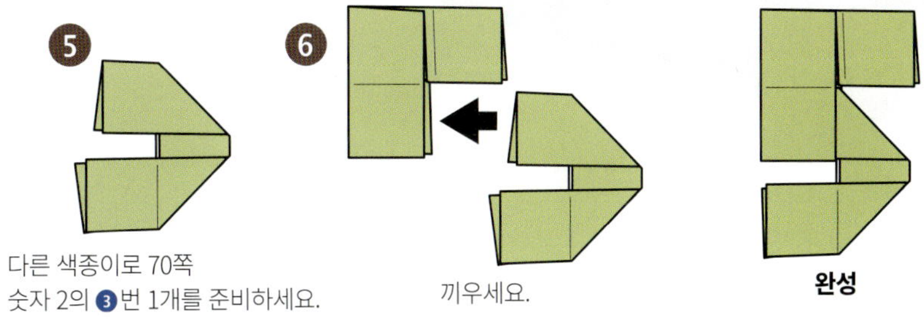

❶ ❷ 아래로
씌워 내려
접으세요.

❸ 중간 모습

❹

❺ 다른 색종이로 70쪽
숫자 2의 ❸번 1개를 준비하세요.

❻ 끼우세요.

완성

숫자 6

색종이 2장으로 접습니다. 68쪽 숫자 0의 ❺번에서 시작하세요.

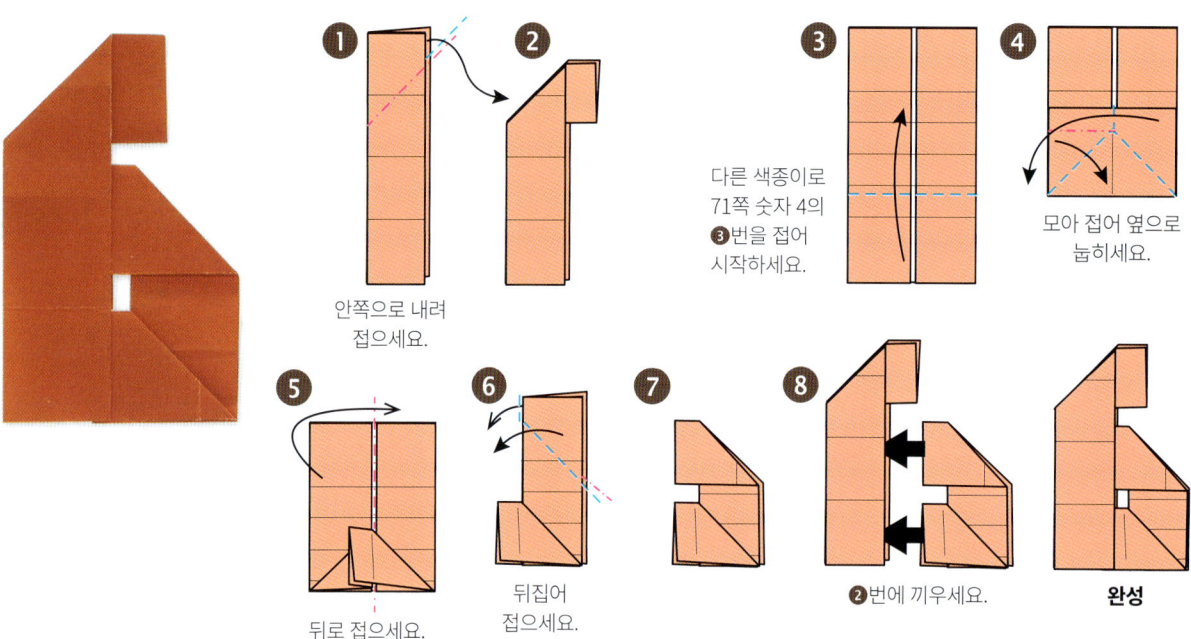

❶ 안쪽으로 내려 접으세요.

❷

❸ 다른 색종이로 71쪽 숫자 4의 ❸번을 접어 시작하세요.

❹ 모아 접어 옆으로 눕히세요.

❺ 뒤로 접으세요.

❻ 뒤집어 접으세요.

❼

❽ ❷번에 끼우세요.

완성

숫자 7

색종이 2장으로 접습니다.

71쪽 숫자 4의 ❹번을 준비하세요.

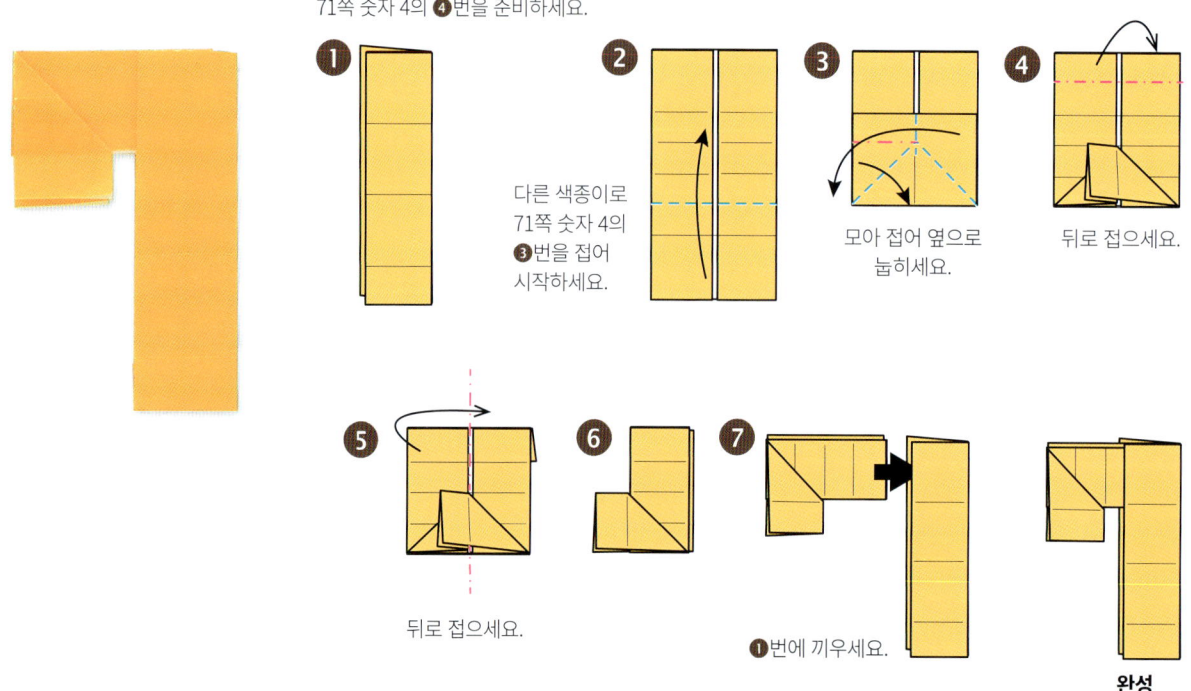

❶

❷ 다른 색종이로 71쪽 숫자 4의 ❸번을 접어 시작하세요.

❸ 모아 접어 옆으로 눕히세요.

❹ 뒤로 접으세요.

❺ 뒤로 접으세요.

❻

❼ ❶번에 끼우세요.

완성

숫자 8

색종이 2장으로 접습니다. 68쪽 숫자 0의 ❸번에서 시작하세요.

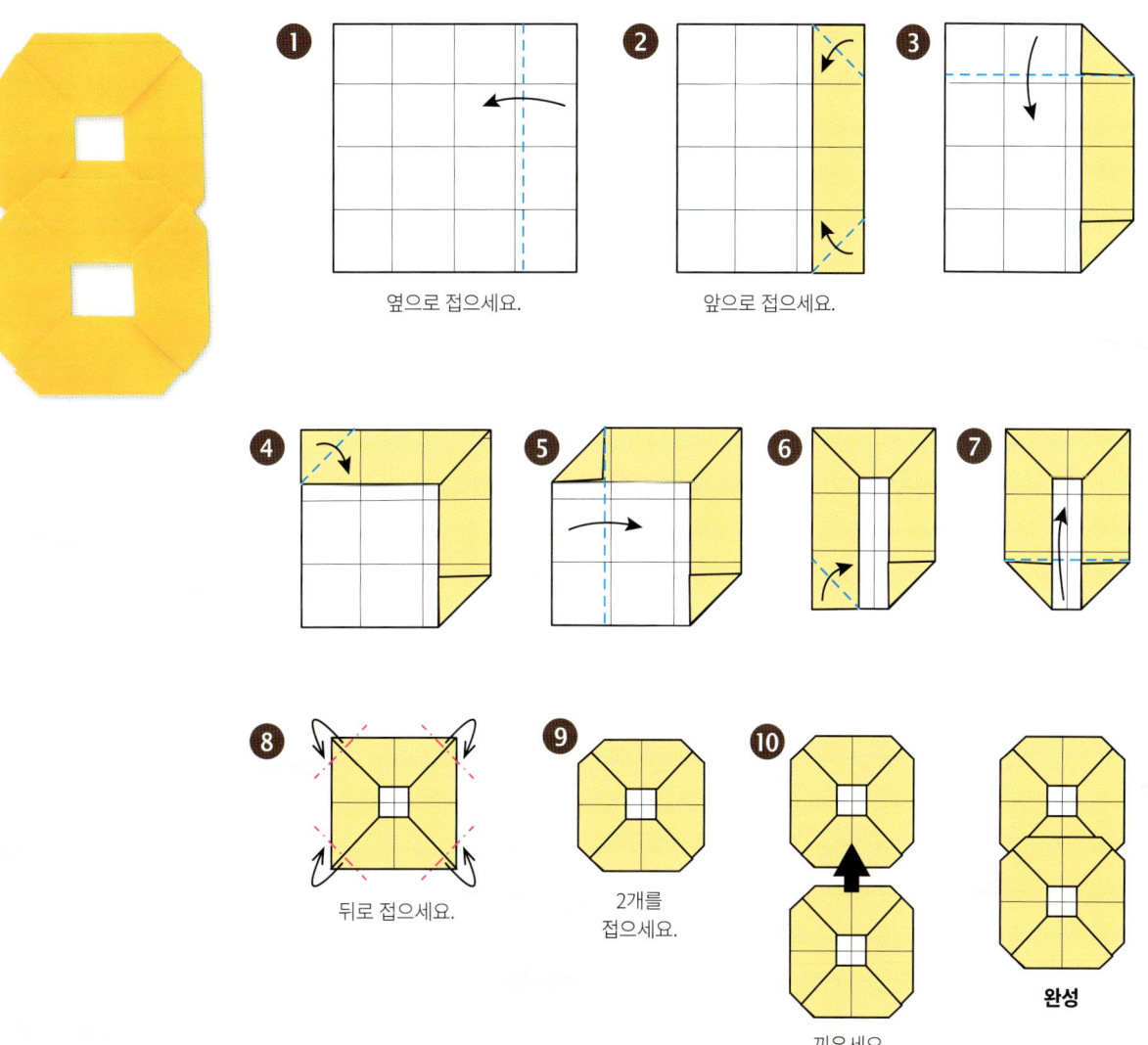

① 옆으로 접으세요.

② 앞으로 접으세요.

③

④

⑤

⑥

⑦

⑧ 뒤로 접으세요.

⑨ 2개를 접으세요.

⑩ 끼우세요.

완성

왜? 색종이로 종이접기를 시작하는가?

우리는 기본 15cm×15cm 크기의 정사각형 종이로 종이접기를 시작하게 됩니다. 이는 전 세계에서 가장 많고 다양한 종이접기 작품에 사용된 종이입니다. 국내에는 (주)종이나라에 의해 오랜 시간 동안 경험과 연구를 통하여 국내 정서에 맞는 아름다운 색상, 일정한 평량(60g/㎡)의 색종이로 표준화되어 보급되었으며, 보관과 접기에 적절한 규격화된 크기로 구색이 갖추어져 있어 누구나 어디서나 쉽게 접근할 수 있습니다.

숫자 9

색종이 2장으로 접습니다. 68쪽 숫자 0의 ❸번에서 시작하세요.

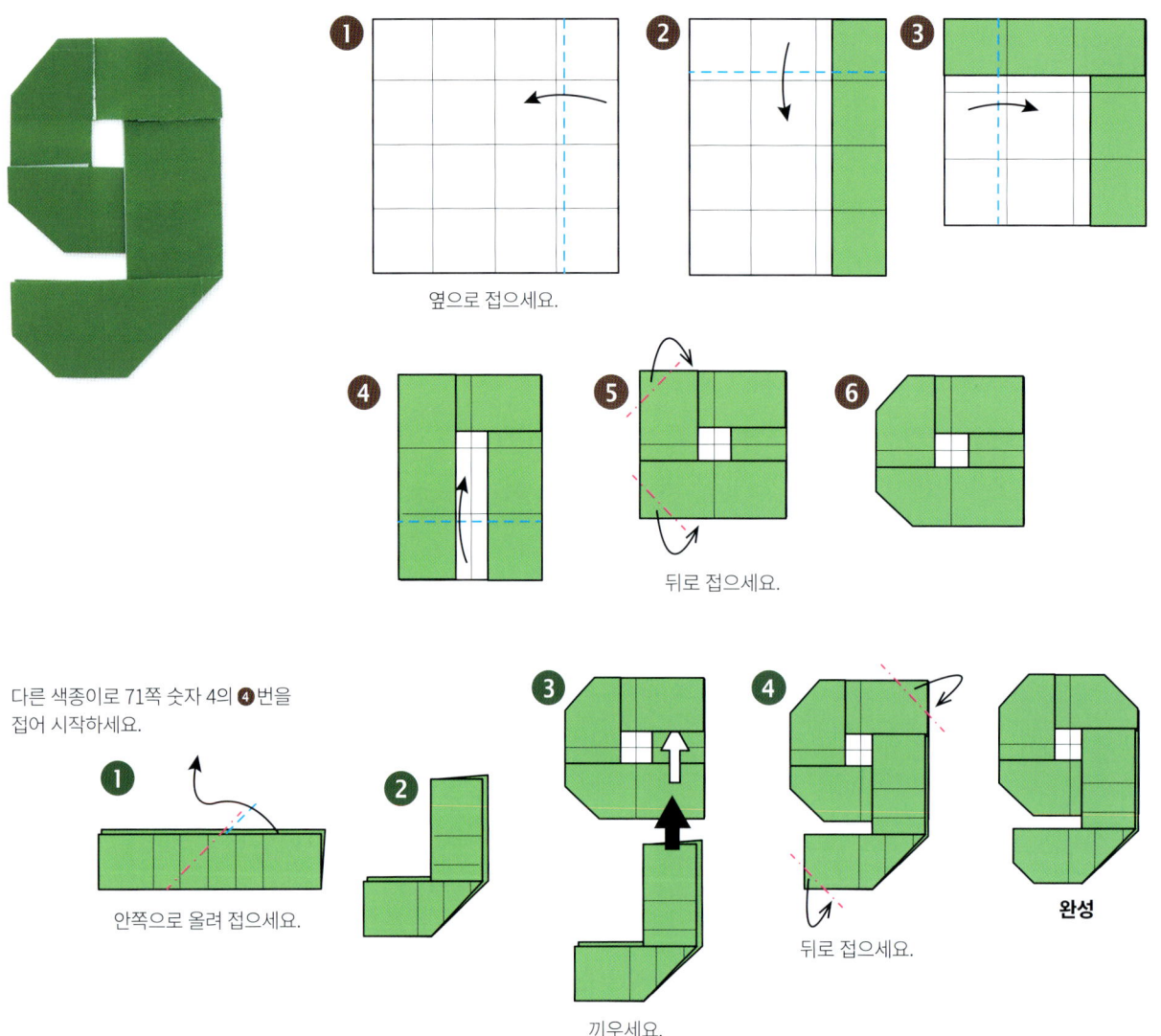

옆으로 접으세요.

뒤로 접으세요.

다른 색종이로 71쪽 숫자 4의 ❹번을
접어 시작하세요.

안쪽으로 올려 접으세요.

끼우세요.

뒤로 접으세요.

완성

숫자 접기

색종이의 장점을 최대로 살릴 수 있는 집합 작품입니다. 나름의 규칙을 정하고 그 규칙을 해결해 가는 즐거움과 문제 해결 능력을 키울 수 있으며 집합 작품 전과정을 통하여 여러 난이도의 작품을 접음으로 실력을 향상할 수 있습니다. 규격화되고 절제된 아름다움이 시각화 되어 가는 과정을 통해 종이접기와 색종이의 장점을 체험해 보시기 바랍니다.

알파벳

Alphabet

알파벳 A

가로세로 8등분 격자접기를 한 후 시작하세요.

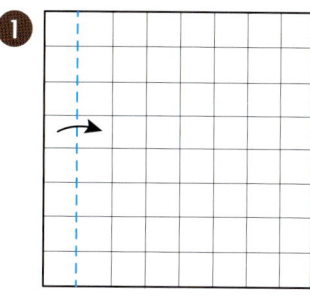

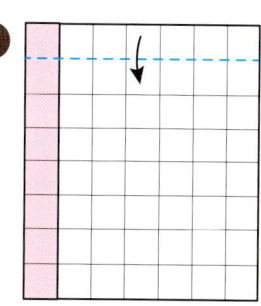

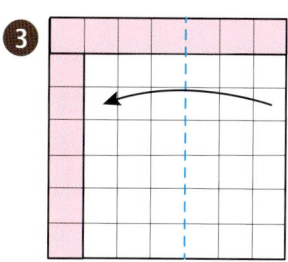

아래로 당겨 내리세요.

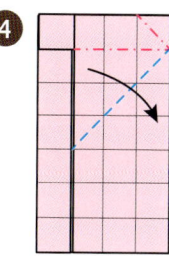

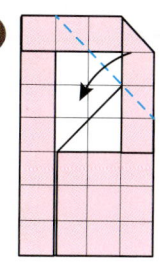

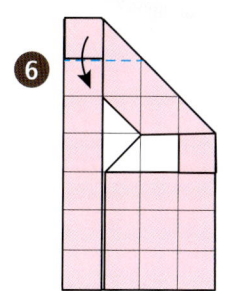

앞으로 내려 접으세요.

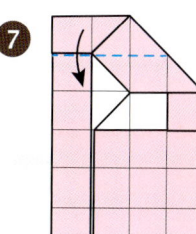

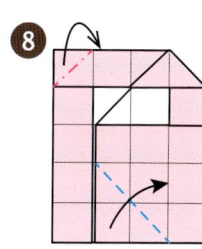

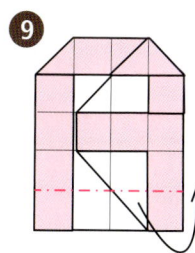

뒤로 올려 접으세요.

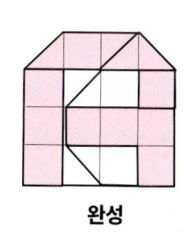

완성

알파벳 B

가로세로 8등분 격자접기를 한 후 시작하세요.

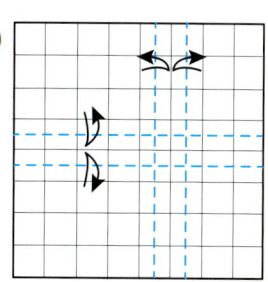

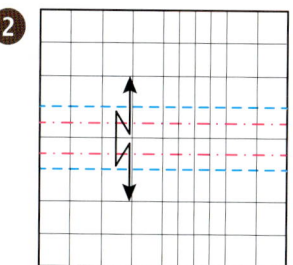

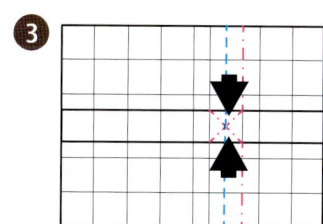

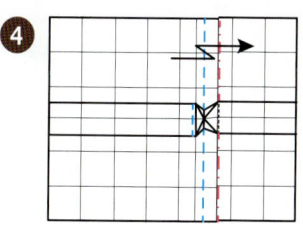

계단접기를 하며 중심 부분을 삼각형으로
볼록하게 접으세요.

⑤ 옆으로 넘겨 접으세요.

⑥

⑦

⑧

⑨ 앞으로 접으세요.

⑩ 옆으로 접으세요.

⑪ 뒤로 접으세요.

⑫ **완성**

알파벳 C

77쪽 알파벳 D의 ⑦번에서 시작하세요.

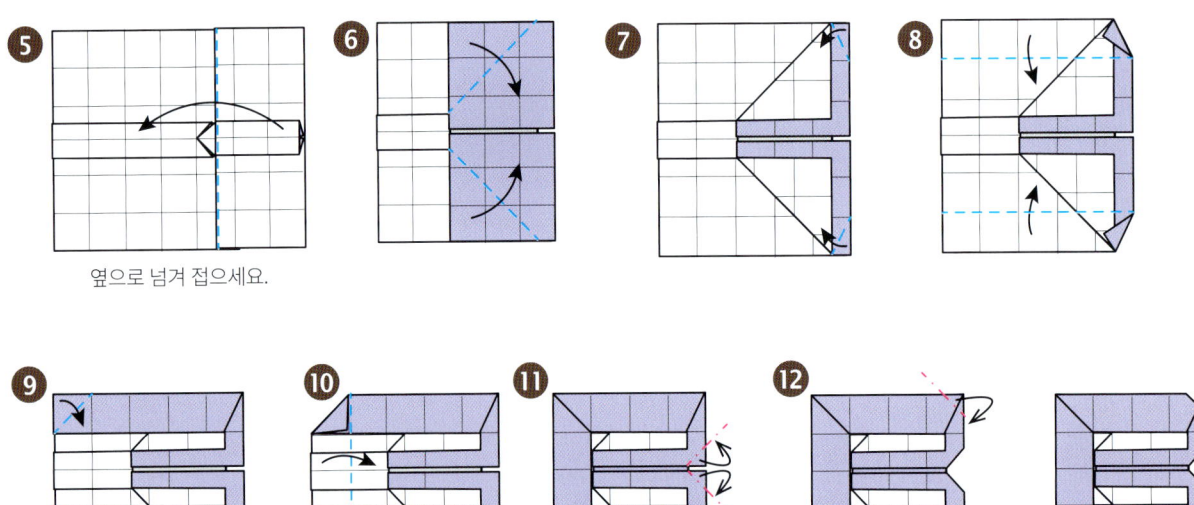

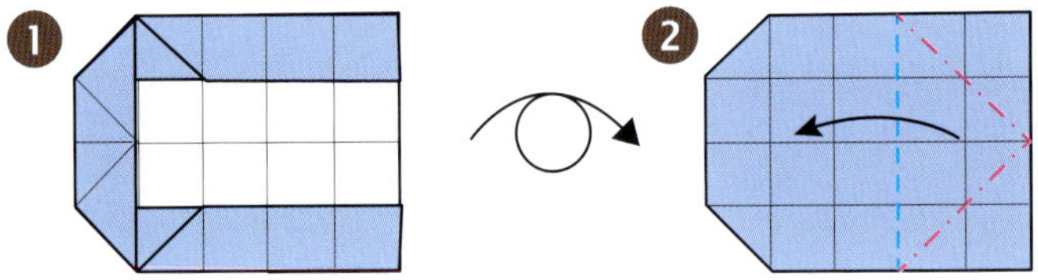

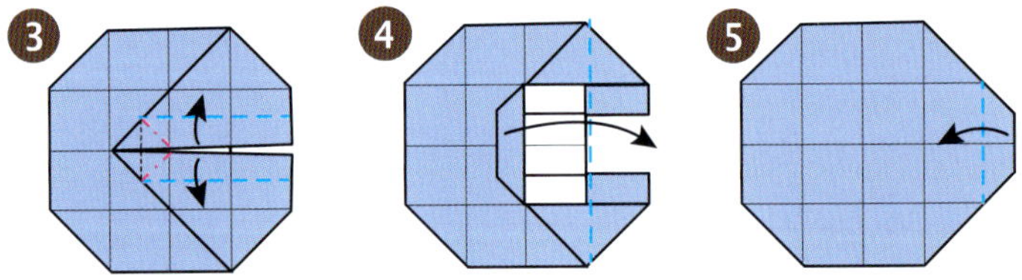

❶

❷

❸ 당겨 접으세요.

❹

❺ 옆으로 접으세요.

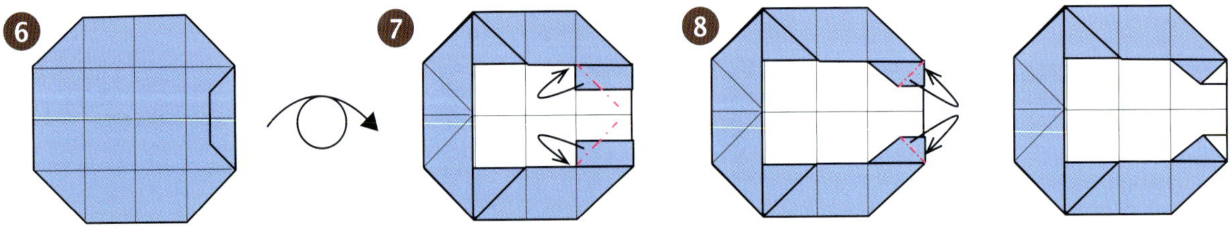

❻

❼ 맨 앞장만 뒤로 접으세요.

❽ **완성**

알파벳 D

가로세로 8등분 격자접기를 한 후 시작하세요.

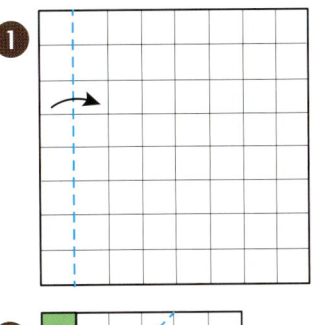

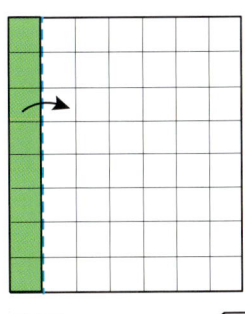

위아래로 펼쳐 눌러 접으세요.

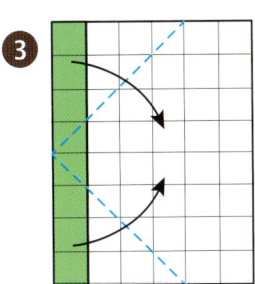

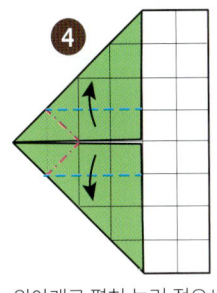

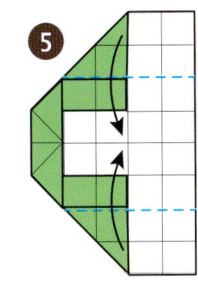

앞으로 접으세요.

완성

알파벳 E

가로세로 8등분 격자접기를 한 후 시작하세요.

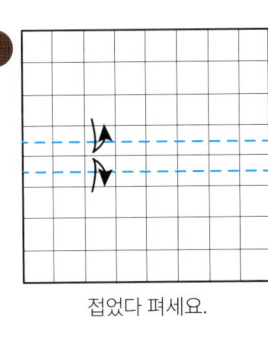

접었다 펴세요.

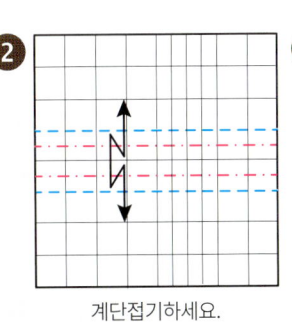

계단접기하세요.

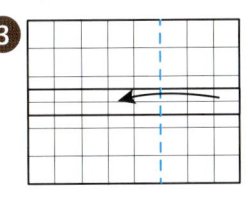

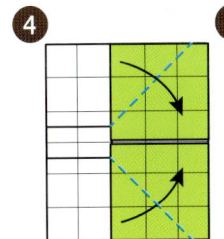

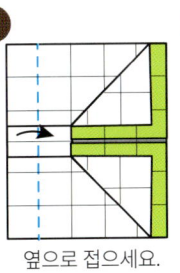

옆으로 접으세요.

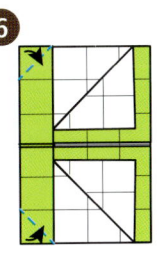

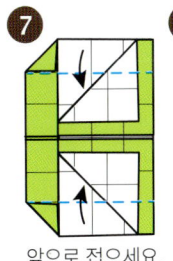

앞으로 접으세요.

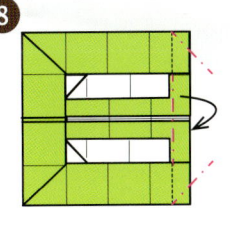

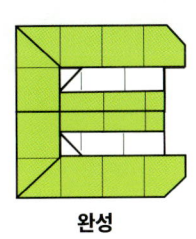

완성

알파벳 F

가로세로 8등분 격자접기를 한 후 시작하세요.

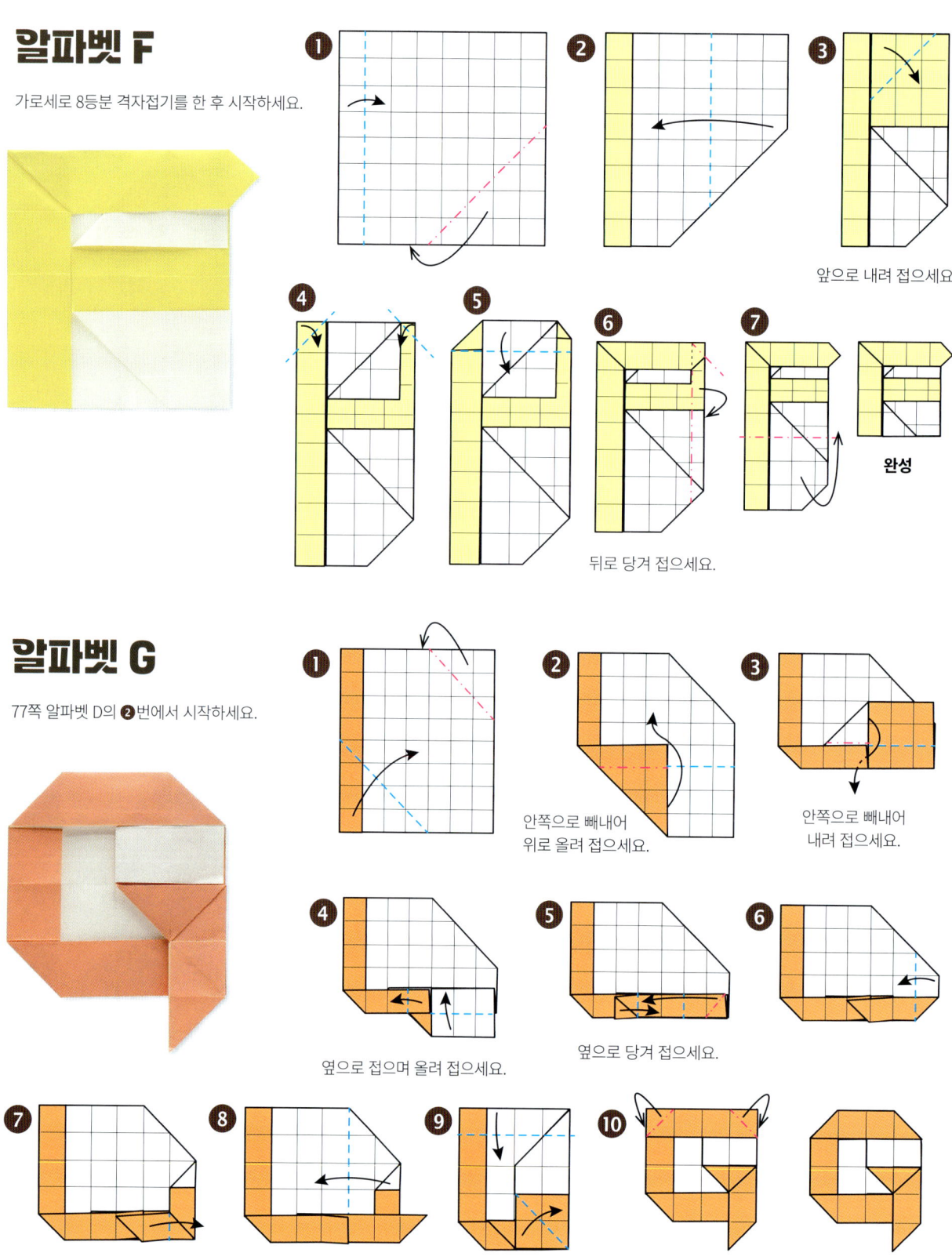

앞으로 내려 접으세요.

뒤로 당겨 접으세요.

완성

알파벳 G

77쪽 알파벳 D의 ❷번에서 시작하세요.

안쪽으로 빼내어
위로 올려 접으세요.

안쪽으로 빼내어
내려 접으세요.

옆으로 접으며 올려 접으세요.

옆으로 당겨 접으세요.

옆으로 접으세요.

뒤로 접으세요.

완성

알파벳 H

가로세로 8등분 격자접기를 한 후 시작하세요.

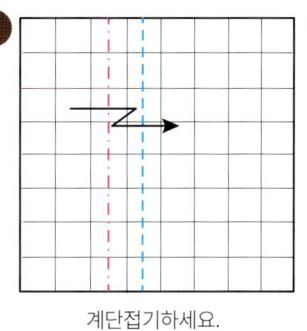

① 계단접기하세요.

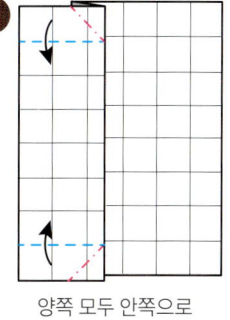

② 양쪽 모두 안쪽으로
당겨 접으세요.

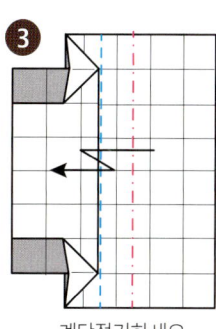

③ 계단접기하세요.

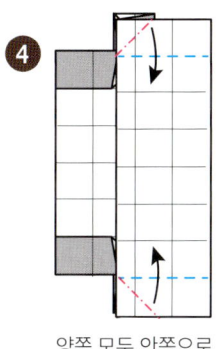

④ 양쪽 모두 안쪽으로
당겨 접으세요.

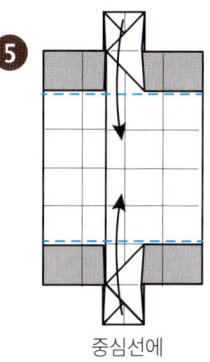

⑤ 중심선에
모아 접으세요.

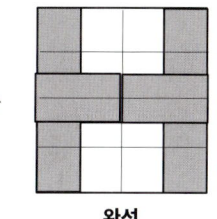

완성

알파벳 I

가로세로 8등분 격자접기를 한 후
시작하세요.

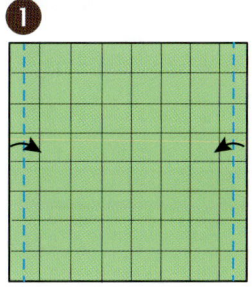

①

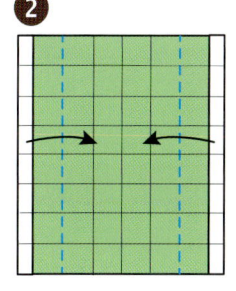

②

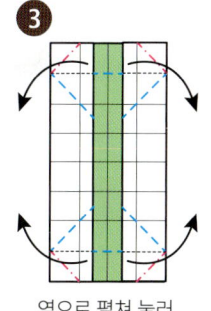

③ 옆으로 펼쳐 눌러
접으세요.

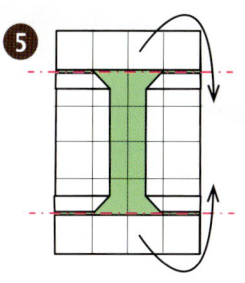

④ 뒤로 접으세요.

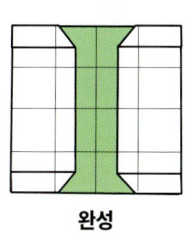

⑤

완성

알파벳 J

가로세로 8등분 격자접기를 한 후 시작하세요.

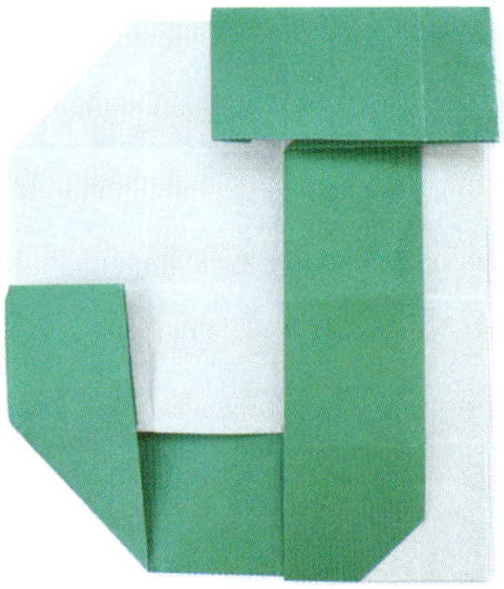

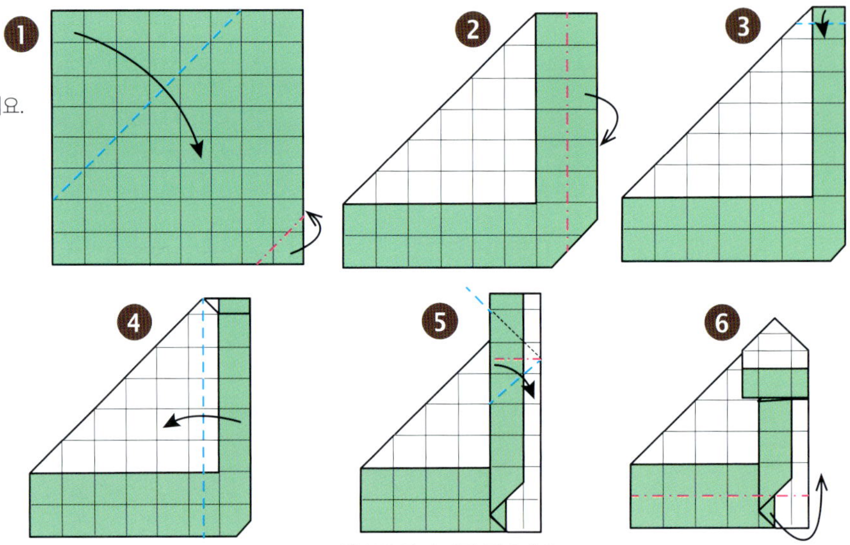

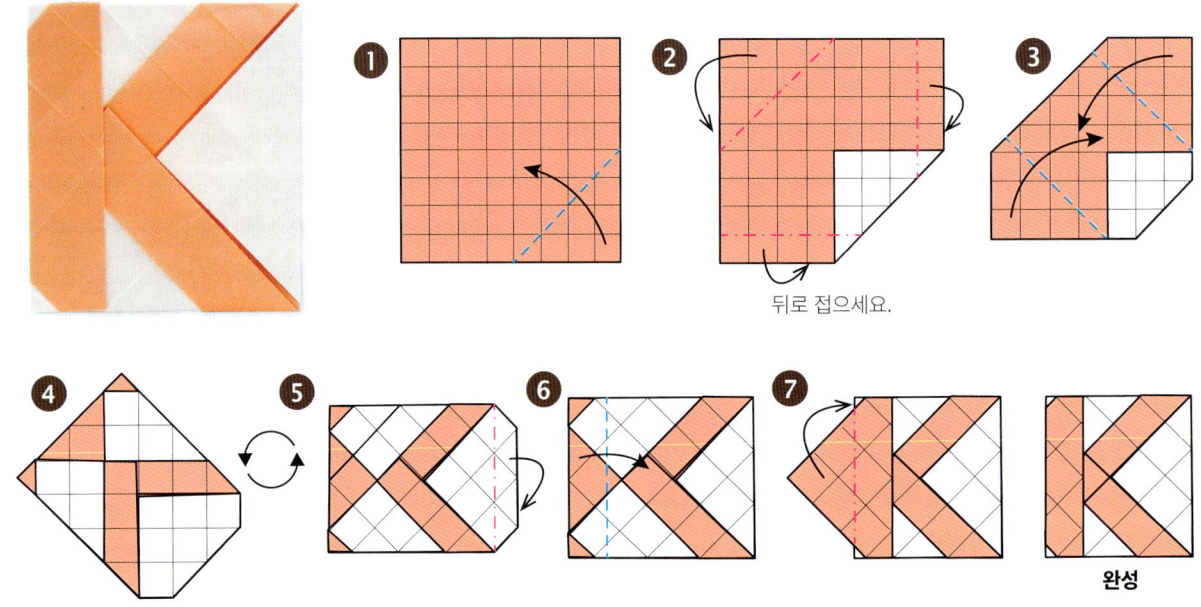

앞으로 당겨 내려 접으세요.

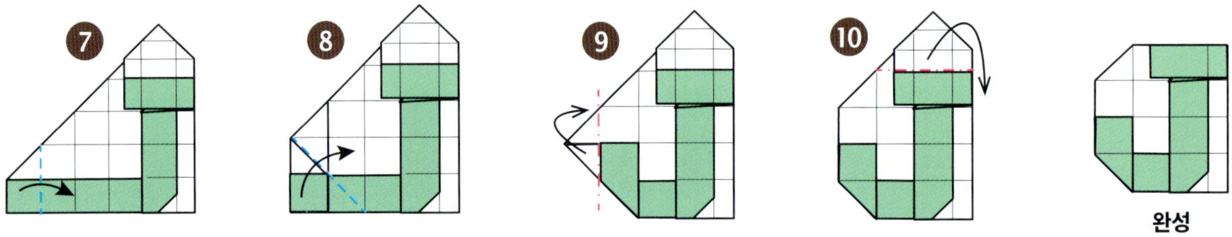

뒤로 접으세요.

완성

알파벳 K

가로세로 8등분 격자접기를 한 후 시작하세요.

뒤로 접으세요.

완성

알파벳 L

가로세로 8등분 격자접기를 한 후 시작하세요.

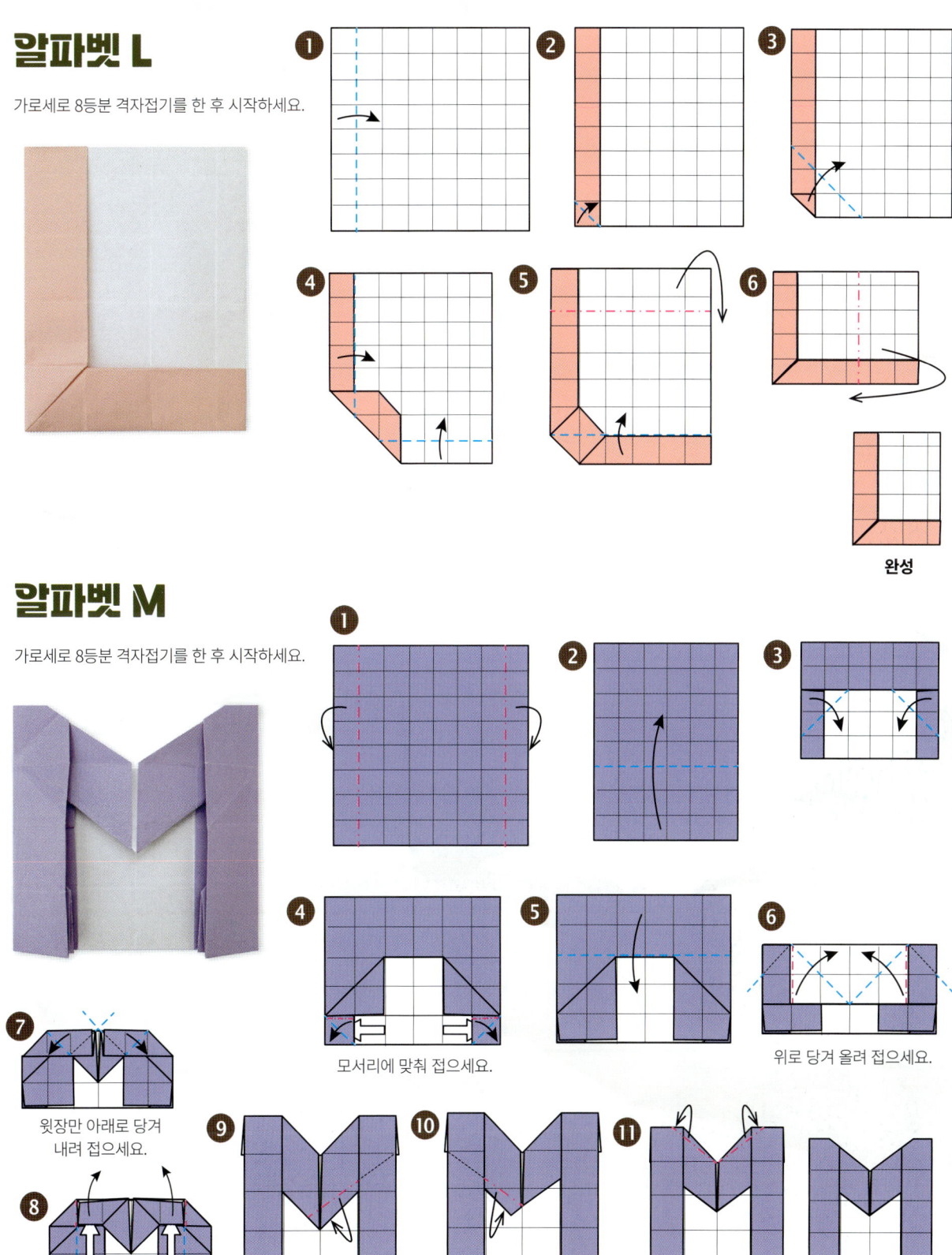

완성

알파벳 M

가로세로 8등분 격자접기를 한 후 시작하세요.

모서리에 맞춰 접으세요.

위로 당겨 올려 접으세요.

윗장만 아래로 당겨
내려 접으세요.

위로 당겨 올려 접으세요.

비스듬히 뒤로 접으세요.

완성

알파벳 N

가로세로 8등분 격자접기를 한 후 시작하세요.

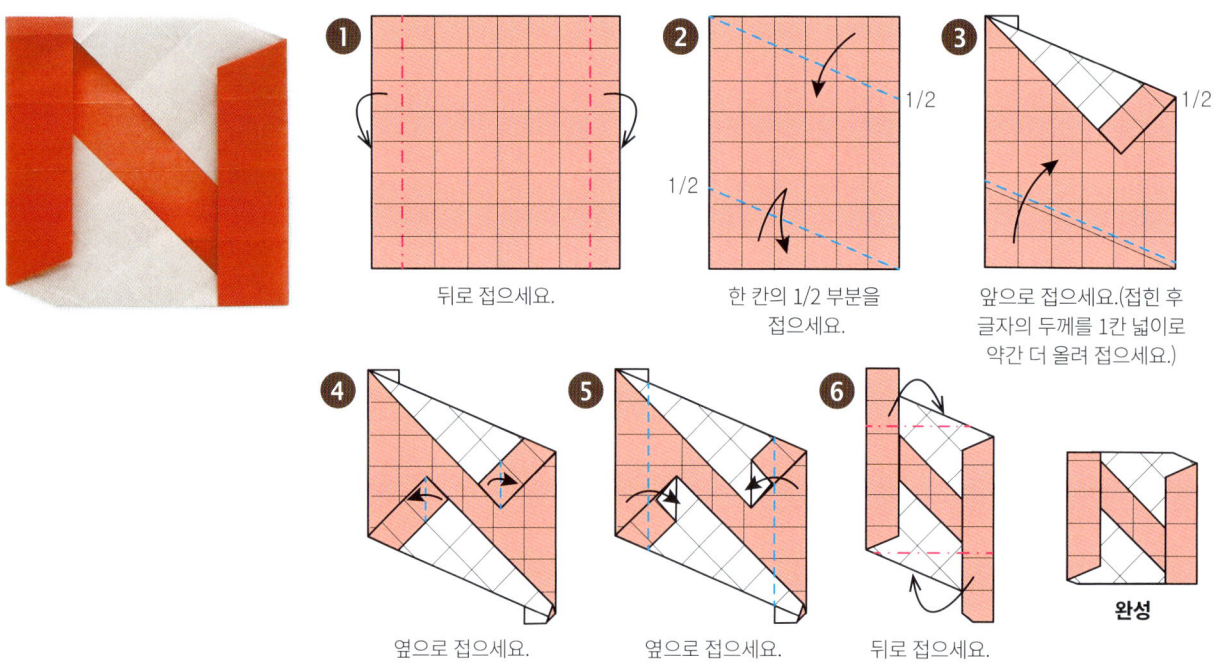

① 뒤로 접으세요.

② 한 칸의 1/2 부분을 접으세요.

③ 앞으로 접으세요.(접힌 후 글자의 두께를 1칸 넓이로 약간 더 올려 접으세요.)

④ 옆으로 접으세요.

⑤ 옆으로 접으세요.

⑥ 뒤로 접으세요.

완성

알파벳 O

가로세로 8등분 격자접기를 한 후 시작하세요.

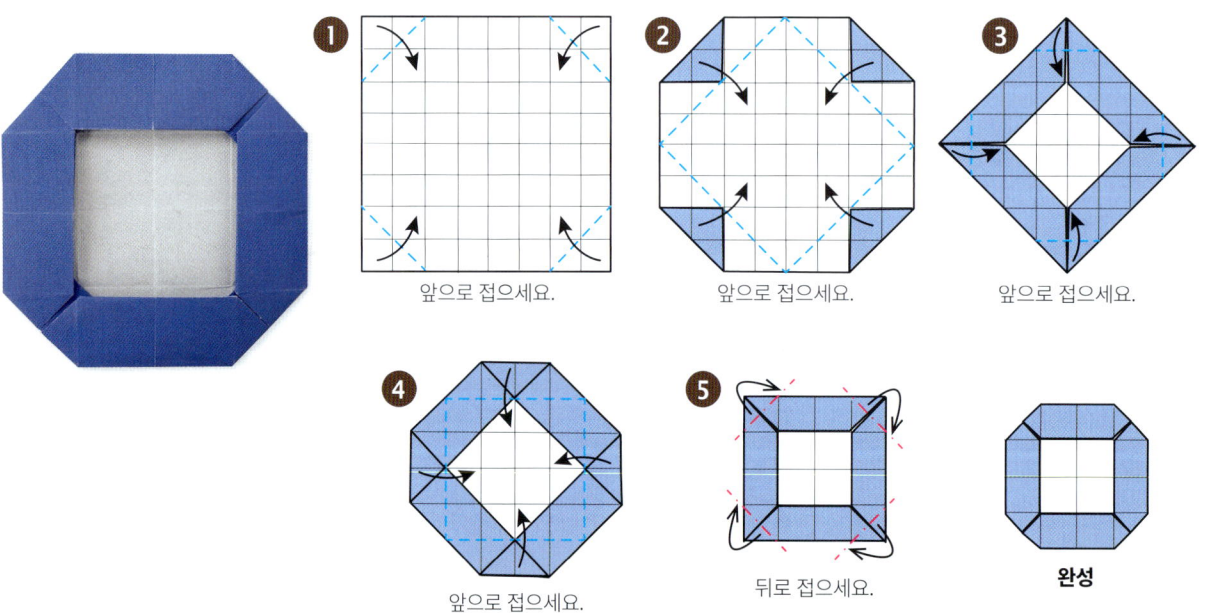

① 앞으로 접으세요.

② 앞으로 접으세요.

③ 앞으로 접으세요.

④ 앞으로 접으세요.

⑤ 뒤로 접으세요.

완성

알파벳 P

가로세로 8등분 격자접기를 한 후 시작하세요.

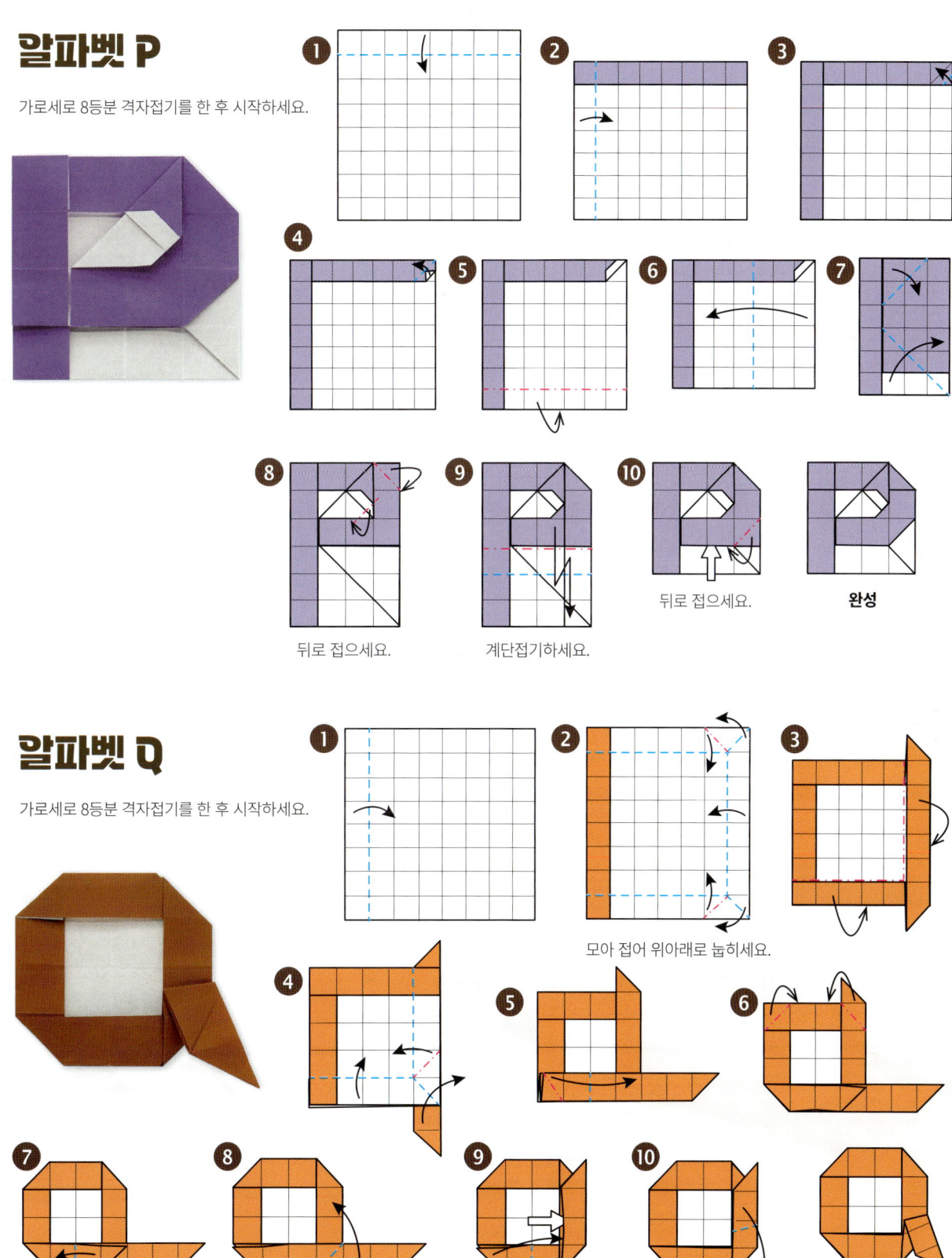

뒤로 접으세요.

계단접기하세요.

뒤로 접으세요.

완성

알파벳 Q

가로세로 8등분 격자접기를 한 후 시작하세요.

모아 접어 위아래로 눕히세요.

완성

알파벳 R

83쪽 알파벳 P의 ❸번에서 시작하세요.

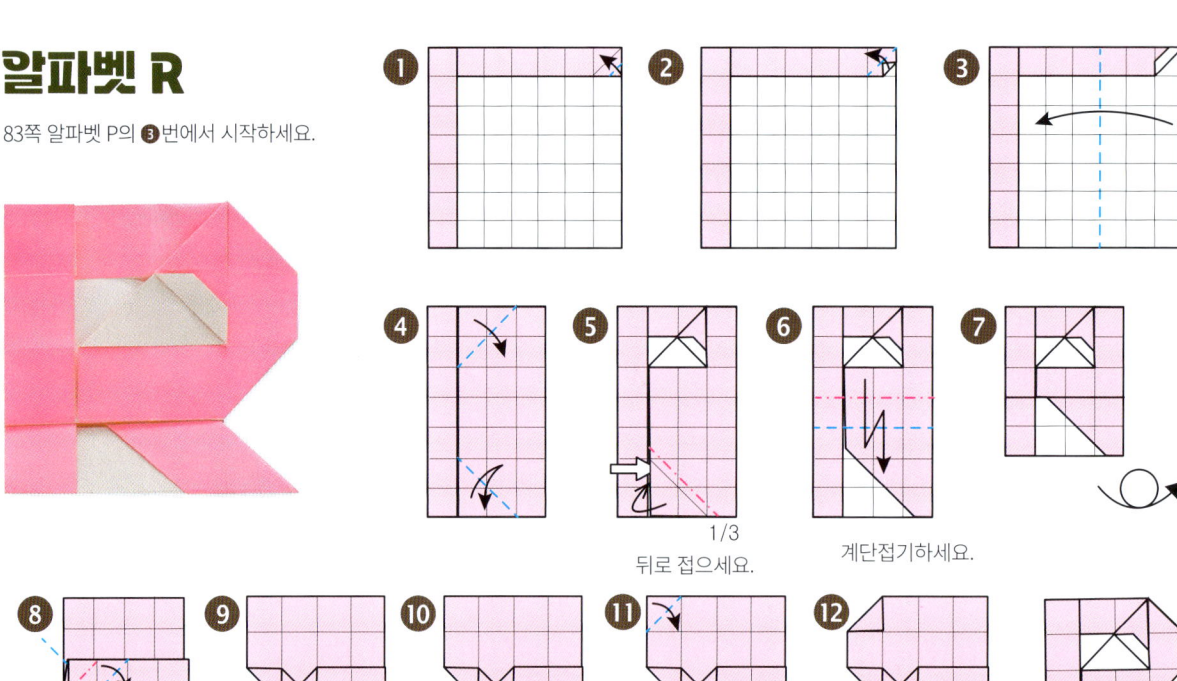

1/3
뒤로 접으세요.

계단접기하세요.

옆으로 당겨 접으세요.

앞으로 올려 접어
끼우세요.

완성

알파벳 S

가로세로 8등분 격자접기를 한 후 시작하세요.

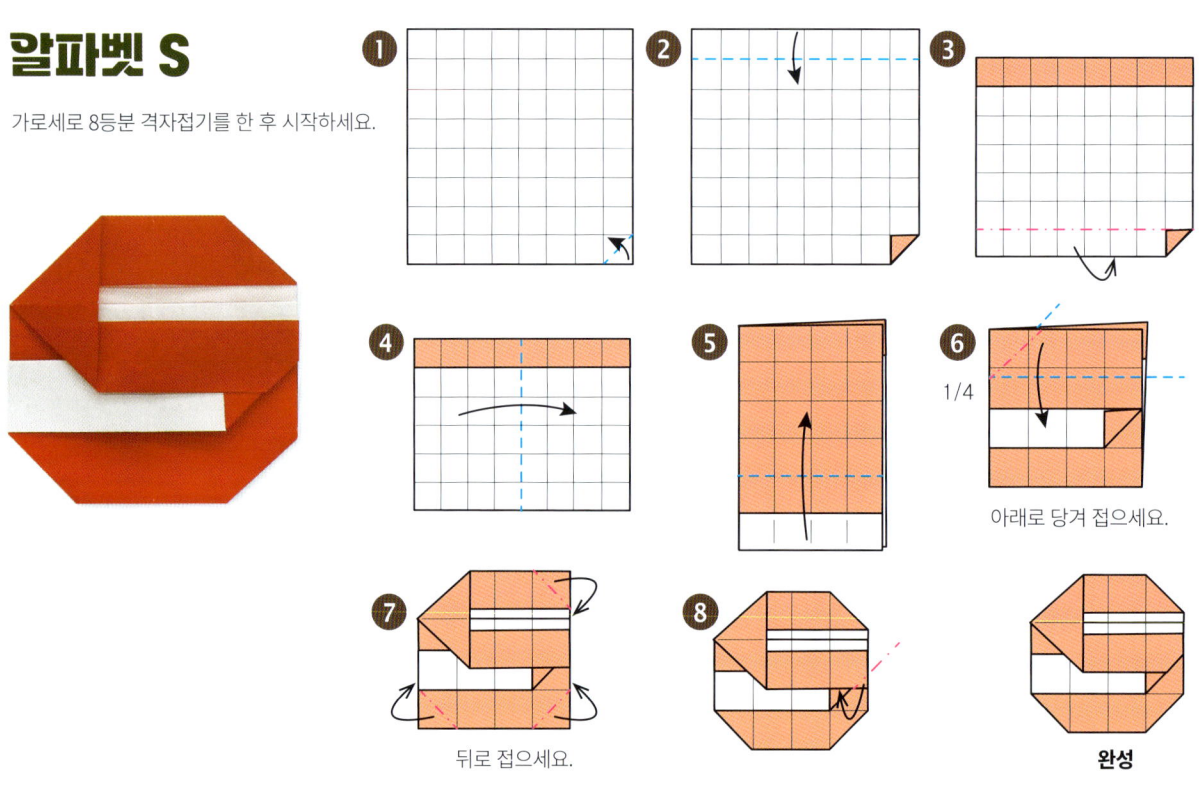

1/4
아래로 당겨 접으세요.

뒤로 접으세요.

완성

알파벳 T

가로세로 8등분 격자접기를 한 후 시작하세요.

① ② ③

한 칸 크기에 맞추어
모아 접으세요.

한 칸 크기에 맞추어
뒤로 접으세요.

④ ⑤ ⑥

완성

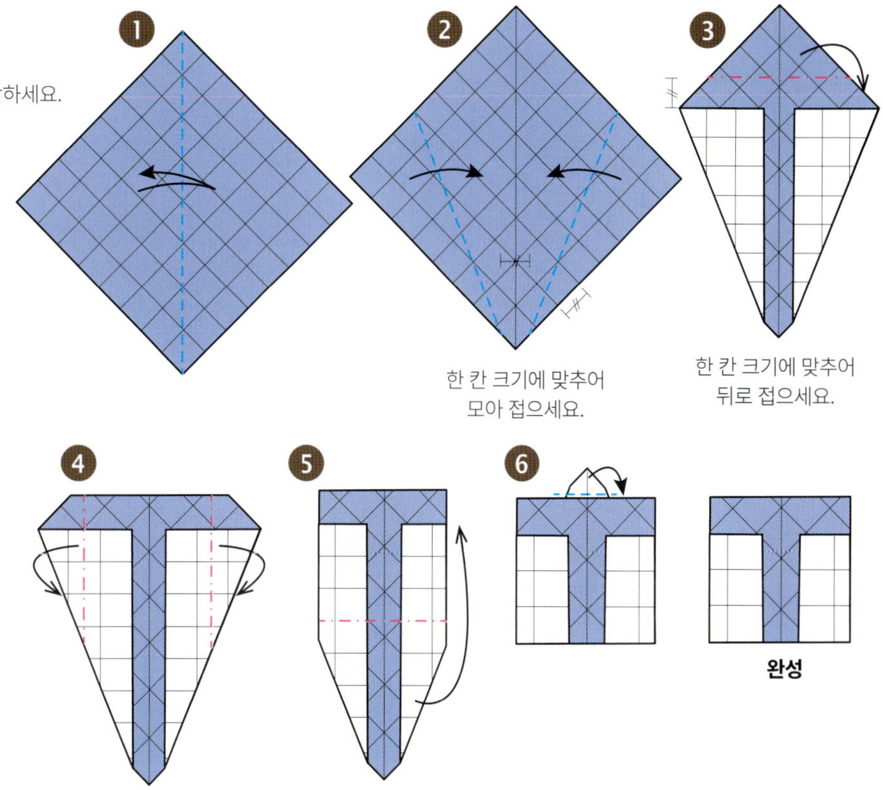

알파벳 U

가로세로 8등분 격자접기를 한 후 시작하세요.

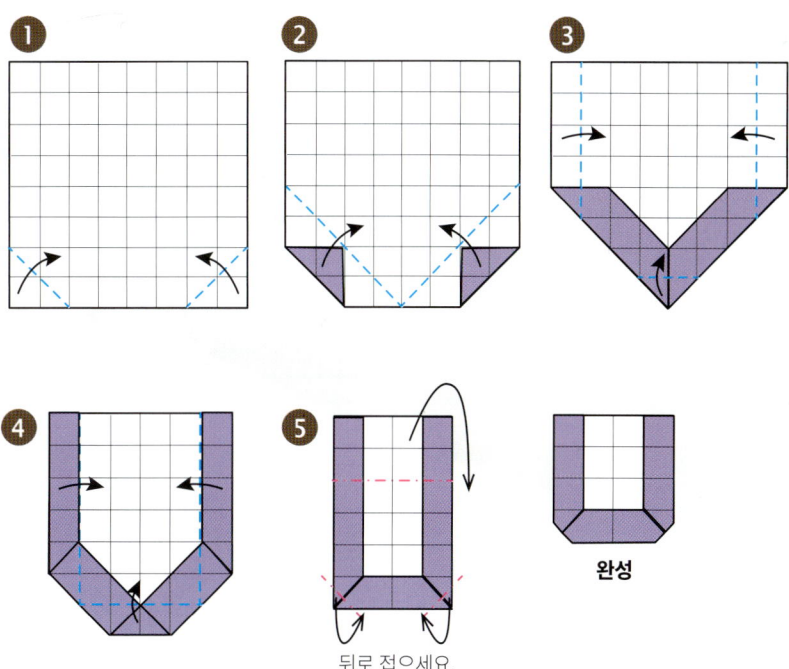

① ② ③

④ ⑤

뒤로 접으세요.

완성

알파벳 V

가로세로 8등분 격자접기를 한 후 시작하세요.

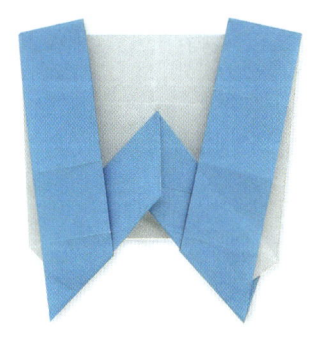

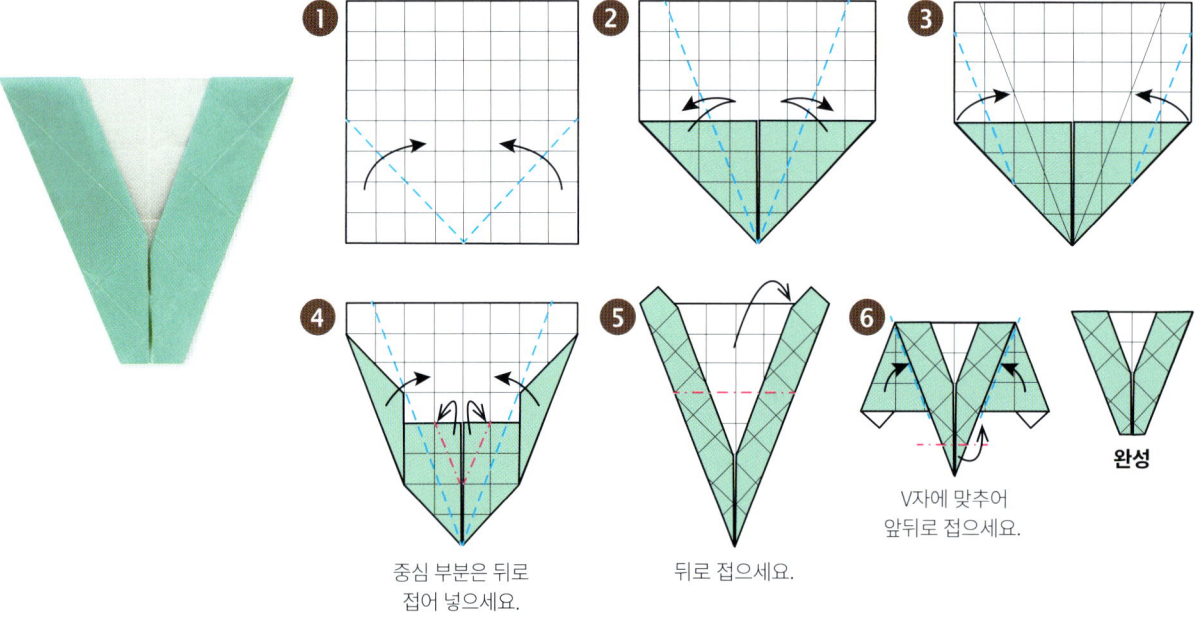

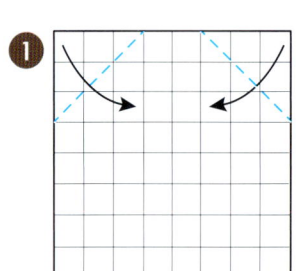

중심 부분은 뒤로
접어 넣으세요.

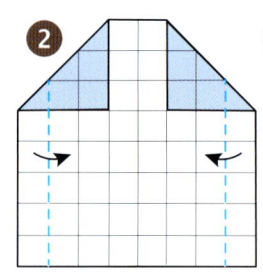

뒤로 접으세요.

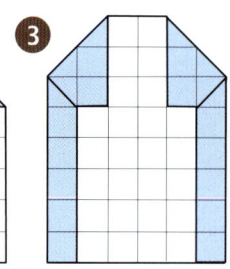

V자에 맞추어
앞뒤로 접으세요.

완성

알파벳 W

가로세로 8등분 격자접기를 한 후 시작하세요.

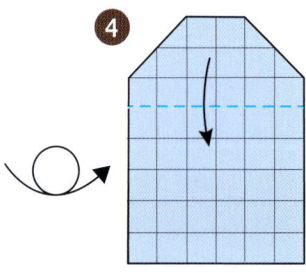

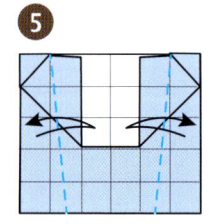

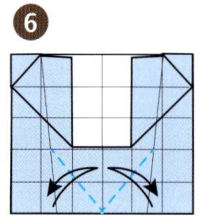

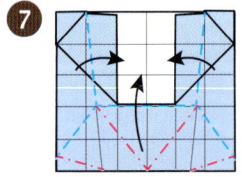

양옆을 모으며 아랫부분을
위로 당겨 올려 접으세요.

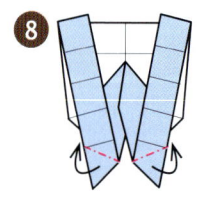

아래 양끝의 뒷부분을 펼쳐 ❽번 모양
을 만들어준 후 뒤로 접어주세요.

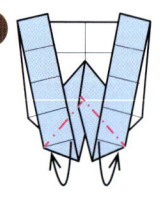

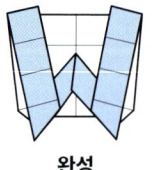

완성

알파벳 X

가로세로 8등분 격자접기를 한 후 시작하세요.

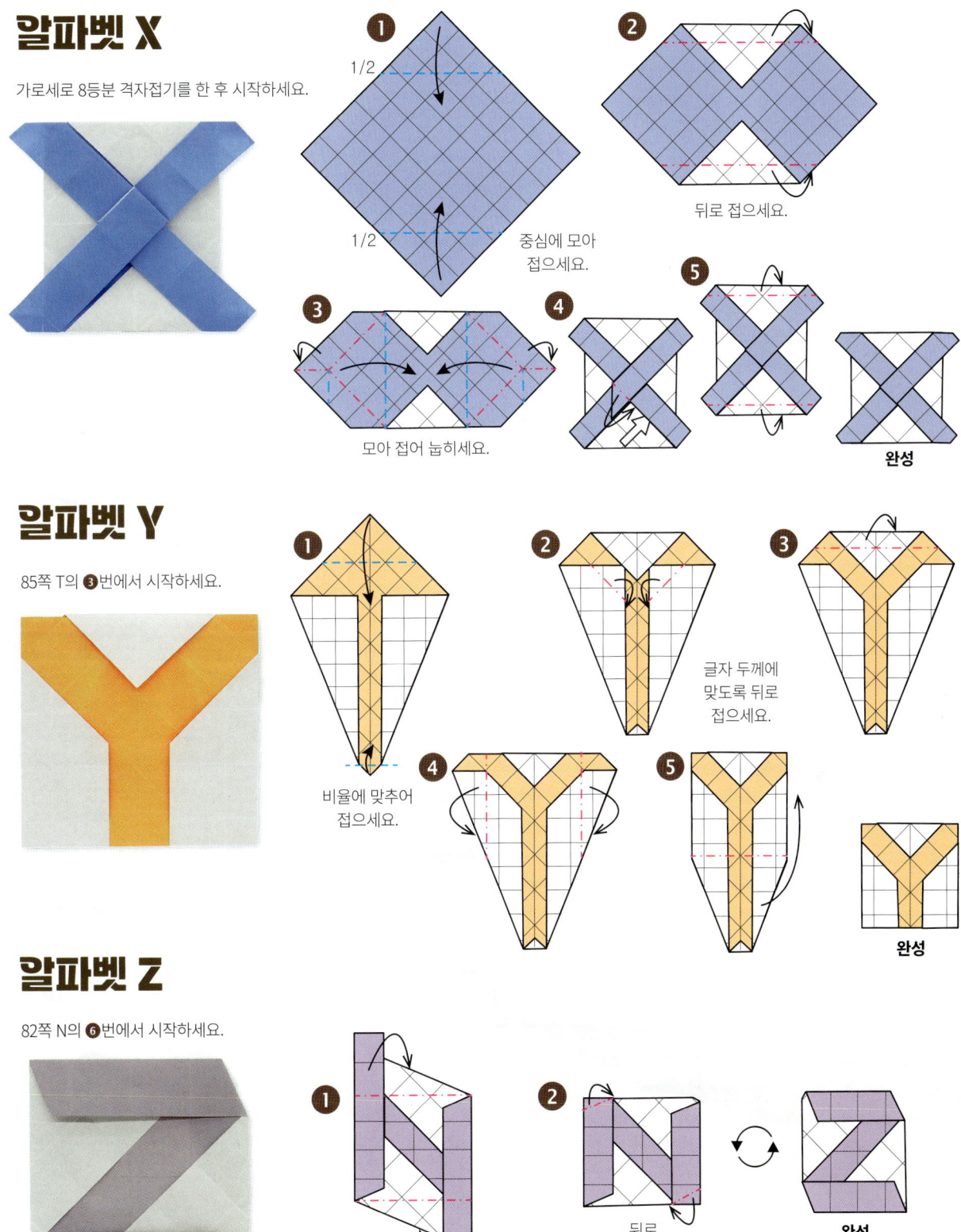

① 1/2 ... 1/2 중심에 모아 접으세요.

② 뒤로 접으세요.

③ 모아 접어 눕히세요.

④ ⑤ 완성

알파벳 Y

85쪽 T의 ❸번에서 시작하세요.

① 비율에 맞추어 접으세요.

② ③ 글자 두께에 맞도록 뒤로 접으세요.

④ ⑤ 완성

알파벳 Z

82쪽 N의 ❻번에서 시작하세요.

① ② 뒤로 접으세요. 완성

한글

Korean alphabet 'Hangeul'

모음 ㅏ

가로세로 8등분 격자접기를 한 후 시작하세요.

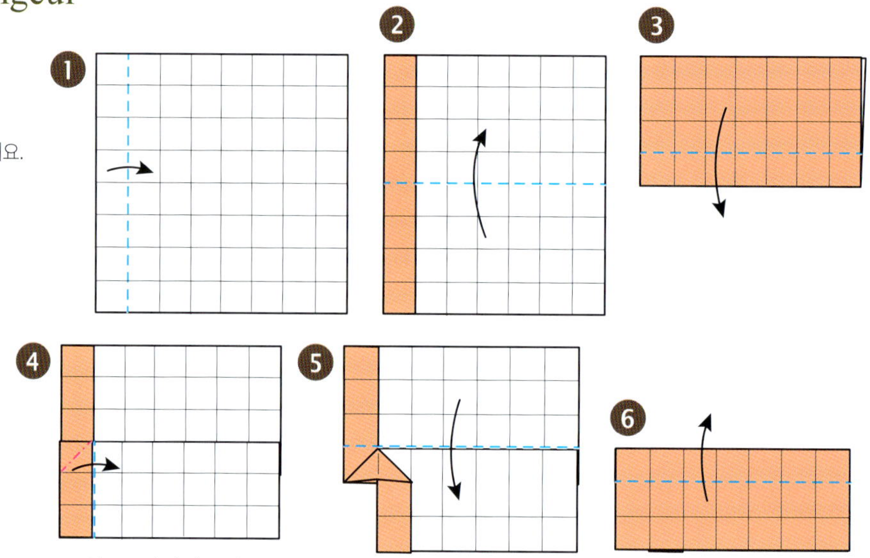

옆으로 당겨 접으세요.

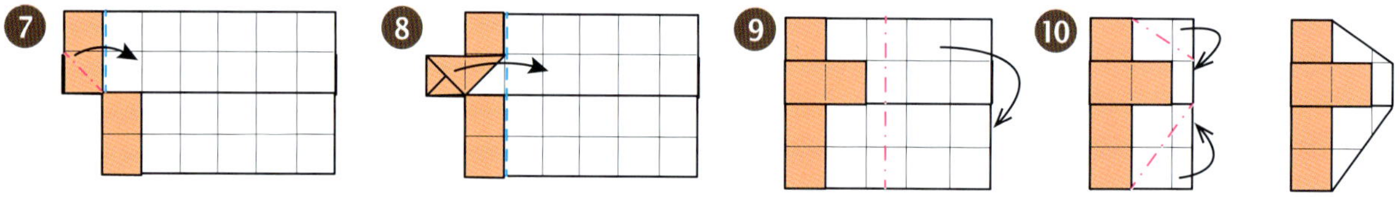

옆으로 당겨 접으세요.

뒤로 접으세요. **완성**

모음 ㅑ, ㅕ, ㅛ

가로세로 8등분 격자접기를 한 후 시작하세요.

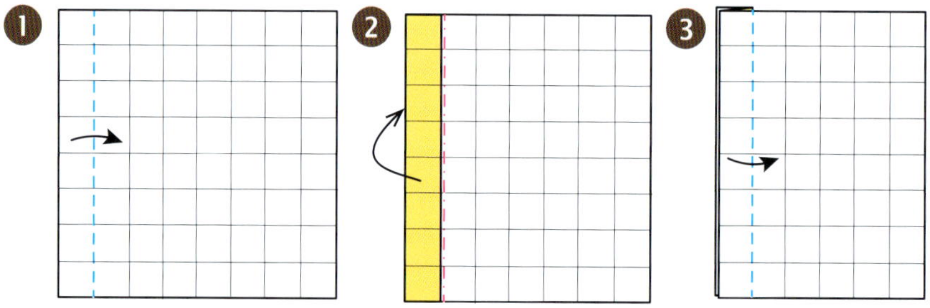

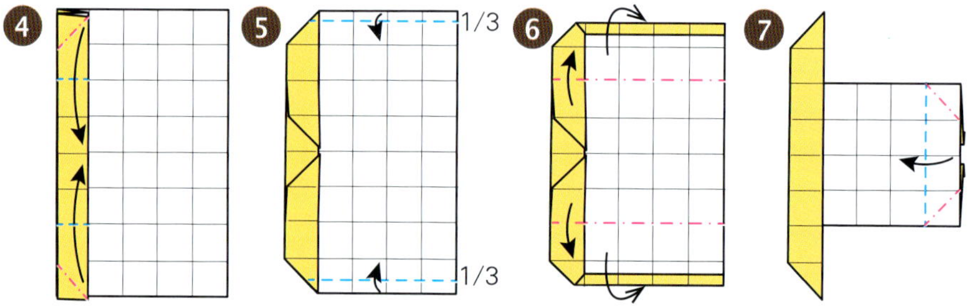

당겨 접으세요.

위아래 모두
1/3씩 접으세요.

위아래 모두
뒤로 접으세요.

옆으로 당겨
접으세요.

1/3

1/3

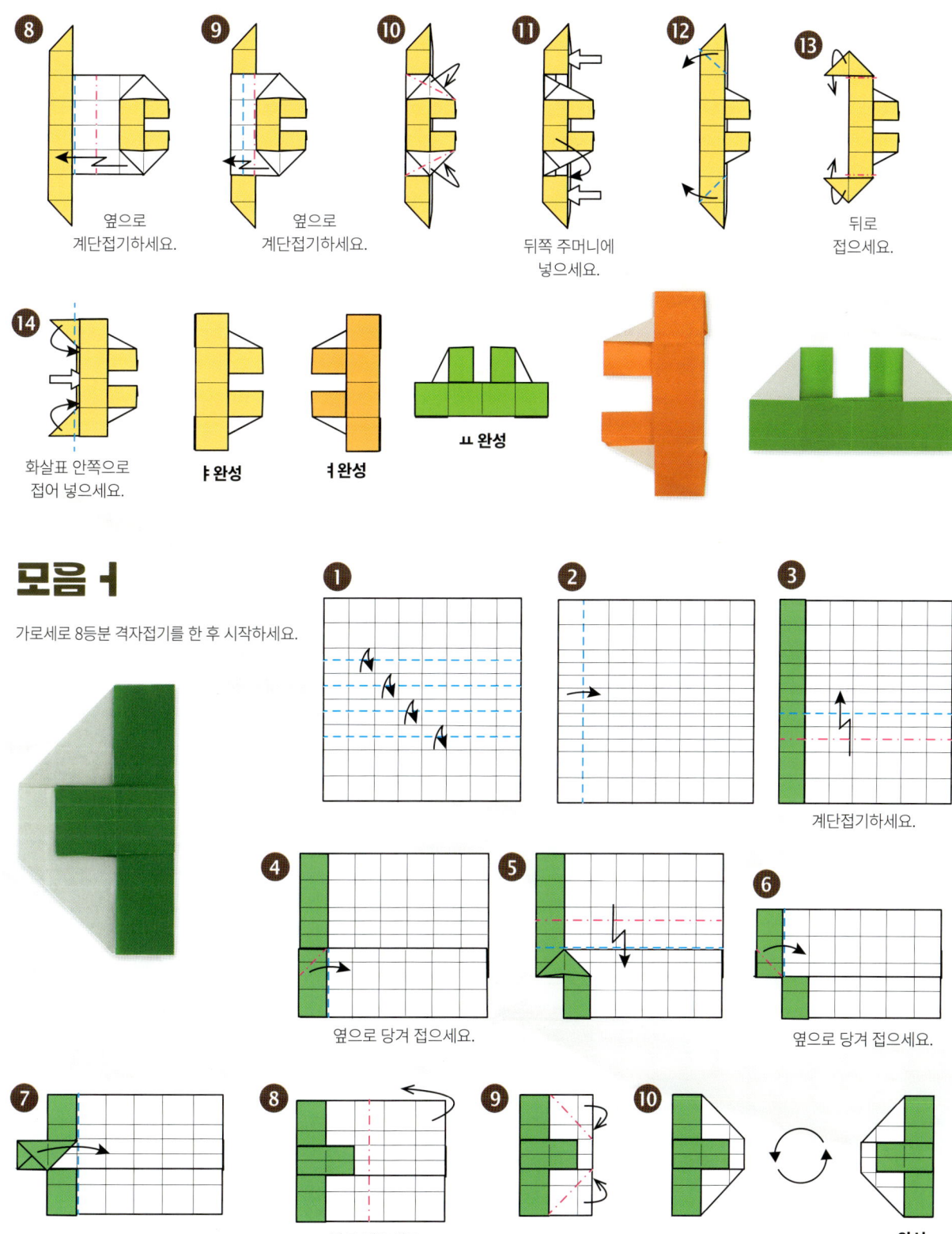

8 옆으로
계단접기하세요.

9 옆으로
계단접기하세요.

10

11 뒤쪽 주머니에
넣으세요.

12

13 뒤로
접으세요.

14 화살표 안쪽으로
접어 넣으세요.

ㅑ 완성

ㅕ 완성

ㅛ 완성

모음 ㅓ

가로세로 8등분 격자접기를 한 후 시작하세요.

1

2

3 계단접기하세요.

4 옆으로 당겨 접으세요.

5

6 옆으로 당겨 접으세요.

7

8 뒤로 접으세요.

9

10

완성

89

모음 ㅗ

가로세로 8등분 격자접기를 한 후 시작하세요.

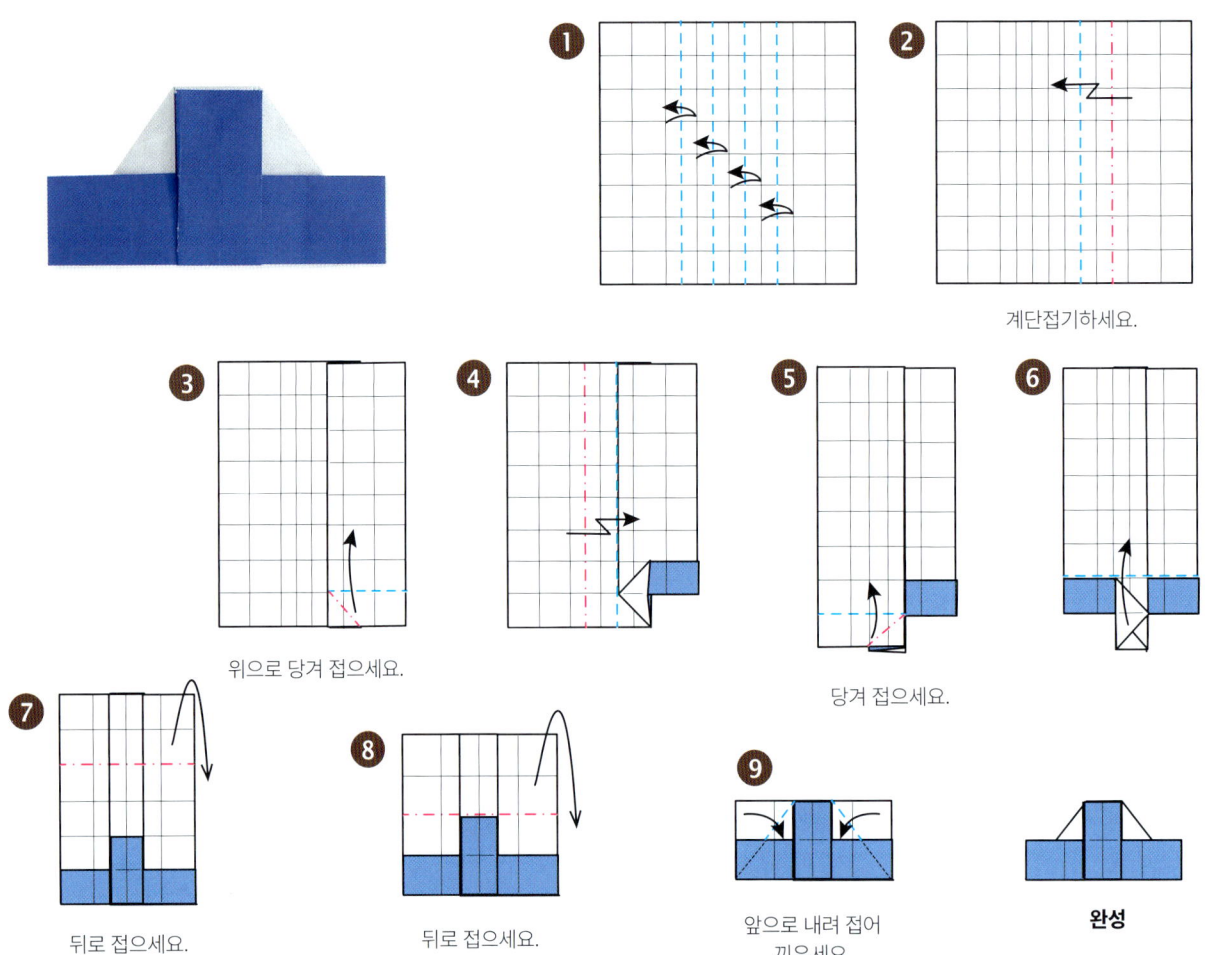

위로 당겨 접으세요.

당겨 접으세요.

계단접기하세요.

뒤로 접으세요.

뒤로 접으세요.

앞으로 내려 접어
끼우세요.

완성

종이접기 창작의 관점에 대하여

종이접기 창작에서 크게 두 가지 관점을 생각할 수 있는데 바로 수학적으로 접근하는 방법과 경험적으로 접근하는 방법입니다. 수학적 접근 방법은 종이접기로 표현하고자 하는 모든 묘사 부위를 기하학적 토대에서 길이와 면적을 계산하여 정사각형의 색종이 위에 배치해 보는 방법입니다. 색종이에 정확한 등분 선을 내어서 형태를 설계하는 격자접기(박스플릿:Box Pleat)가 바로 그런 관점입니다.

경험적 접근 방법은 정사각형 색종이에서 완성 형태에 도달하기까지를 단계로 나누어 경험한 바 있는 구조 중 적합한 구조를 적용해 보는 방식입니다. 삼각주머니접기, 사각주머니접기 등 기본형에서 시작하여 발전시키는 창작이 여기에 속하는데, 여러 작품을 접어보면서 경험을 쌓다 보면 구조를 이해하는 데 능숙해져 효율적으로 묘사할 수 있습니다.

모음 ㅜ 가로세로 8등분 격자접기를 한 후 시작하세요.

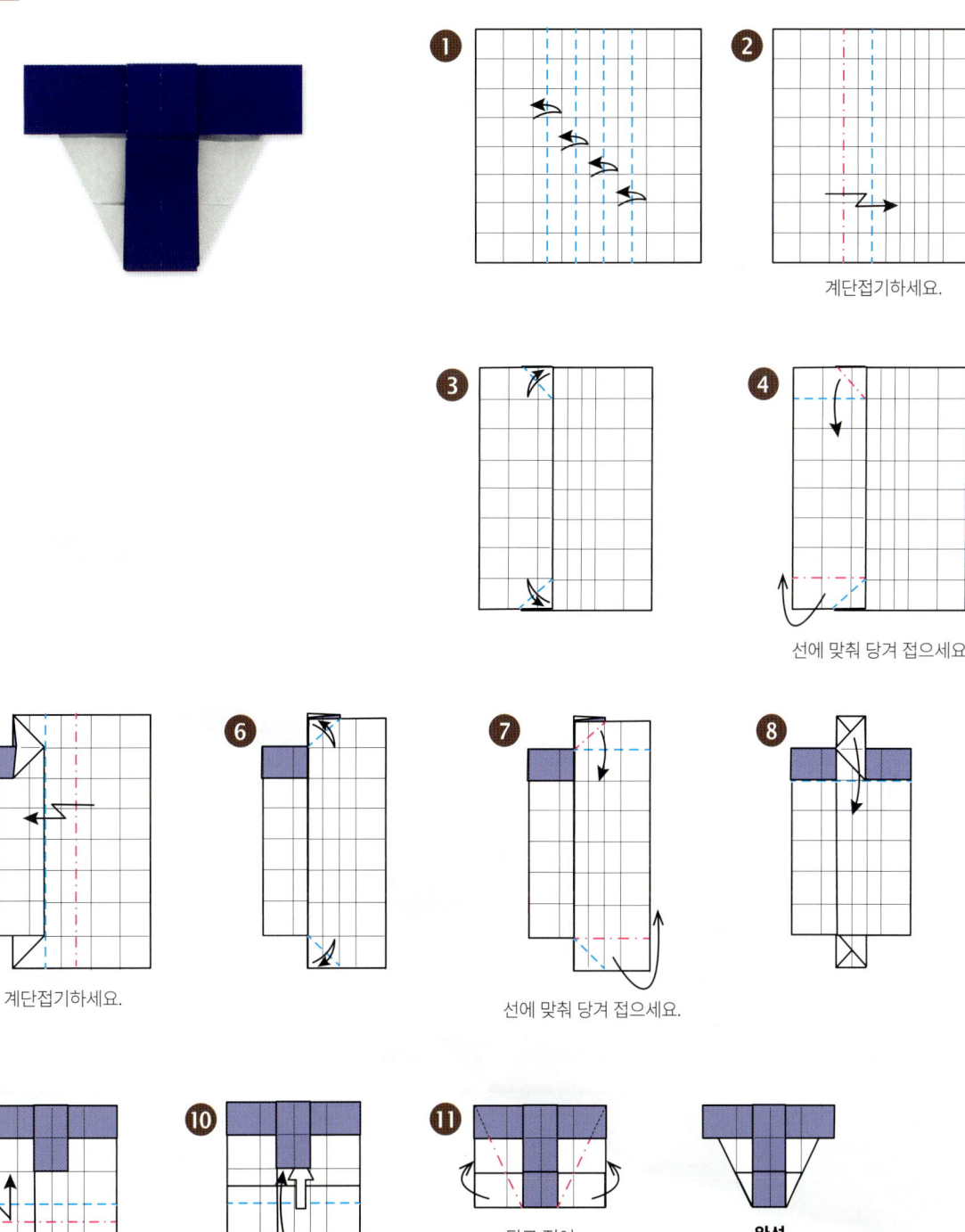

② 계단접기하세요.

④ 선에 맞춰 당겨 접으세요.

⑤ 계단접기하세요.

⑦ 선에 맞춰 당겨 접으세요.

⑨ 계단접기하세요.

⑩ 위로 올려 접어 끼우세요.

⑪ 뒤로 접어 끼우세요.

완성

모음 ㅠ

가로세로 8등분 격자접기를 한 후 시작하세요.

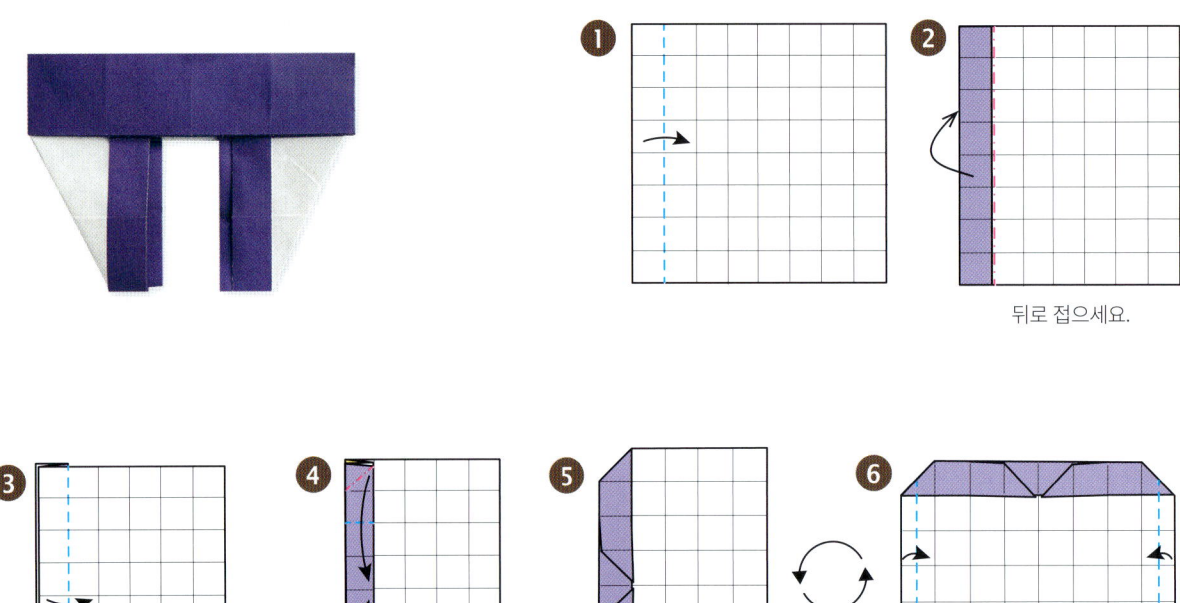

1

2
뒤로 접으세요.

3

4 당겨 접으세요.

5 접은 모습

6 1/2   1/2
양옆을 1/2씩 접으세요.

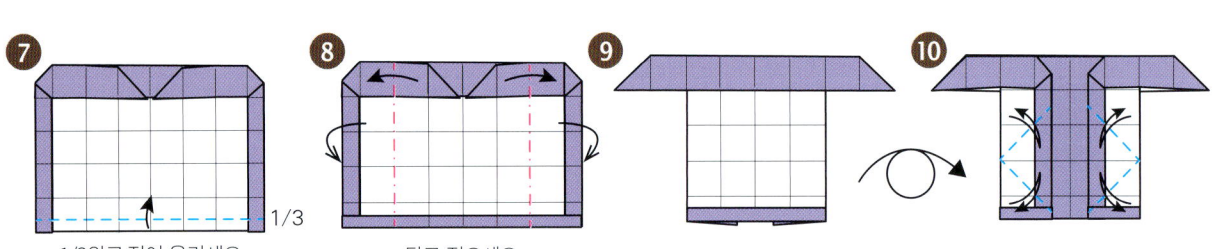

7 1/3
1/3위로 접어 올리세요.

8
뒤로 접으세요.

9

10

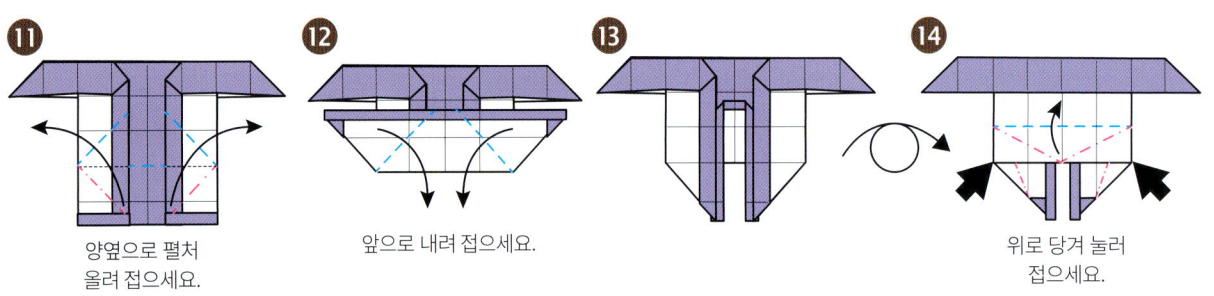

11
양옆으로 펼쳐
올려 접으세요.

12
앞으로 내려 접으세요.

13

14
위로 당겨 눌러
접으세요.

⑮ 위로 올려
접으세요.

⑯

⑰

⑱

⑲

⑳ 앞으로 내려 접어
끼우세요.

완성

모음 ㅡ, ㅣ

가로세로 8등분 격자접기를 한 후 시작하세요.

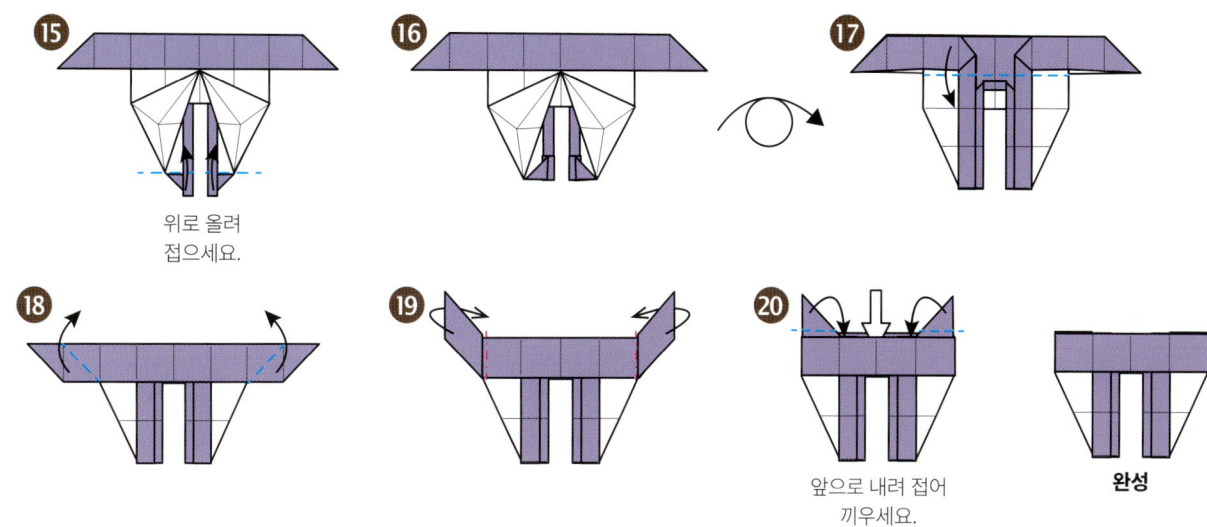

❶

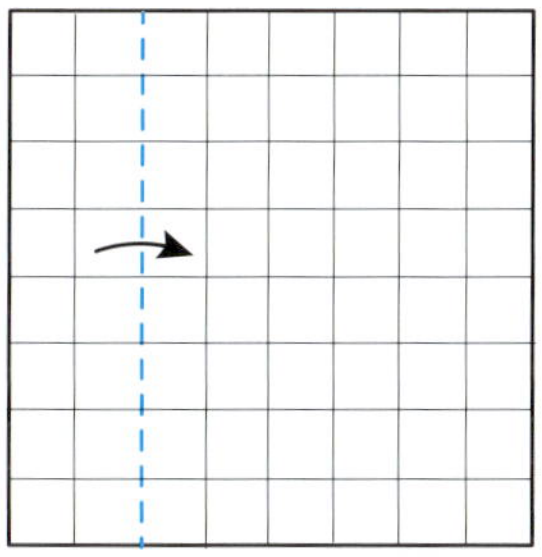

❷

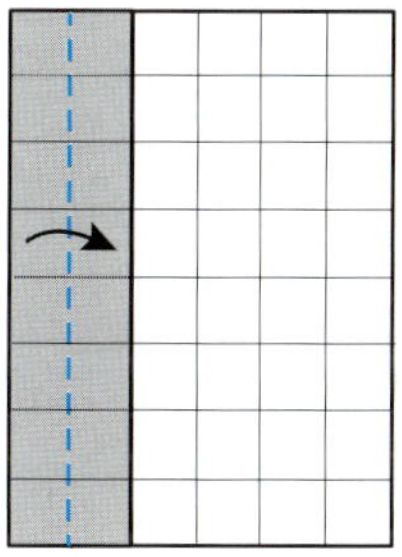

❸

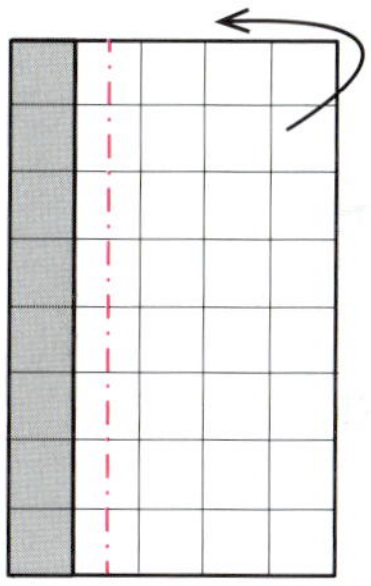

❹ 틈새에 끼워
넣어 접으세요.

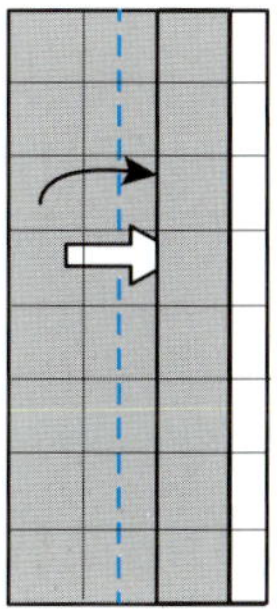

❺ 뒤로 접으세요.

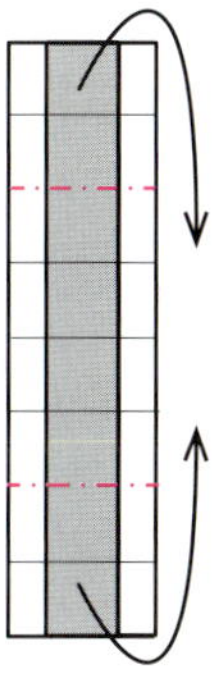

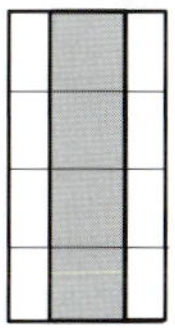

ㅣ 완성

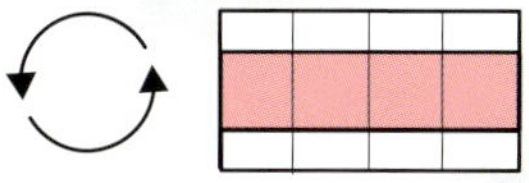

ㅡ 완성

자음 ㄱ, ㄴ
가로세로 8등분 격자접기를 한 후 시작하세요.

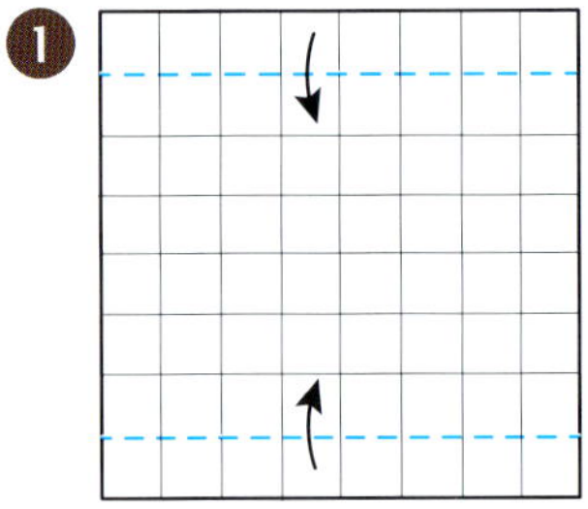

1 앞으로 접으세요.

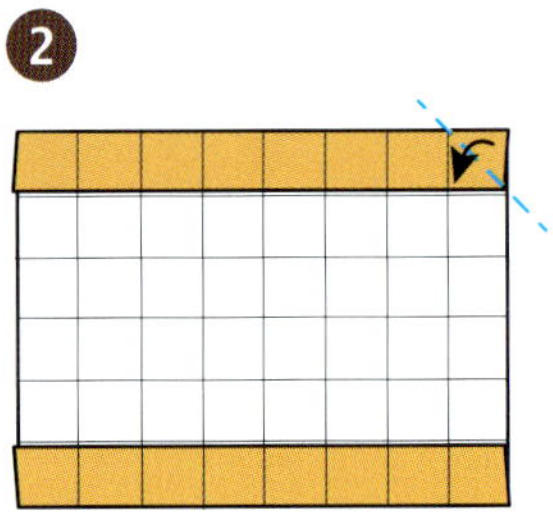

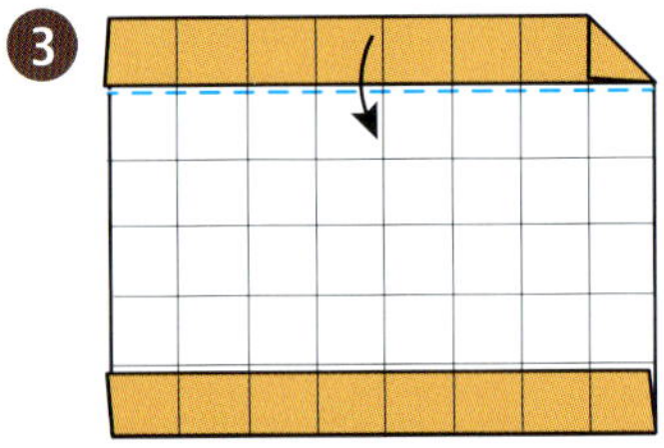

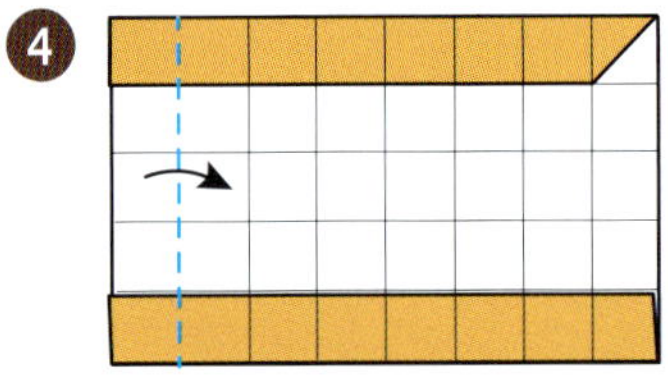

2

3

4 옆으로 접으세요.

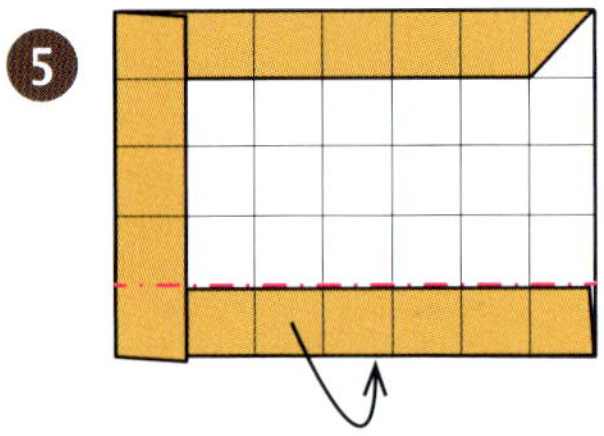

5 뒤로 올려 접으세요.

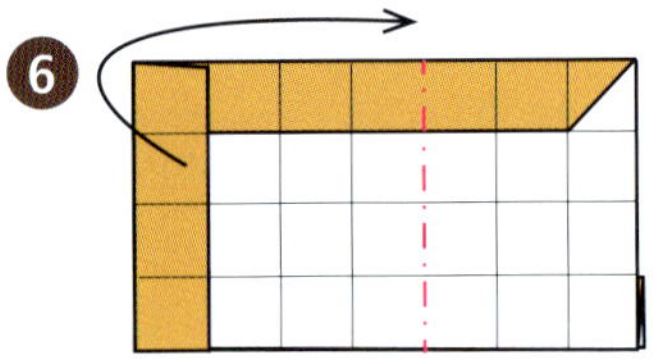

6 뒤로 접으세요.

7 옆으로 접어 끼우세요.

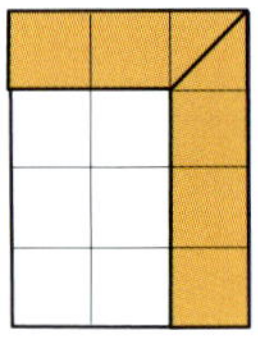

ㄱ 완성

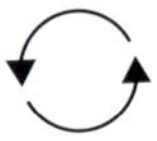

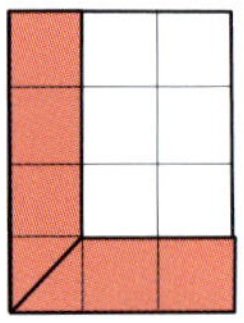

ㄴ 완성

자음 ㄷ
자음ㄱ의 **2**번에서 시작하세요.

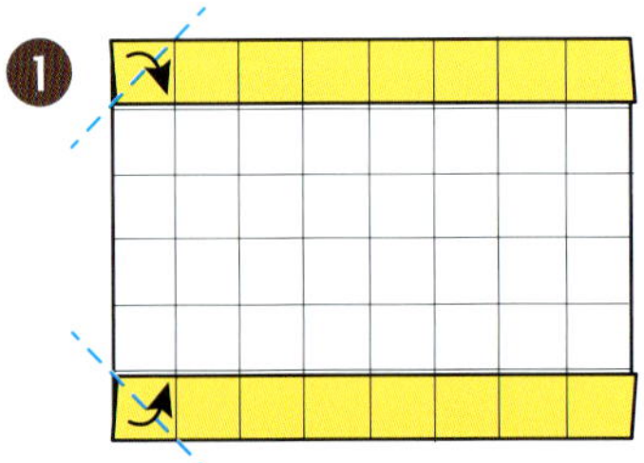

1 앞으로 접으세요.

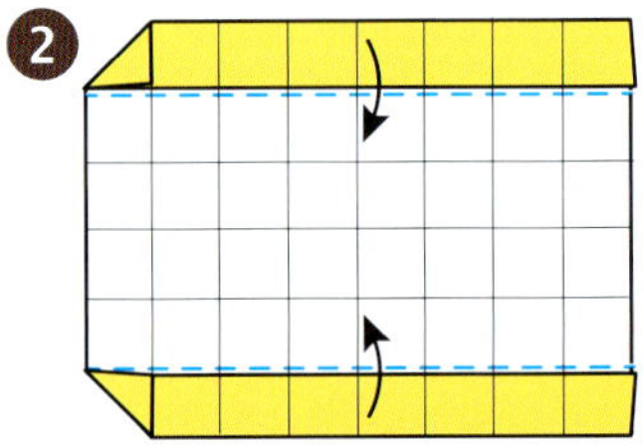

2 앞으로 접으세요.

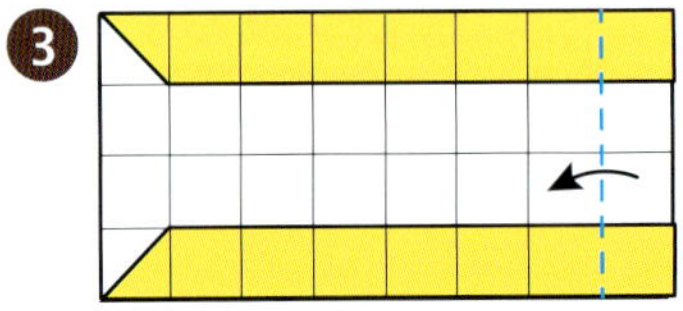

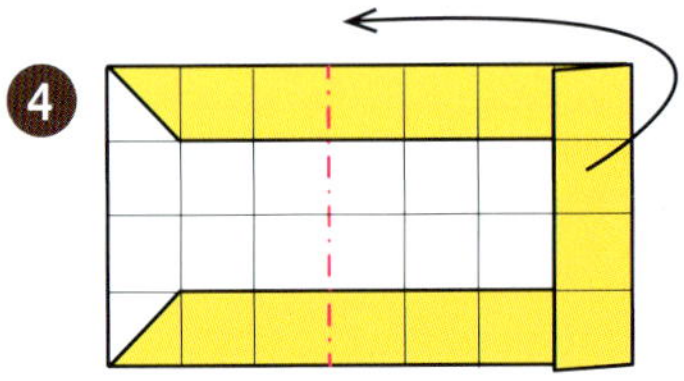

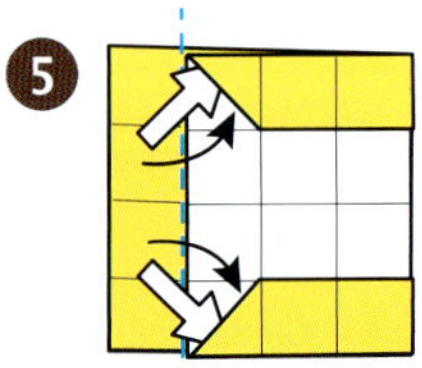

3

4

5 옆으로 접어 끼우세요.

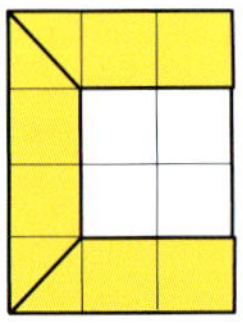

완성

자음 ㄹ

가로세로 8등분 격자접기를 한 후 시작하세요.

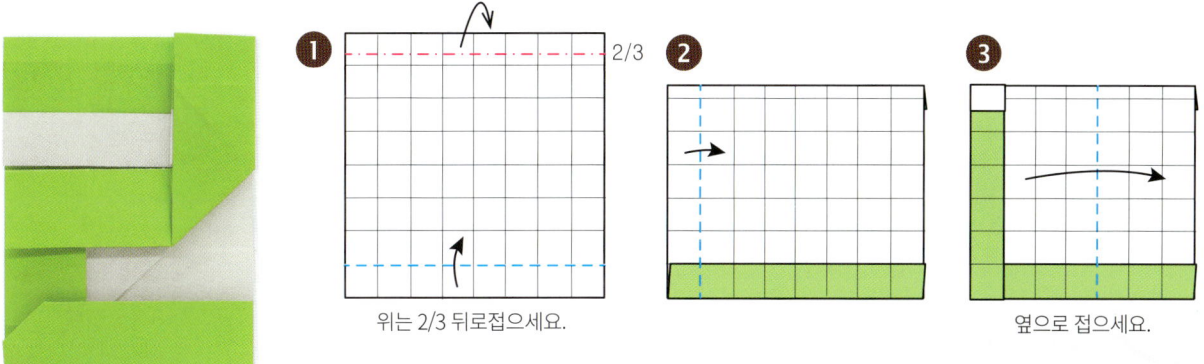

① 2/3
위는 2/3 뒤로접으세요.

②

③ 옆으로 접으세요.

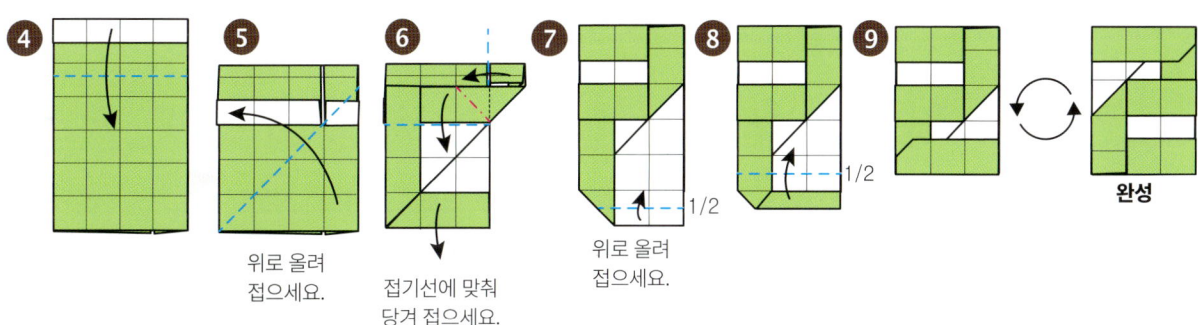

④

⑤ 위로 올려
접으세요.

⑥ 접기선에 맞춰
당겨 접으세요.

⑦ 위로 올려
접으세요. 1/2

⑧ 1/2

⑨

완성

자음 ㅁ

가로세로 8등분 격자접기를 한 후 시작하세요.

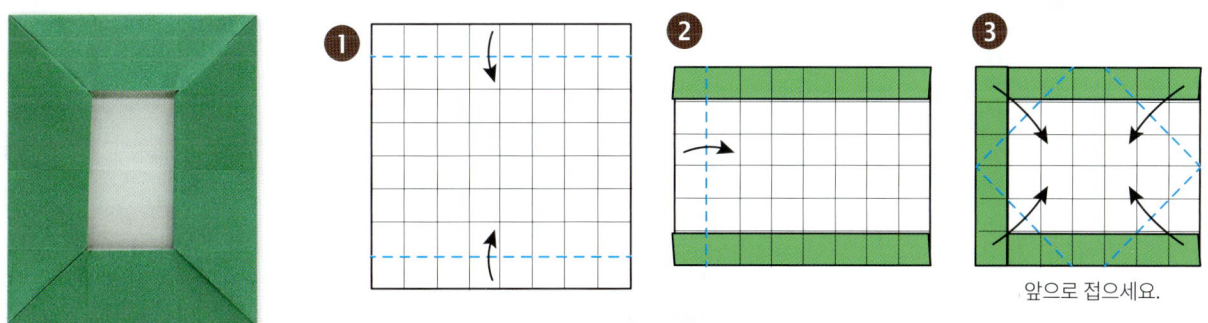

①

②

③ 앞으로 접으세요.

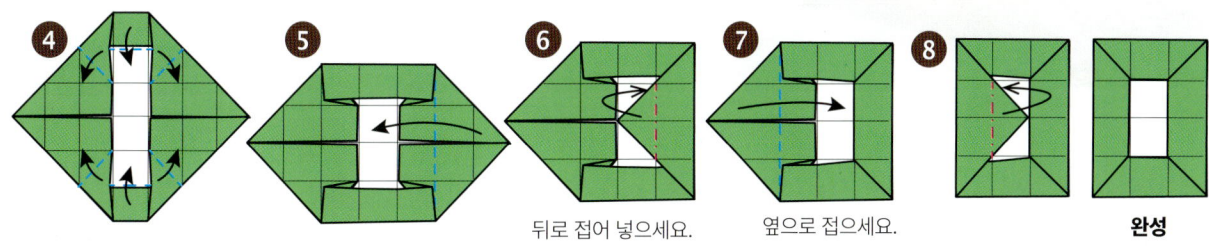

④

⑤

⑥ 뒤로 접어 넣으세요.

⑦ 옆으로 접으세요.

⑧ **완성**

자음 ㅂ

가로세로 8등분 격자접기를 한 후 시작하세요.

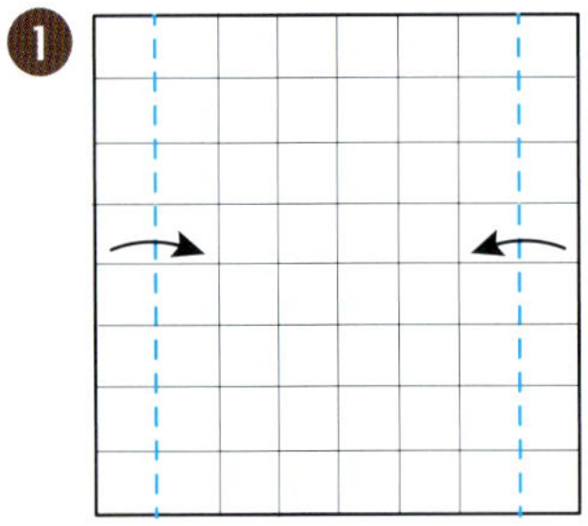

① 옆으로 접으세요.

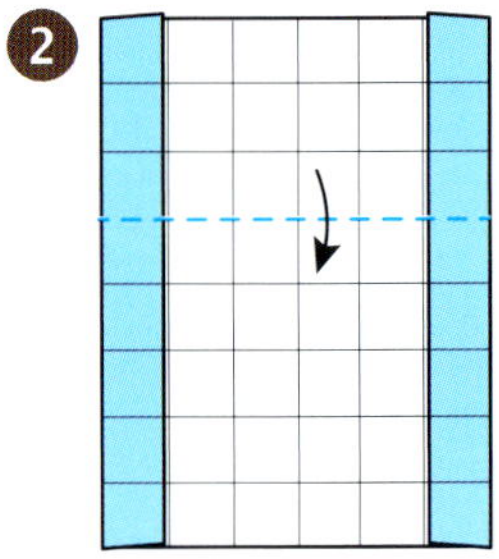

② 앞으로 내려 접으세요.

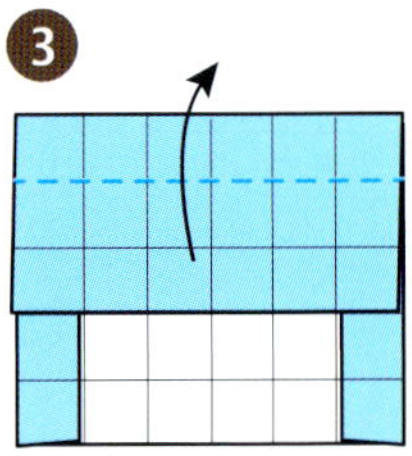

③ 위로 올려 접으세요.

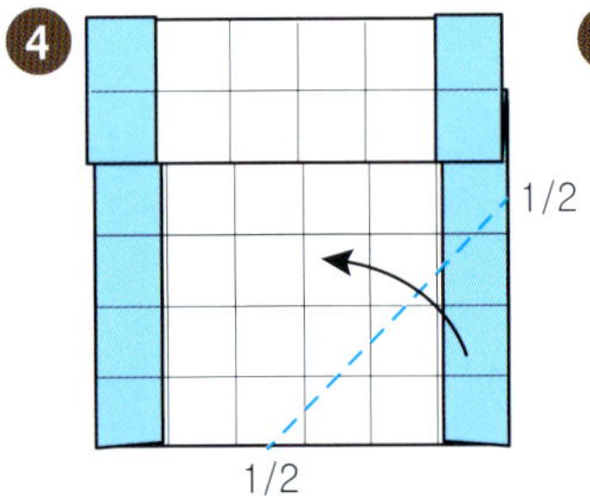

④ 1/2 1/2

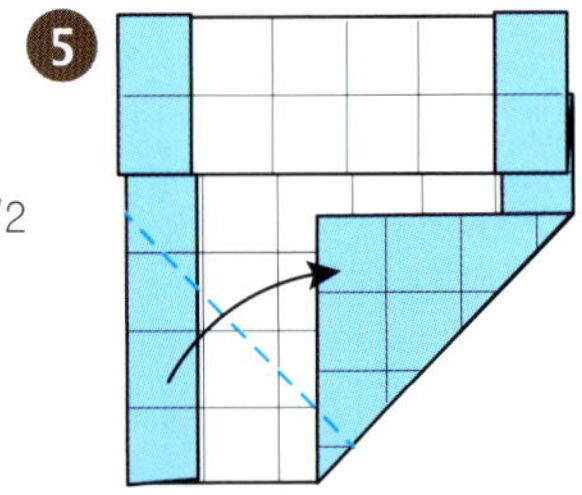

⑤

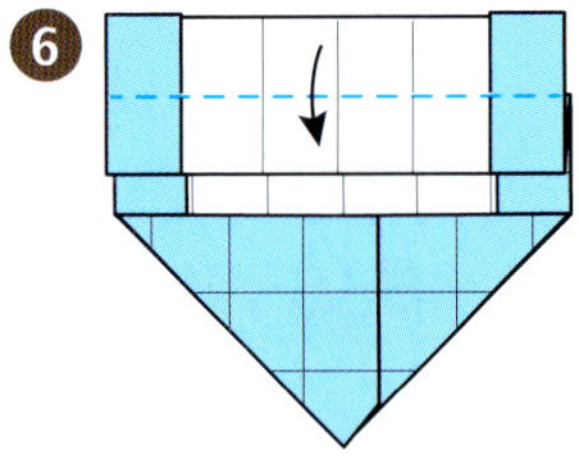

⑥

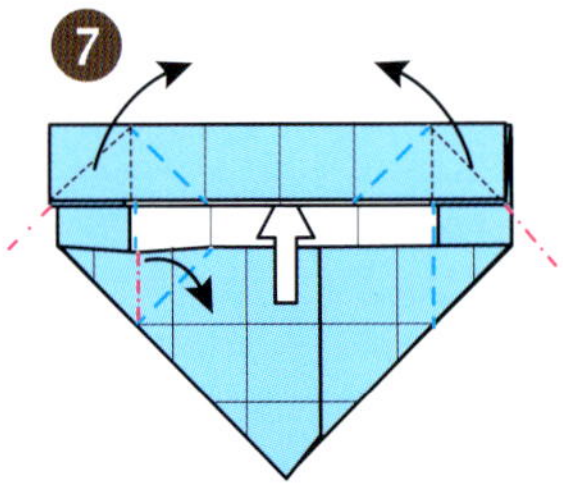

⑦ 위로 펼쳐 당겨 올려
접으세요.(양측이 다름)

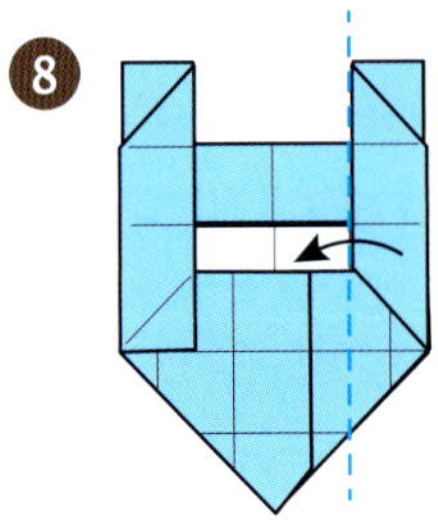

⑧ 옆으로 접으세요.

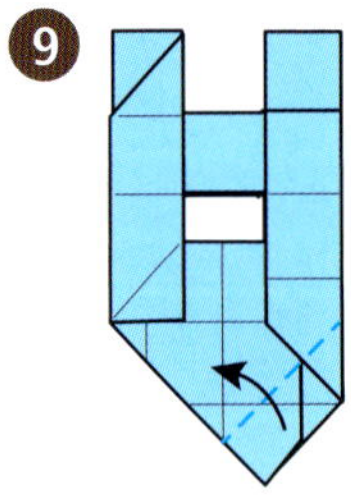

⑨ 앞으로 올려 접으세요.

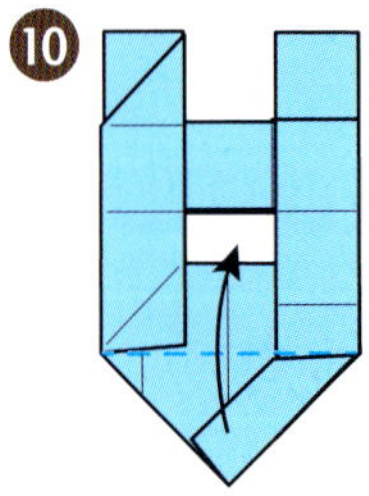

⑩ 앞으로 올려 접으세요.

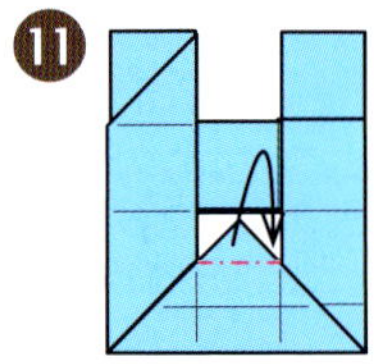

⑪ 뒤로 접으세요.

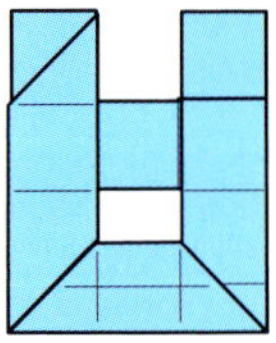

완성

자음 ㅁ

가로세로 8등분 격자접기를 한 후 시작하세요.

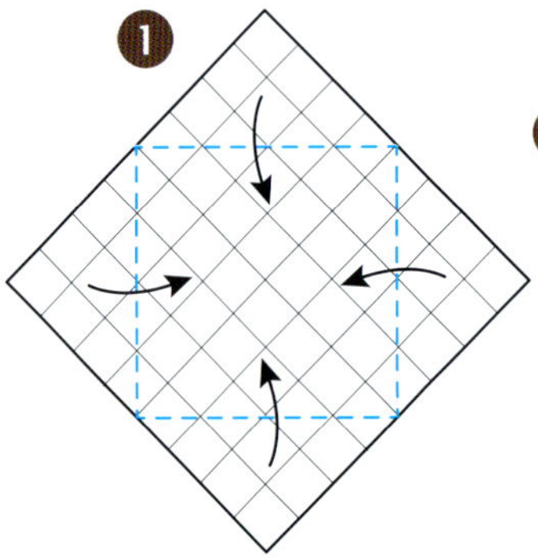

① 방석접기하세요.

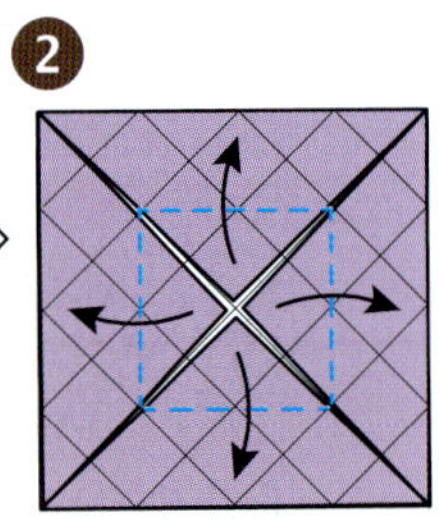

②

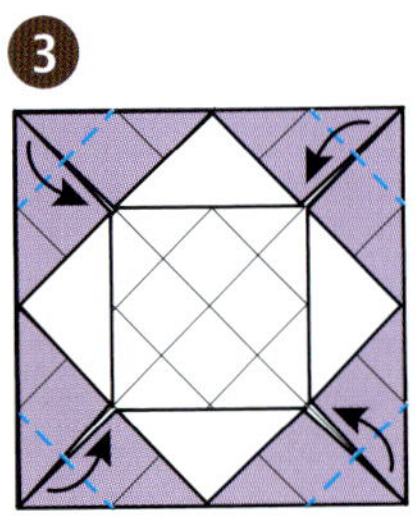

③

자음 ㅅ 가로세로 8등분 격자접기를 한 후 시작하세요.

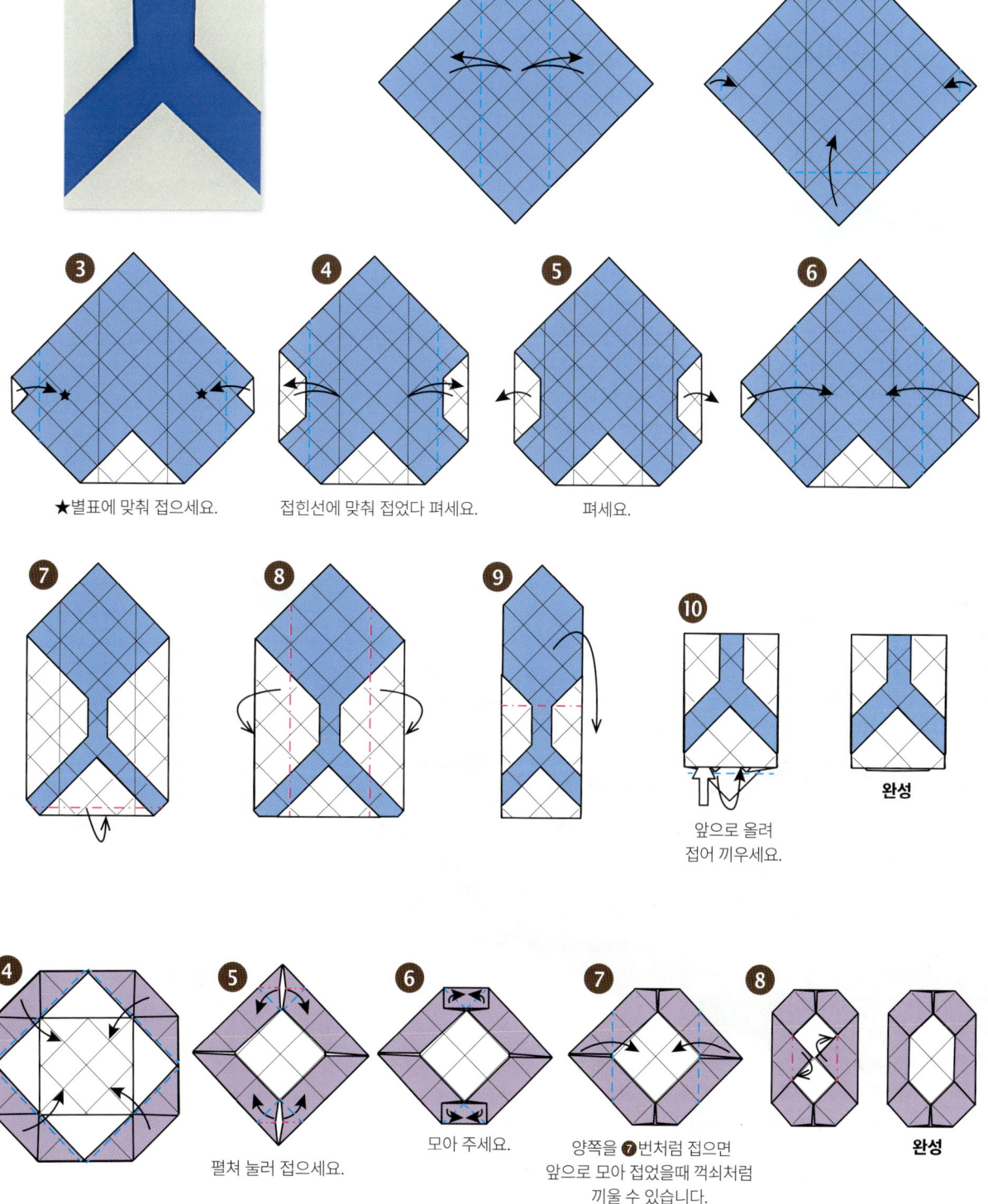

★별표에 맞춰 접으세요.

접힌선에 맞춰 접었다 펴세요.

펴세요.

앞으로 올려
접어 끼우세요.

완성

펼쳐 눌러 접으세요.

모아 주세요.

양쪽을 ⑦번처럼 접으면
앞으로 모아 접었을때 꺽쇠처럼
끼울 수 있습니다.

완성

자음 ㅈ

가로세로 8등분 격자접기를 한 후 시작하세요.

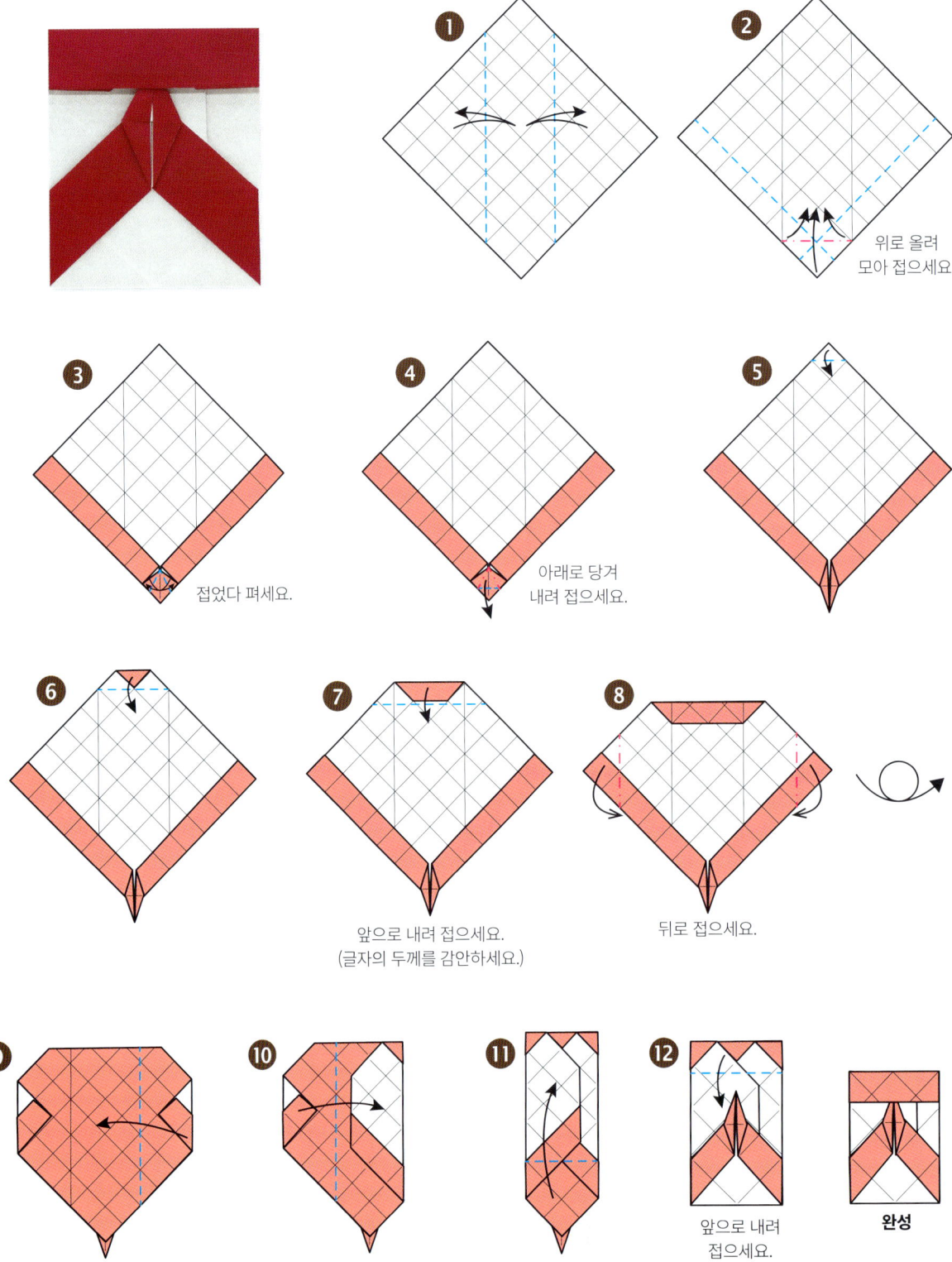

1

2

위로 올려
모아 접으세요.

3 접었다 펴세요.

4 아래로 당겨
내려 접으세요.

5

6

7 앞으로 내려 접으세요.
(글자의 두께를 감안하세요.)

8 뒤로 접으세요.

9

10

11

12 앞으로 내려
접으세요.

완성

자음 ㅊ

가로세로 8등분 격자접기를 한 후 시작하세요.

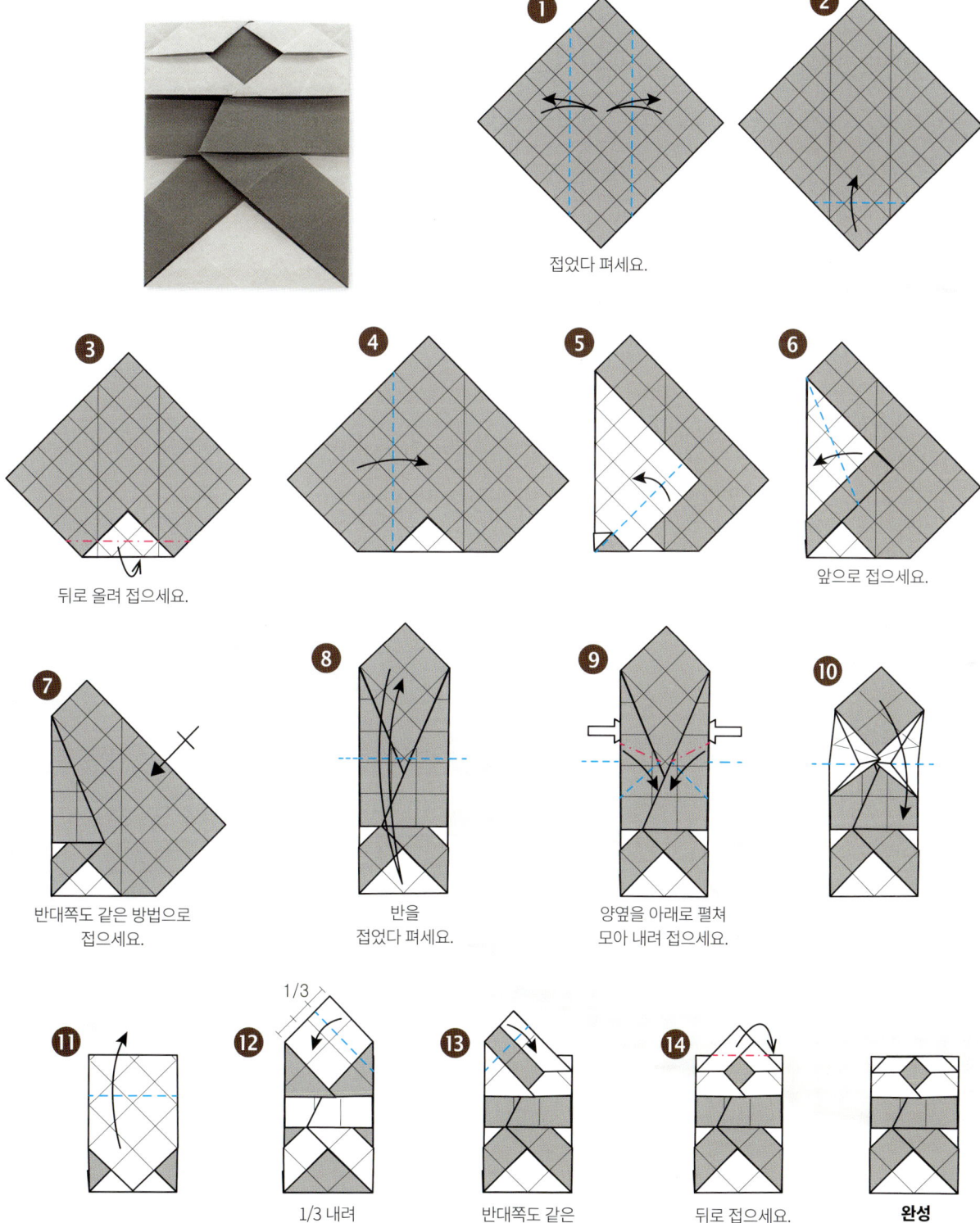

① 접었다 펴세요.

②

③ 뒤로 올려 접으세요.

④

⑤

⑥ 앞으로 접으세요.

⑦ 반대쪽도 같은 방법으로
접으세요.

⑧ 반을
접었다 펴세요.

⑨ 양옆을 아래로 펼쳐
모아 내려 접으세요.

⑩

⑪

⑫ 1/3 내려
접으세요.

⑬ 반대쪽도 같은
방법으로 접으세요.

⑭ 뒤로 접으세요.

완성

자음 ㅋ

가로세로 8등분 격자접기를 한 후 시작하세요.

❶ ❷ ❸ ❹

위로 올려 접으세요.   뒤로 접으세요.

❺ ❻ ❼ ❽ ❾ ❿

앞으로 접으세요.   뒤로 접으세요.

앞으로 내려
접으세요.

⓫

앞으로 내려
접으세요.

완성

자음 ㅌ

가로세로 8등분 격자접기를 한 후 시작하세요.

❶ ❷ ❸ ❹

옆으로 접으세요.   회전시키듯
접어 올리세요.   앞으로 내려
접으세요.

❺ ❻ ❼ ❽ ❾ ❿

위로 올려
접으세요.   접기선에 맞춰
접으세요.

완성

자음 ㅍ

가로세로 8등분 격자접기를 한 후 시작하세요.

❶
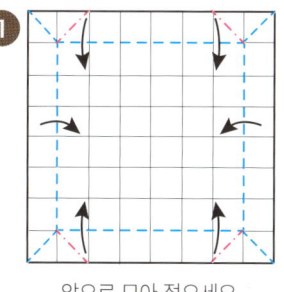
앞으로 모아 접으세요.

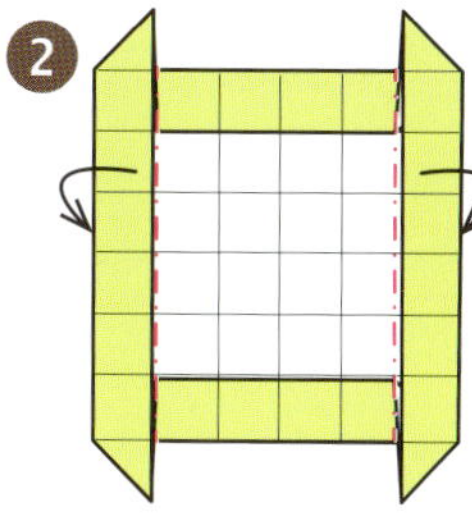

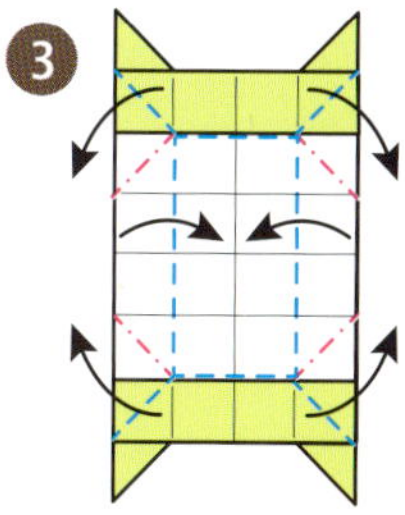

❷

❸ 뒷부분을 펼치며
앞으로 모아 접으세요.

❹
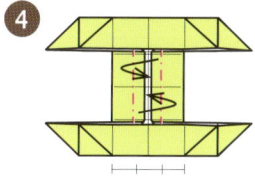

❺
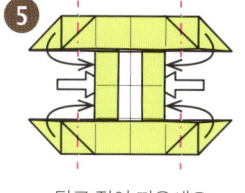
뒤로 접어 끼우세요.

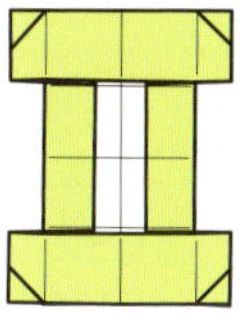

완성

자음 ㅎ

가로세로 8등분 격자접기를 한 후 시작하세요.

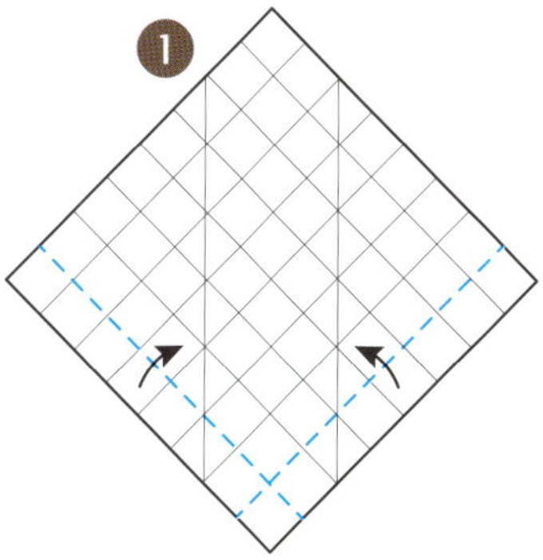

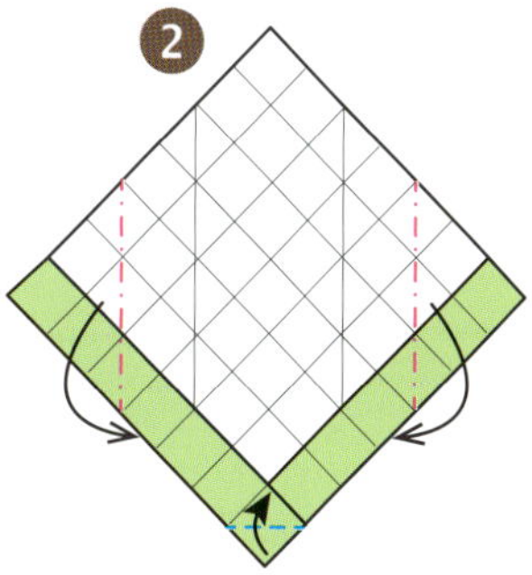

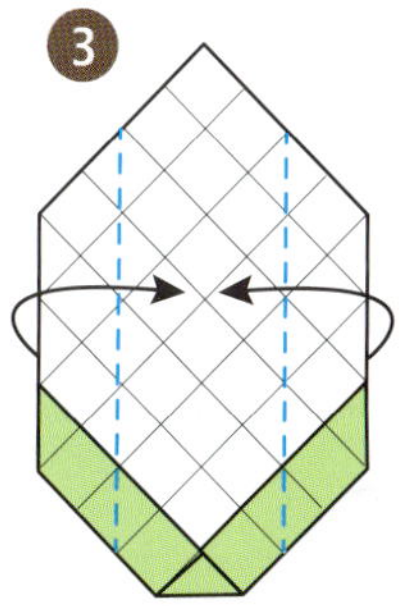

❶

❷

❸ 뒤를 펼치며 앞으로
모아 접으세요.

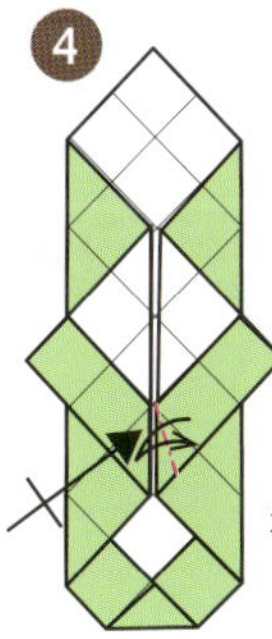

❹ 접었다 펴세요.
(반대편 동일)

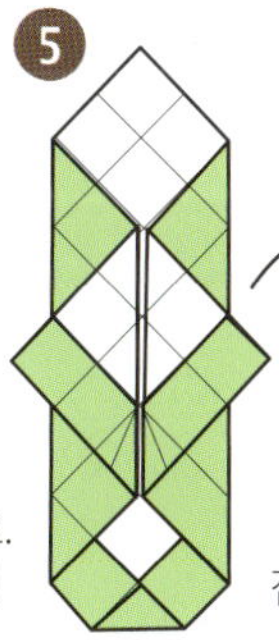

❺ 아래로 모아
접어 내리세요.

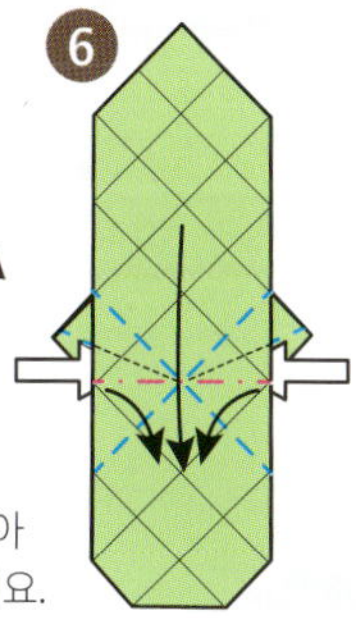

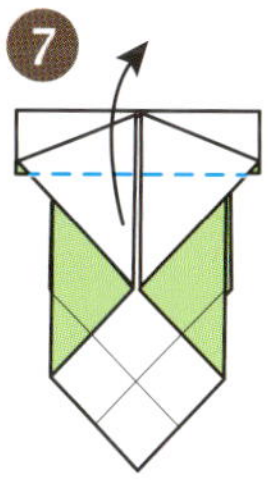

❻

❼ 위로 올려 접으세요.
(중심 부분을 펼쳐
눌러 접으세요.)

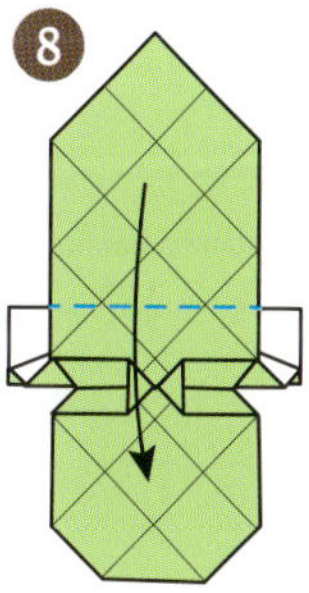

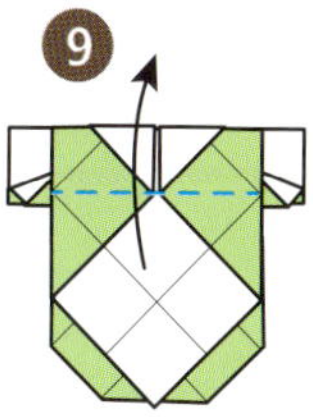

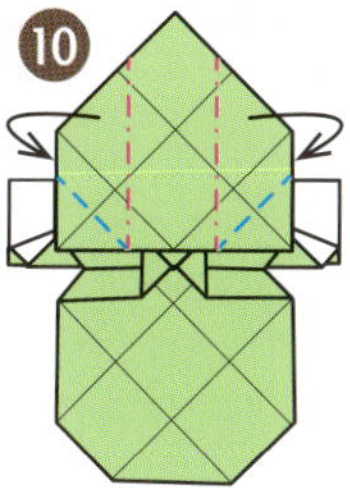

❽

❾

❿ 뒤로 당겨 모아 접으세요.
(글자 굵기를 감안하세요.)

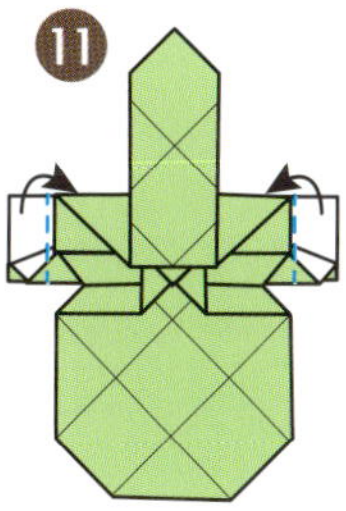

⓫ 앞으로 접어 끼우세요.

⓬

⓭

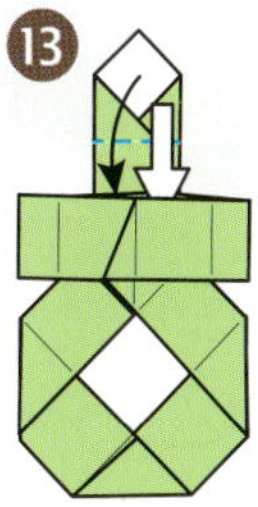

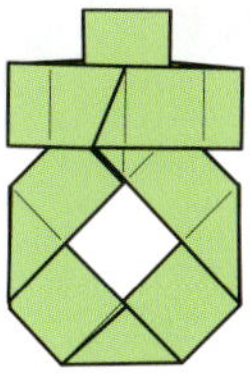

완성

격자접기
입체 칠교놀이

Tangram

종이 | 《단면 색종이》 15*cm*, 14장

커다란 정사각형을 이루는 직각삼각형 큰 것 둘, 중간 것 하나, 작은 것 둘과 정사각형과 평행사변형 각 하나로 나누고 마음대로 맞추어 그 조각들을 모두 이용해 동물, 식물, 건축물, 글자 등 여러 가지 특정한 모양을 만드는 동양의 퍼즐놀이입니다.

큰 삼각형

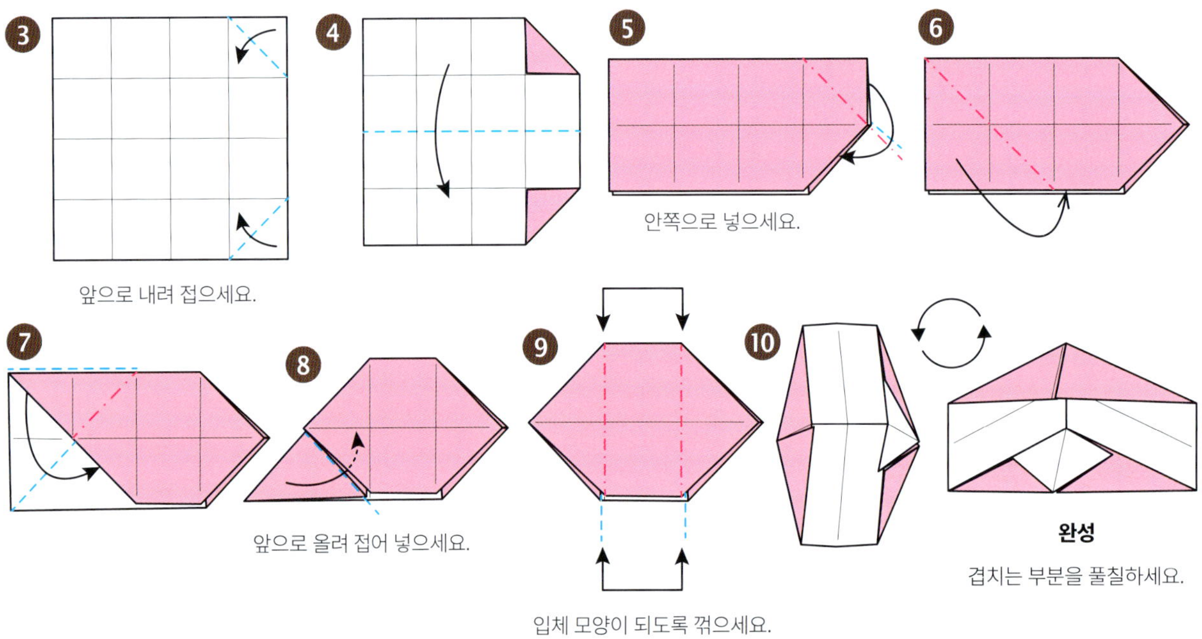

①

②

③
앞으로 내려 접으세요.

④

⑤
안쪽으로 넣으세요.

⑥

⑦

⑧
앞으로 올려 접어 넣으세요.

⑨
입체 모양이 되도록 꺾으세요.

⑩

완성
겹치는 부분을 풀칠하세요.

큰 삼각형
뚜껑

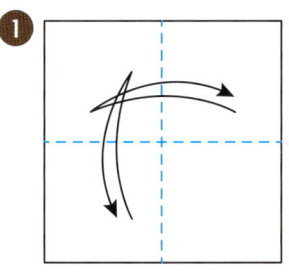 ❶

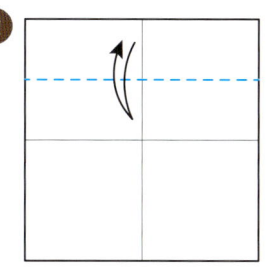 ❷

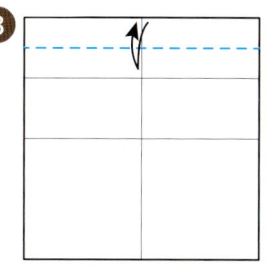 ❸

접었다 펴세요.

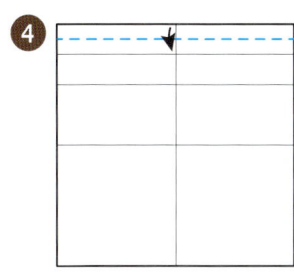 ❹

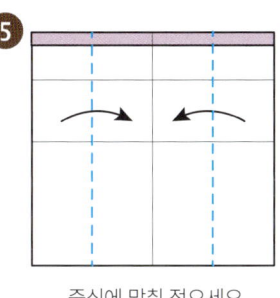 ❺

중심에 맞춰 접으세요.

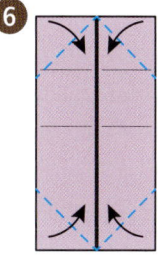 ❻

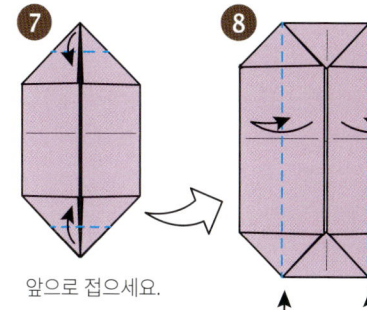 ❼

앞으로 접으세요.

❽

접었다 펴며
벽을 세우세요.

❾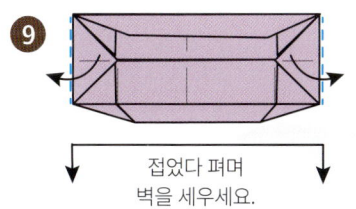

접었다 펴며
벽을 세우세요.

❿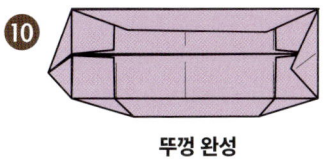

뚜껑 완성

조립

①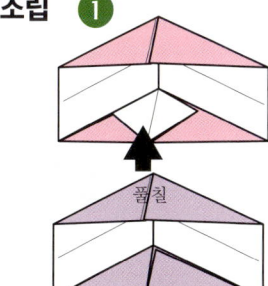

삼각형을 두 개 접어
포개어 주세요.
(뚜껑을 끼울 수 있는
틈새 만들기 및 두께 주기)

②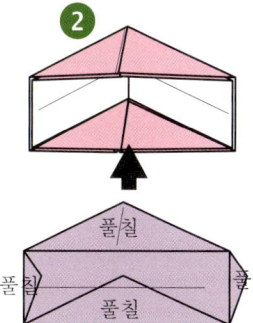

풀칠

풀칠

풀칠

풀칠

뚜껑을 풀칠해서
끼워 고정하세요.

완성

중간 삼각형

❶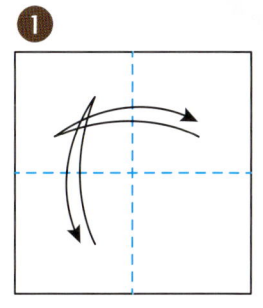

❷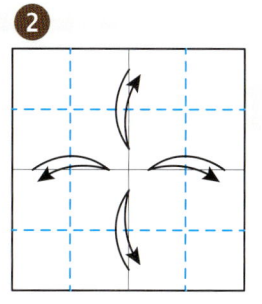

❸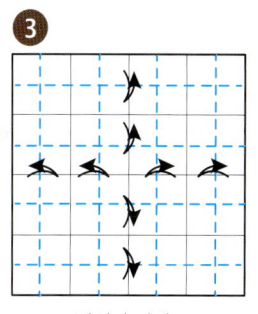

접었다 펴세요.

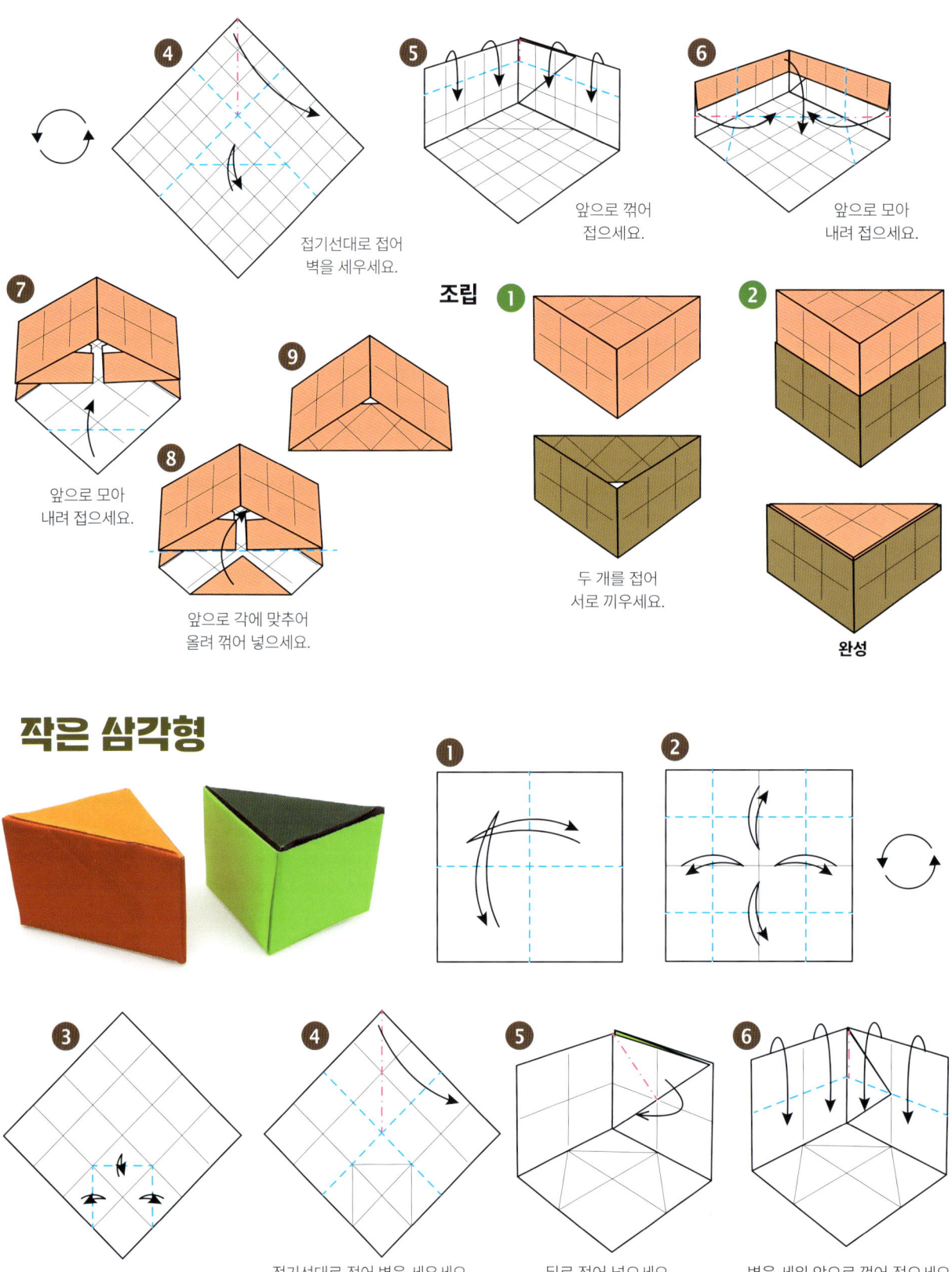

4 접기선대로 접어 벽을 세우세요.

5 앞으로 꺾어 접으세요.

6 앞으로 모아 내려 접으세요.

7 앞으로 모아 내려 접으세요.

8 앞으로 각에 맞추어 올려 꺾어 넣으세요.

9

조립 **1** 두 개를 접어 서로 끼우세요.

2 **완성**

작은 삼각형

3 접기선대로 접어 벽을 세우세요.

4

5 뒤로 접어 넣으세요.

6 벽을 세워 앞으로 꺾어 접으세요.

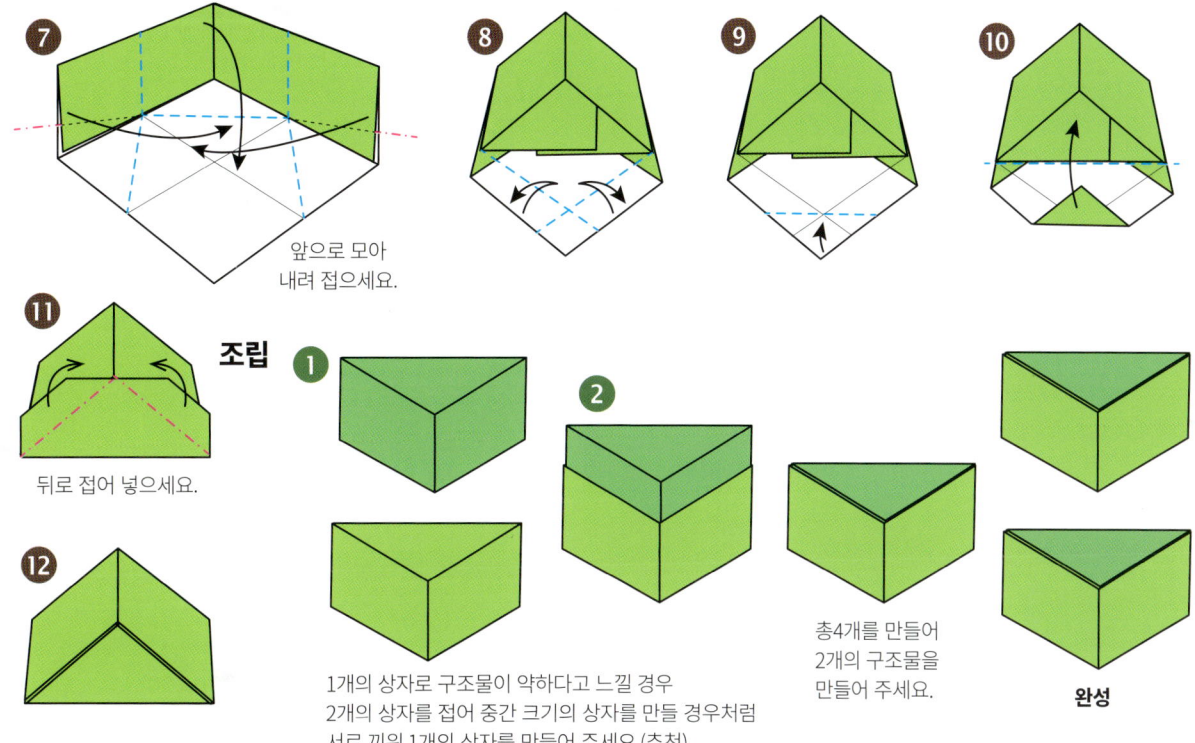

7 앞으로 모아
내려 접으세요.

8

9

10

11 뒤로 접어 넣으세요.

12

조립

1 1개의 상자로 구조물이 약하다고 느낄 경우
2개의 상자를 접어 중간 크기의 상자를 만들 경우처럼
서로 끼워 1개의 상자를 만들어 주세요.(추천)

2 총4개를 만들어
2개의 구조물을
만들어 주세요.

완성

정육면체

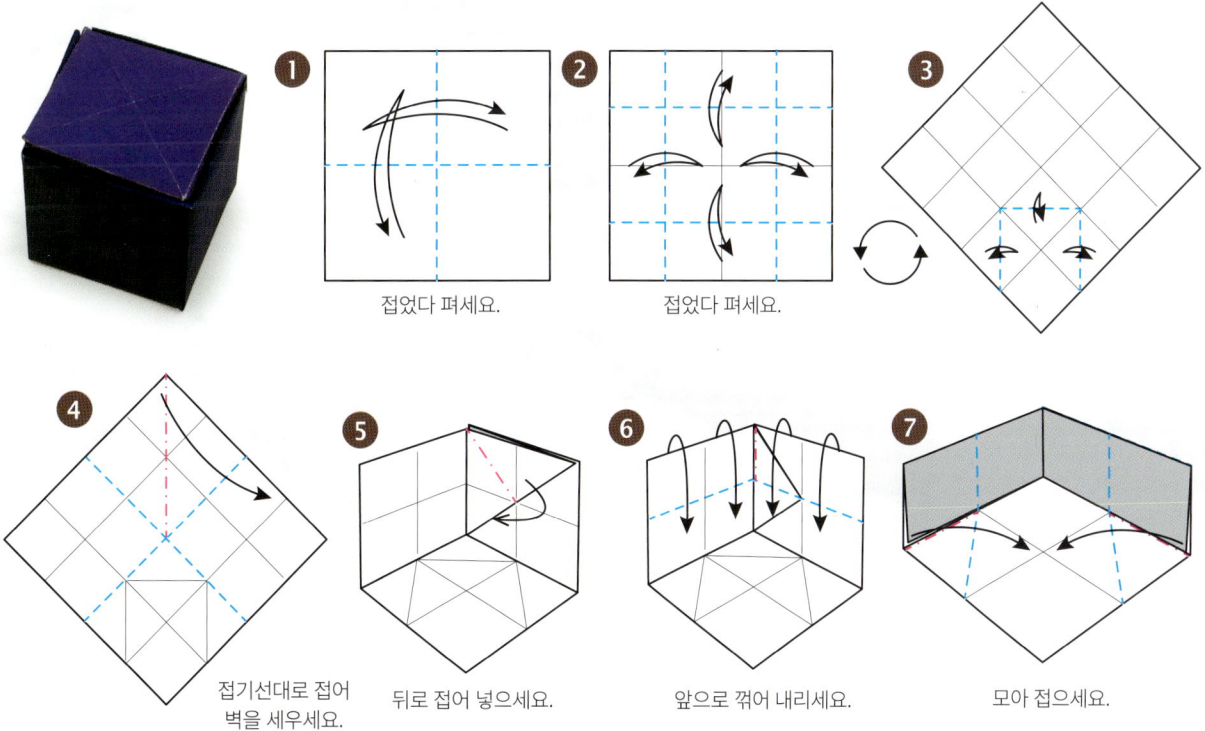

1 접었다 펴세요.

2 접었다 펴세요.

3

4 접기선대로 접어
벽을 세우세요.

5 뒤로 접어 넣으세요.

6 앞으로 꺾어 내리세요.

7 모아 접으세요.

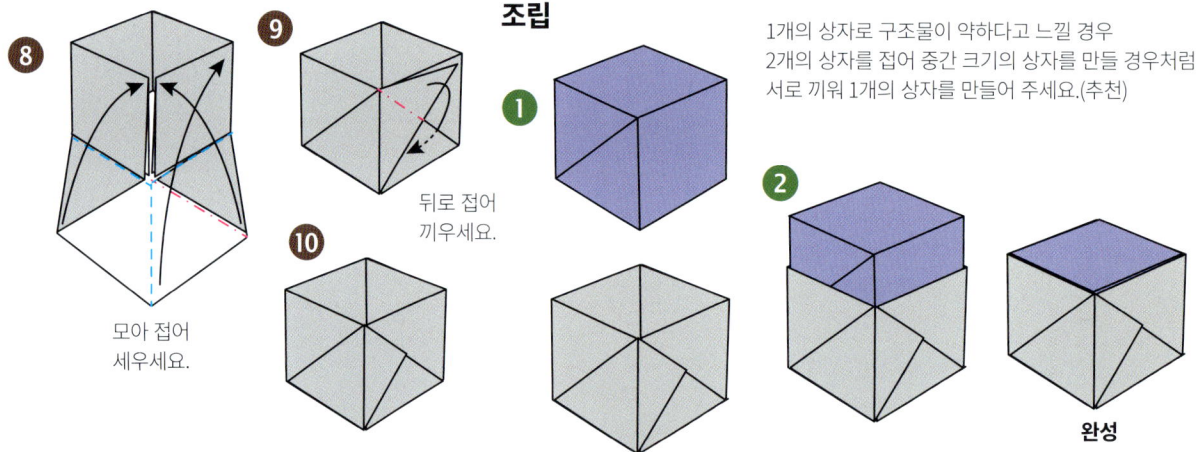

조립

8 모아 접어
세우세요.

9 뒤로 접어
끼우세요.

10

1개의 상자로 구조물이 약하다고 느낄 경우
2개의 상자를 접어 중간 크기의 상자를 만들 경우처럼
서로 끼워 1개의 상자를 만들어 주세요.(추천)

1

2

완성

평행사변형

 뒤틀리는 형태적 구조상 접기 부분의 미세한 차이가 발생합니다.
접으면서 약간씩 조정하시기 바랍니다.

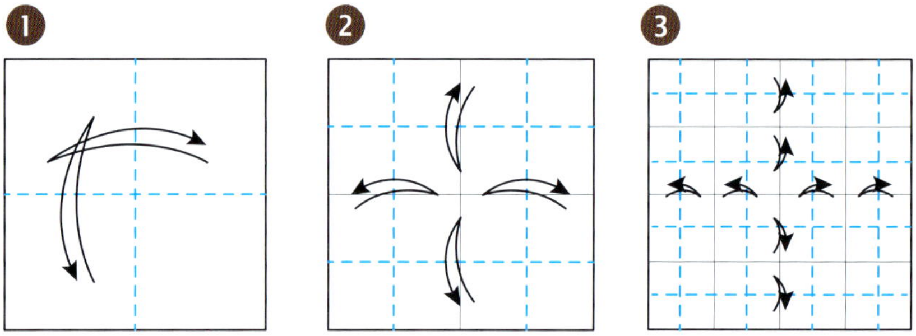

1

2

3

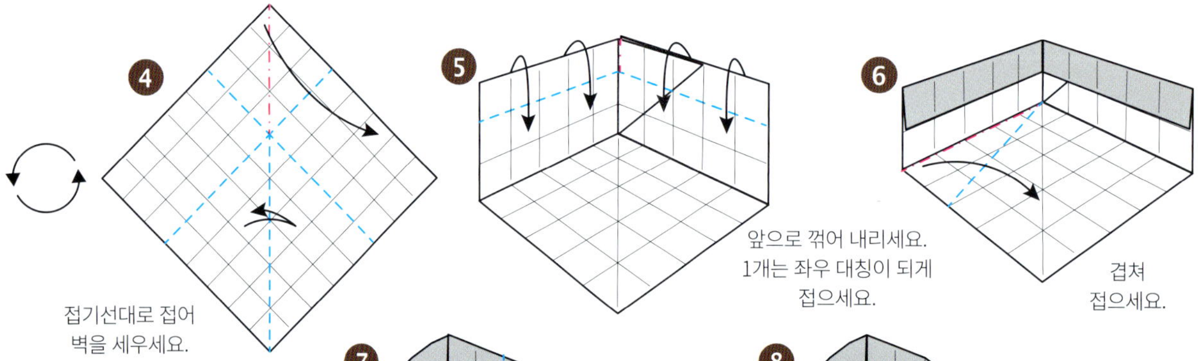

4 접기선대로 접어
벽을 세우세요.

5 앞으로 꺾어 내리세요.
1개는 좌우 대칭이 되게
접으세요.

6 겹쳐
접으세요.

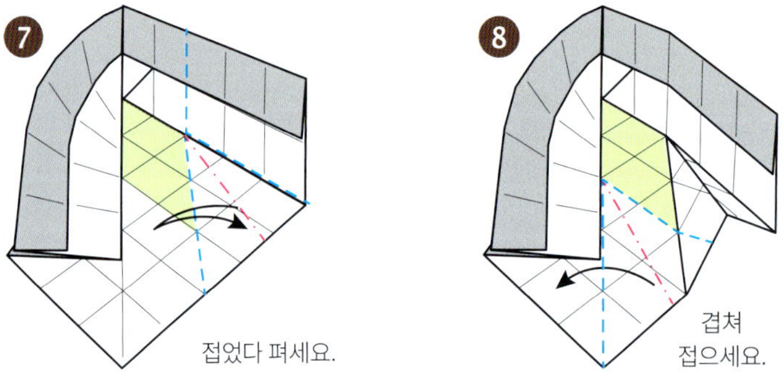

7 접었다 펴세요.

8 겹쳐
접으세요.

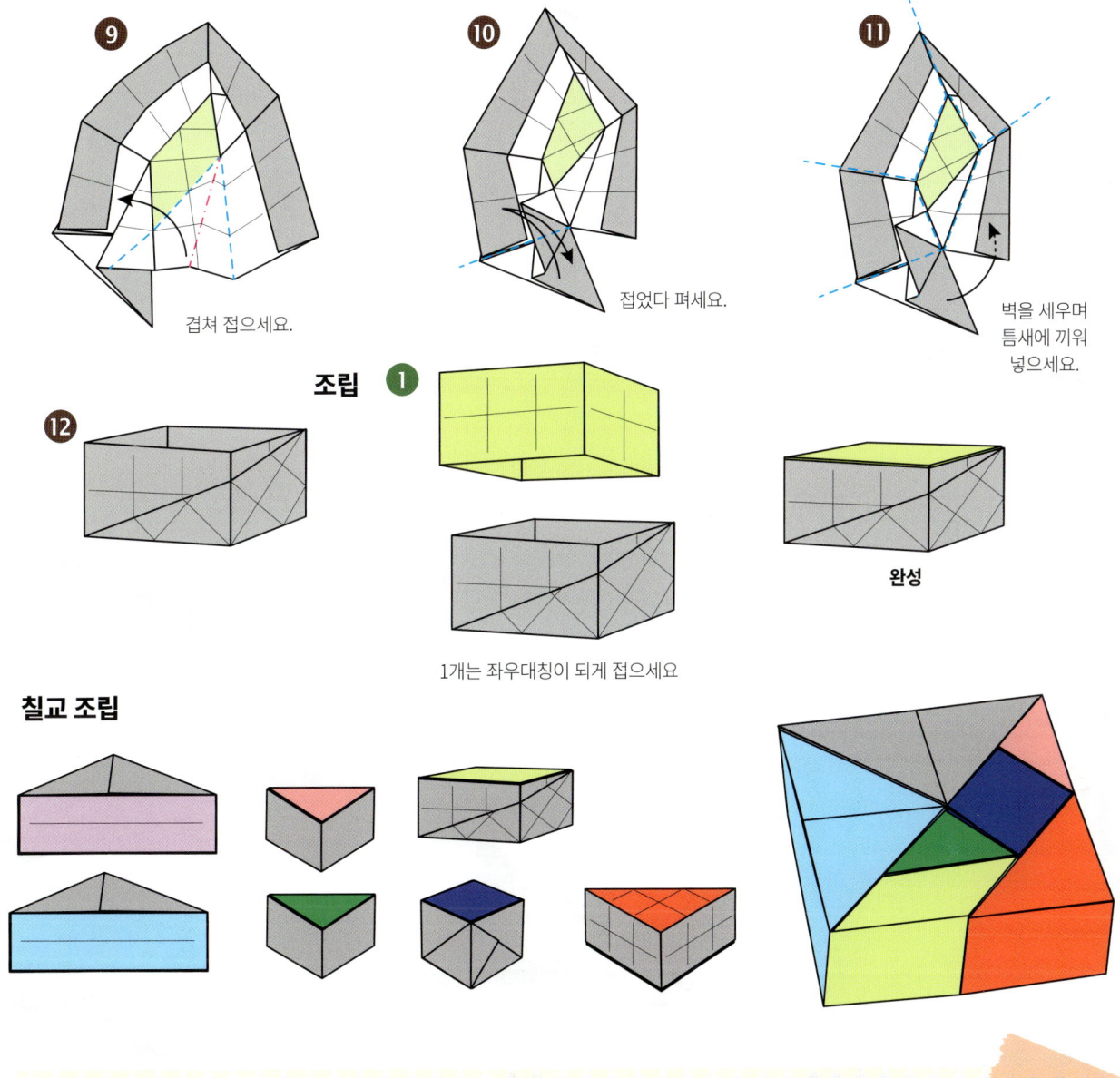

⑨ 겹쳐 접으세요.

⑩ 접었다 펴세요.

⑪ 벽을 세우며 틈새에 끼워 넣으세요.

⑫

조립 ①

1개는 좌우대칭이 되게 접으세요

완성

칠교 조립

칠교놀이 (Chilgyo nori : Tangram)

칠교놀이는 옛날 우리나라에서 즐기던 민속놀이입니다. 7개의 조각을 남김없이 모두 사용해서 모양을 만드는 것으로 문제해결능력이나 창의력 향상에 도움이 됩니다. 언제부터 시작되었는지는 명확하진 않지만, 중국 송나라 대의 〈연기도〉에서 유래되었다고 하며, 서양에서는 중국 당나라의 퍼즐이라는 의미로 탱그램(Tangram)이라고 불리며 널리 퍼져 있습니다. 일본에서는 헤이안 시대 마쿠라노소시로 유명한 여성작가인 세이 쇼나곤의 이름을 빌려 세이쇼나곤 지혜판이라는 이름으로 에도 시대부터 유명해졌습니다. 판형태를 부피가 있는 블럭 형태로 만들어서 나무 블럭처럼 입체적으로 조합하는 형태나 도자기 반찬 그릇 세트 형태로도 만들어졌습니다.

다양한 종이접기 세계

액션 종이접기와 겹쳐접기, 구기기, 크리스 패턴, 머니폴드처럼 다양한
기법과 세계적인 작가의 칼럼까지 읽어볼 수 있습니다.

액션 종이접기

뛰는 개구리

심사작품

Jumping frog

종이 | 《양면 색종이》 15㎝

뛰는 모습의 실물 개구리의 모양을 표현한 뛰는 개구리입니다. 종이접기와 놀이 요소를 적절히 혼합한 작품입니다.

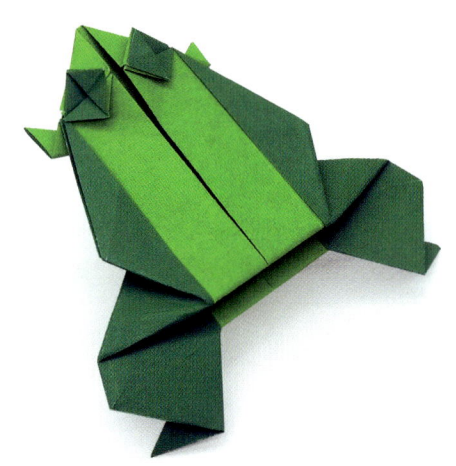

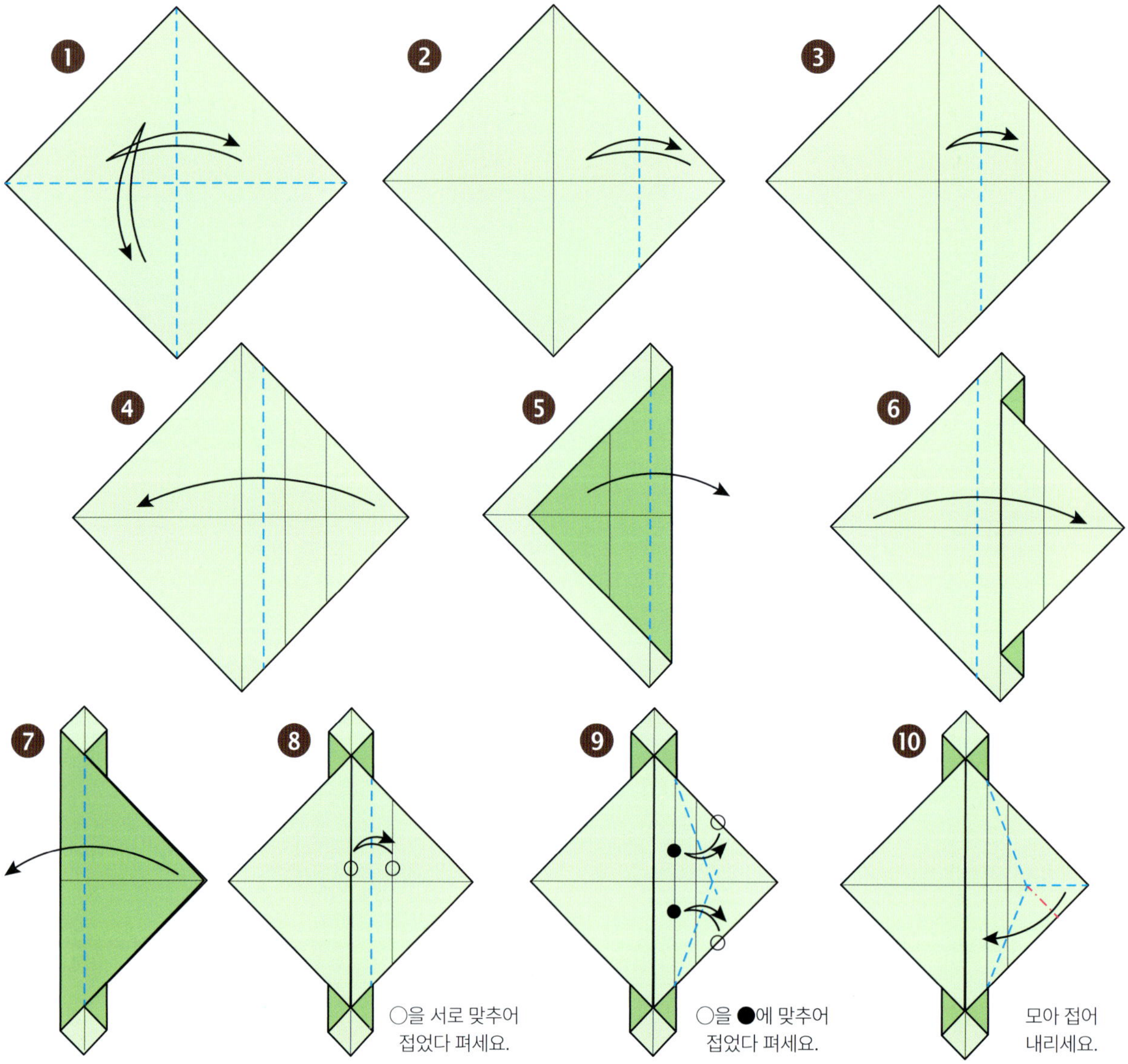

1
2
3
4
5
6
7
8
○을 서로 맞추어 접었다 펴세요.
9
○을 ●에 맞추어 접었다 펴세요.
10
모아 접어 내리세요.

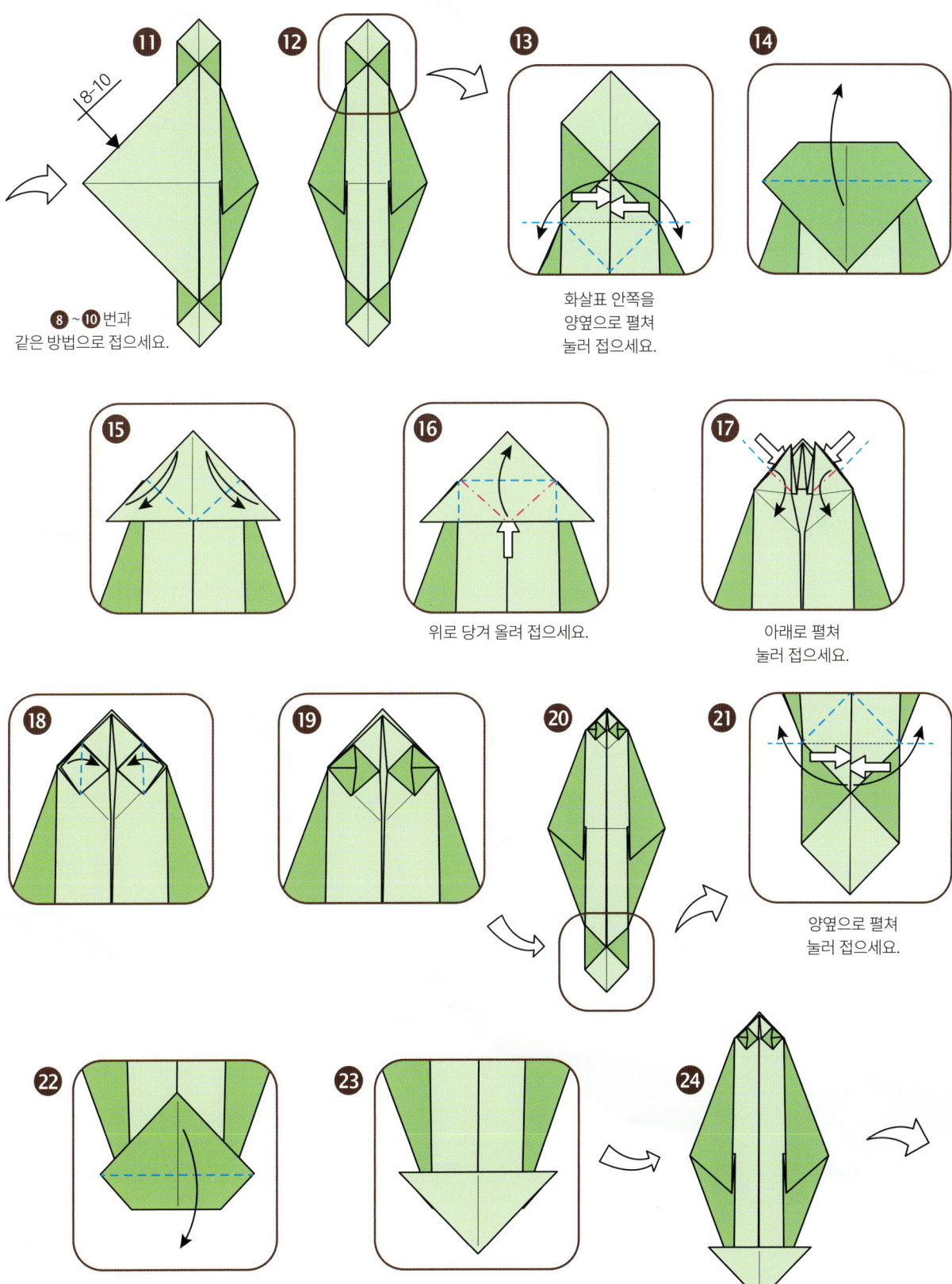

⑪ 8-10

⑧ ~ ⑩ 번과
같은 방법으로 접으세요.

⑫

⑬ 화살표 안쪽을
양옆으로 펼쳐
눌러 접으세요.

⑭

⑮

⑯ 위로 당겨 올려 접으세요.

⑰ 아래로 펼쳐
눌러 접으세요.

⑱

⑲

⑳

㉑ 양옆으로 펼쳐
눌러 접으세요.

㉒

㉓

㉔

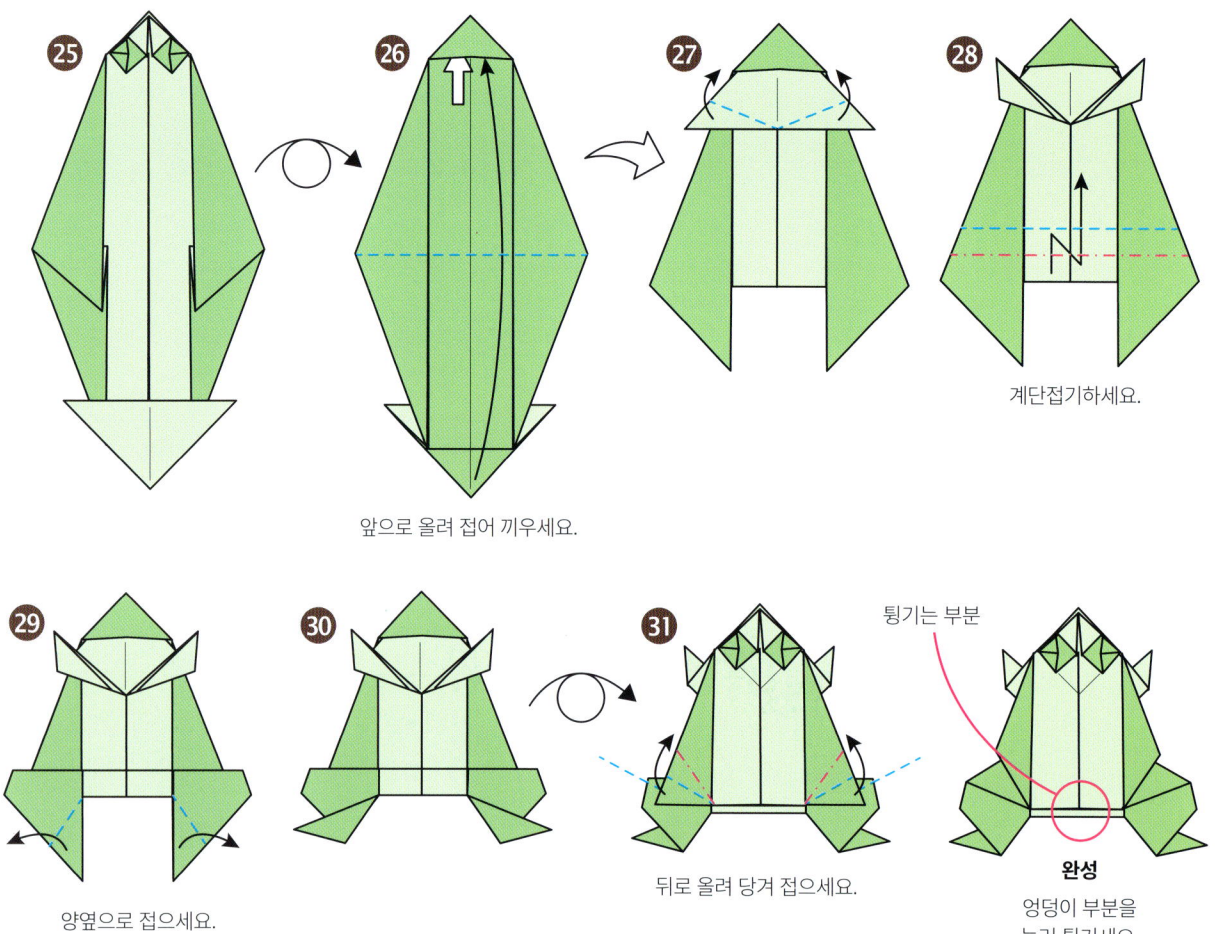

25

26

앞으로 올려 접어 끼우세요.

27

28

계단접기하세요.

29

양옆으로 접으세요.

30

31

뒤로 올려 당겨 접으세요.

튕기는 부분

완성

엉덩이 부분을
눌러 튕기세요.

뛰는 개구리 종이접기를 활용한 놀이

뛰는 개구리 접기는 전승 종이접기 놀이로 다양한 개구리 접기를 창작하여 만들어 졌습니다. 지금도 더 높이, 더 멀리, 더 강한 개구리를 만들기 위해 노트는 물론 좀 더 두꺼운 종이를 얻기 위해 책의 겉표지를 잘라내는 아이들도 있는 등 기발한 방법으로 도전하며 즐기고 있습니다.

뛰는 개구리를 접어 놀이하는 방법은

① 개구리를 접은 후, 경기장을 정하고 경기장 안에서 번갈아 가며 개구리를 튕겨 상대방 개구리를 뒤집거나 경기장에서 몰아내면 승리합니다.
② 올림픽 높이뛰기 경기를 응용하여 개구리를 튕겨 점점 높은 장애물을 마지막까지 넘으면 승리합니다.
③ 개구리를 튕겨 멀리까지 튕겨져 착지하면 승리합니다.
④ 개구리를 튕겨 원판 중심에 정확하게 착지할수록 높은 점수를 얻습니다.

액션 종이접기

날갯짓하는 앵무새

Flying parrot

종이 | 《양면 색종이》 15㎝

펄럭 펄럭 날갯짓하는 앵무새입니다.
매우 기본적인 구조를 응용하여
형태적 특징을 살렸습니다.

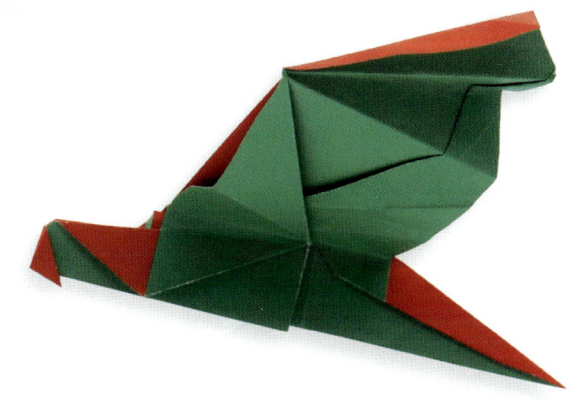

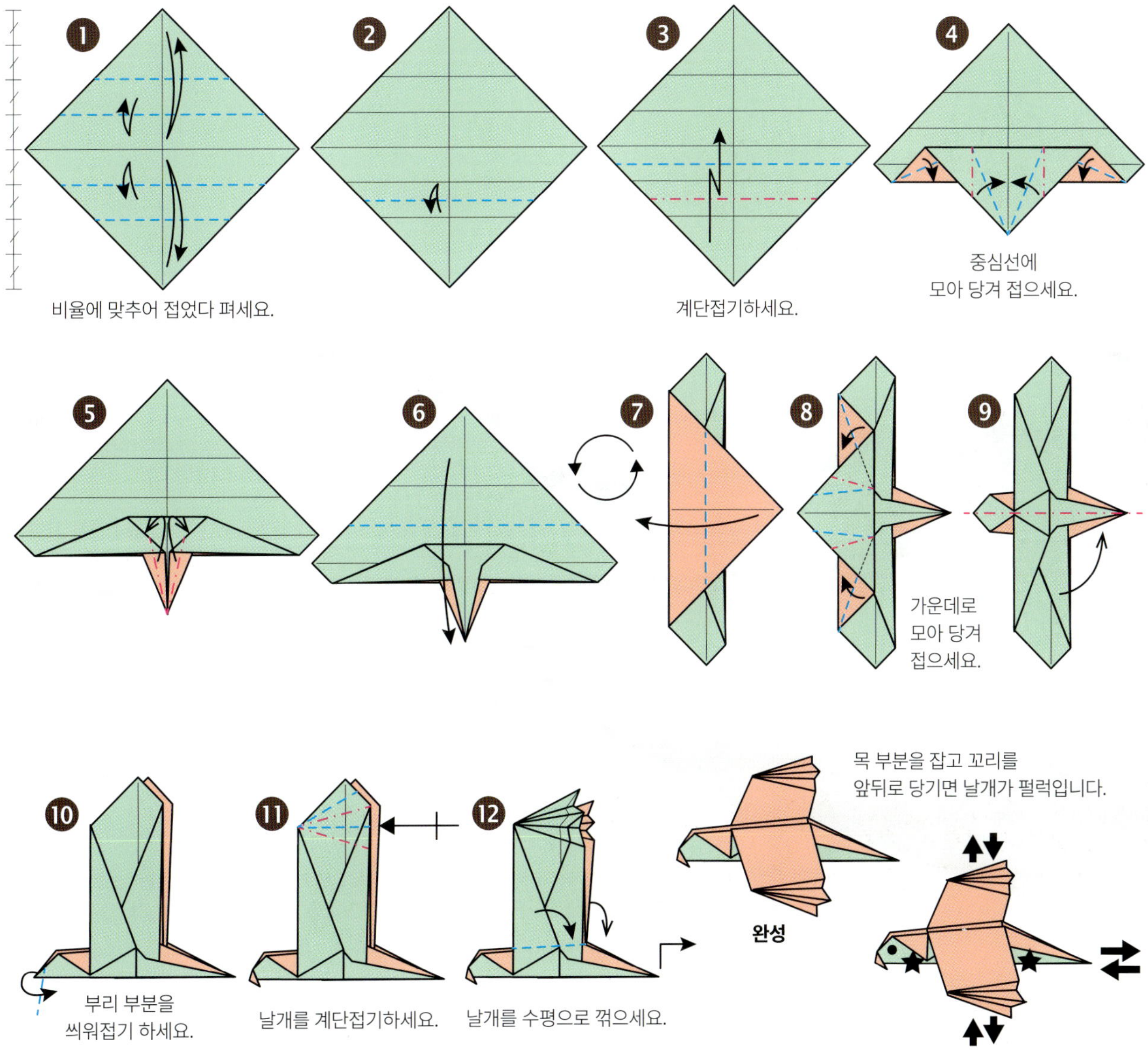

1
비율에 맞추어 접었다 펴세요.
2
3
계단접기하세요.
4
중심선에 모아 당겨 접으세요.
5
6
7
8
9
가운데로 모아 당겨 접으세요.
10
부리 부분을 씌워접기 하세요.
11
날개를 계단접기하세요.
12
날개를 수평으로 꺾으세요.
완성
목 부분을 잡고 꼬리를 앞뒤로 당기면 날개가 펄럭입니다.

액션 종이접기

박수치는 곰

Clapping bear

종이 | 《단면 색종이》 15㎝

곰이 박수치는 모습으로 구조적 연관성을 관찰하여 어느부분을 잡고 움직여야 하는지 연구해 봅시다

⑰ ~ ⑲번까지 과정의 정형화가 어렵습니다. 머리 모양이 나오도록 비율을 조절하세요.

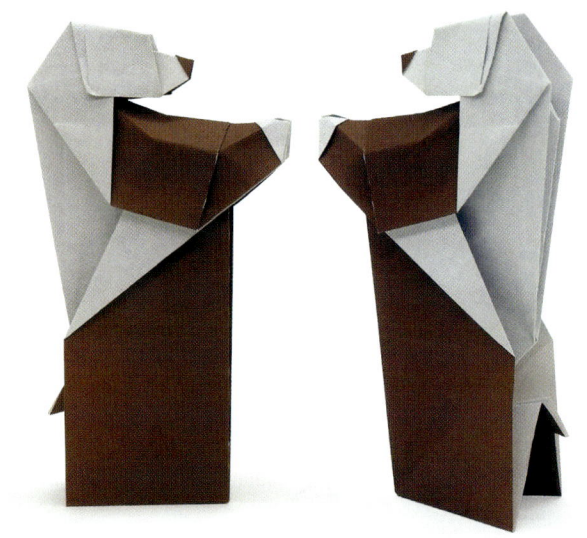

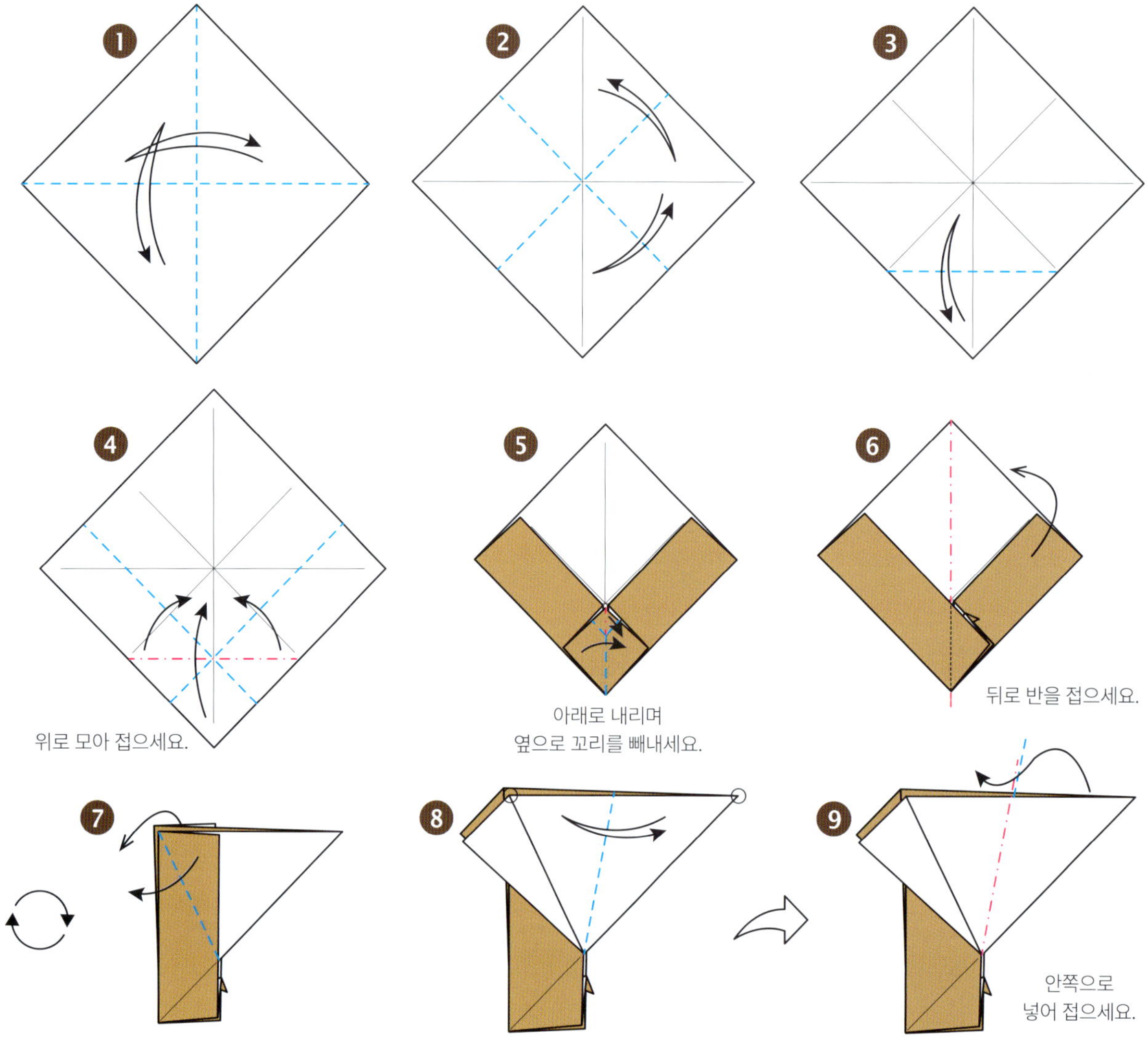

1
2
3
4
위로 모아 접으세요.
5
아래로 내리며
옆으로 꼬리를 빼내세요.
6
뒤로 반을 접으세요.
7
8
9
안쪽으로
넣어 접으세요.

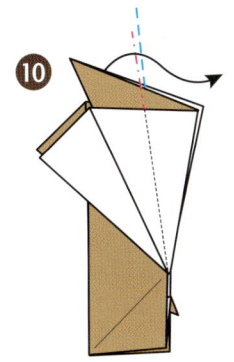

안쪽으로 넣어
접으세요.

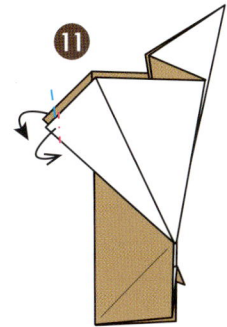

모서리를 안으로
접으세요.

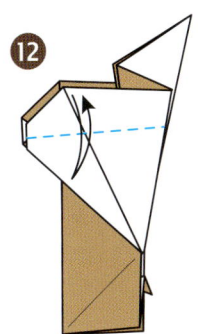

앞뒤를 각각
당겨 내리세요.

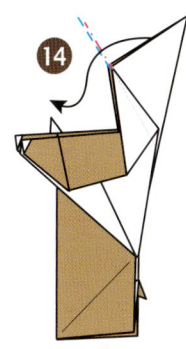

안쪽으로
접어 넣으세요.

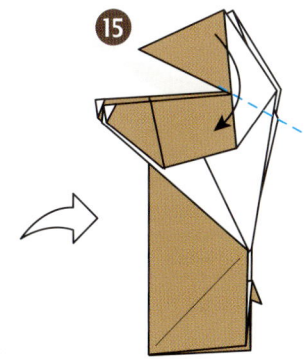

내려 접으세요.

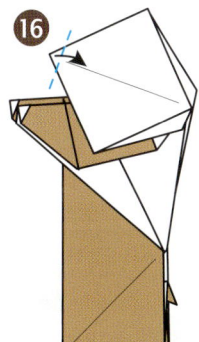

모서리를 접으세요.

계단접기하세요.

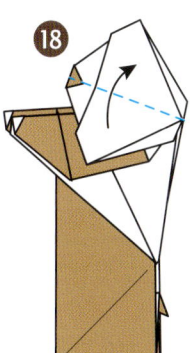

올려 접으세요.

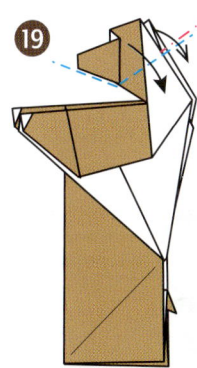

덮어 씌워
내려 접으세요.

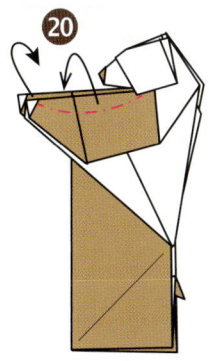

곡선이 되도록
모두 안으로
꺾어 접으세요.

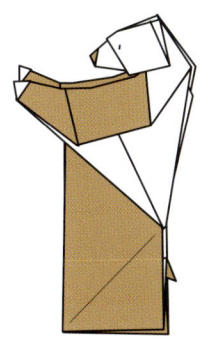

완성

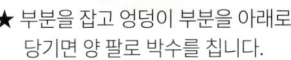

★ 부분을 잡고 엉덩이 부분을 아래로
당기면 양 팔로 박수를 칩니다.

원앙

☘ 심사작품

Mandarin duck

종이 | 《양면 색종이》 15cm, 2장

다양한 색상의 표현이 가능합니다.
완성 모양에서 변형하여 다른 색이
나올 수 있도록 작업해 봅시다.

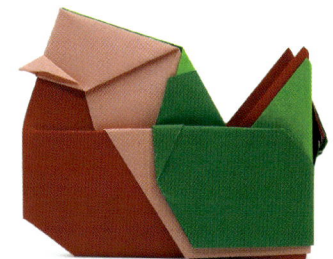

❶ 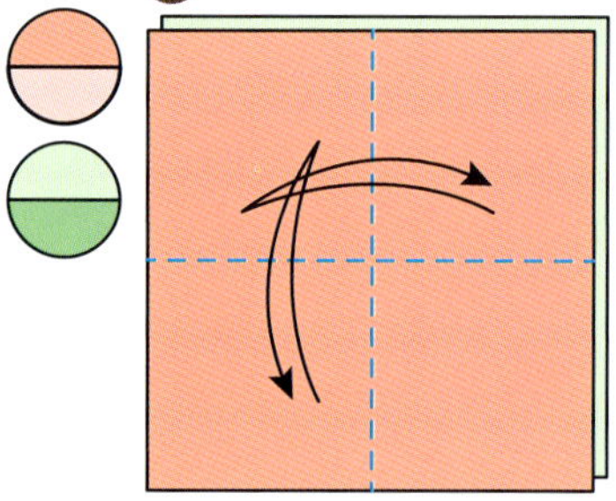 두 장의 색종이를 겹쳐 놓고 시작하세요.

❷ 비율에 맞추어 접었다 펴세요.

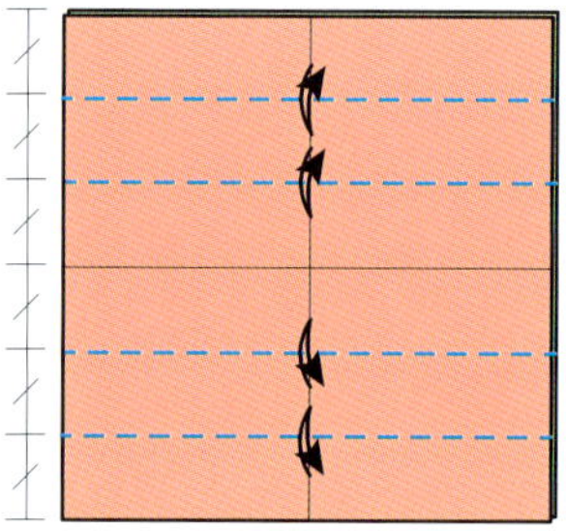

❸ 한 장만 접기선에 맞춰 접으세요.

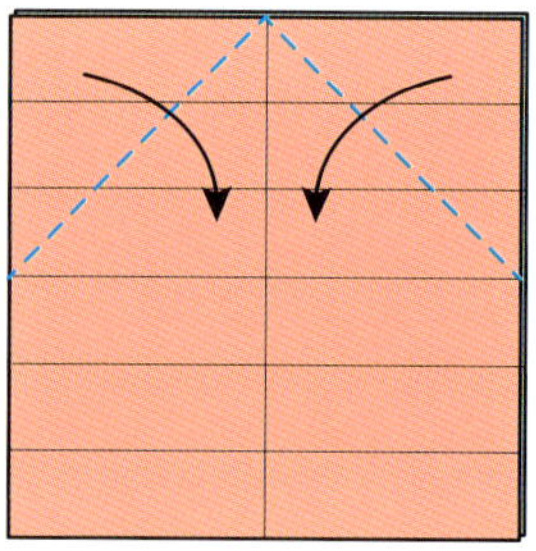

❹ 한 장만 뒤로 접으세요.

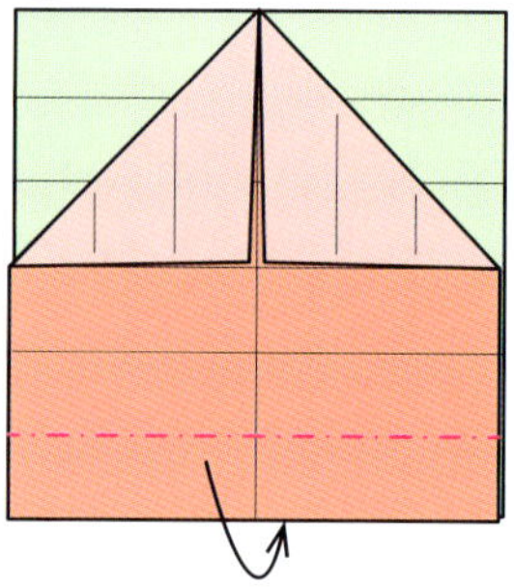

❺ ○을 기준으로 ★까지 뒤로 접으세요.

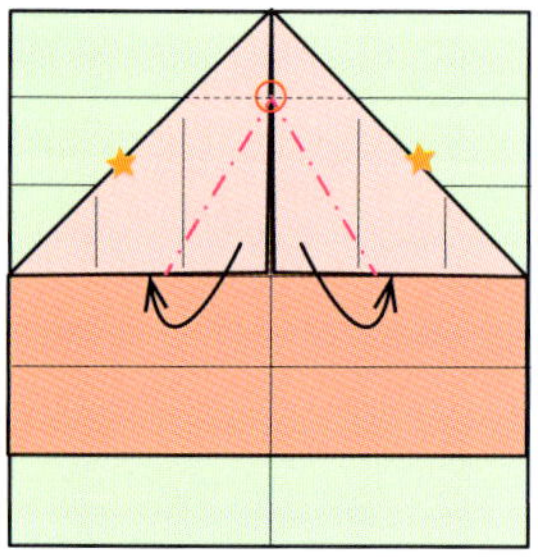

❻

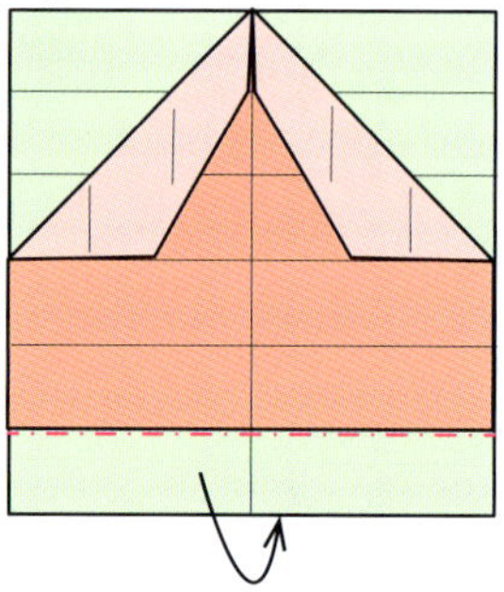

❼

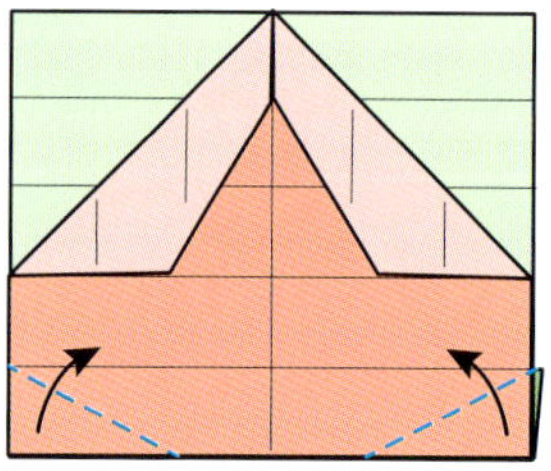

❽ 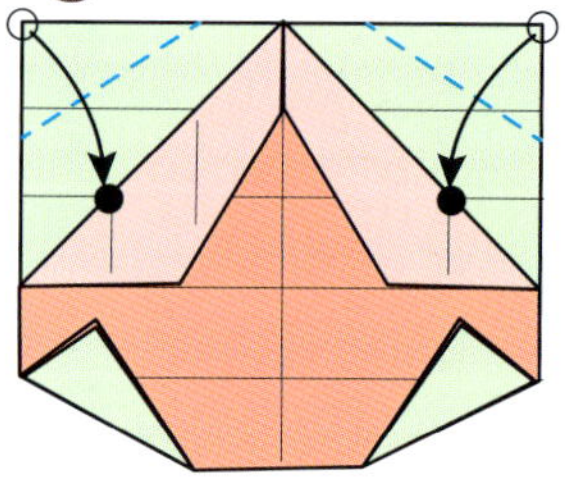 ○을 ●에 맞추어 접으세요.

❾

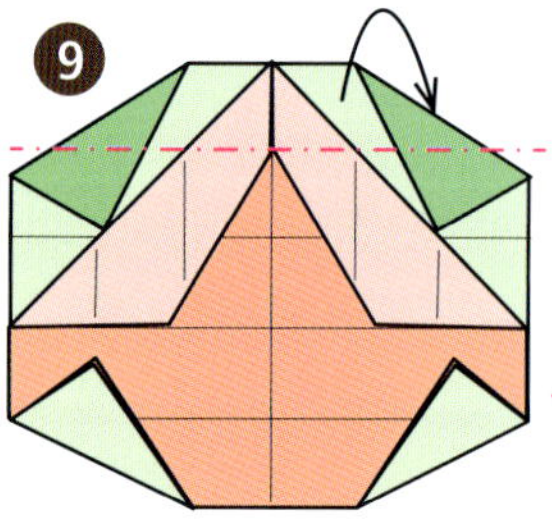

❿ 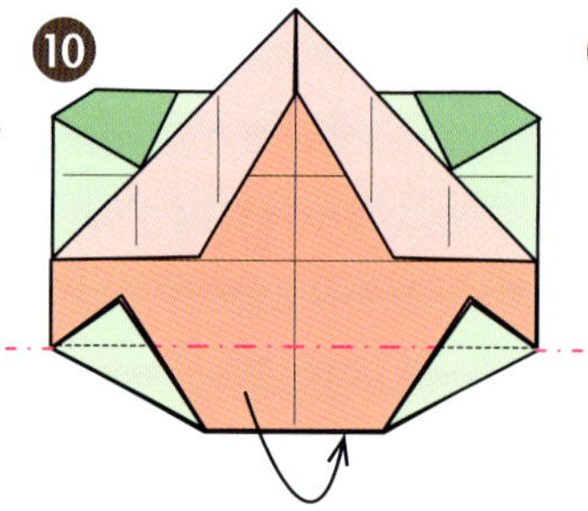 ⓫번 모양이 되도록 아랫부분을 뒤로 접으세요.

⓫ 접기선에 맞춰 접으세요.

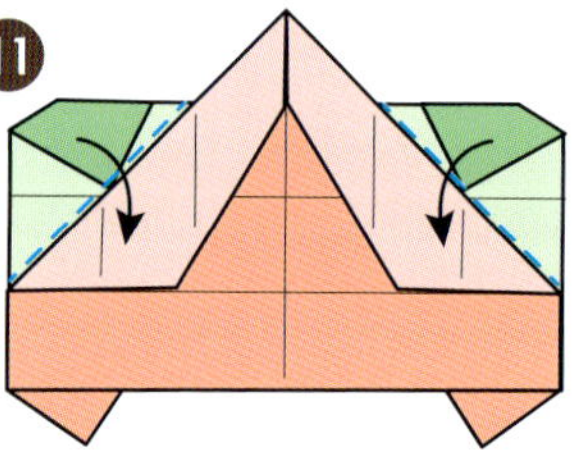

⓬

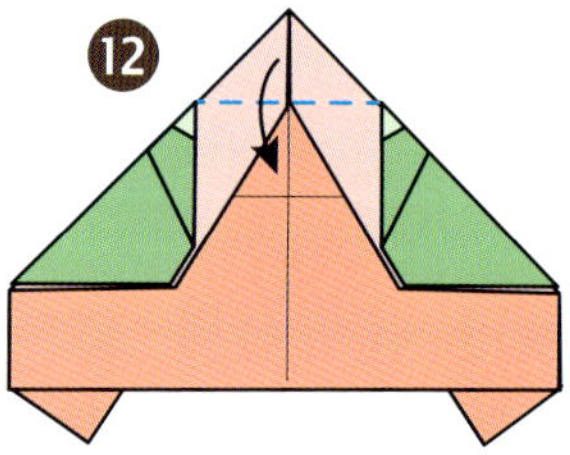

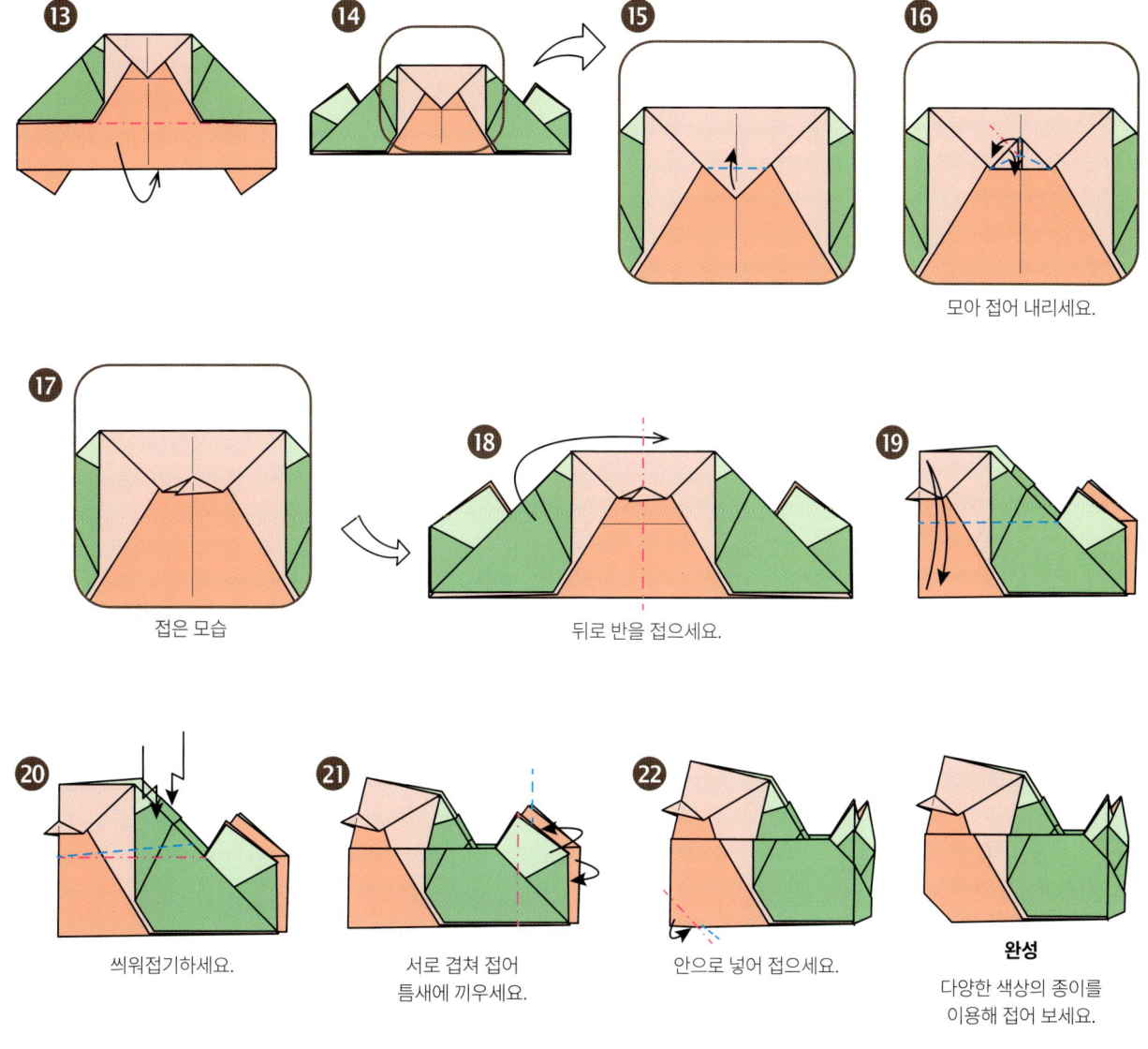

13

14

15

16

모아 접어 내리세요.

17

접은 모습

18

뒤로 반을 접으세요.

19

20

씌워접기하세요.

21

서로 겹쳐 접어
틈새에 끼우세요.

22

안으로 넣어 접으세요.

완성

다양한 색상의 종이를
이용해 접어 보세요.

겹쳐접기

학접기나 고깔접기처럼 색종이의 한 면이 나오는 접기가 있는 반면 Part 1의 양접기처럼 색종이의 양면이 아주 유용하게 활용되어 접기 작품의 특징을 강조하는 데 도움이 될 수가 있습니다. 이렇게 색종이의 양면 색을 이용해서 작품이 돋보이도록 접는 방법을 보통 'Color change 컬러체인지'이라고 합니다. 여기서 한 발자국 더 나아가 색종이를 겹쳐서 두 가지 색을 추가함으로써 표현하려는 작품의 특징과 접기의 묘미, 색채적인 효과까지 고려한 기법을 고안해 보았습니다. 색이 조화로운 색종이 색깔을 준비하여 도전해 보세요.

겹쳐접기
잉꼬

⚙️심사작품

Parakeet

종이 | 《단면 색종이》 15cm, 2장

2장 겹쳐접기 방법을 응용하면
3~4장를 겹쳐 접을 수 있습니다.
응용하여 창작을 시도해 보세요.

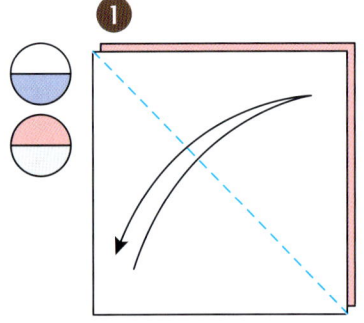

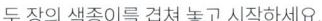

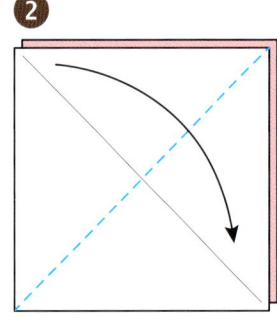

두 장의 색종이를 겹쳐 놓고 시작하세요.

대각선으로 내려 접으세요.

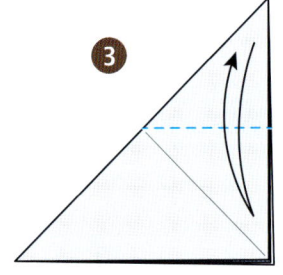

안쪽으로 접어 넣으세요.

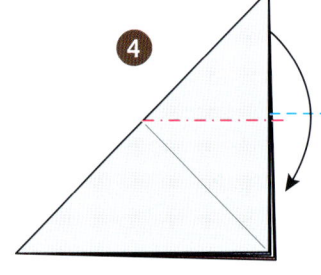

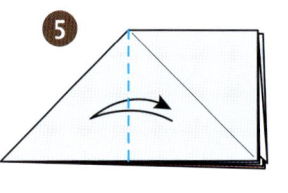

중심선에 맞추어
접었다 펴세요.

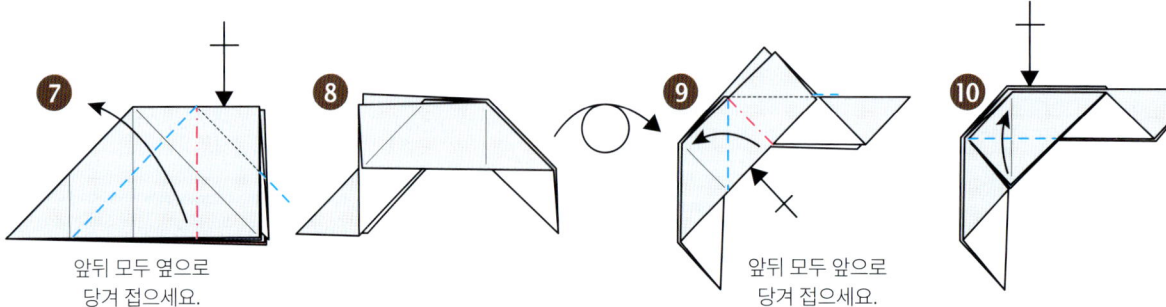

앞뒤 모두 옆으로
당겨 접으세요.

앞뒤 모두 앞으로
당겨 접으세요.

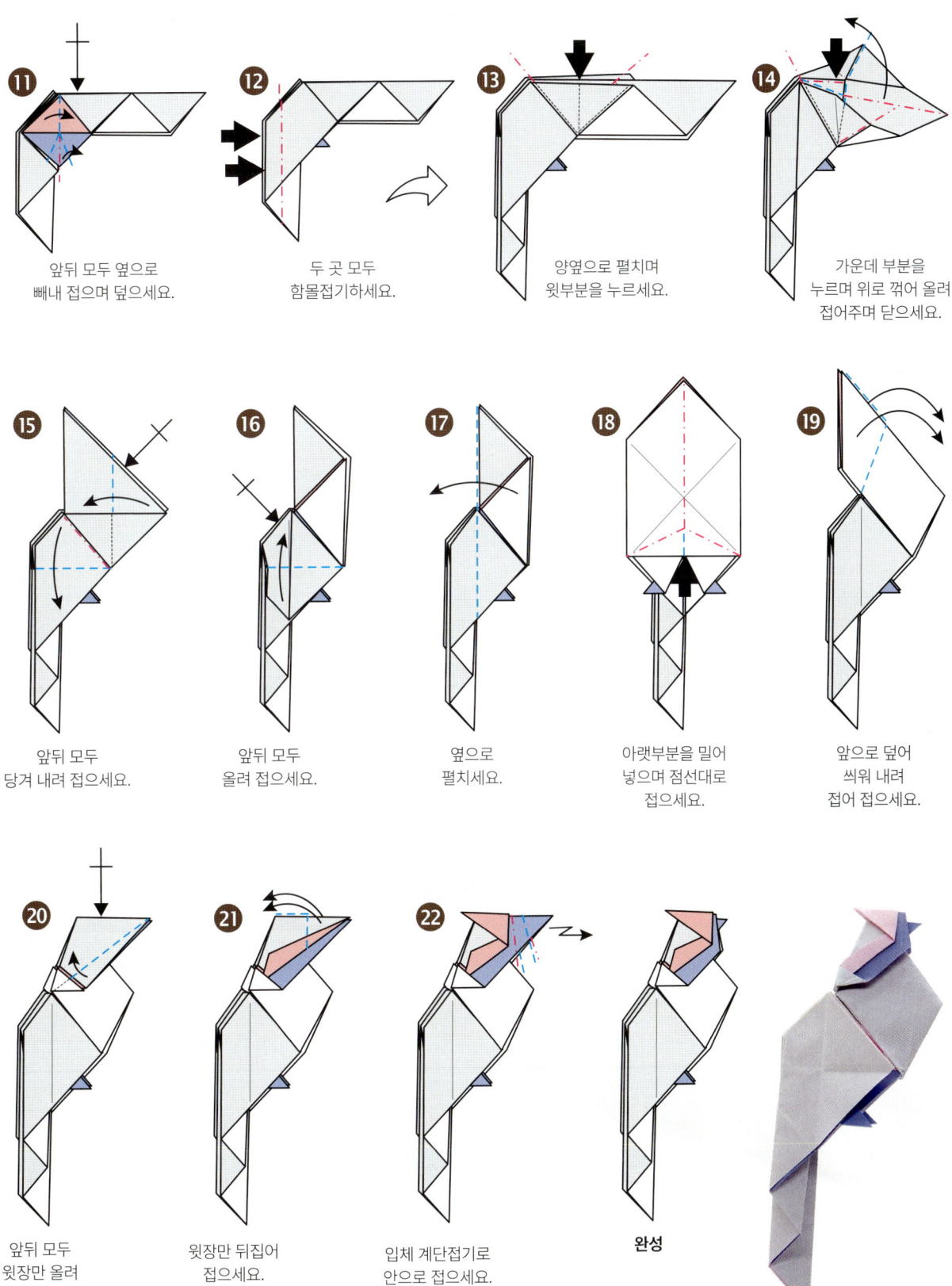

11 앞뒤 모두 옆으로
빼내 접으며 덮으세요.

12 두 곳 모두
함몰접기하세요.

13 양옆으로 펼치며
윗부분을 누르세요.

14 가운데 부분을
누르며 위로 꺾어 올려
접어주며 닫으세요.

15 앞뒤 모두
당겨 내려 접으세요.

16 앞뒤 모두
올려 접으세요.

17 옆으로
펼치세요.

18 아랫부분을 밀어
넣으며 점선대로
접으세요.

19 앞으로 덮어
씌워 내려
접어 접으세요.

20 앞뒤 모두
윗장만 올려
접으세요.

21 윗장만 뒤집어
접으세요.

22 입체 계단접기로
안으로 접으세요.

완성

동백

Camellia

종이 | 《양면 색종이》 15㎝, 2장

동백꽃의 특징인 수술 부분을 사각상자로 표현한
작품입니다. 꽃잎을 따로 접어 붙여 주세요.

꽃

①
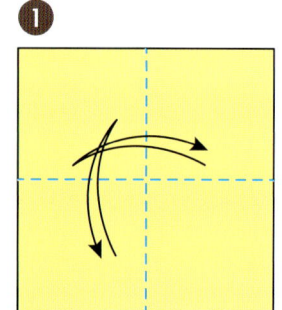

②

③

④

⑤
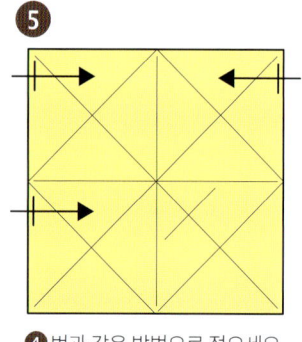

⑥

⑦

⑧
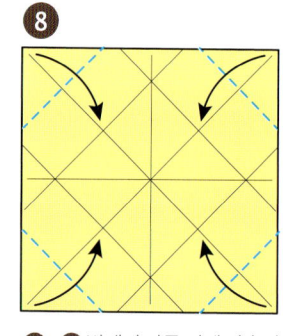

❹ 번과 같은 방법으로 접으세요.

❻ 번과 같은 방법으로 접으세요.

❻ ~ ❼ 번에서 만든 선에 맞추어
접으세요.

⑨
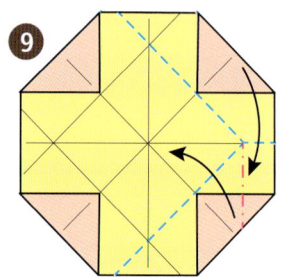

⑩
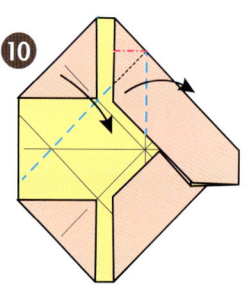

⑪
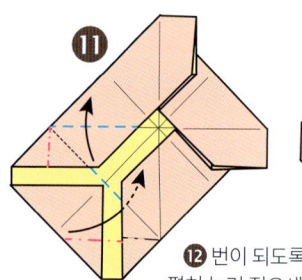

⑫
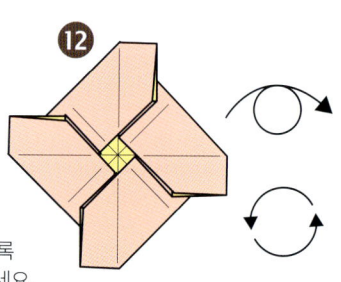

⑫ 번이 되도록
펼쳐 눌러 접으세요.

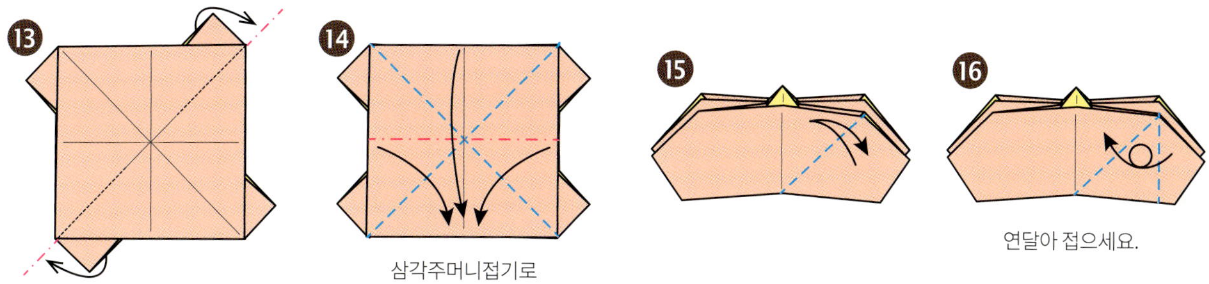

13 **14** **15** **16**

삼각주머니접기로
내려 접으세요.

연달아 접으세요.

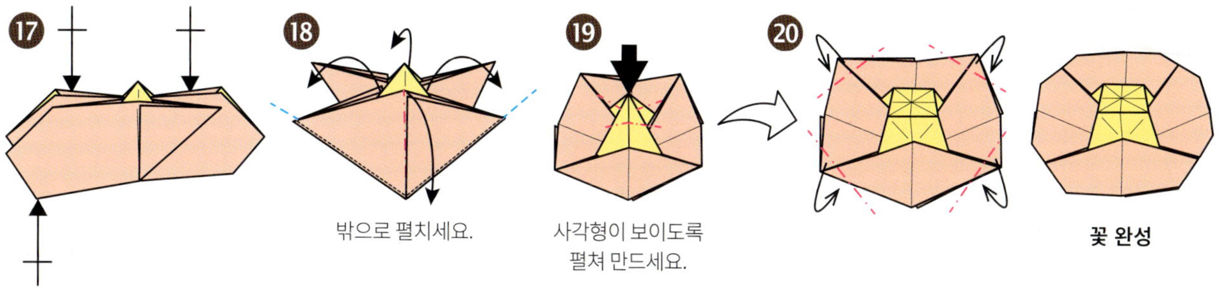

17 **18** **19** **20**

밖으로 펼치세요.

사각형이 보이도록
펼쳐 만드세요.

꽃 완성

꽃잎

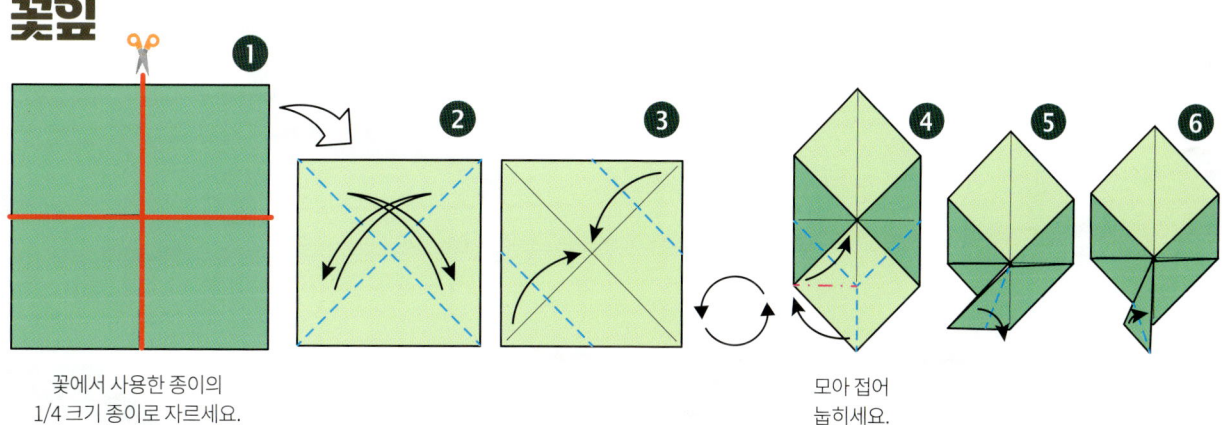

1 **2** **3** **4** **5** **6**

꽃에서 사용한 종이의
1/4 크기 종이로 자르세요.

모아 접어
눕히세요.

조립

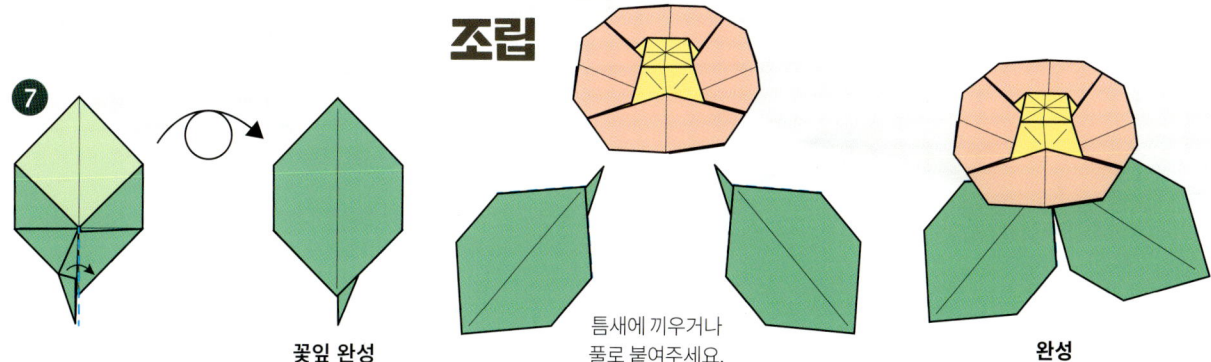

7

꽃잎 완성

틈새에 끼우거나
풀로 붙여주세요.

완성

매화

⚜ 심사작품

Plum blossom

종이 | 《단면 색종이》 15cm, 7.5cm 각 1장

오각형의 종이를 사용한 단아한 형태의 꽃입니다.
꽃은 처음에는 15cm로 **16** ~ **17** 번을 주의하여
접어 보고 숙달되면 7.5cm로 접어 완성하세요..

🌸 7.5cm 크기의 색종이로 접으세요.

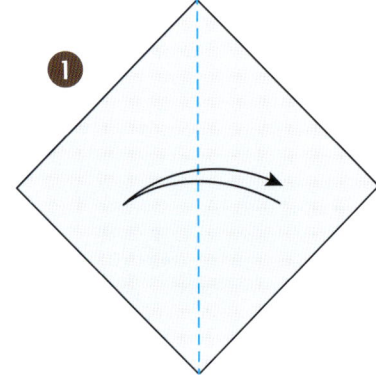

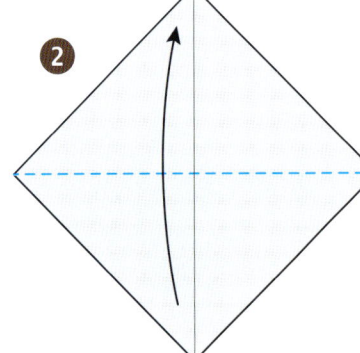

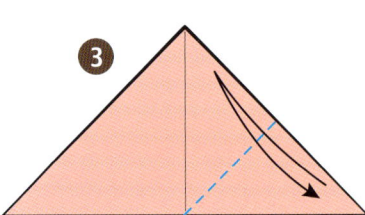

○을 ●에 맞추어 접으세요.

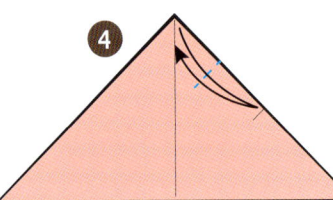

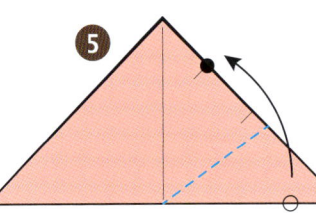

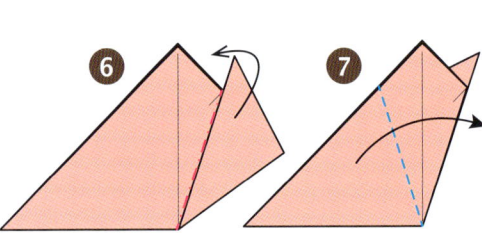

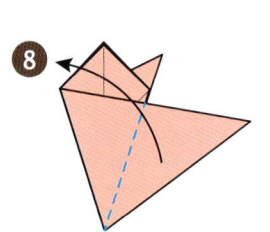

접힌선에 맞추어
접으세요.

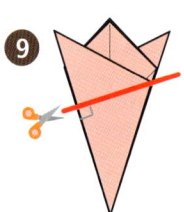

직각이 되는 선을
자르세요.

펼치세요.

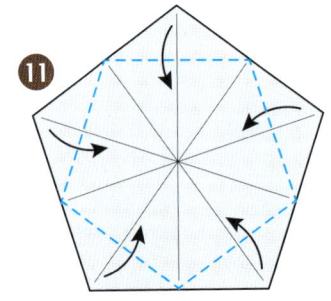

정오각형입니다.
각 모서리를 접으세요.

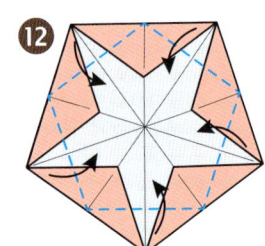

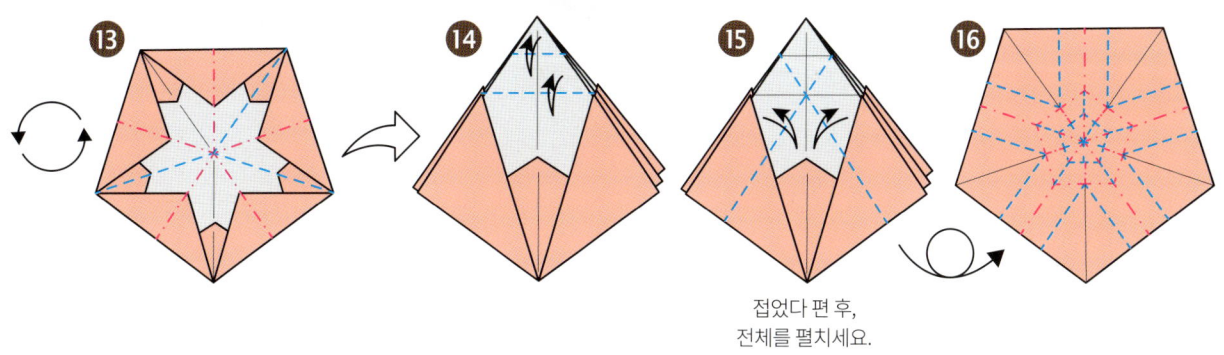

접었다 편 후,
전체를 펼치세요.

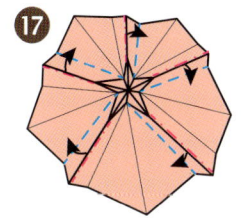

한쪽으로 회전시키며
높이세요.

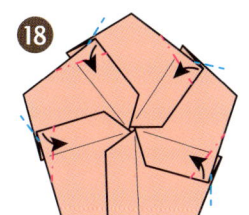

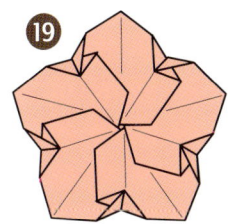

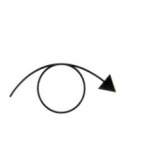

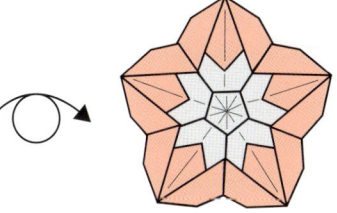

꽃 완성

줄기

15cm 크기의 색종이로 접으세요.

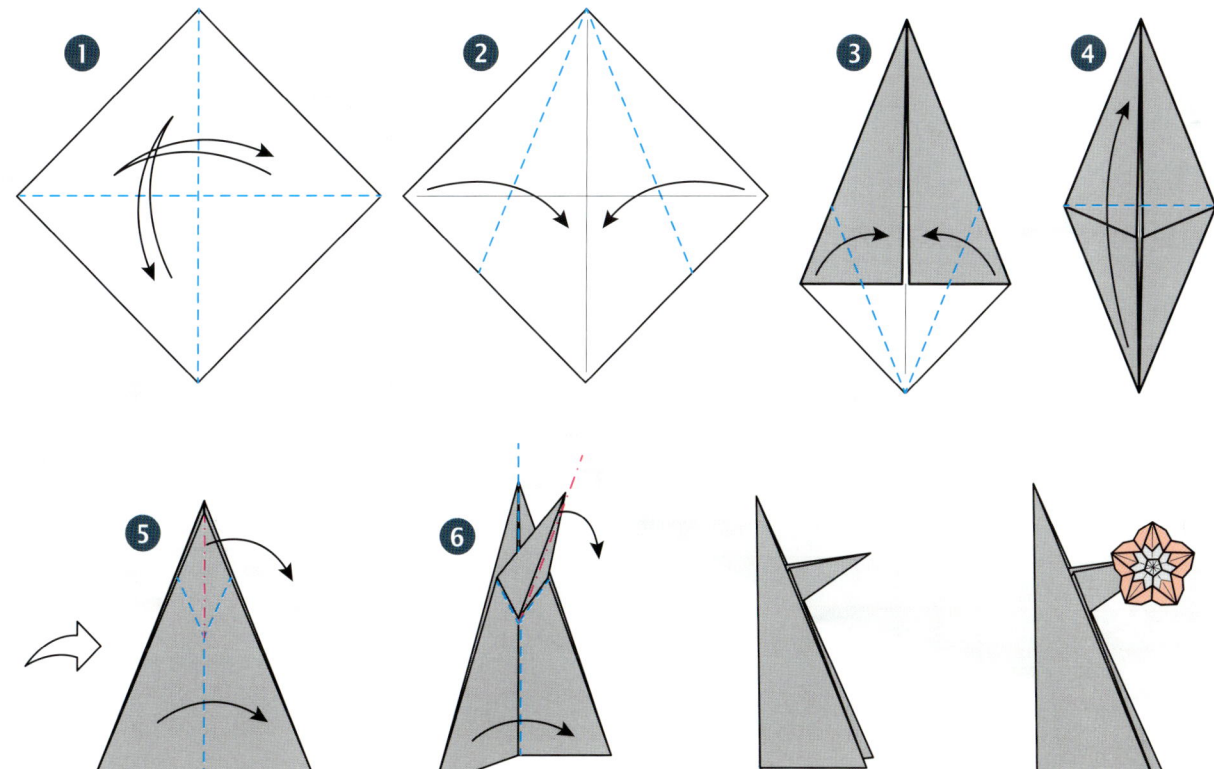

안쪽 가지를 빼내며
반 접으세요.

중간과정

줄기 완성

완성

서양란

Tropical orchid

종이 | 《단면 색종이》 15cm

실제 서양란의 크기를 계획하여 종이 크기를
조정하세요.(완성 꽃은 3/4 크기 사용)
❷❹ 번 Color Change를 확실히 익혀 주세요.

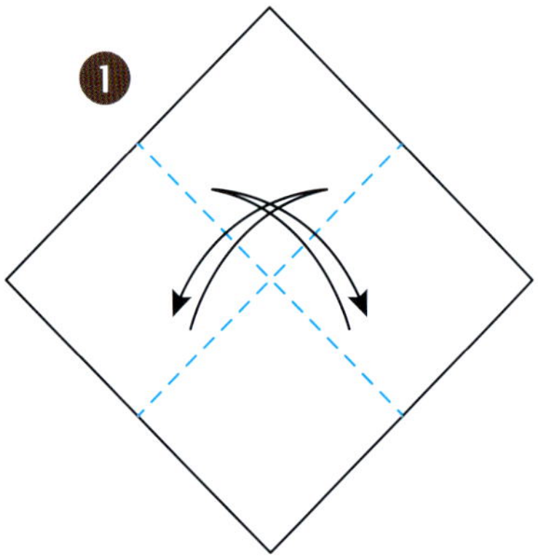

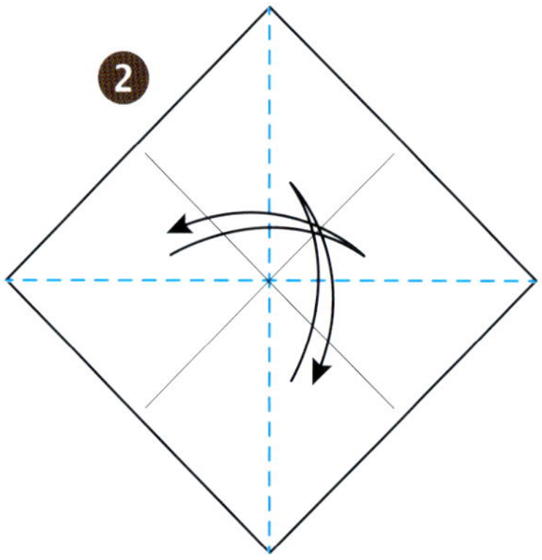

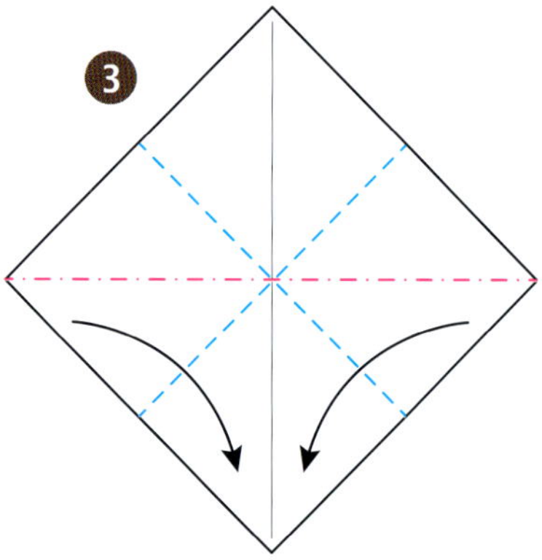

❶

❷

❸

사각주머니접기 기본형을
만드세요.

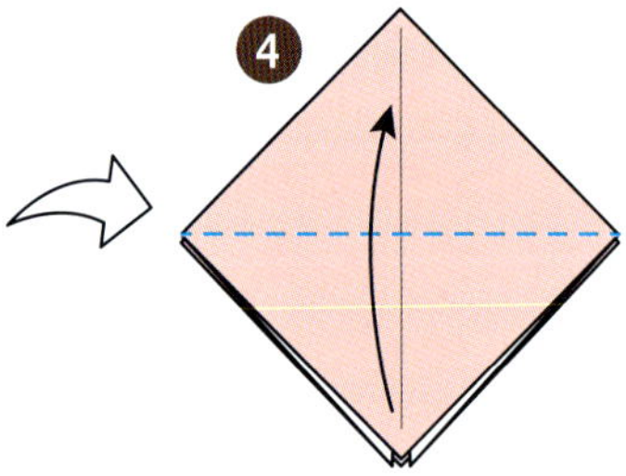

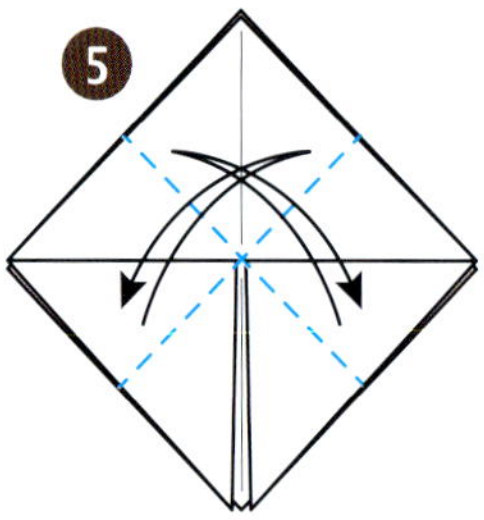

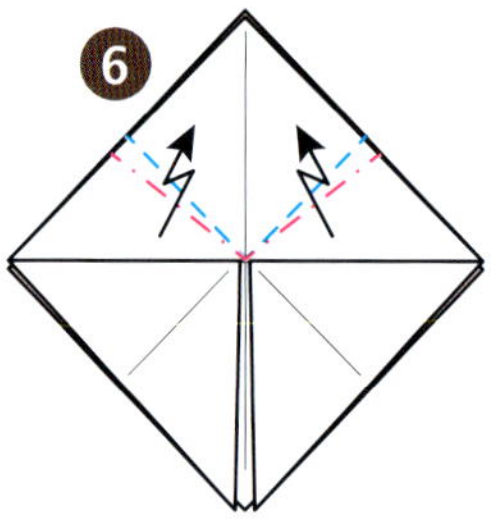

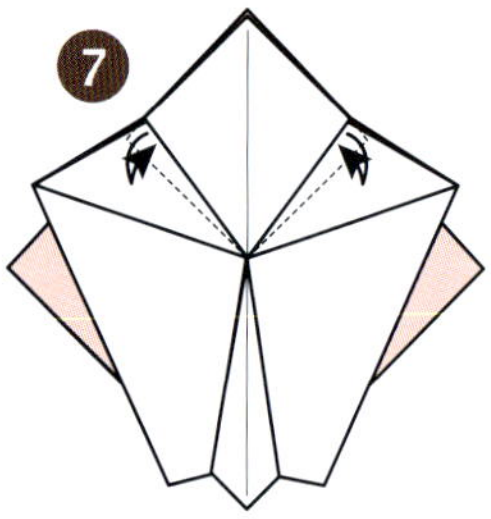

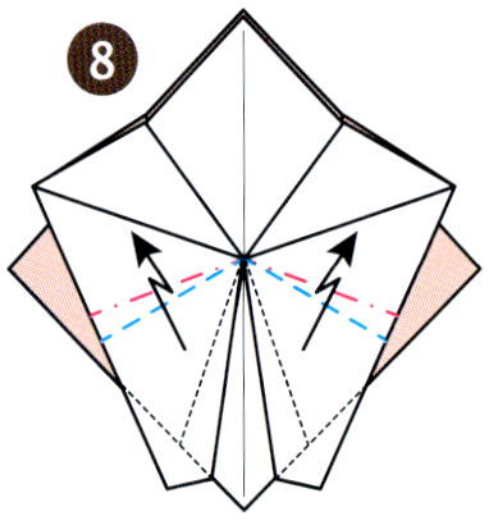

❹

❺

❻

❼

❽

양쪽을 계단접기로
올려 접으세요.

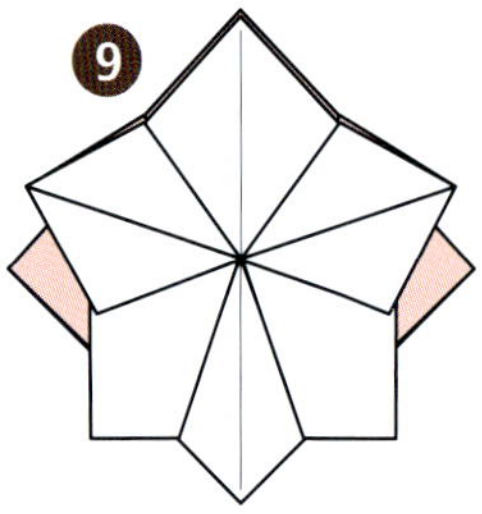

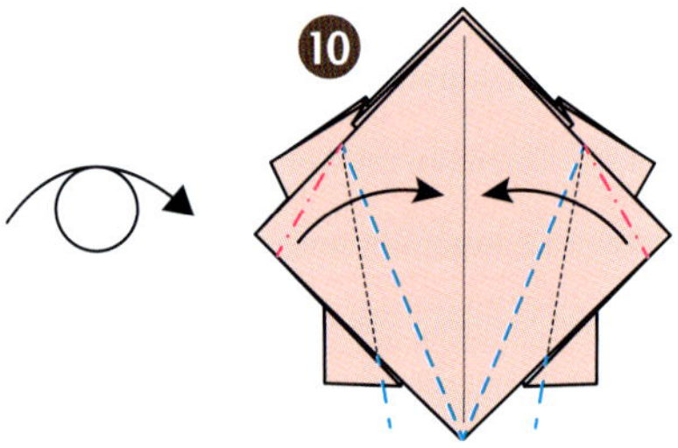

❾

❿

중심축에 당겨
모아 접으세요.

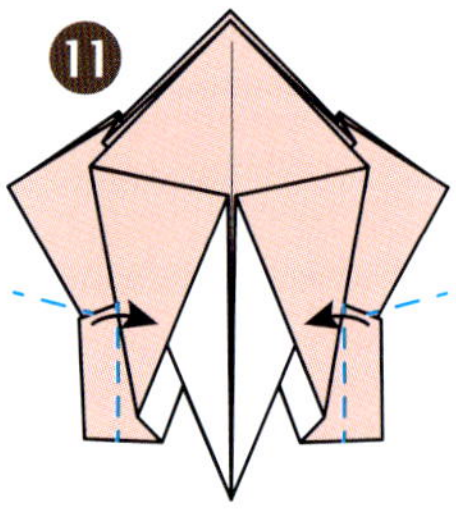

⓫

양쪽 모두 당겨 모아
접으세요.

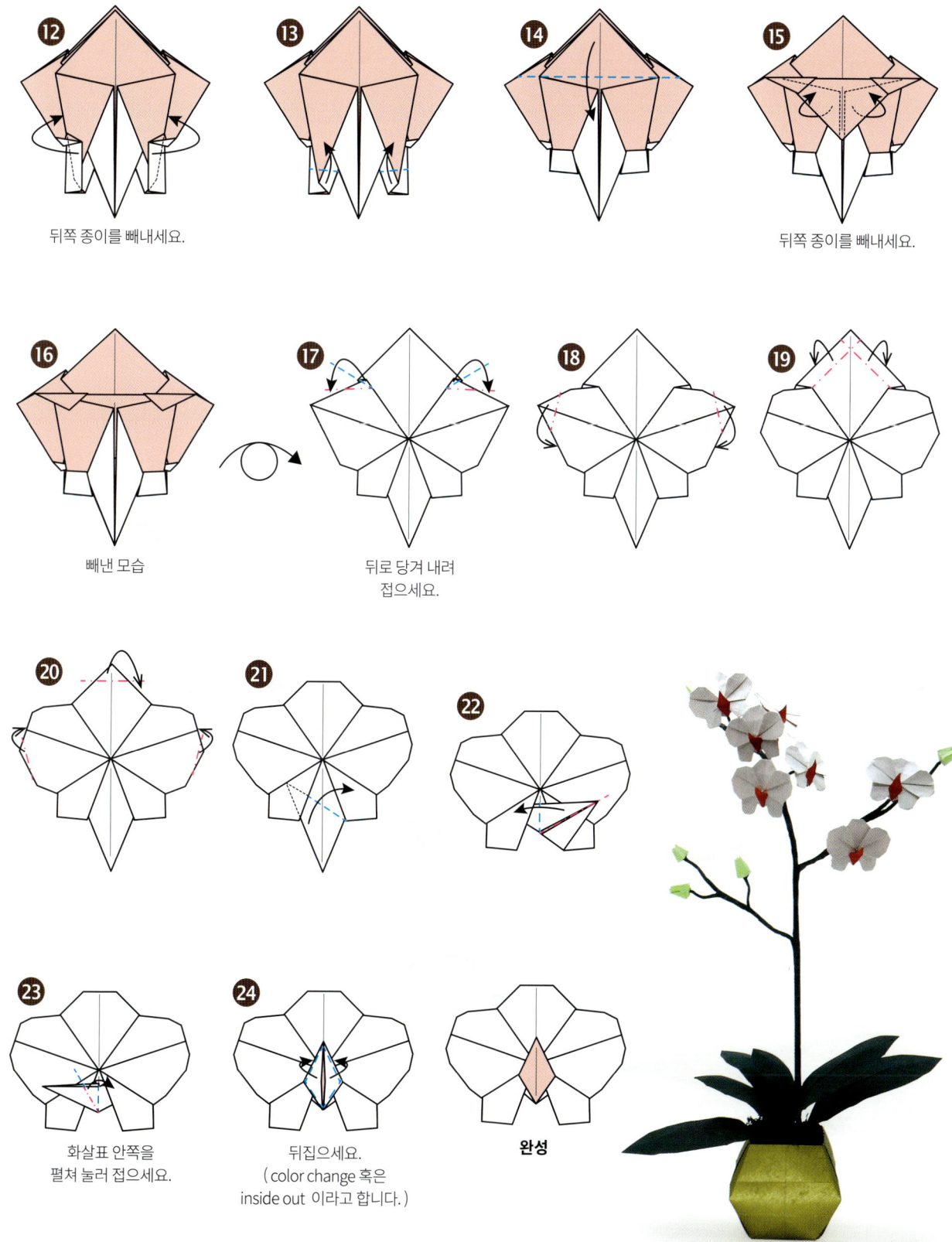

12 뒤쪽 종이를 빼내세요.

13

14

15 뒤쪽 종이를 빼내세요.

16 빼낸 모습

17 뒤로 당겨 내려
접으세요.

18

19

20

21

22

23 화살표 안쪽을
펼쳐 눌러 접으세요.

24 뒤집으세요.
(color change 혹은
inside out 이라고 합니다.)

완성

튤립

🌸심사작품

Tulip

종이 | 《단면 색종이》 15cm

❻ 번 접기와 같이 회전하며 접기한 후,

❽ 번 사각주머니접기를 하는 복합적인

과정을 갖습니다. 접기선을 미리 만든 후,

❻ 번을 보며 접어 보세요.

꽃

❶

❷

❸

❹

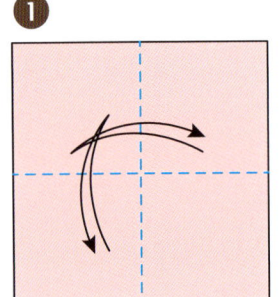

○을 ●에 맞추어
접었다 펴세요.

❺

❻

❼

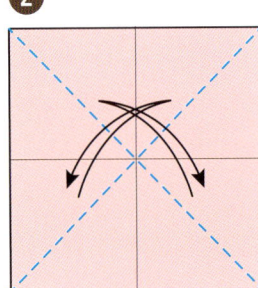

❽

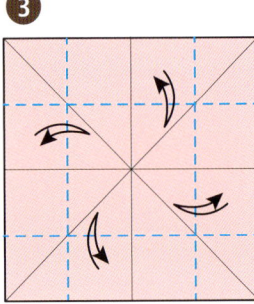

❹ 번과 같은 방법으로
세 곳을 접었다 펴세요.

모아 접으세요.

❾

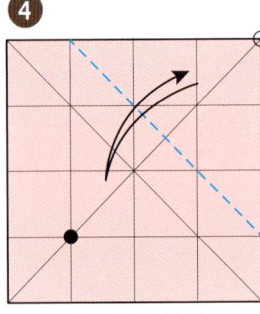

❿

⓫

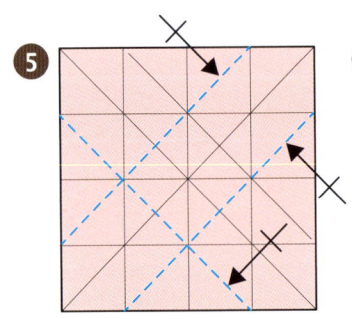

중심축 선에 뒤로 접어
틈새에 끼워 넣으세요.

⓬

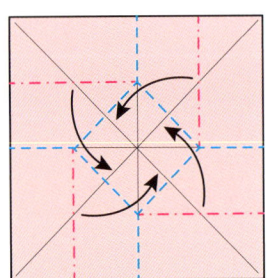

대칭 되도록 접어
끼워 넣으세요.

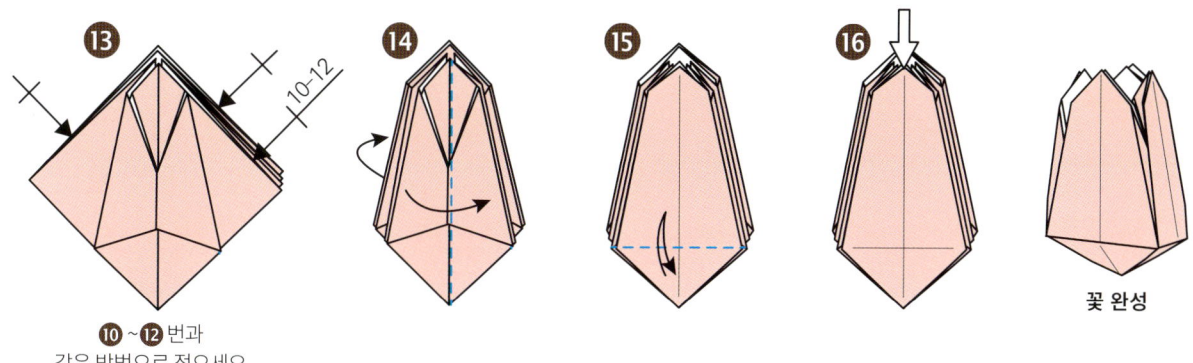

⑩ ~ ⑫ 번과
같은 방법으로 접으세요.

줄기

❶

❷

❸

❹

❺

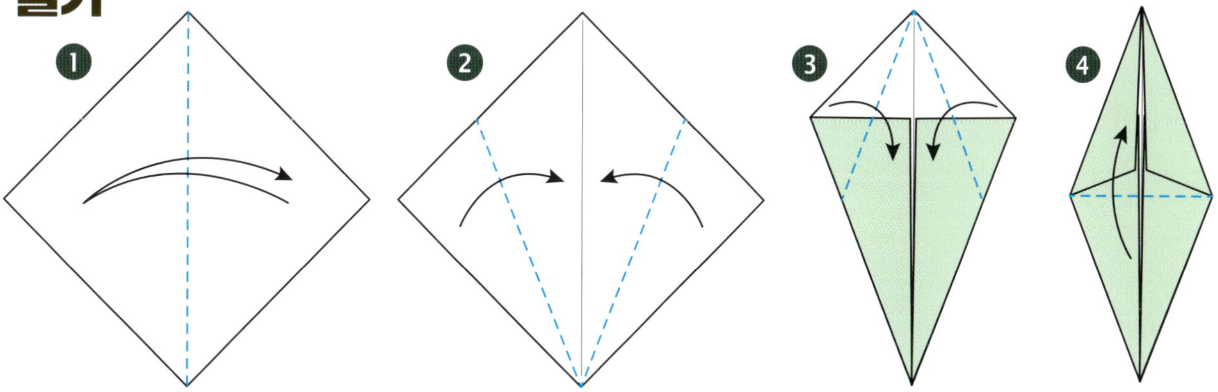

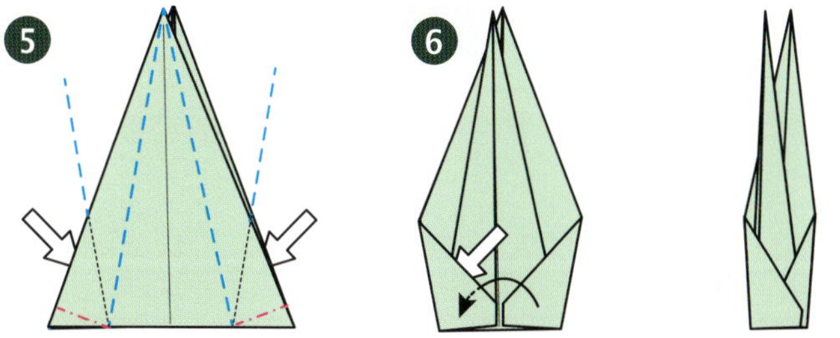

중심선으로 당겨
모아 접으세요.

❻

서로 겹쳐 끼운 후
중심 꽃대를 앞으로
살짝 당겨 세우세요.

줄기 완성

조립

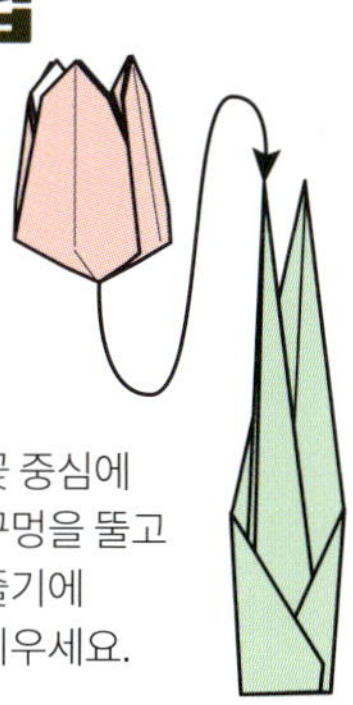

꽃 중심에
구멍을 뚫고
줄기에
끼우세요.

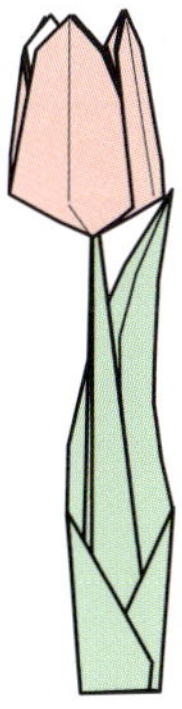

완성

127

구기기
산호

Coral

종이 | 《수제지》 20㎝

접기란 규칙적으로 접는 것이고
구기기란 불규칙적으로 접는 것입니다.
구기기에 적합한 종이를 사용하여 완성해 보세요.

❶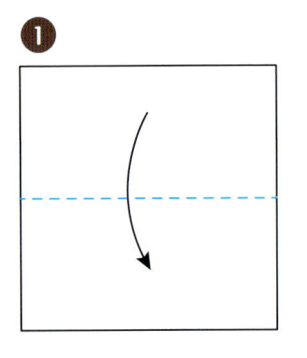

❷

❸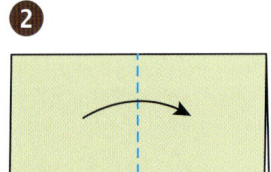

❹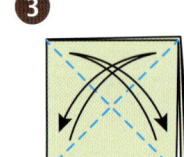

❺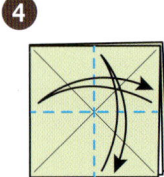

❻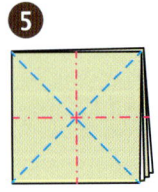

아래에서 손가락을 넣어
위로 볼록하게 만드세요.

❼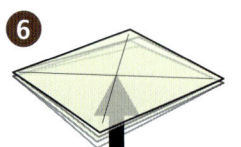

구긴 후,
완전히 펼치세요.

❽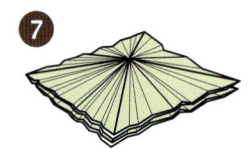

접기선대로 만드세요.

❾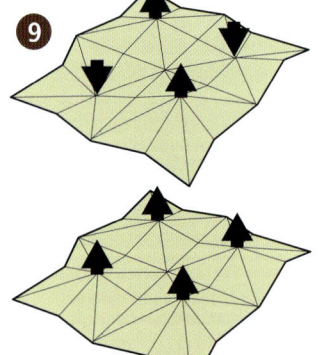

움푹 들어간 부분을 아래에서 밀어 올려
모든 부분이 볼록하게 만드세요.

완성

여러개를 만들어
붙이거나 등분을
늘려 접으세요.

안에서 본 모습

128

버섯

창작작가 :
빈센트 프로더러(Vincent Floderer)

Mushroom

종이 | 《수제지》 20cm

Crumple 라는 기술은 폴 잭슨(Paul Jackson)이 만들고 빈센트 프로더러(Vincent Floderer)가 발전시킨 '구기기' 기법입니다. 이 기술은 매우 사실적인 형태를 만들 수 있습니다.

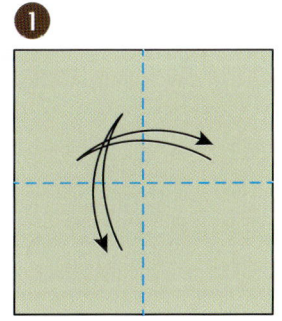 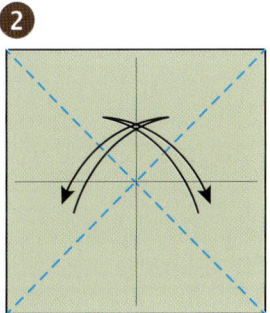 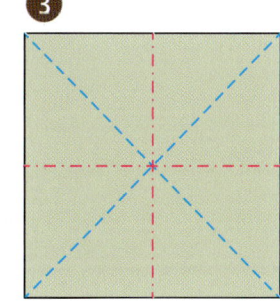

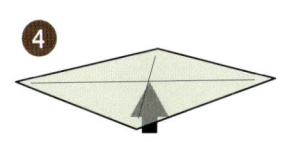
아래에서 손가락을 넣어
위로 볼록하게
만드세요.

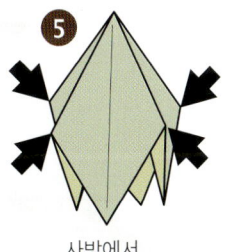
사방에서
구기세요.

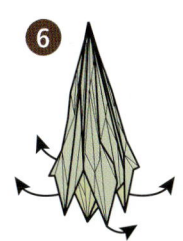
구긴 상태를
약간 벌리세요.

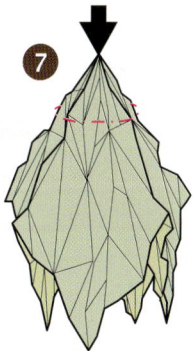
위에서 눌러 넣으세요.
(구겨진 함몰접기)

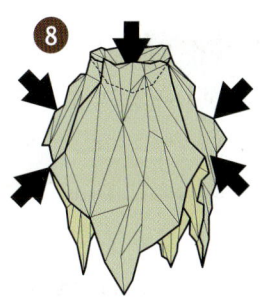
사방에서
구기세요.

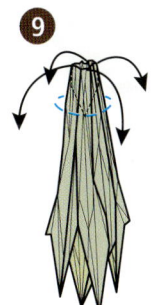

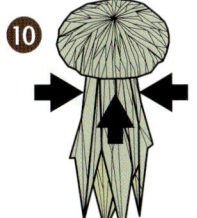
버섯의 몸 부분을
얇게 되도록 구기세요.
(종이의 종류에 따라
물칠이 필요할 수도 있습니다.)

밖으로 접어 올려
다듬으세요.

완성

구기기
북어

❀심사작품

Dried pollack

종이 | 《수제지》 30㎝

종이접기로 형태를 접은 후, 구기기를 통해
완성하는 작품입니다. 완성 모습을 연상하며
형태를 만들어 보세요.

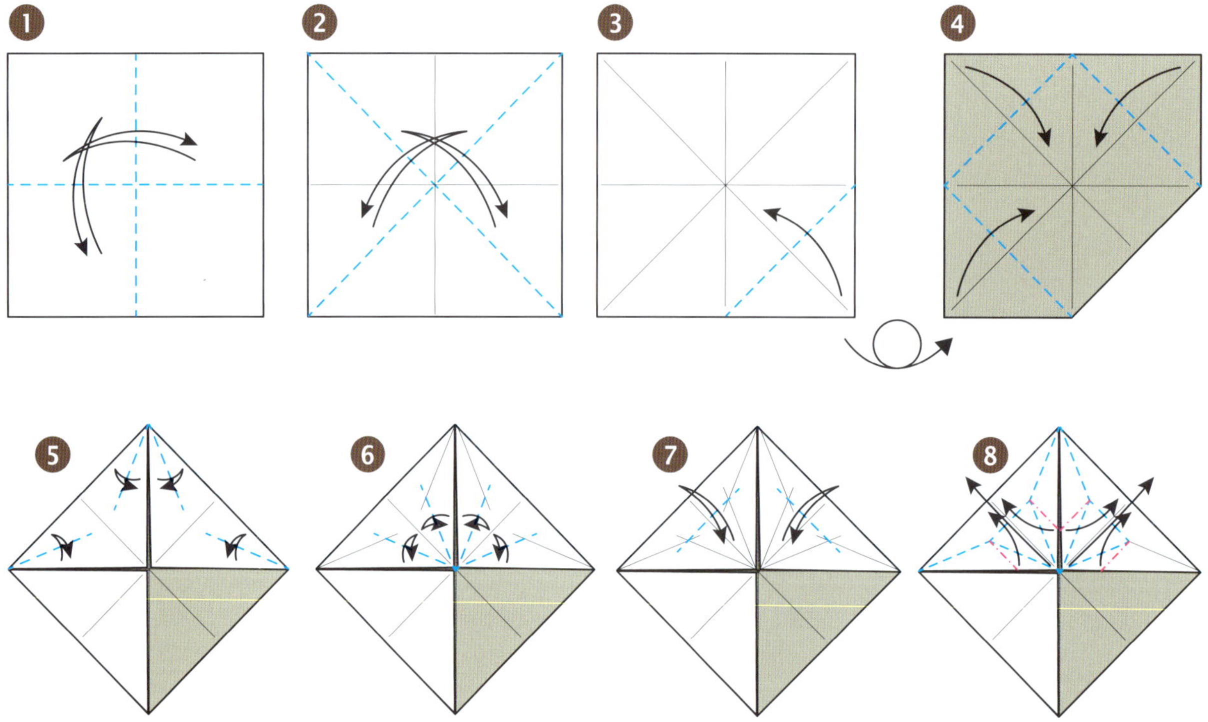

❶

❷

❸

❹

❺

❻

❼

❽

뒤로 모아 접어
올리세요.

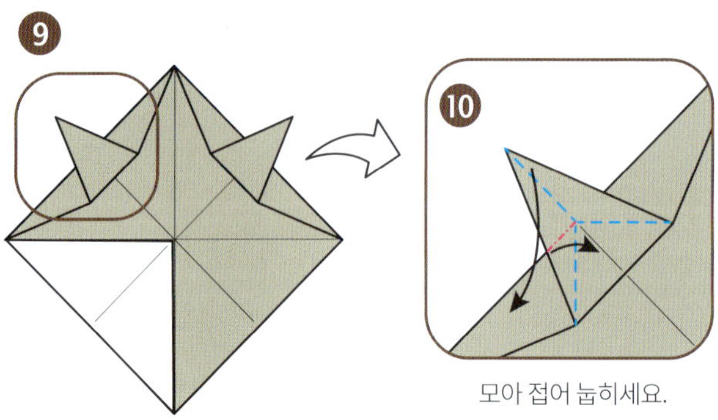

❾

❿

모아 접어 눕히세요.

⓫

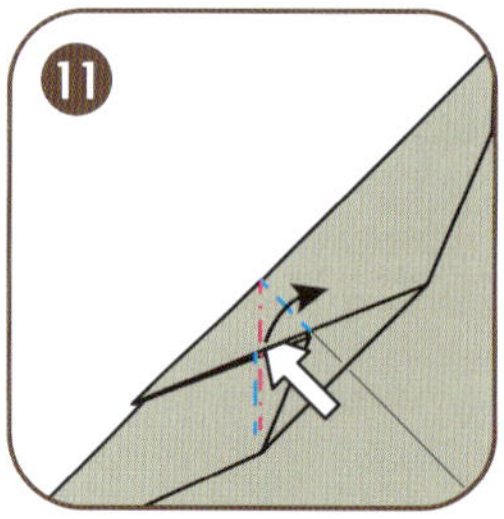

화살표 안쪽을 펼쳐
눌러 접으세요.

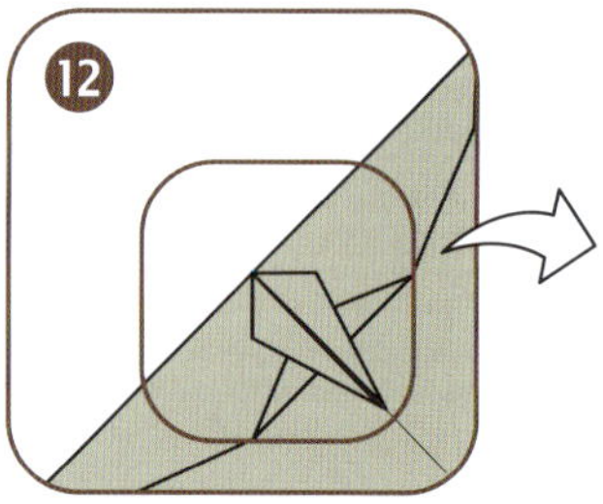

⓬

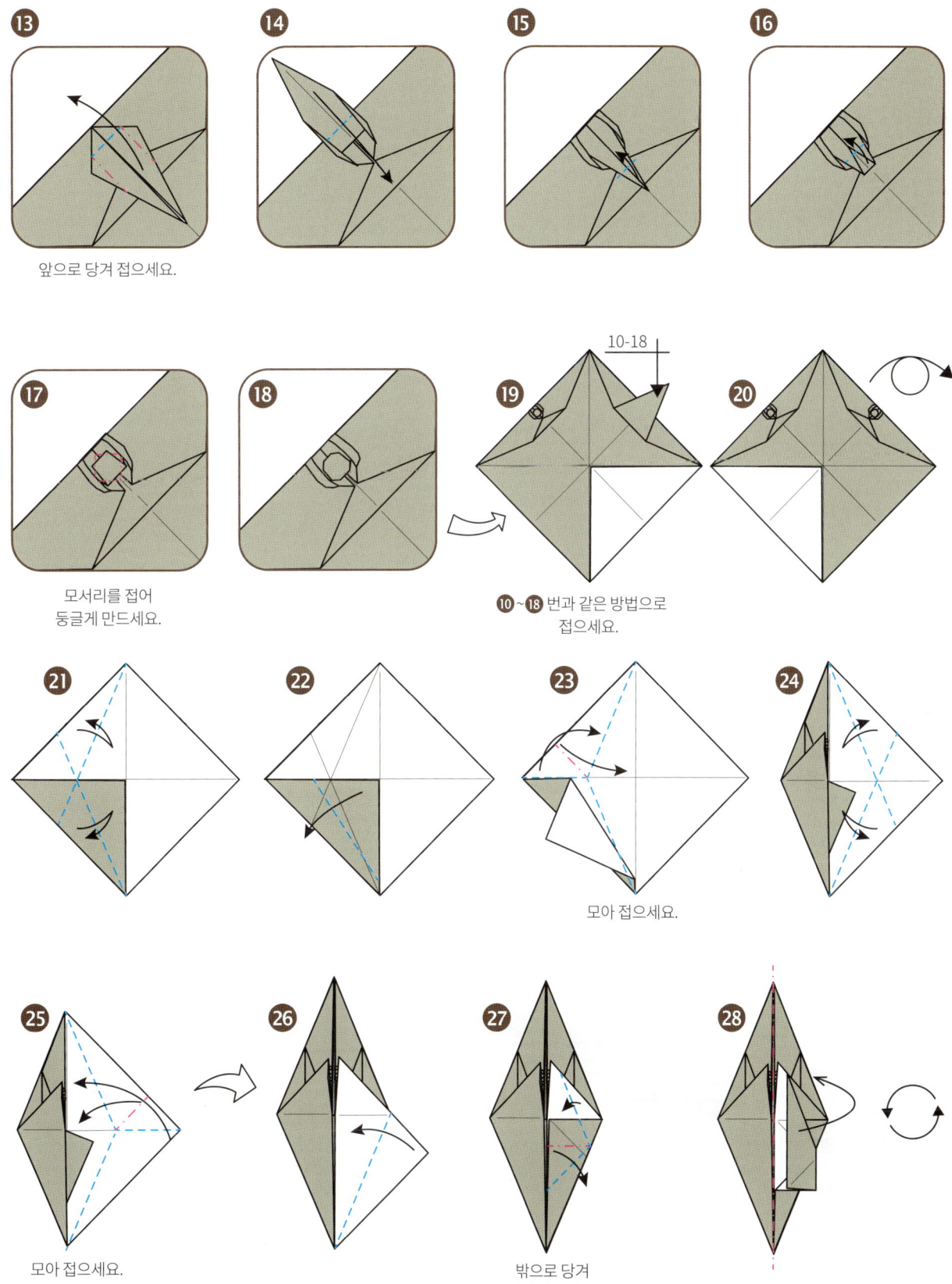

앞으로 당겨 접으세요.

모서리를 접어
둥글게 만드세요.

⑩ ~ ⑱ 번과 같은 방법으로
접으세요.

모아 접으세요.

모아 접으세요.

밖으로 당겨
내려 접으세요.

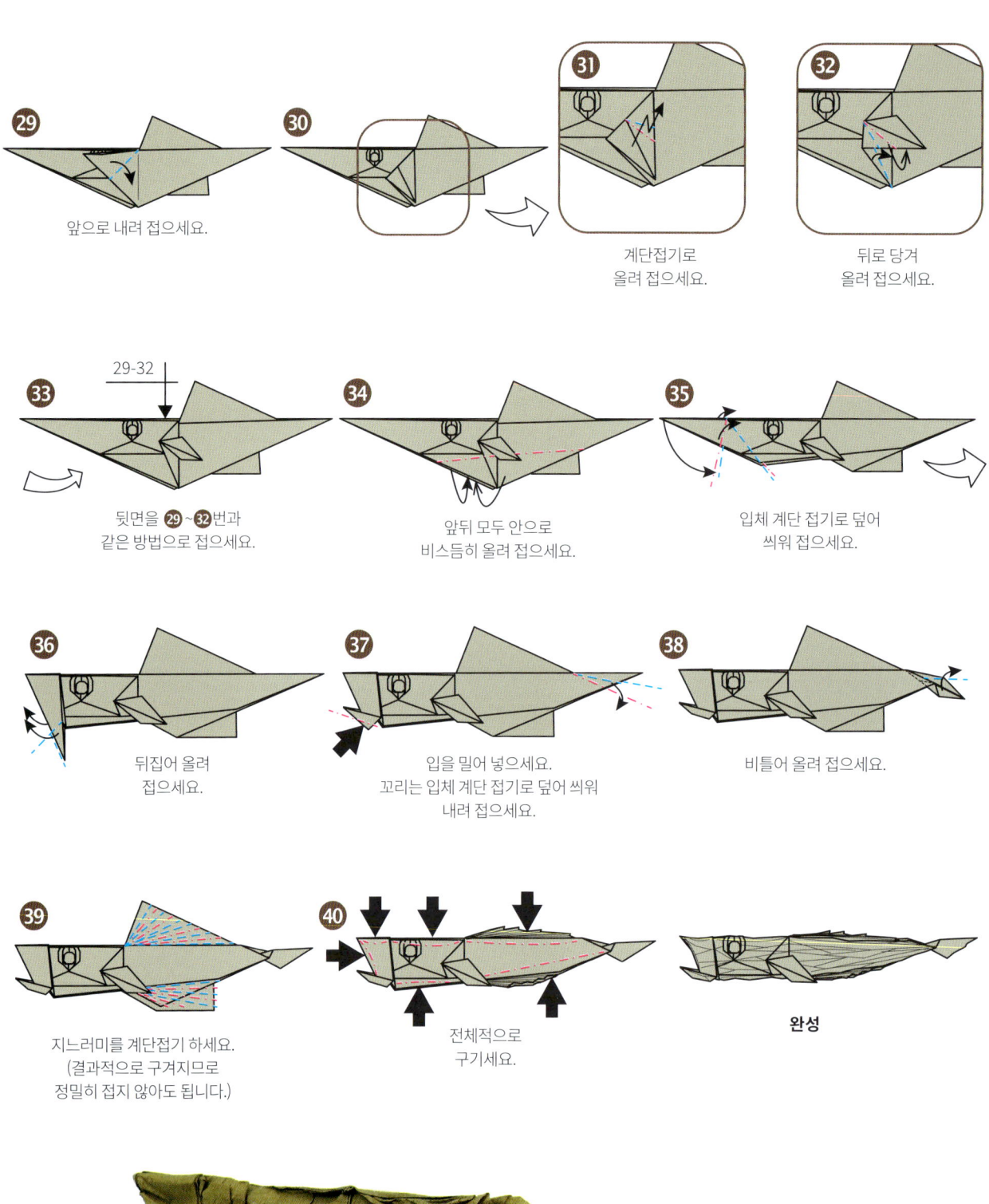

29 앞으로 내려 접으세요.

30

31 계단접기로
올려 접으세요.

32 뒤로 당겨
올려 접으세요.

33 29-32
뒷면을 **29**~**32**번과
같은 방법으로 접으세요.

34 앞뒤 모두 안으로
비스듬히 올려 접으세요.

35 입체 계단 접기로 덮어
씌워 접으세요.

36 뒤집어 올려
접으세요.

37 입을 밀어 넣으세요.
꼬리는 입체 계단 접기로 덮어 씌워
내려 접으세요.

38 비틀어 올려 접으세요.

39 지느러미를 계단접기 하세요.
(결과적으로 구겨지므로
정밀히 접지 않아도 됩니다.)

40 전체적으로
구기세요.

완성

빈센트 프로더러의
구기기와 접기의 경계

프랑스의 종이접기 예술작가
빈센트 프로더러(Vincent Floderer)

저는 "접는다는 것은 규칙적으로 구기는 것이고 구긴다는 것은 불규칙하게 접는 것이다"라고 정의해 오고 있습니다.

그만큼 접는다는 것과 구긴다는 것은 어찌 본다면 같은 의미일지도 모릅니다. 이러한 이유로 구기기는 종이접기의 한 중요한 부분을 차지하고 있습니다. 접기가 갖는 경직성과 단순성을 일시에 무너뜨리고 복잡하고 유연한 예술성을 종이접기에 부여했습니다.

구겨진 무늬 속에서 우리는 우주의 신비와 자연의 경이로움을 느낄 수 있습니다.

그런 의미에서 제가 이번에 소개할 작가 빈센트 프로더러(Vincent Floderer)에게 감사함을 표합니다. 1961년생으로 프랑스 남서부 출신인 그는 유럽에서 오랜 공부를 한 후에 고향으로 돌아와 살고 있습니다.

파리 미술학교에서 고전적인 드로잉과 조각을 공부하고 1991년 학위를 위해 첫 종이접기 창작물을 선보였으며 그 이후로 전문적인 종이접기 예술가로 활동하고 있습니다. 또한 교사연수를 포함한 여러 교육과정에서 종이접기를 가르치고 있으며 특히 2002년부터 한 병원 소아과 어린이들을 위한 프로그램을 운영하고 있고 CRIMP(종이접기 국제모델 연구센터: Center for Research on International Models in Paper folding)와 접기와 구기기에 관해 연구, 개발, 공유하기 위해 노력하고 있습니다. CRIMP는 프랑스 및 해외 그리고 박물관, 도서관, 공공 정원이나 극장, 과학 축제 같은 다양한 곳에서 전시 및 이벤트를 하고 있습니다.

빈센트 프로더러는 2007년부터 여러 대학과 협력하여 접기 및 구기기 과정에 대한 주제를 중심으로 프로그램 및 논문을 게시하고 있습니다.

파리-사클레이대학(University Paris-Saclay) 수학과에서 '혁신' 종이접기가 미래의 수학 교사들에게 교육을 위한 새로운 도구로 사용되도록 지도하고 있습니다.

최근 그는 2022년부터 공식적으로 '폴딩교육학'이라는 새로운 교직 단위를 맡고 있습니다.

처음 그는 90년대 초반에 고전적인 기술을 사용하여 모델을 만들었습니다. 이후 구기기 기술의 기본적인 요령을 설명한 폴 잭슨(Paul Jackson)과의 워크숍 후, 1997년 가을, 처음으로 구겨진 버섯 모형을 만들었습니다. 그는 구기기는 고전적인 종이접기의 변형이며 이 접근 방식은 현실적인 버섯 등의 모델을 만드는 데 효율성을 입증했습니다. 그런데도 불구하고, 이 방법의 명백한 단순성은 일반적인 접기인들에게는 오해의 소지가 있는 것으로 보입니다. 그래서 대부분의 구기기 모델들은 높은 심미안적 이해력이 필요합니다.

그의 구김에 사용되는 3가지 주요 기본 기술은 '반지름 – 평행 – 랜덤(Radial - Parallel - Random)'이며 그 결과물은 실제 자연계의 아름다움을 통해 우리 종이접기인들의 궁극적인 중요한 목표인 평화의 상징을 표현하는 것이라고 합니다. 실제 그의 작품 중 버섯

접기 및 그 외 몇 작품은 마치 핵폭탄의 버섯구름이나 폭탄 폭발 시의 모습을 연상시키기도 합니다. 역설적으로 이를 통해 그는 평화를 이야기하고 싶은 것으로 보입니다.

그의 작품은 참으로 독특합니다. 이십여 년 전 그의 작품을 처음 보았을 때의 감동은 지금도 마음에 남고 그로 인해 저의 종이접기 작품 세계 또한 커다란 영향을 받았습니다. 또한 수년 전 프랑스 컨벤션에서 만난 그의 실제 작품들은 시간의 흐름 속에서도 더욱 빛을 발휘함을 보여줬습니다. 대부분의 종이접기 작

미확인 비행체 (UFO)

품 들은 시간의 흐름에 따라 종이의 특성상 작품성이 무너지는 경우가 허다하나 그의 작품은 시간이 흐를수록 더욱 완숙미를 발휘한다는 점이었습니다. 시간을 이기는 종이접기를 보여줌에 감사할 따름입니다. 종이접기는 모든 종류의 문화나 지식을 동화/통합할 수 있는 힘을 가지고 있습니다. 그는 저와의 인터뷰를 통해 한국의 종이접기인들에게 "종이접기는 모든 종류의 문화나 지식을 동화/통합할 수 있는 힘을 가지고 있으며 다른 사람들이 쉽게 이용할 수 있습니다. 풍부한 역사와 배경 그리고 현재 한국문화의 활력은 분명 국제적인 역동성에 기여할 것입니다. 그러므로 종이접기 예술이 여러분의 커뮤니티에 많은 도움이 되기를 진심으로 바랍니다" 라고 전해왔습니다. 오랜 시간 독특한 기법으로 종이접기의 한계를 극복하고 또 그 지평을 넓혀온 그의 꾸준한 노력에 감사의 마음을 전하며 또 다른 독특한 기법이 출현하여 우리 종이접기의 미래가 어떻게 전개될지 무척이나 기대되는 마음으로 글을 마칩니다.

꽃가루 (Pollen)

불가사리 (Red_star)

스펀지 (Sponges)

마이크로피라미드1 (Micropyram1)

자이언트버섯 (Giant-Mushroom)

테셀레이션

Tessellation

테셀레이션(tessellation＝tiling, 쪽매맞춤)은 깔려 있는 타일처럼 어떠한 틈이나 포개짐이 없이 평면이나 공간을 도형으로 완벽하게 덮는 미술 장르를 말합니다.

우리는 종이접기 테셀레이션에 국한된 내용을 알고자 하니 굳이 수학적인 접근 보다는 종이접기에 연관된 간단한 내용만을 다루어 봅니다. 종이접기에서의 테셀레이션은 종이접기적 테셀레이션과 오리가미적 테셀레이션으로 구분지을 수 있습니다. 종이접기적 테셀레이션은 말처럼 오리가미 원칙(no glue, no cut, 1 paper)에 국한되지 않고 테셀레이션의 구성에 종이(특별히 색종이등)을 접거나 자르는 방법(주로 접는 방법)으로 여러 형태와 색을 배열하여 테셀레이션을 형성하는 것을 의미합니다. 이처럼 테셀레이션의 표현 소재와 방식으로 종이접기를 사용하는 행위로 본다면 오리가미 테셀레이션은 오리가미의 원칙 내에서 테셀레이션을 구현하는 것으로 정의 지을 수 있습니다. 그만큼 제한적 요소 속에서 테셀레이션을 구현하다보니 종이접기 테셀레이션의 다양성과 화려함에는 못미치지만 오로지 접기만을 통한 표현을 위한 노력과 과정의 중요함을 충분히 느낄수 있는 장점이 있습니다. 이것은 마치 종이접기와 오리가미의 정의에 따른 해석상의 차이와도 일맥상통한다 볼 수 있습니다. 우리는 여기서는 오리가미(협의의 종이접기) 테셀레이션에 국한된 이야기를 해보려 합니다. 오리가미 테셀레이션(이후 테셀레이션이라 칭함)은 주름 접기, 뒤틀림 등을 반복하여 주로 일정한 형태의 종이접기를 통해 종이 한 장을 빈틈없이 채워내는 것으로 정의할 수 있습니다.

정규 테셀레이션 – 정삼각형, 정사각형,정육각형으로 이루어진 것

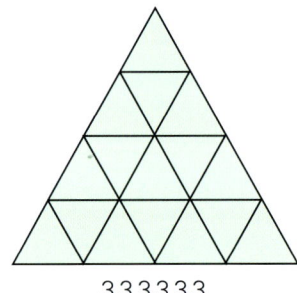

3.3.3.3.3.3

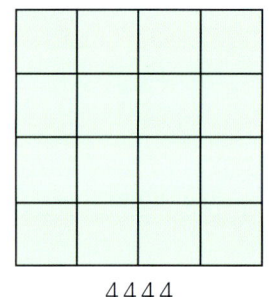

4.4.4.4

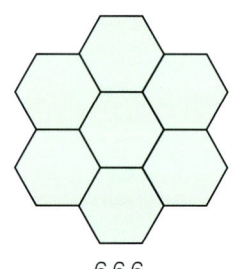

6.6.6

준정규 테셀레이션 - semiregular tiling

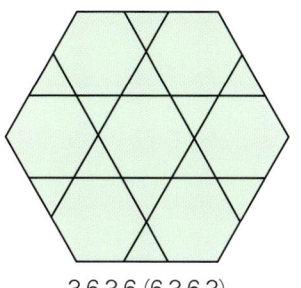

3.6.3.6 (6.3.6.3)

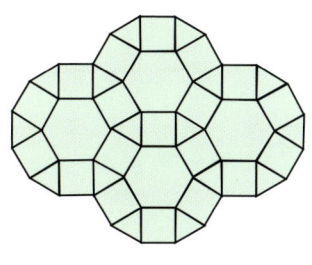

3.4.6.4

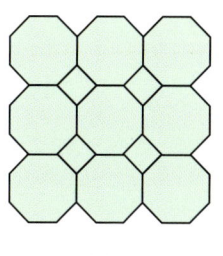

8.8.4

테셀레이션은 메우고 있는 도형의 모양에 따라 12.12.3   12.6.4   6.4.3.4   6.3.6.3.   8.8.4   6.3.3.3.3
4.3.4.3.3   4.4.3.3.3   8가지가 있습니다.

비정규 테셀레이션

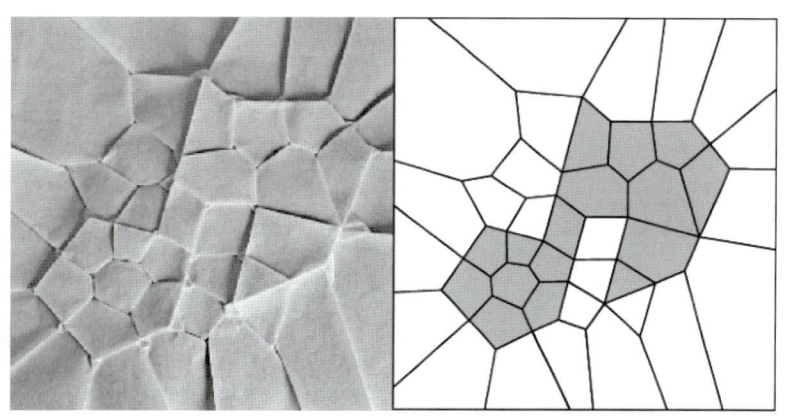

위에서 보는 바와 같이 테셀레이션의
모양을 숫자로 나타내는 방식이 있습니다.

대체적으로 해외작가들의 경우 $80g/m^2 - 120g/m^2$
elephant hide, 스타드림 등의 약간 두꺼운 종이를 선호
하나 간단한 접기에는 복사지도 사용 가능하며 세밀한
접기 일수록 얇은 종이를 사용하며 풀먹인 한지의 경우
크기와 두께가 적절합니다.

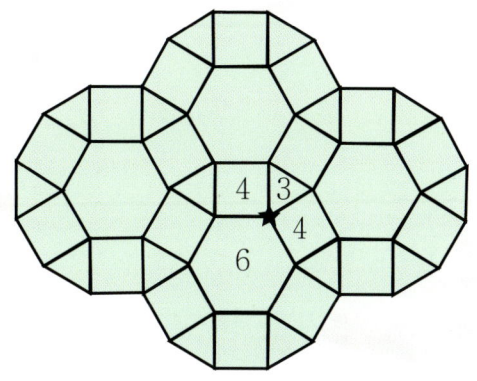

3.4.6.4의 경우 중심부분의 임의의 교차점을 중심으로
시계 방향으로 둘러 싸인 도형의 모양(꼭지점의 수)을 표시합니다.

직사각형 종이의 6각형 작도법

일반적인 테셀레이션을 시작하기 위해서는 6각형의 작도가 필요합니다.

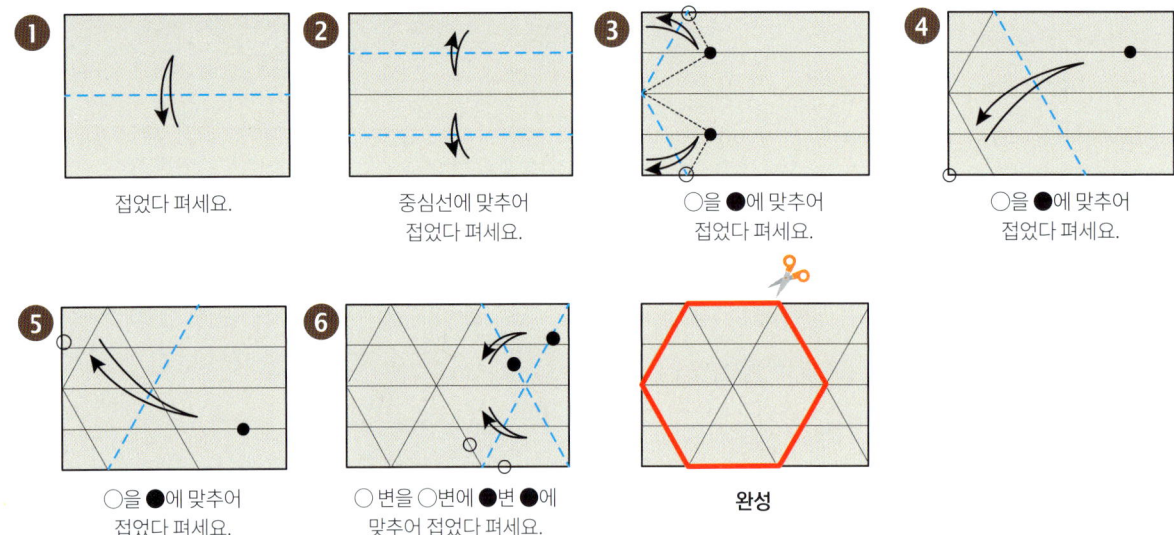

① 접었다 펴세요.

② 중심선에 맞추어 접었다 펴세요.

③ ○을 ●에 맞추어 접었다 펴세요.

④ ○을 ●에 맞추어 접었다 펴세요.

⑤ ○을 ●에 맞추어 접었다 펴세요.

⑥ ○변을 ○변에 ●변 ●에 맞추어 접었다 펴세요.

완성

정사각형의 6각형 작도법 ⓒ 종이문화재단 한국수학종이접기교육협회

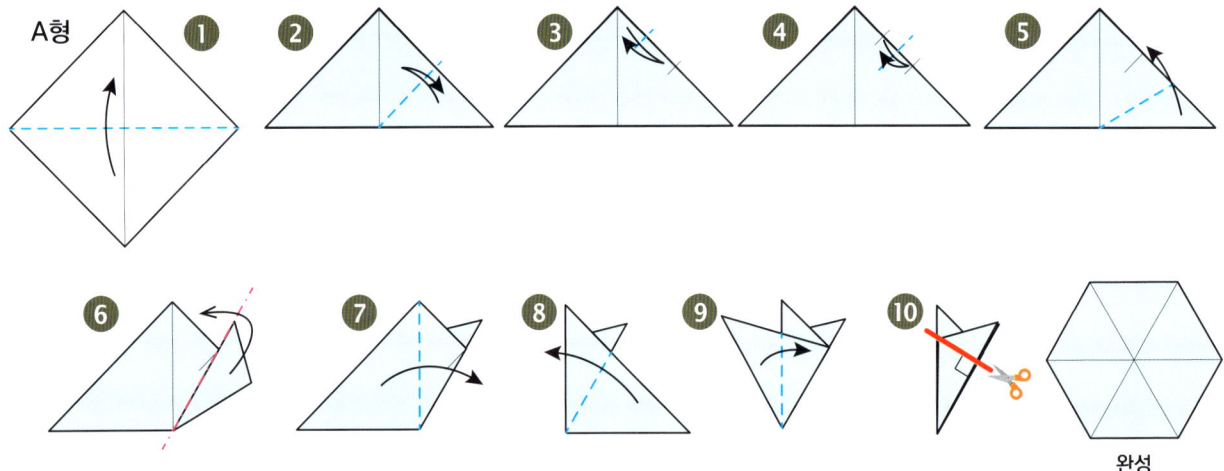

A형

① ② ③ ④ ⑤ ⑥ ⑦ ⑧ ⑨ ⑩

완성

B형 A방법 보다는 B방법이 더 정육각형 작도법으로 정확합니다. (수학종이접기교육협회 오영재 회장 제공)

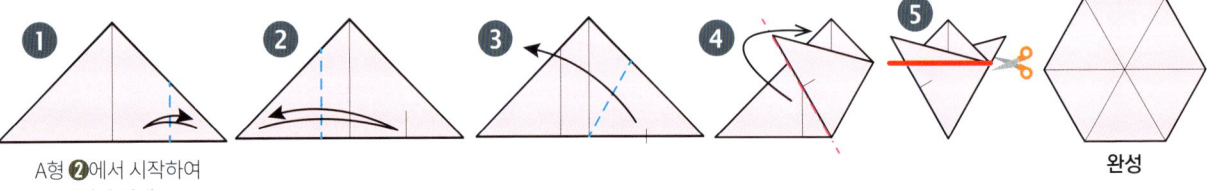

① A형 ②에서 시작하여 접었다 펴세요.

② ③ ④ ⑤

완성

삼각형 비틀기

Triangular twist ✿심사작품

종이 | 《다물클래식-매트》 30~45cm

6각형 도형을 이용해 평면 6각형 공간 안에
삼각형으로 완전히 메꾸는 접기입니다.

테셀레이션을 위한 Grid 선내기

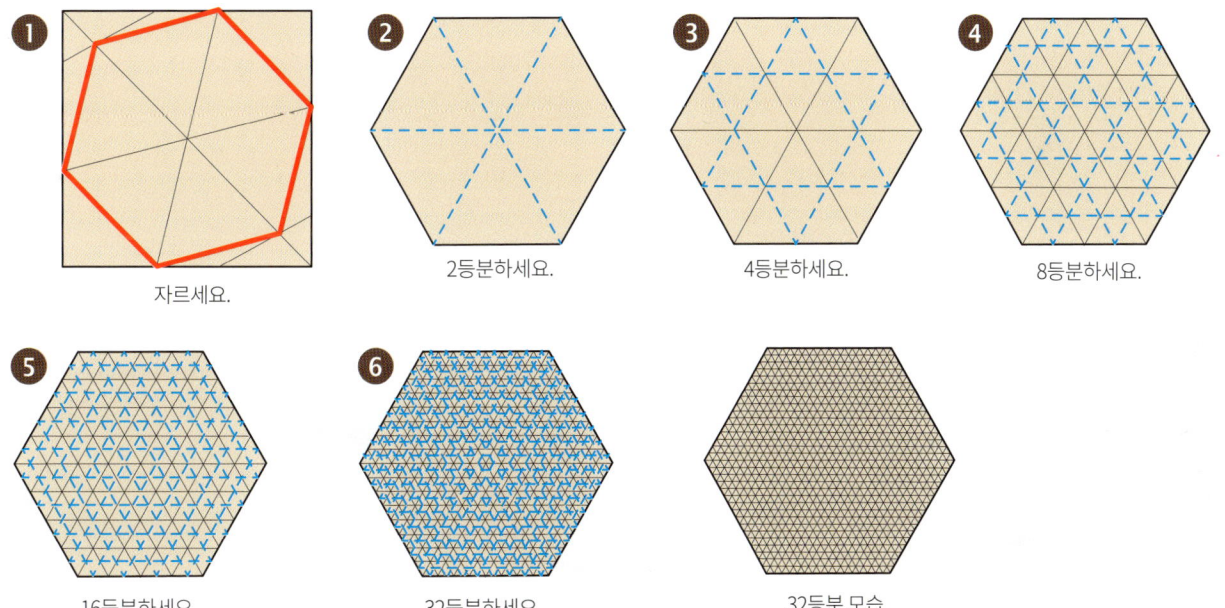

1 자르세요.

2 2등분하세요.

3 4등분하세요.

4 8등분하세요.

5 16등분하세요.

6 32등분하세요.

32등분 모습

테셀레이션

테셀레이션은 그리스어 '테세레스(tesseres)'에서 유래했으며 우리나라 말로는 "쪽매맞춤"이라고 하며 일정한 형식을 이용하여 틈 없고 패턴끼리 겹치지도 않게 공간을 메우는 "평면의 규칙적인 분할"이라고 정의할 수 있습니다. 이슬람의 지배를 받은 적이 있는 스페인의 유명한 건축물인 알람브라(Alhambra)궁전의 타일 모자이크를 보고 네덜란드 화가 모우리츠 코르넬리스 에셔(Maurits Cornelis Escher. 1898~1972)는 테셀레이션을 수학적 도구의 기하학이나 도형에서 벗어나 하나의 예술 장르로서 정착시켰습니다. 에셔의 작품처럼 테셀레이션 접기 작품에서는 면과 선, 형태 등의 조형 요소에 반복, 균형, 변화 등의 조형 원리들을 활용하여 추상적인 아름다움과 변화를 추구할 수 있습니다.

삼각형 비틀어 접기

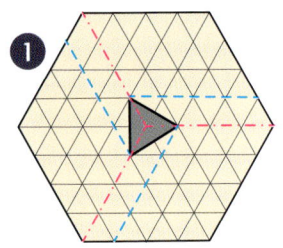

❶ 8등분 Grid 선을 만든 후,
접기선에 맞추어 접으세요.

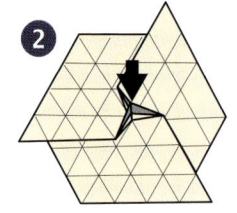

❷ 눌러주세요

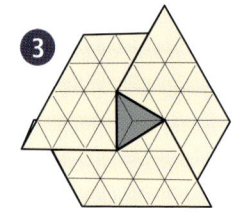

❸ 접은 모습

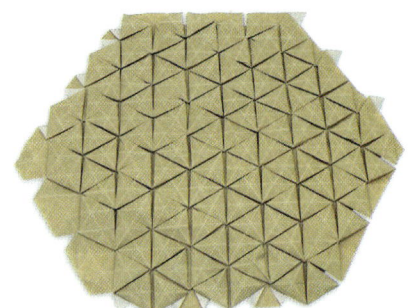

6점 별 만들기

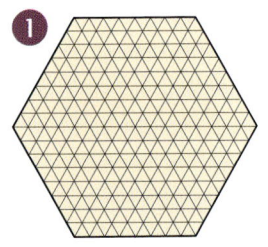

❶ 32등분 Grid 선을 만든 후,
시작하세요.

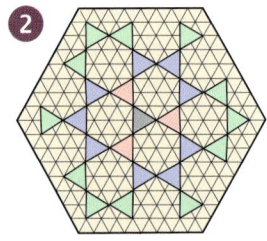

❷ 삼각형 비틀어 접기를
하세요.

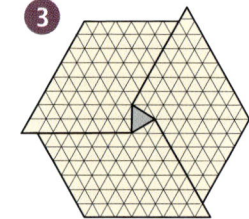

❸

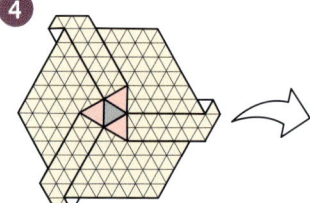

❹

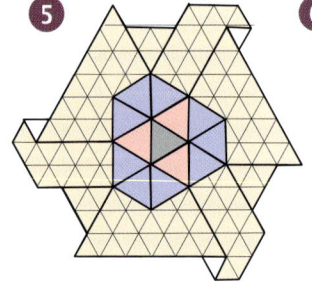

❺

❻

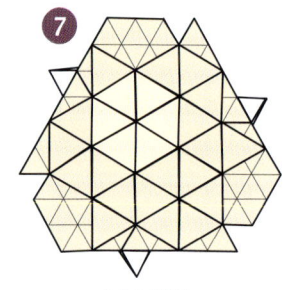

❼

3.3.3.3.3.3

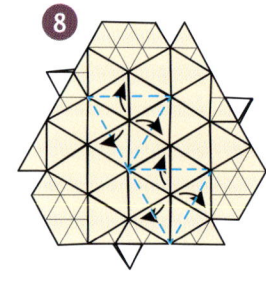

❽

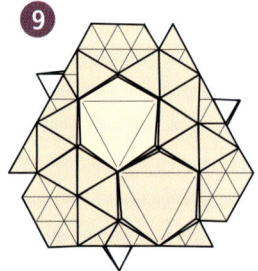

❾

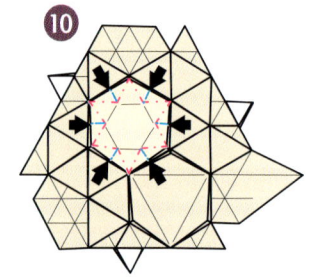

❿

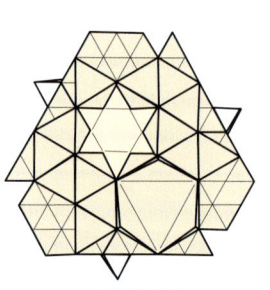

6점 별 완성

140

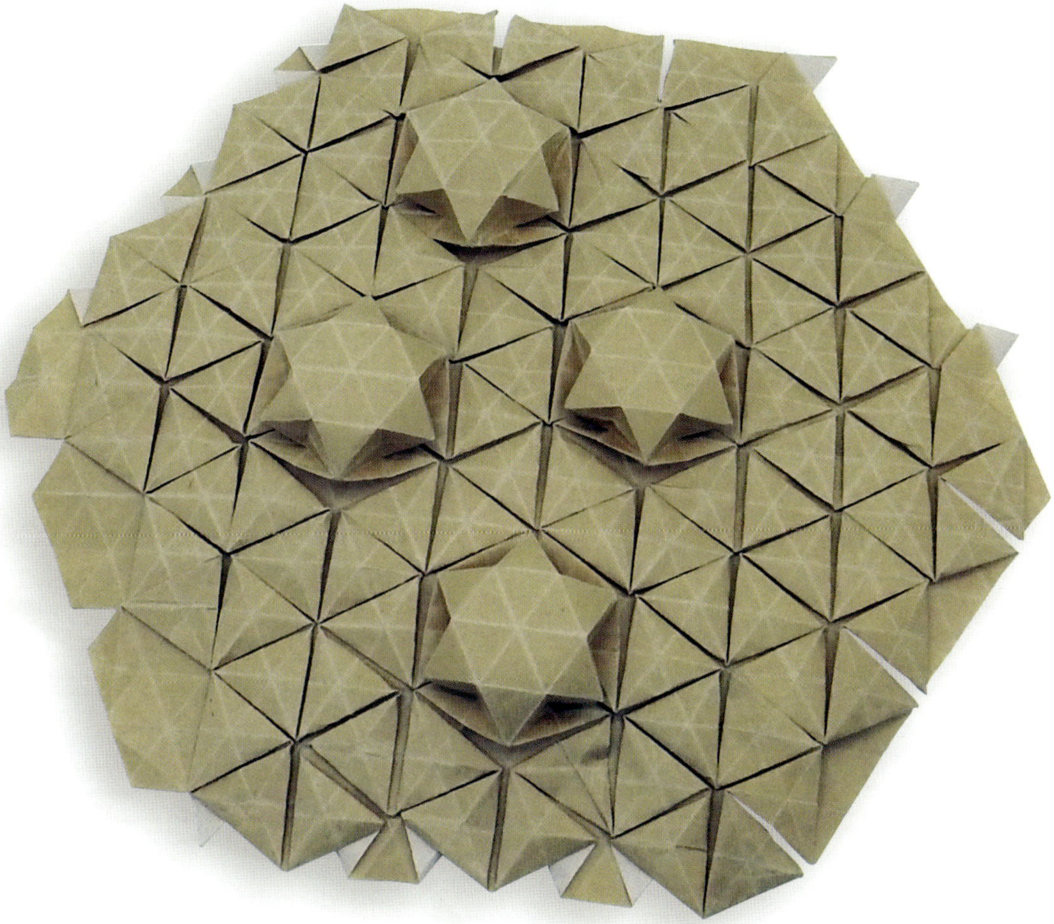

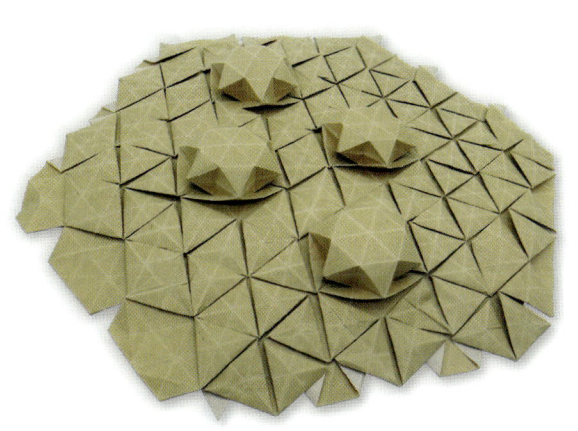

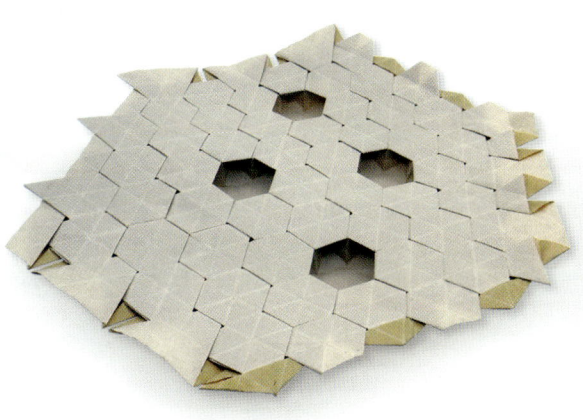

조엘 쿠퍼의
테셀레이션 기법

미국의 종이접기 예술작가
조엘 쿠퍼(Joel Cooper)

종이접기에 있어 과학적 혹은 수학적인 면을 이야기할 때 우리는 테셀레이션(tessellation)을 예로 들고는 합니다. 이는 종이접기 과정의 규칙성과 완성물의 도형성 때문일 것입니다. 종이접기가 발전을 해가며 극단적인 접는 과정을 생략한 wet folding을 주로 하는 작업이 한쪽에 있다면 아마도 반대쪽에는 tessellation이 있다고 할 것입니다. 그렇기에 자유스러움과 즉흥성을 기반으로 한 wet folding에 비해 가장 정확한 선과 완벽한 계획성이 전제 되어야 하는 tessellation은 그 동안 누가 더 정교하고 새로운 문양을 만들어 내는가에 초점이 맞추어져 있었고 간혹 완성된 테셀레이션 작품을 전등, 옷, 혹은 장식품 등으로 2차적 작업을 함으로써 발전되어 왔습니다. 하지만 십여 전 년한 작가의 등장으로 테셀레이션의 이러한 경쟁은 새로운 차원으로 도약하는 계기를 불러왔습니다.

얼굴 접기(Mask folding)

많은 종이접기 장르 중 mask folding은 다른 장르보다는 소수의 작가들에 의해 발전되어 왔습니다. 그것은 아마도 사람의 얼굴이 갖고 있는 특성을 보다 다양하게 표현하기 어려운 종이접기의 한계성에 있다고 생각되어집니다. 그럼에도 이 분야는 크게 접기 방식과 구기기 방식으로 나누어 발전되어 왔습니다. 접기 방식이 아키라 요시자와(Yoshizawa Akira) 이후 몇

몇 작가를 거치며 명맥을 유지 하였다고 한다면 구기기 방식은 에릭 조엘 이후 서양에서 주로 이어져 왔습니다. 전자가 접기 방식만을 고집하여 인간의 얼굴이 갖는 곡면의 특성에 약점을 보여주는 경직성을 보임으로 다양한 변화를 주지 못하는 반면 후자는 다양한 표정을 줄 수 있다는 장점으로 예술의 부분으로까지 그 영역을 펼쳐가고 있습니다. 이러한 mask folding의 양분화된 영역에 새로운 바람으로 테셀레이션을 이용한 조엘 쿠퍼의 마스크가 그 자리를 차지하고 있습니다. 이 두 분야 에 있어 조엘 쿠퍼의 마스크는 전혀 다른 차원의 종이접기 즉 새로운 융합의 종이접기을 보여주고 있습니다. 그만큼 그의 등장은 당시 새롭고 충격적이라고 까지 할 수 있었습니다. 십여 년 전 사람의 얼굴에 나타나는 감정을 과연 종이로 표현할 수 있을까? 라는 숙제로 고심하던 차에 2006년경 인터넷에 등장한 그의 작품은 그 동안 제가 풀어보려 했던 모든 고민의 시간을 한순간에 허망한 작업으로 만들어 버렸습니다. 처음에는 신기함, 부러움, 시기심으로, 하지만 결국엔 경외감으로 그의 작품을 접할 수밖에 없었던 나의 유치함……'신은 어찌 또 하나의 괴물 작가를 세상에 내보내셨는지' 하는 원망 또한 감출 수가 없었습니다. 일반적인 종이접기 방법으로는 도저히 표현 할 수 없는 깊은 눈과 wet folding으로도 표현할 수 없는 콧날과 인중 그리고 굳게 다문 입술의 선

명함... 그의 작품은 마스크 접기의 끝판이라고 할 수 있습니다. 앞으로 어느 누구도 어떤 방식으로도 결코 그의 품격 있는 눈빛과 아름다운 입술을 표현 하기는 불가능 하리라. 이렇듯 그는 결코 한 장의 종이만으로는 해결할 수 없는 깊이감과 선명함을 테셀레이션이란 접기(folding)기법과 또 적절한 펼침(unfolding) 기법으로 이루어낸 것입니다. 그의 작품이 세계적 관심을 끈 지 이미 십 여 년이 지나 많이 늦은 감이 있긴 하지만 나는 이 대체 불가의 작가는 어떤 사람일지 궁금했고 이렇게 그에 대한 글을 쓸 수 있고 그를 조금씩 알아감은 매우 흥미로운 일이었습니다. 조엘 쿠퍼는 1970년 미국 출생으로 켄사스(Kansas)의 대학에서 미술을 전공했으며 이후 동 대학 도서관에서 근무하며 종이접기 작품 활동을 시작했다고 합니다. 2000년경 테셀레이션 기법을 익히며 이를 발전 응용하여 2006년 작품을 인터넷에 발표하여 세계적 관심을 이끌어 냈으며 종이접기 작가로 활동하며 브라질 컨벤션에 참석하였으며 이때 아내 Jane Arajo를 만나 결혼하게 되었으니 그에게 있어 종이접기는 운명적인 관계임이 분명한 듯합니다.

그는 평평한 테셀레이션을 3차원으로 입체화하는 그만의 기법을 발견, 이 방법을 통해 조각 등의 경험을 접목하여 현재의 작품 활동을 하고 있다고 합니다. 그는 평상시 종이접기는 예술과 수학을 혼합한 분야이고 우아한 알고리즘을 찾아내는 과정이라고 생각하며 항상 최선과 최고의 흥미로운 모양을 찾아내려는 방법에 몰두한다고 말합니다. 작업 과정은 기본적으로 테셀레이션은 준비된 pre-creased grid를 이용하여(일반적인 작업 과정) 접게 되지만 마스크를 만드는 과정에 있어서는 전혀 계획적이지 않은 즉흥적 감각을 이용해 작품을 만들어 내는 독특한 특징이 있습니다. 테셀레이션 작업은 매우 지난한 과정

의 작업입니다. 이 과정만으로도 보통사람은 지치지만 그 자체만으로도 높은 완성도와 만족도를 갖게 됩니다. 여기에 덧붙여 그 종이를 지어 내며 형태를 만들어 나가는 작업 과정은 과히 상상 불허, 고통의 연속이 아니었을까? 저라면 아마도 그 고통으로 진작 포기 했으리라. 하지만 그의 작품 과정을 보면 그러한 과정이 너무도 자연스럽고 즐거워 보이기까지 합니다. 그의 후덕한 생김새 만큼이나 타고난 천성이 고통까지도 즐길 줄 아는 작가임에 틀림이 없을 것이고 이러한 것이 고스란히 그의 작품에 그대로 나타나 보입니다. 참으로 불가사의한 작가입니다. 세상에는 여러 부분에 있어 종이접기계에 영향력을 끼친 작가들이 있습니다. 이러한 작가들 중 조엘 쿠퍼는 종이접기의 예술적 가치를 높인 가장 특별한 작가 중 한 명이라 하겠습니다. 종이접기 작가로서 그와 동시대에 접기를 하고 있다는 것이 무척이나 자랑스럽고 고마운 날들입니다.

조엘 쿠퍼(Joel Cooper)의 얼굴접기(Mask folding)

크리스 패턴

Crease Pattern

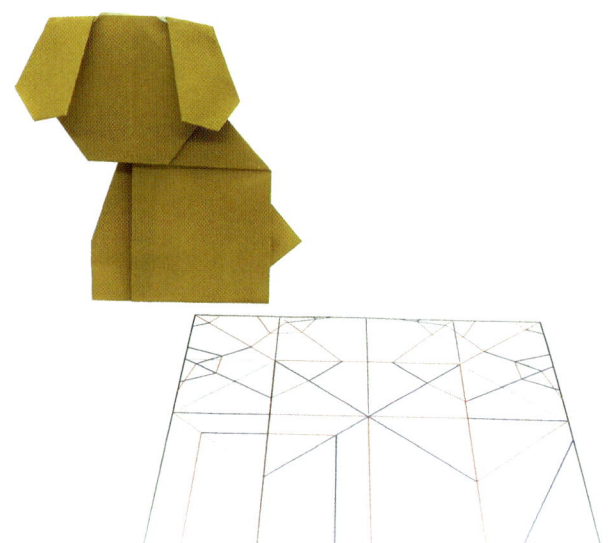

크리스 패턴(CP:Crease Pattern)은 1930년대 우치야마 코코(종이접기 모델의 특허권을 취득한 현대 종이접기 아버지라 불림)가 기본 모델의 레이아웃을 공개하면서 부터라고 추정됩니다.

크리스 패턴은 접혀진 종이접기 작품을 펼친 상태로 선을 표시한 것입니다(펼쳐진 상태는 산선과 계곡선 만으로 표시됨). 현재처럼 패턴으로 부터 작품을 접어내려는 목적보다는 보관, 기억의 의미와 구조의 이해와 도면의 해석에 도움을 주는 목적으로 시작되었다고 볼 수 있습니다.

그러므로 크리스 패턴은 세밀한 작은 부분들 보다는 전체적 골격을 이해하는 것에 중요한 목적이 있음을 알아야 합니다. 크리스 패턴을 이용한 작품 접기를 위해서는 정확한 패턴(모든 선이 실선으로 된 경우, 산선과 계곡선으로 표시된 경우, 청색과 적색의 선으로 표시된 경우)과 다양한 각도와 자세한 부분을 포함한 완성된 모델 사진이 필요합니다.

계곡선 – 물 – 파란색 선　 - - - - - - - - - -　　　산선 – 태양 – 빨간색 선　 -·-·-·-·-·-·

접기 순서는 모든 경우에 해당되지는 않으며 많은 경우의 작품을 접음으로써 경험에 의존해야만 하는 작업이기는 하지만 약간의 경험적 팁은 존재합니다. 특히 패턴접기는 입체적 작품 보다는 평면적 작품으로 시작해야만이 기초적 실력을 키울 수 있습니다. 간단한 평면적 작품에서 패턴의 대칭성, 다른 작품과의 유사성을 확인하고 전체적인 골격을 파악하는 것이 중요합니다.

크리스 패턴 접기의 팁을 보면 다음과 같습니다.
① 중요선(중심선)을 찾습니다.
② 전체적인 선을 모두(산선과 계곡선) 내봅니다.
③ 각 부분별로 접은 후 조합해 봅니다.
④ 기본형 접기의 패턴을 기억하여 적용된 부분을 찾습니다.
⑤ 각 접기 방법의 패턴을 숙지하여 적용된 부분을 찾습니다.
⑥ 그라프팅(접붙이기), 그리드(격자접기), SINK(함몰접기) 등이 포함되어 있는지 파악해봅니다.

접기 순서(검정 → 빨강 → 초록 → 파랑 → 노랑)를 색상으로 접기선을 표시 했습니다만 일반적 표시 방법은 아래와 같습니다.

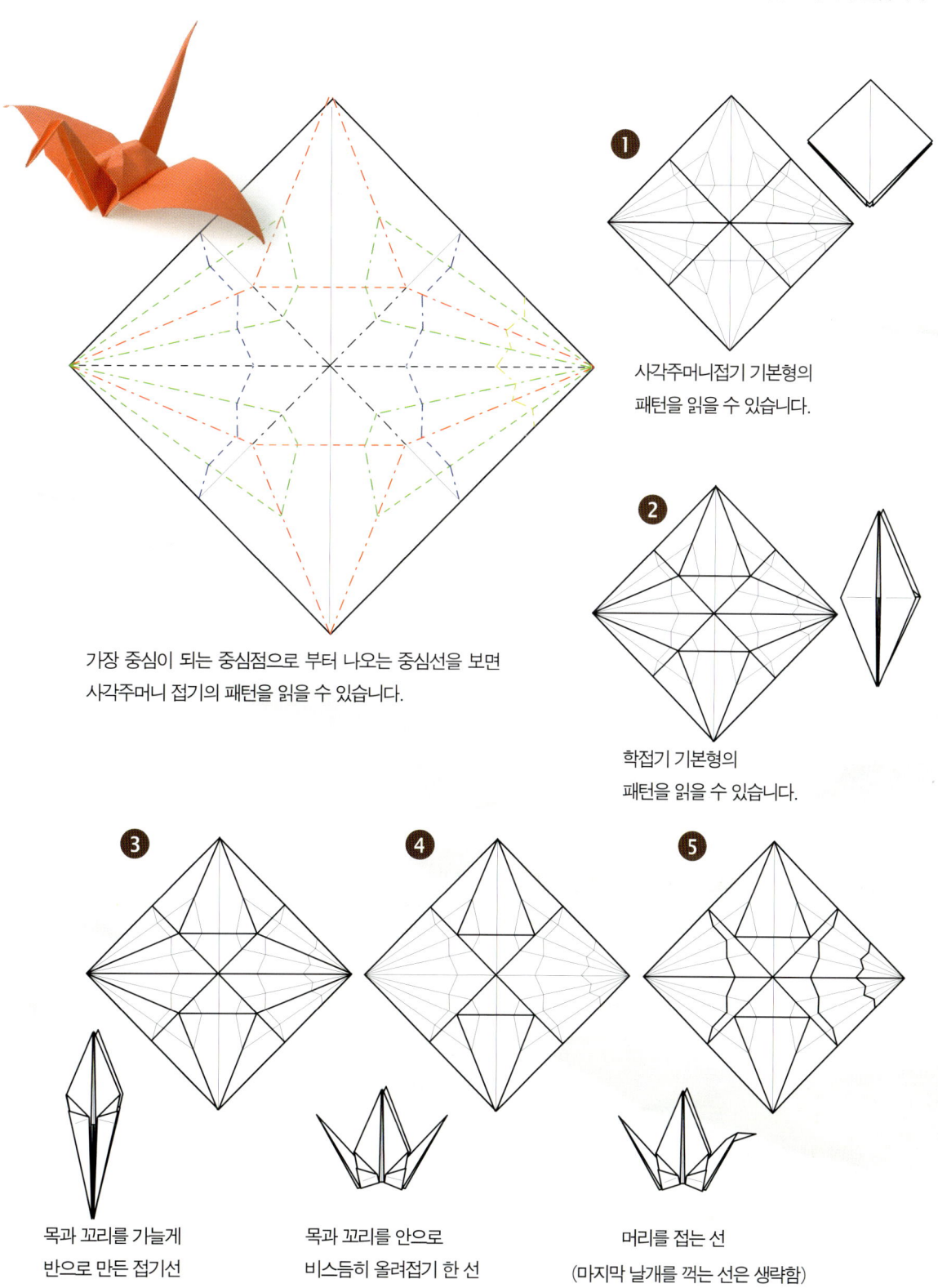

사각주머니접기 기본형의
패턴을 읽을 수 있습니다.

가장 중심이 되는 중심점으로 부터 나오는 중심선을 보면
사각주머니 접기의 패턴을 읽을 수 있습니다.

학접기 기본형의
패턴을 읽을 수 있습니다.

목과 꼬리를 가늘게
반으로 만든 접기선

목과 꼬리를 안으로
비스듬히 올려접기 한 선

머리를 접는 선
(마지막 날개를 꺽는 선은 생략함)

강아지

❀심사작품

Puppy

종이 | 《단면 색종이》 15cm

한 장으로 강아지의 머리와 몸, 꼬리의
형태를 중심으로 표현한 작품입니다.

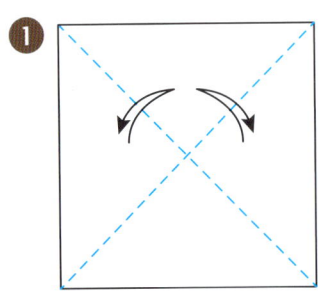

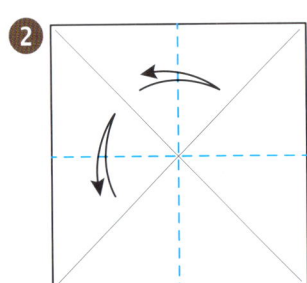

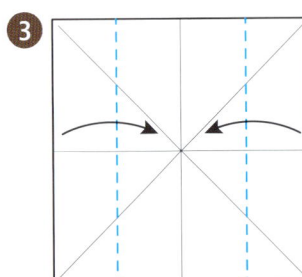

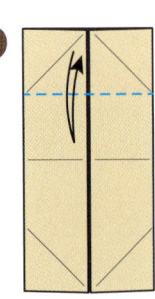

화살표 안쪽을 양옆으로
펼쳐 눌러 접으세요.

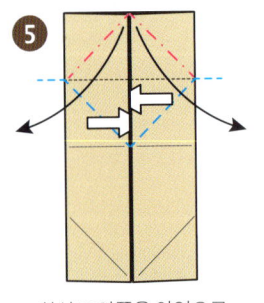
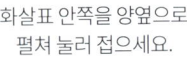

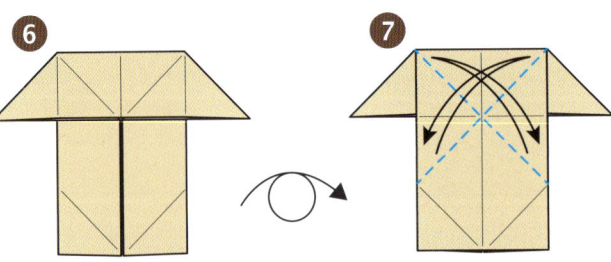

앞으로 모아
내려 접으세요.

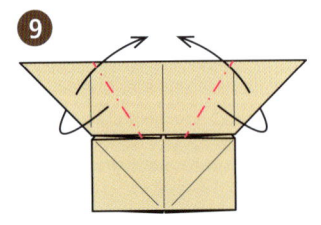

비스듬히 뒤로
접으세요.

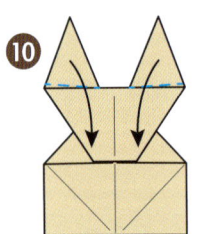

비스듬히 앞으로
내려 접으세요.

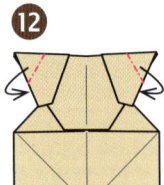

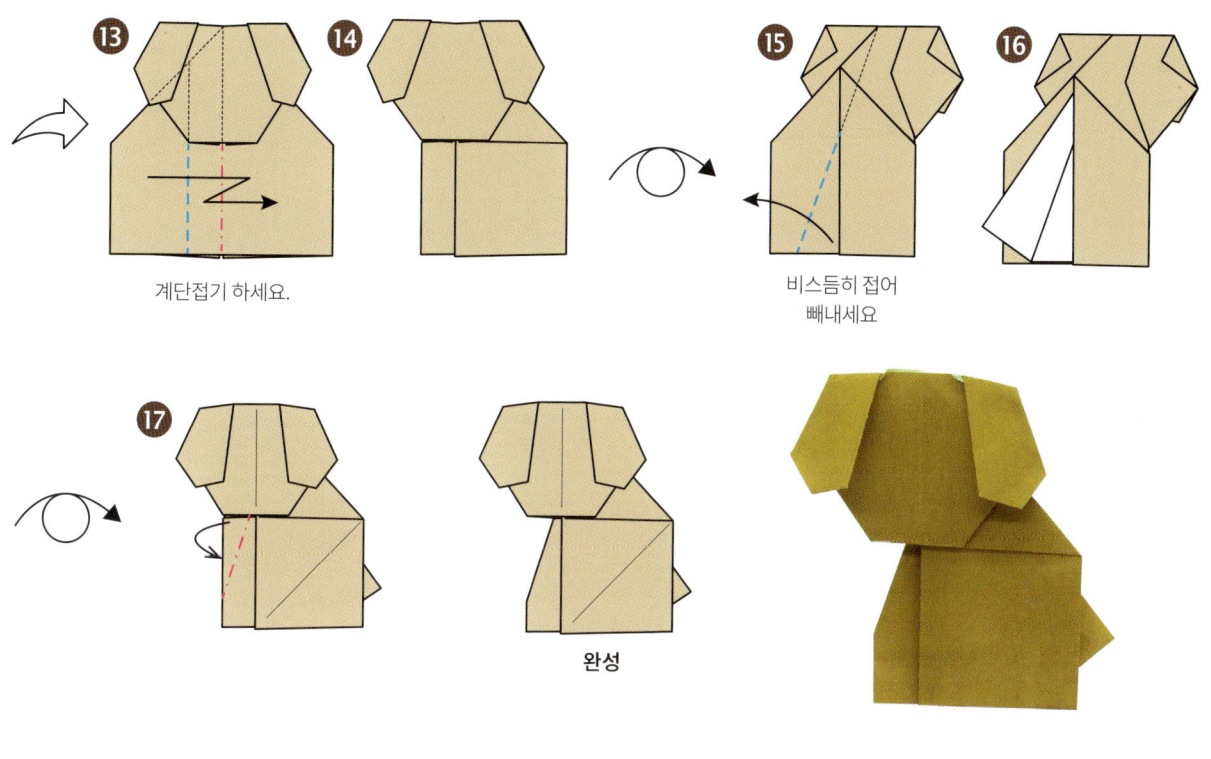

계단접기 하세요.

비스듬히 접어
빼내세요

완성

크리스 패턴으로 접어보기

다음의 순서로 접어보며 크리스 패턴으로
종이접기 하는 방법을 익혀 보세요.

① Diagram을 보며 강아지를 접으세요.

② 접은 강아지를 펼쳐 보세요.

③ 펼친 종이 위에 접혀진 선대로 계곡선
(파랑)과 산선(빨강)을 그리세요.

④ Diagram을 보지 않고 완성된 강아지의
모습을 보며 다시 접어 보세요.

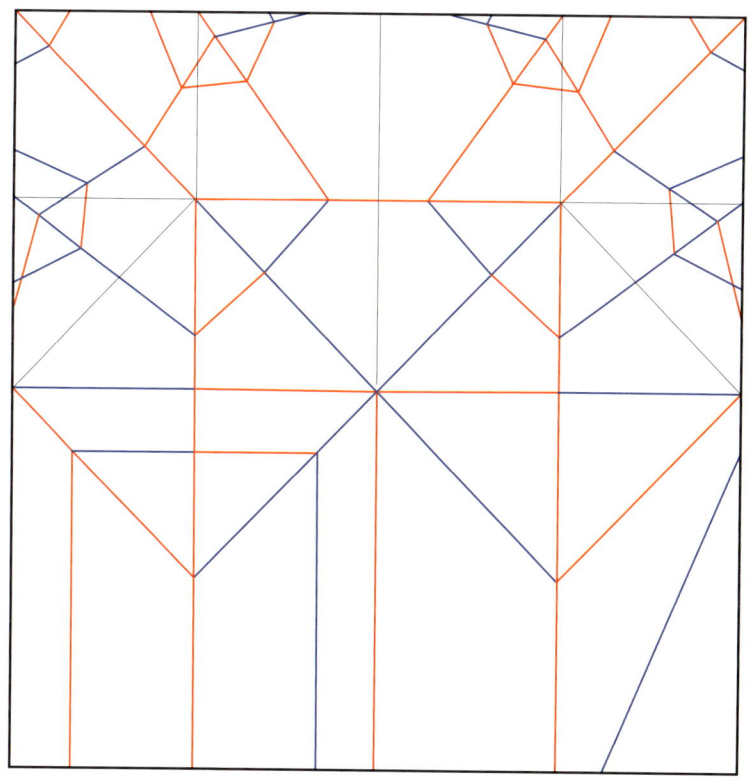

강아지 크리스 패턴

크리스 패턴

토끼2

심사작품

Rabbit 2

종이 | 《단면 색종이》 15㎝

토끼의 토실토실한 몸과 큰 귀를
중심으로 표현한 작품입니다.

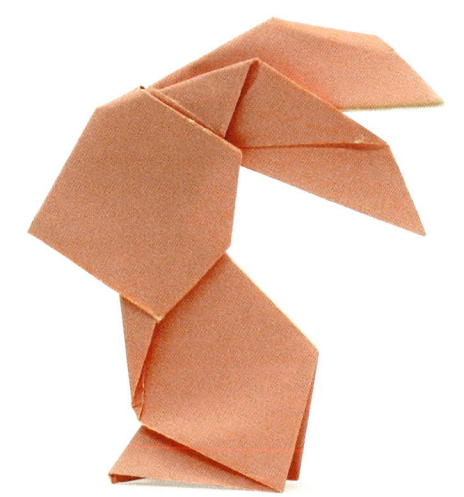

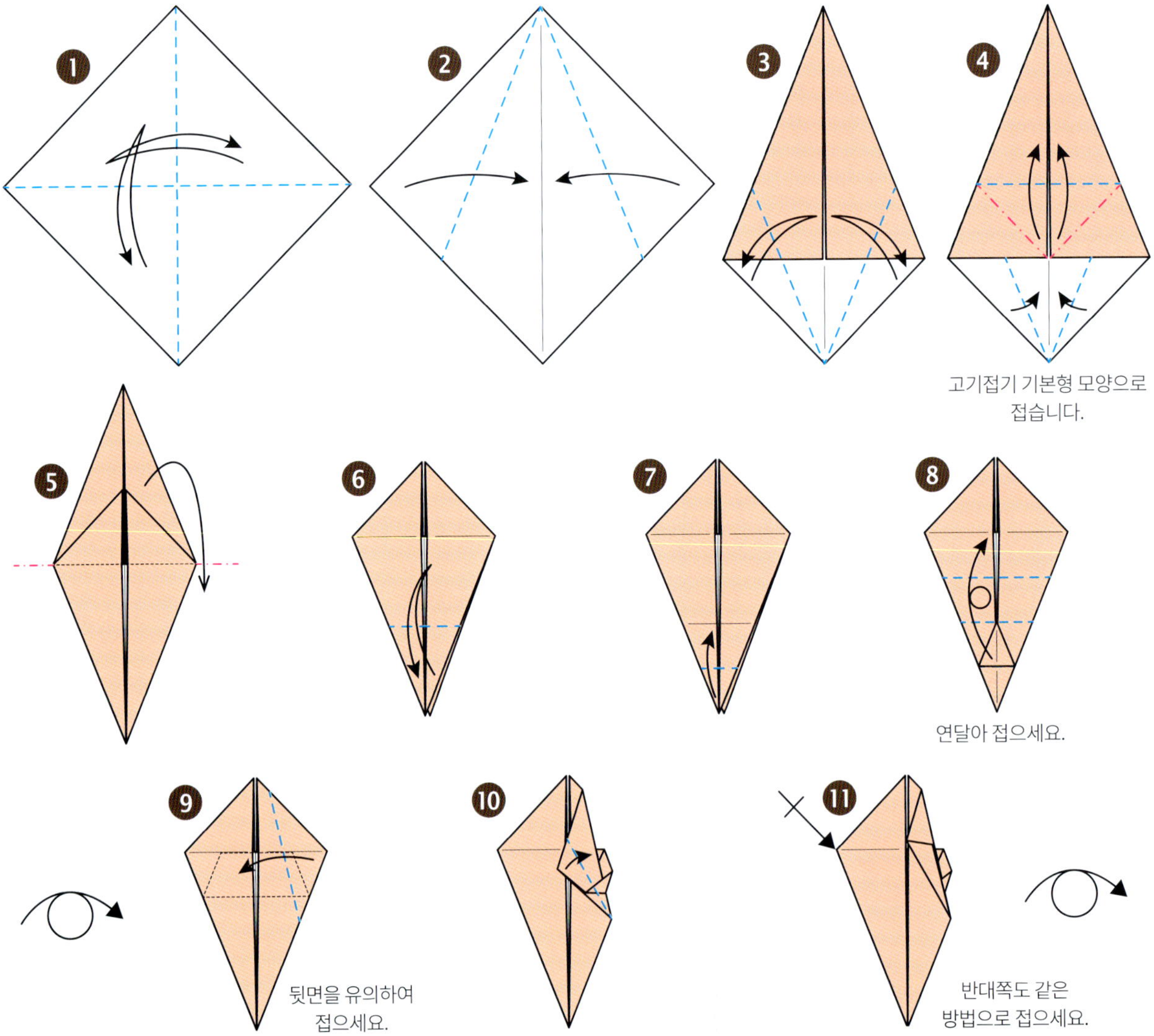
1
2
3
4
고기접기 기본형 모양으로
접습니다.
5
6
7
8
연달아 접으세요.
9
뒷면을 유의하여
접으세요.
10
11
반대쪽도 같은
방법으로 접으세요.

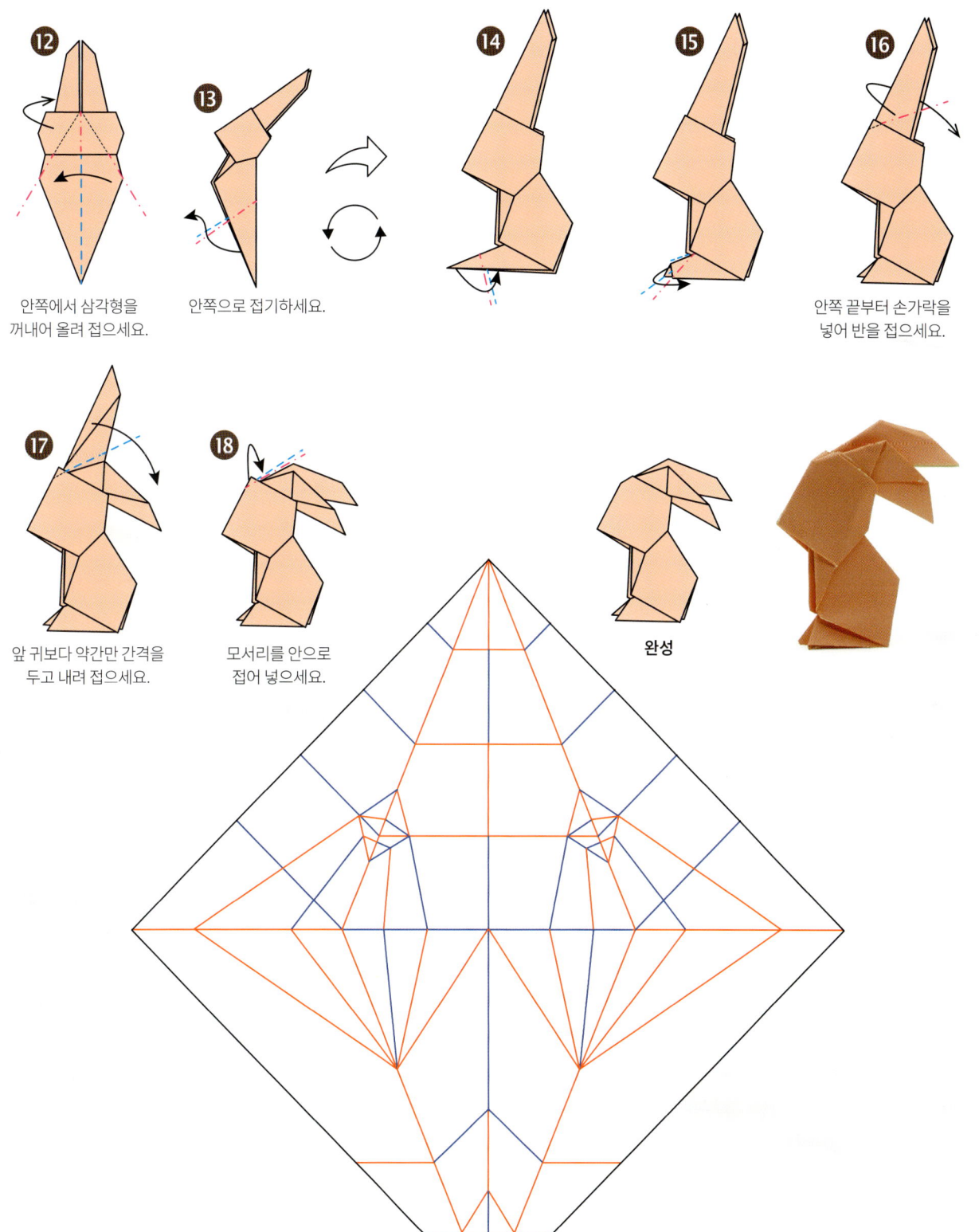

12 안쪽에서 삼각형을
꺼내어 올려 접으세요.

13 안쪽으로 접기하세요.

16 안쪽 끝부터 손가락을
넣어 반을 접으세요.

17 앞 귀보다 약간만 간격을
두고 내려 접으세요.

18 모서리를 안으로
접어 넣으세요.

완성

토끼 크리스 패턴

케빈 박스의
크리스 패턴 기법 예술

회색 빛 서울의 도심 속에서 그나마 빌딩 앞 조형물들을 통해 나는 작은 위로와 휴식을 제공받곤 합니다. 하지만 아쉽게도 우리가 마주하는 대다수의 조형물들은 이해관계와 의무감으로 마지못해 세워놓은 어둡고 무거운 느낌으로 다가와 때론 나를 우울하게 만들기도 합니다.

그럴 때마다 나는 그것들을 종이접기 조형물로 대체하면 어떨까 하는 생각을 해 보기도 하지만 종이로는 야외 설치가 불가능하다는 것을 알기에 곧 생각을 접곤 합니다. 하지만 이러한 불가능할 것만 같은 작업을 해내는 예술가가 있습니다. Kevin Box이라는 미국 조각가입니다. 물론 그의 작품이 종이로 접혀진 것은 아니지만 그의 작품의 대부분은 종이접기를 대상으로 하고 있습니다. 그는 종이와 종이접기가 갖는 특징을 청동, 알루미늄, 스테인리스 등을 통해 종이접기 보다 더 종이접기의 아름다움과 이상을 표현해 냅니다. 더욱이 그의 작품의 대상이 되는 작품은 종이접기의 진수를 보여주는 로버트 랭, 미셸 라포세, 베스 존슨 등의 작품이기에 더욱이 빛나고 아름답습니다. 미국 뉴멕시코 주 산타페에 위치하여 35에이커(약 4만 3천 평) 면적의 부지에 자리 잡은 그의 스튜디오와 전시 시설 그리고 작품들과 전 세계 14개의 화랑과 전시회와 연관된 그의 활동만으로도 그가 예술가로서 이루어 놓은 업적을 느끼기에 충분합니다. 또한 2004년, 국립 조각가 길드의 최연소 회원으로 선출되었고, 사우스웨스트 아트 매거진에 의해 서남부 31세 이하 톱 21 아티스트 중 한명으로도 인정받았다는 사실 또한 그가 성공한(진행 중인) 예술가라는 사실을 실감하고 감탄하지 않을 수 없습니다. 하지만 내가 그에게서 받는 더 큰 감동은 그의 종이접기에

케빈 박스, 제니퍼 박스(Kevin Box, Jennifer Box) 부부

대한 깊은 통찰력과 애정에 대한 것입니다.

이러한 통찰력과 애정은 아마도 그의 초창기 직업이었던 인쇄, 그래픽 디자인 등에서 느낄 수밖에 없었던 존재의 영속성에 대한 고민(그는 "나의 모든 그래픽 디자인 작업이 쓰레기 매립지에서 끝나게 된다는 것을 깨달았다"고 말했다)으로 생각되고 그것들 (시간적 소멸)을 뛰어넘어 예술적 가치 추구에 대한 열정으로 종이의 한계를 극복하는 내구성이 뛰어난 예술작품을 만드는 주조 기법과 제작과정에 대한 철저한 연구를 해나갔습니다. 그 결과 종이를 청동으로 주조하는 과정을 개발하는데 2년, 완성하기까지 7년 걸려 완성했으며 계속 진화하고 있음을 알 수 있습니다.

그의 작품을 보고 있노라면 단순히 종이접기 작품의 외적 모양을 청동으로 변환하는데 그치지 않습니다. 그의 작품에는 종이접기의 작품의 가장 외부에 보여지는 표면보다 그 표면 아래 숨어있는 중첩되고 접혀진 종이의 함축성까지 표현해 내려는 노력과 완성 작품을 통해 작가의 의도를 자신의 방식을 통해 전달하려는 시도를 종이접기인으로서 감동 하지 않을 수 없습니다. 그는 분명 행운아입니다.

그의 주위에는 좋은 종이접기 작가들은 물론 그의 협업자인 아내 Jennifer Box가 있으니 말입니다. 동서고금을 막론하고 좋은 친구와 훌륭한 아내는 좋은 예술가의 최고의 자본이 되는가 봅니다. 그의 오늘날의 활약에는 협업자이자 관리인 아내가 있었음을 곳곳에서 확인할 수 있습니다. 나는 이번 글을 쓰며 한 가지 질문을 던졌습니다. "왜 종이접기인가?" 하는 질문이였는데 매우 근본적인 질문이였습니다. 그의 대답은 매우 동양적 가치에 가까운 대답이였습니다. 나는 그의 대답을 통해 내가 평상시 생각하고 있었던 종이접기에 대한 개념을 정리할 수 있었습니다.

"종이접기는 나에게 매우 간단한 정신적 은유나 의미를 줍니다. 인생처럼, 우리는 종종 빈 페이지로 시작합니다. 예술가, 음악가, 수학자, 작가 또는 몽상가에게 빈 페이지는 겸손과 무에서 시작하는 것을 상징합니다. 우리 모두에게 도전은 무에서 유를 창조하는 것입니다. 자르지 않은 네모 종이 하나면 무엇이든 가능하며, 이것은 로버트 J. 랭과 같은 거장들의 놀라운 접기를 통해 보여집니다. 조각가로서 제가 하는 일은 금속 주조 기법을 통해 종이 모델을 박물관 품질의 조각품으로 바꾸는 것입니다. 예술가로서의 나의 일은 삶의 의미를 들려주고 사람들을 감동시키는 예술로 번역하는 것입니다. 나는 종이접기를 펼쳐서 접힌 형태의 표면 아래에 숨겨진 아름다운 주름 패턴(크리스 패턴 : crease pattern)을 보여줍니다. 나에게 이것들은 영적으로 중요한 영혼의 이미지이며, 우리가 알고 있지만 눈으로 볼 수 없는 생각과 감정들입니다. 그래서 종이접기는 눈으로 보는 것과 마음으로 느끼는 것을 모두 표현할 수 있습니다. 나의 작업은 이 섬세한 종이 모형들과 그들의 이야기를 오랫동안 모든 이에게 말할 수 있도록 금속으로 바꾸는 것입니다. 영감을 주거나 영감을 얻거나 반드시 그런 순서는 아니겠지만…" 그의 대답을 들으며 종이접기로 이리 깊은 생각을 이끌어 낼 수 있음에 내가 종이접기를 하고 있음이 무척이나 자랑스러운 시간이였습니다.

오늘도 도심을 지나며 무심히 서 있는 회색 조형물을 봅니다. 언젠간 우리의 거리에서도 kevin box의 종이접기 조형물을 마주하고 그의 이야기를 듣기를 기대해 봅니다.

Pegasus Unfolded and Hero's Horse(펼쳐진 페가수스와 영웅의 말)

토끼3

🌸심사작품

Rabbit 3

종이 | 《1,000원권 지폐》

색종이가 없을 경우, 지폐는 특별한 소재가 됩니다.
길이가 폭의 2배(2:1 비율)를 갖고 있는 1,000원권
지폐 또는 달러 지폐에 적합한 작품입니다.

❶

❷

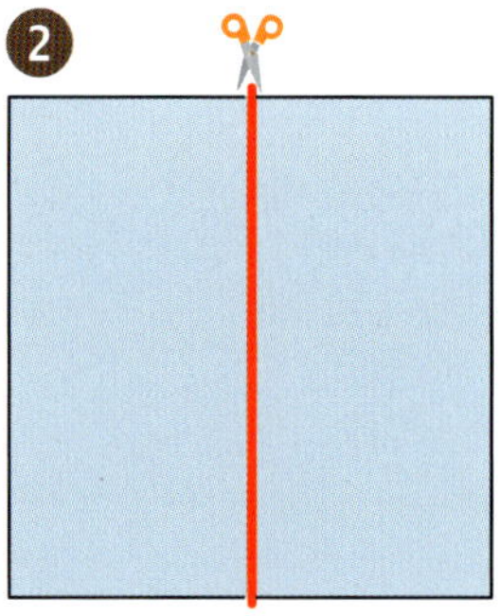

자르세요.

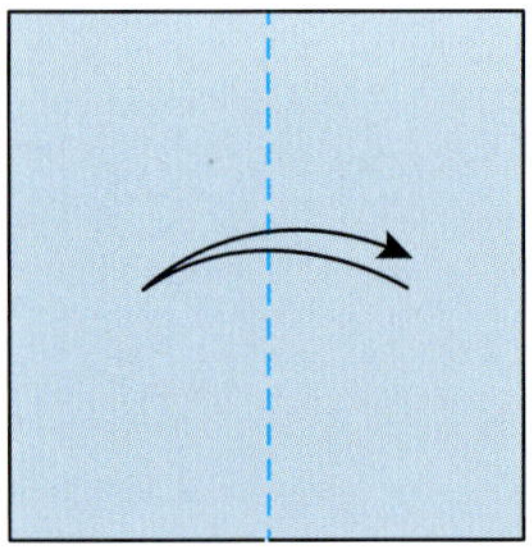

❸

1,000원

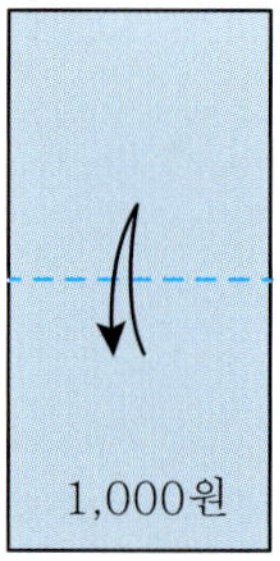

접었다 펴세요.
(지폐를 사용할 경우
❸번에서 시작하세요.)

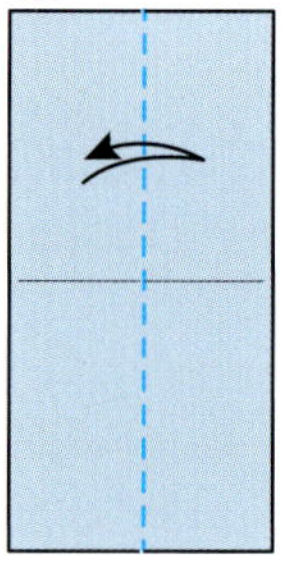

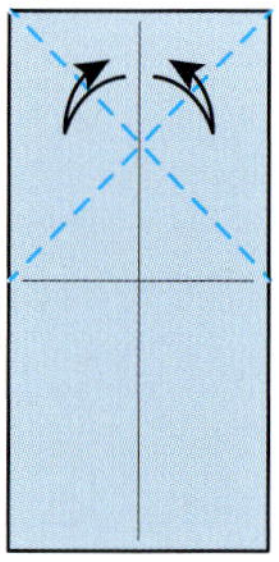

❹

❺

❻

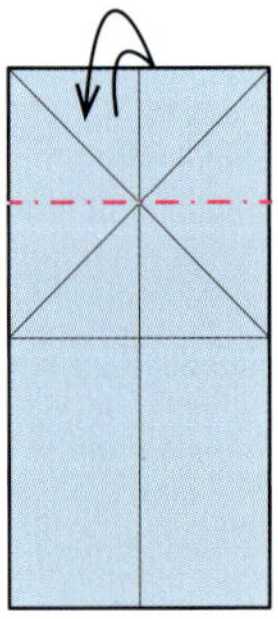

뒤로 접었다
펴세요.

❼

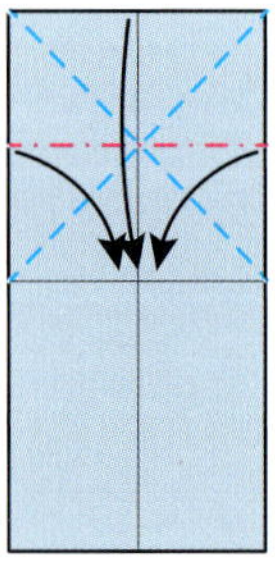

앞으로 모아 내려
접으세요.

❽

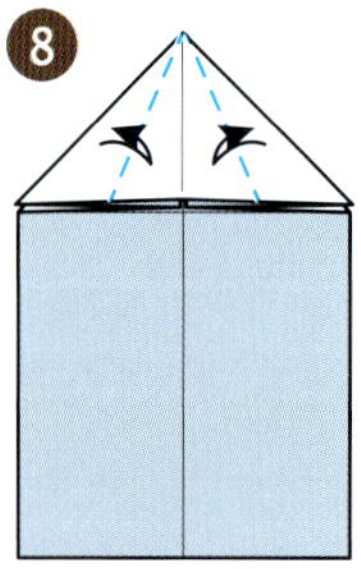

중심선에 맞추어
접었다 펴세요.

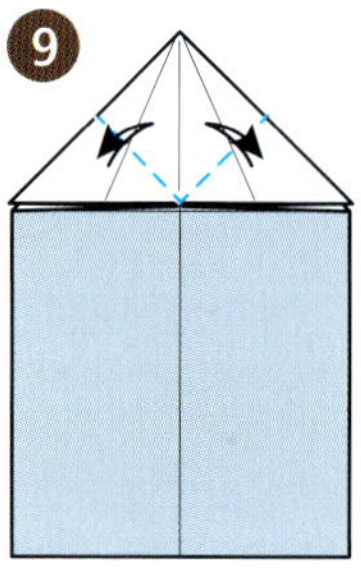

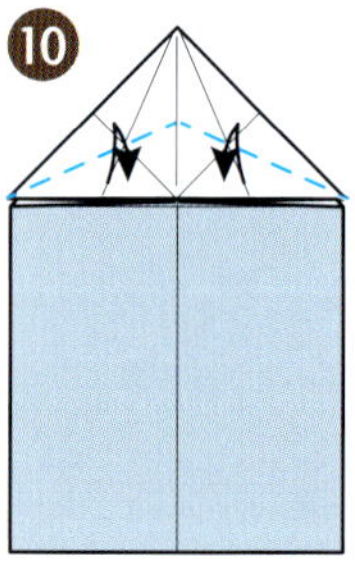

❾

❿

⓫

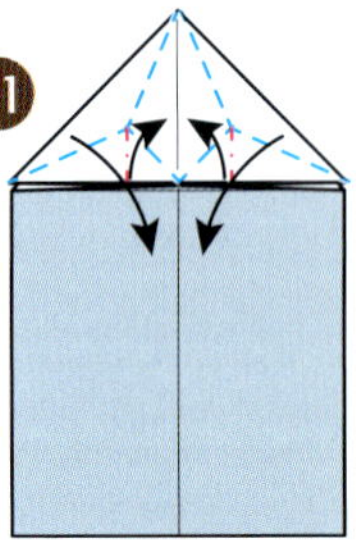

양쪽 모두 모아 접어
내리세요.

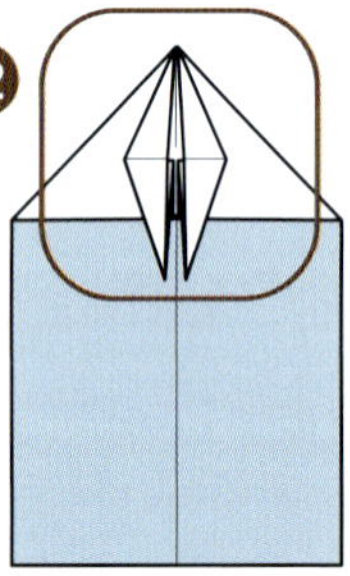

⓬

⓭

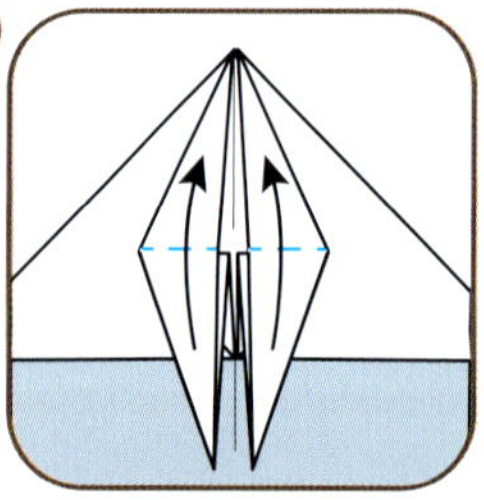

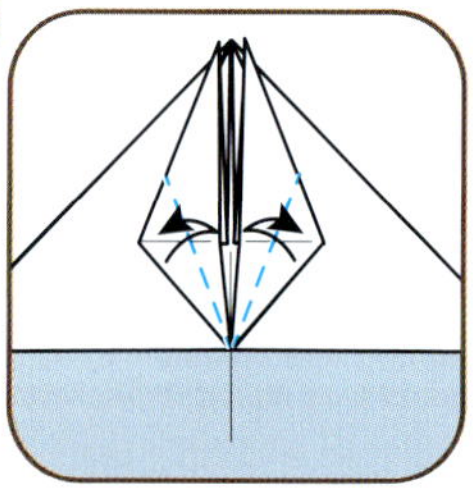

앞으로 올려 접으세요.

⓮

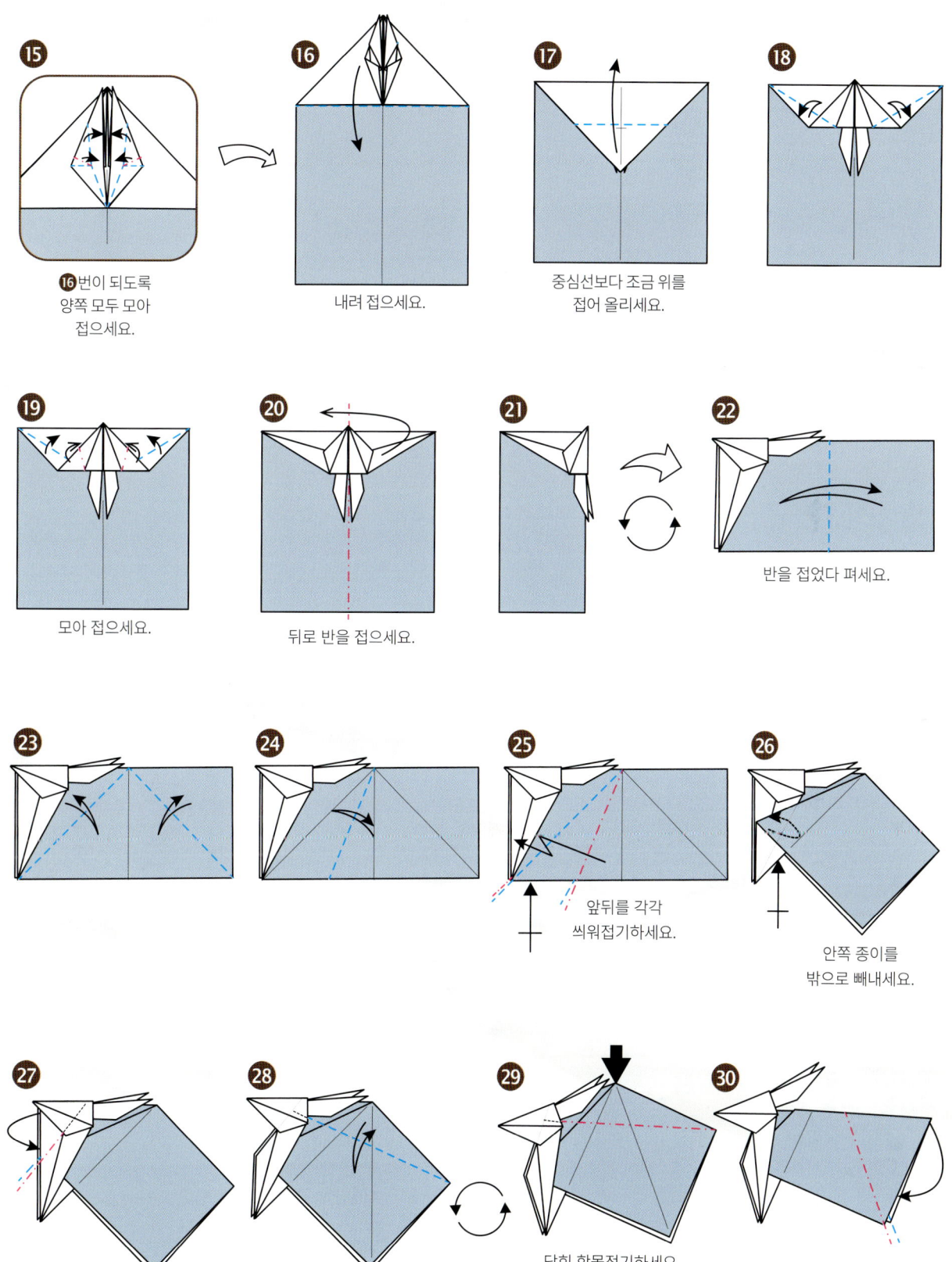

15 ⑯번이 되도록 양쪽 모두 모아 접으세요.

16 내려 접으세요.

17 중심선보다 조금 위를 접어 올리세요.

19 모아 접으세요.

20 뒤로 반을 접으세요.

22 반을 접었다 펴세요.

25 앞뒤를 각각 씌워접기하세요.

26 안쪽 종이를 밖으로 빼내세요.

29 닫힌 함몰접기하세요.

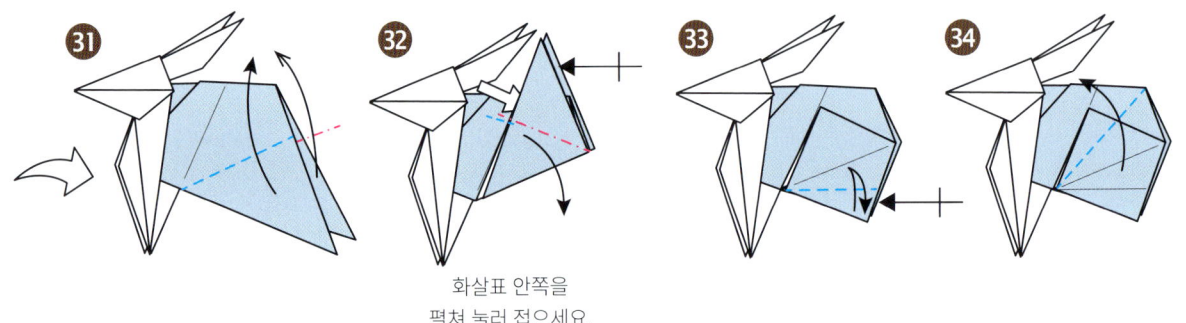

화살표 안쪽을
펼쳐 눌러 접으세요.

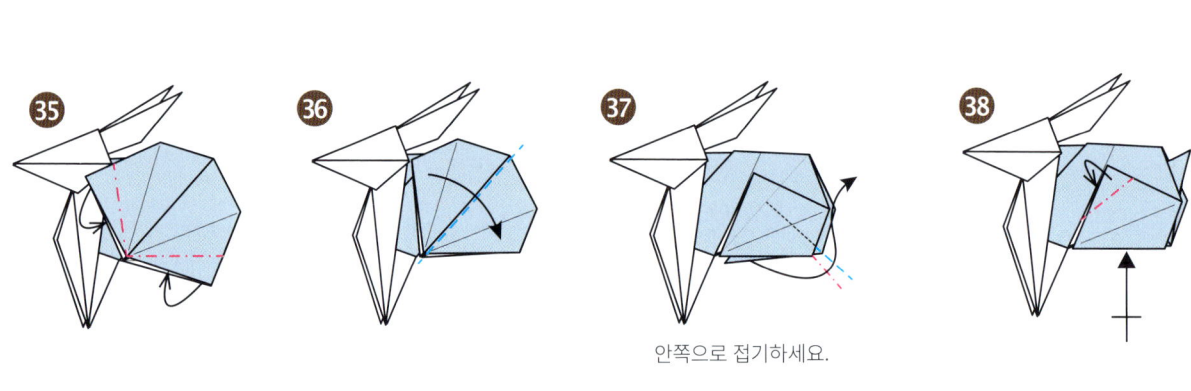

안쪽으로 접기하세요.

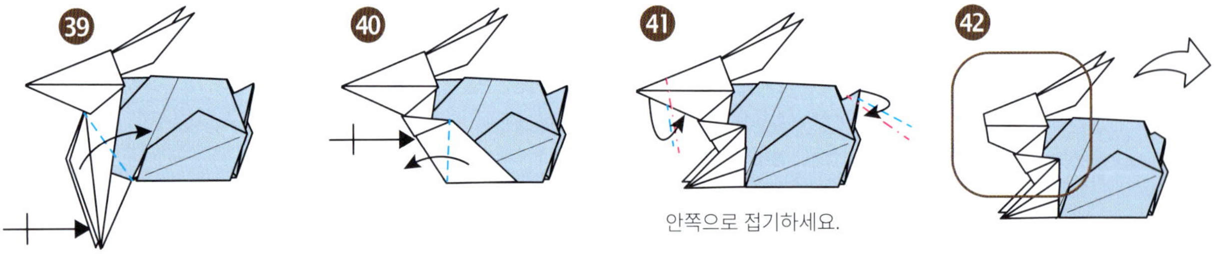

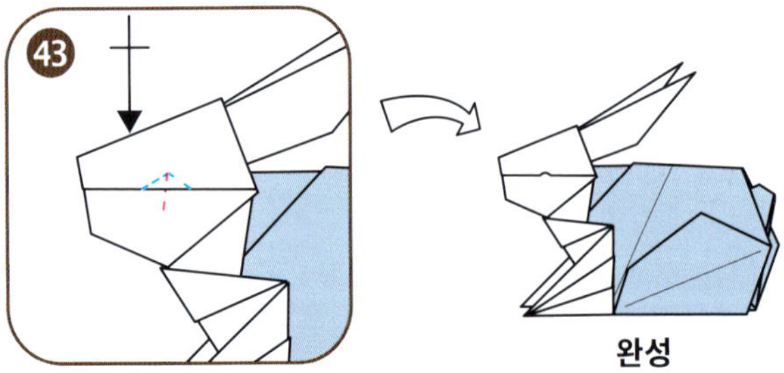

안쪽으로 접기하세요.

눈을 접으세요.

완성

용

🌸심사작품

Dragon

종이 | 《1,000원권 지폐》, 2장

보통 외화는 화려한 색상과 아름다운 그림을 담고 있습니다. 미국 달러 지폐 등을 사용하여 만들어 보세요.

상반신

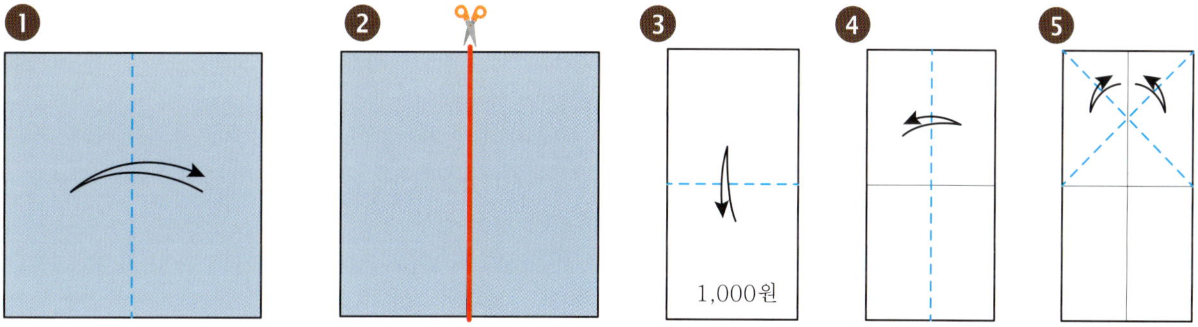

①

② ✂
자르세요.

③
1,000원
접었다 펴세요.
(지폐를 사용할 경우
③ 번에서 시작하세요)

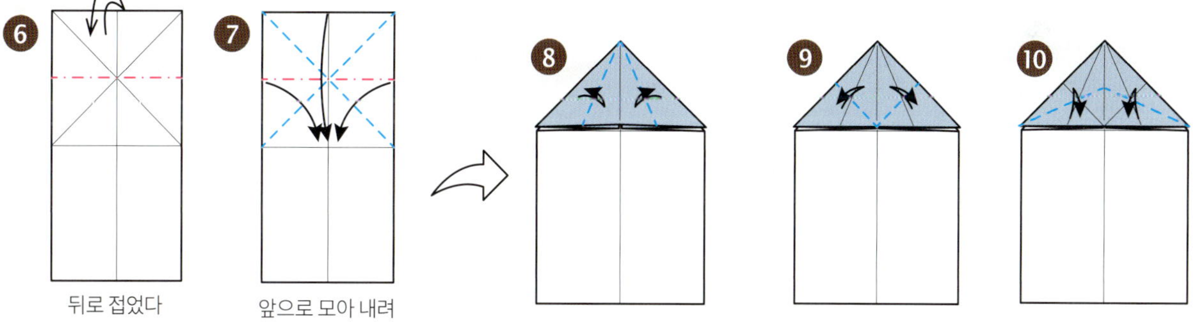

④

⑤

⑥
뒤로 접었다
펴세요.

⑦
앞으로 모아 내려
접으세요.

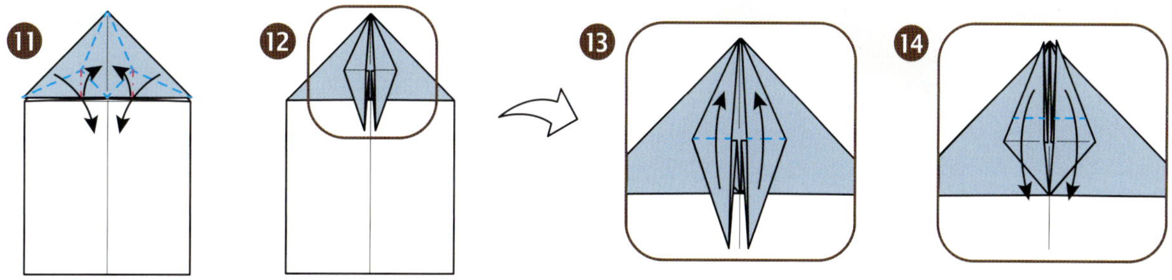

⑧

⑨

⑩

⑪

⑫

⑬

⑭

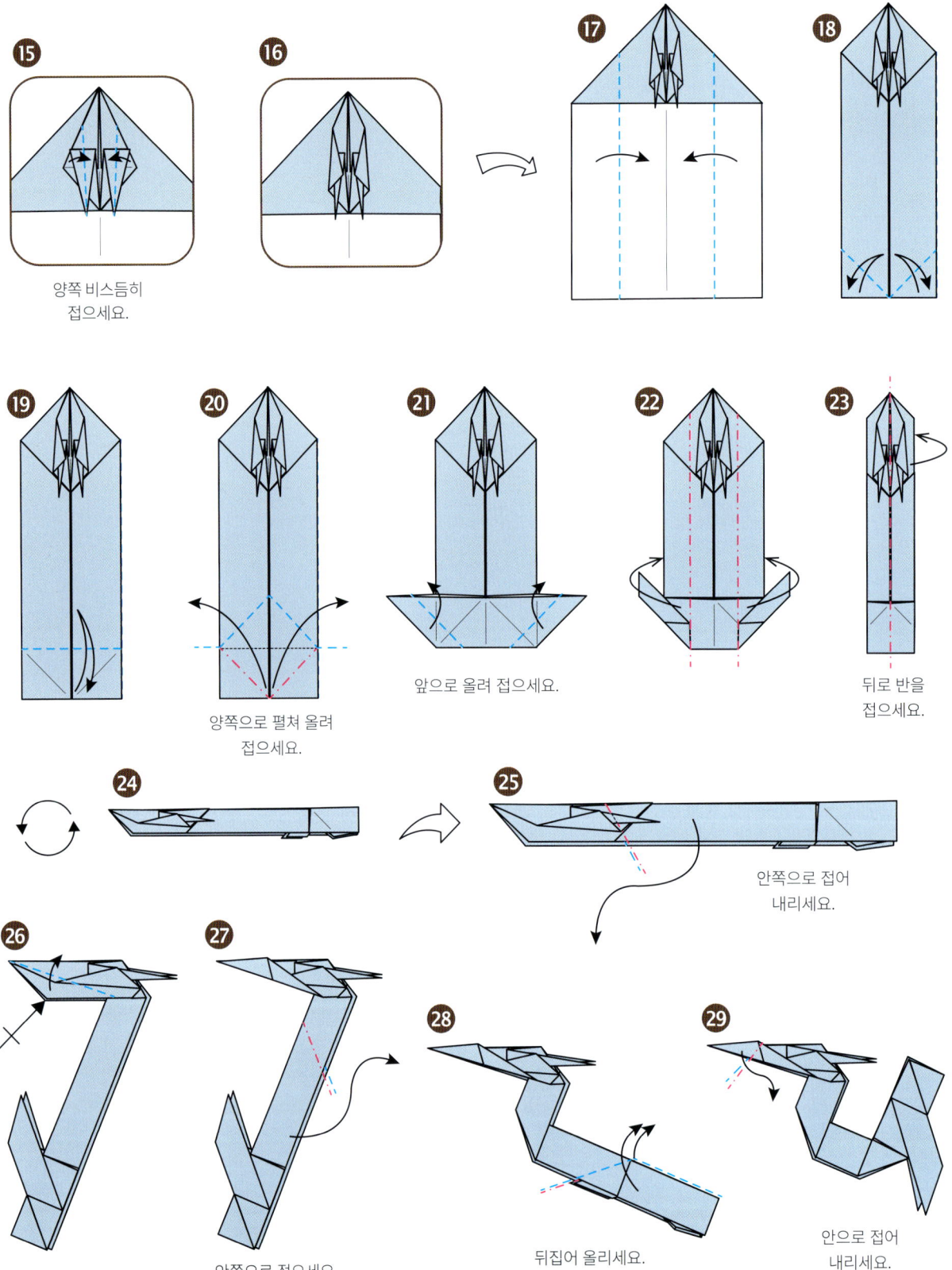

15

16

양쪽 비스듬히
접으세요.

17

18

19

20

양쪽으로 펼쳐 올려
접으세요.

21

앞으로 올려 접으세요.

22

23

뒤로 반을
접으세요.

24

25

안쪽으로 접어
내리세요.

26

27

안쪽으로 접으세요.

28

뒤집어 올리세요.

29

안으로 접어
내리세요.

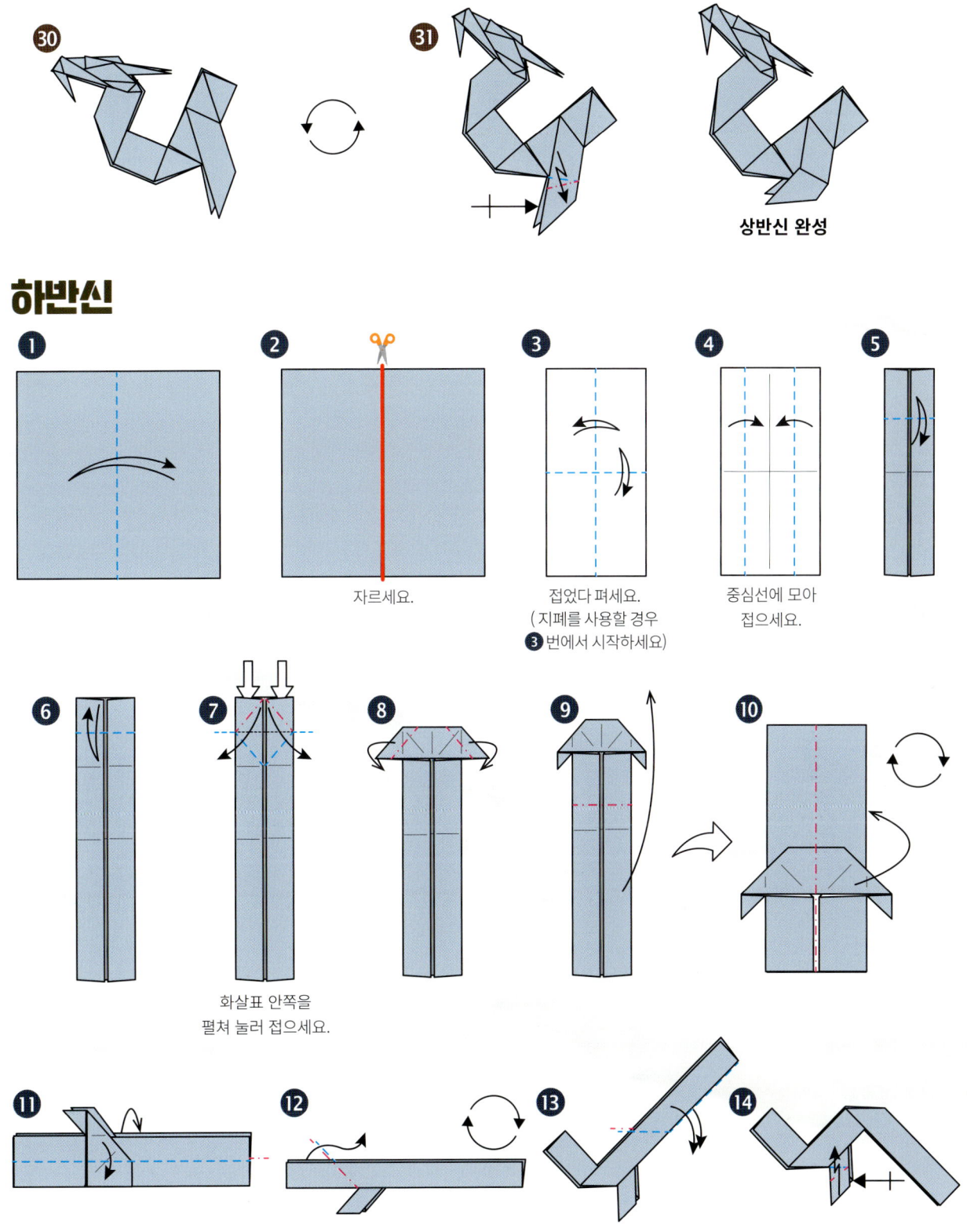

상반신 완성

하반신

2 자르세요.

3 접었다 펴세요.
(지폐를 사용할 경우
3 번에서 시작하세요)

4 중심선에 모아
접으세요.

7 화살표 안쪽을
펼쳐 눌러 접으세요.

12 씌워 접어 올리세요.

13 내려 접으세요.

14 계단접기하세요.

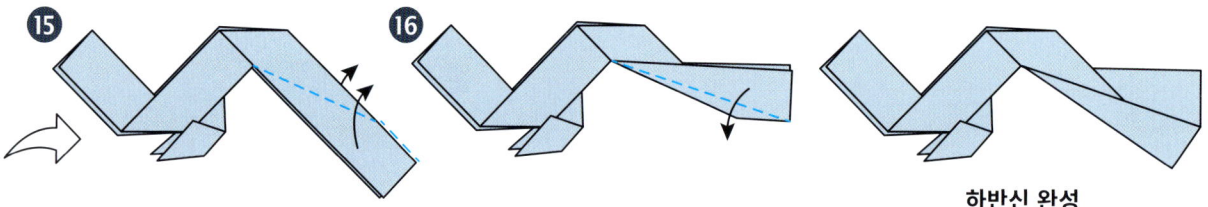

하반신 완성

조립

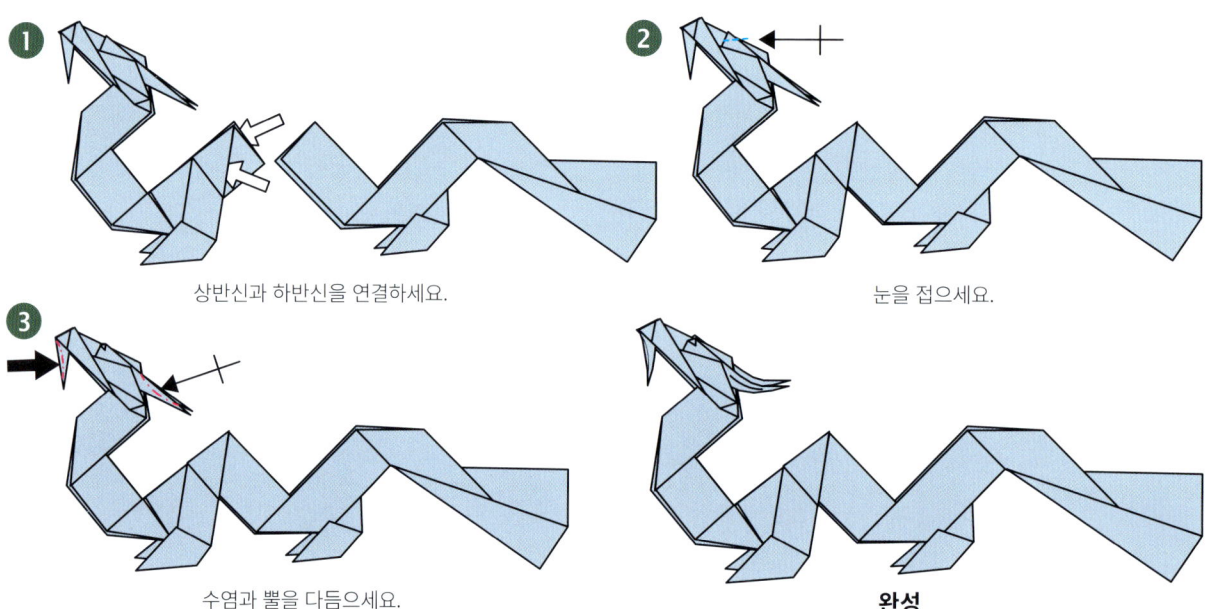

상반신과 하반신을 연결하세요.

눈을 접으세요.

수염과 뿔을 다듬으세요.

완성

종이접기 재료로서의 지폐

여러 나라에 존재하는 지폐(紙幣)는 종이접기의 독특한 재료입니다. 나라마다 폭의 비율에서 차이가 있어 완성에는 차이가 있지만 지폐에 사용되는 종이는 매우 좋은 품질이며 지폐의 직사각형 모양과 고유의 디자인은 창의적인 접기에 도전하기 좋습니다.

종이 화폐는 일찍이 13세기에 중국에서 처음 사용되었습니다. 17세기에 이르러서는 개인적으로 발행된 골드스미스 지폐가 영국에서 발행되었는데 이것들은 금과 은을 위한 일종의 차용증이었습니다. 스웨덴의 스톡홀름 은행이 1661년에 최초의 유럽 은행 지폐를 발행하였으며, 우리나라의 최초 지폐는 해방 후 일제 강점기 때 사용된 디자인을 액면가만 바꿔 그대로 사용하였습니다. 주로 종이접기의 소재가 되는 미국 연방 지폐는 1929년에 발행되며 전 세계에 널리 퍼졌고, 새로움을 추구하는 종이접기 예술가들에 의해 종이접기의 재료로 사용되기도 했습니다.

복합접기

풍차

Windmill

종이 | 《단면 색종이》 15cm, 3장

각각의 완성된 구조물로 결합하여
한 개의 완성체를 만드는 복합 구조물입니다.

바람개비

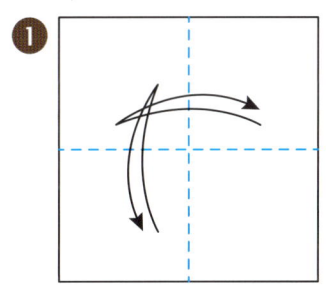

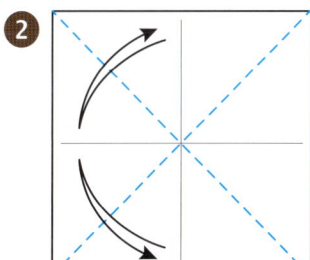

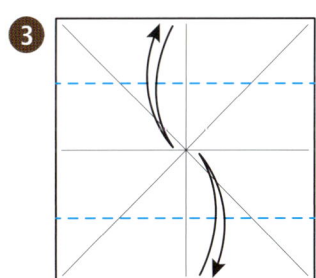

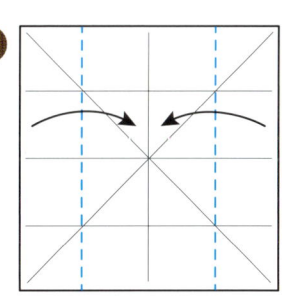

양쪽으로 펼쳐 내려
접으세요.

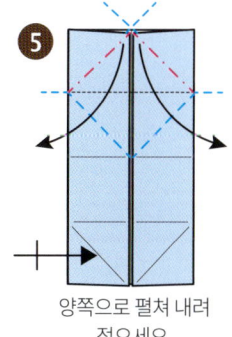

각 부분을 앞으로 접어
windmill base 를
만드세요.

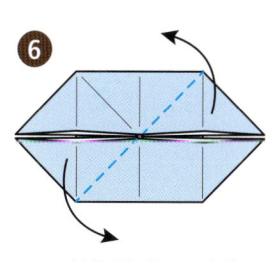

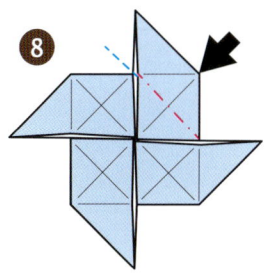

밀어 넣으세요.
(닫힌 함몰접기 closed sink)

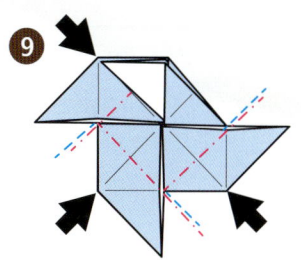

시계방향으로 밀어 넣으세요.
(닫힌 함몰접기 closed sink)

바람개비 완성

풍차 집

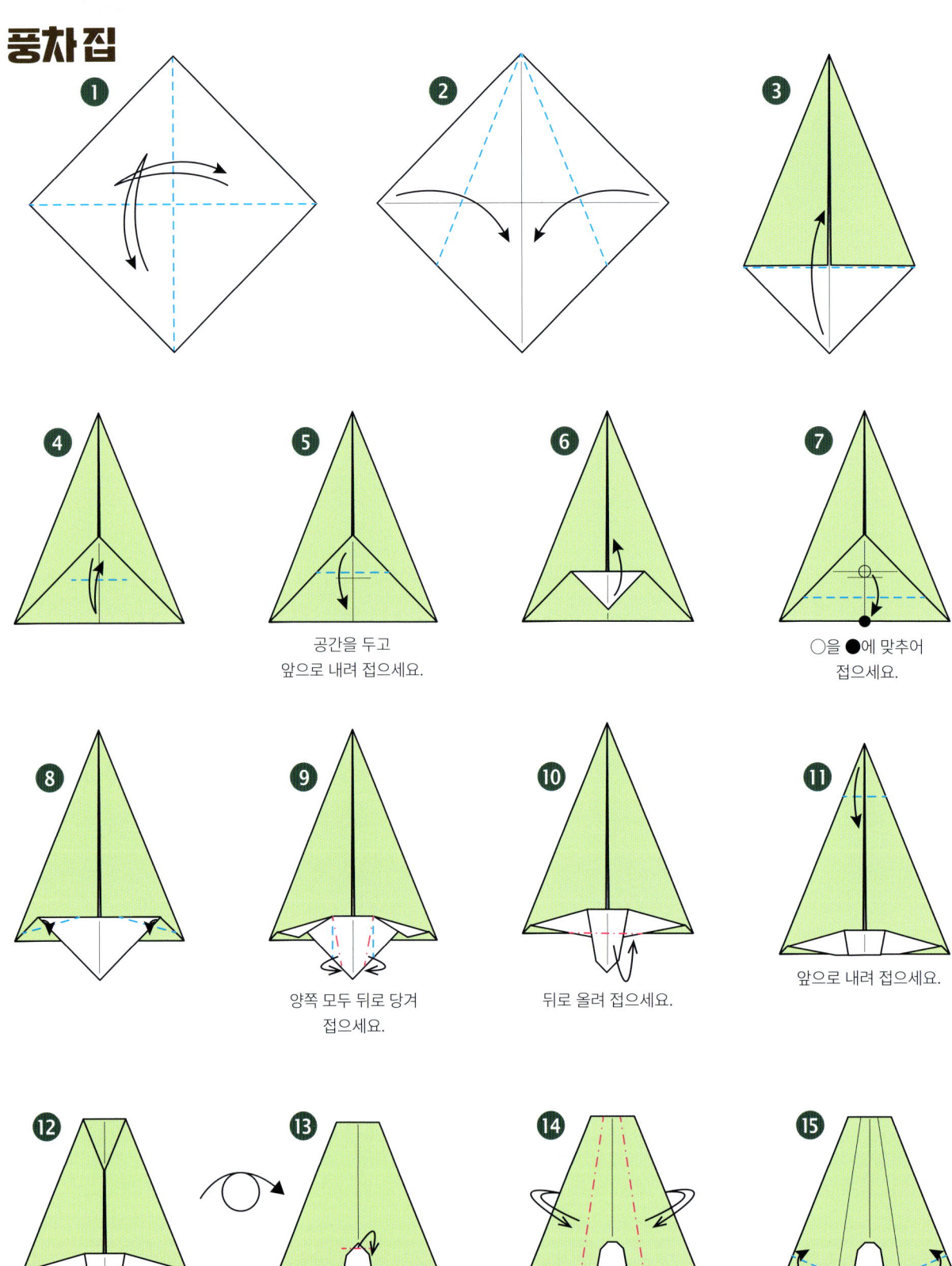

5 공간을 두고
앞으로 내려 접으세요.

7 ○을 ●에 맞추어
접으세요.

9 양쪽 모두 뒤로 당겨
접으세요.

10 뒤로 올려 접으세요.

11 앞으로 내려 접으세요.

12 접은 모습

13 뒤로 접으세요.

14 뒤로 접었다 펴세요.

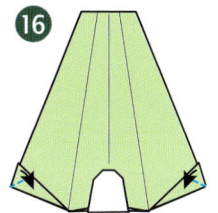

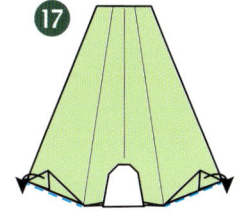

앞으로 꺾으세요.

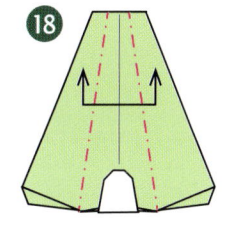

기둥이 되도록
꺾으세요.

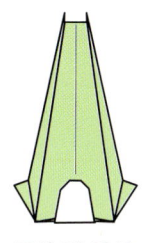

풍차 집 완성

풍차 받침

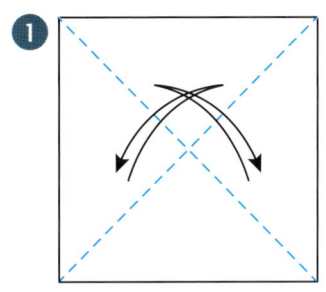

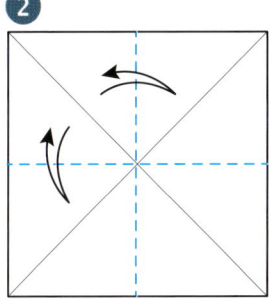

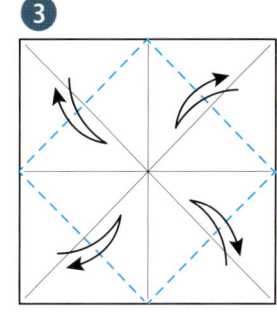

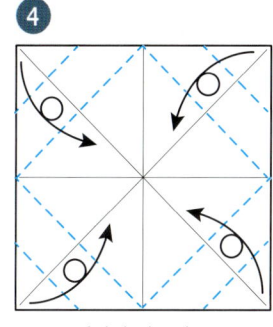

연달아 접으세요.

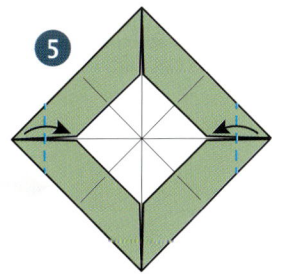

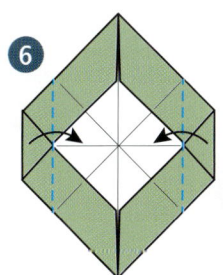

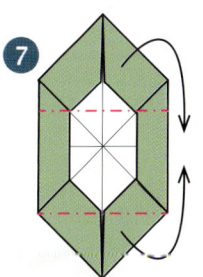

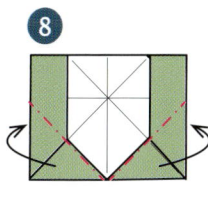

풍차 받침 완성

조립

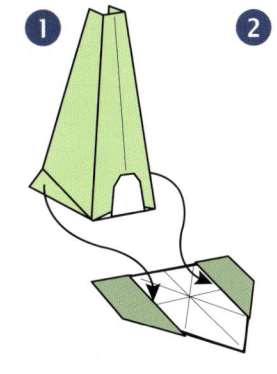

틈 새에 끼우세요.

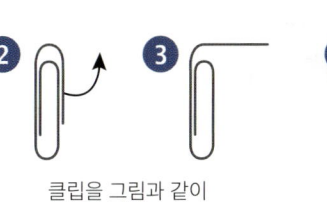

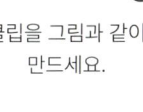

클립을 그림과 같이
만드세요.

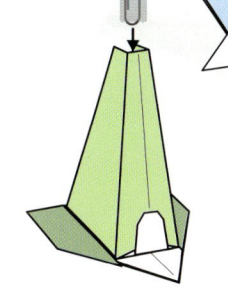

테이프로 고정시키세요.

완성

색종이로 명작접기

저자가 해외 작가들에게 영향을 끼쳤다고 생각하는 나비고기 작품과
은행잎, 목마, 짱뚱어 등 완성도 있는 창작 작품을 만나보세요.

은행잎

🌼심사작품

Ginkgo leaf

종이 | 《단면 색종이》 15㎝

색상과 형태가 완벽하고 접기 과정 또한
군더더기가 없는 작품입니다.
가을이 오면 단풍잎 카드를 만들어 봅시다.

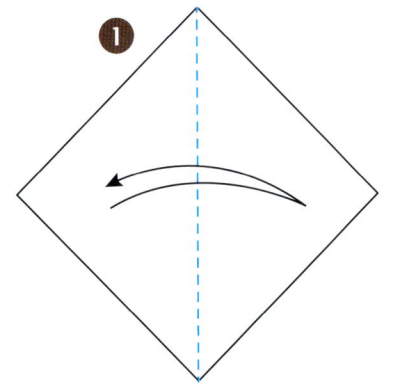

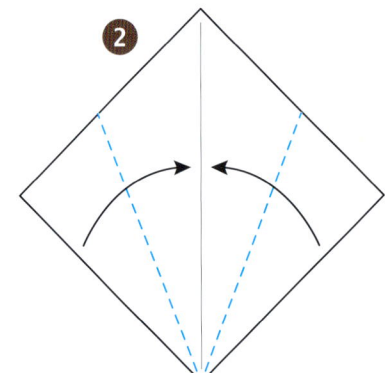

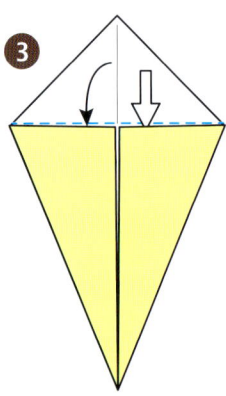

화살표 안으로 접어
안으로 넣으세요.

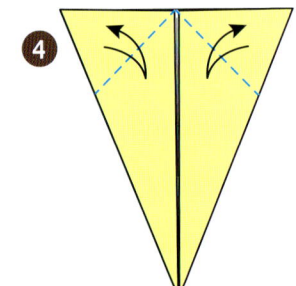

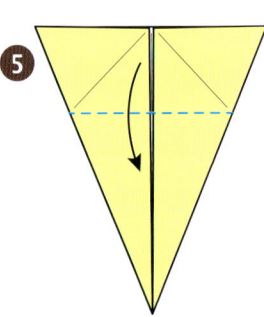

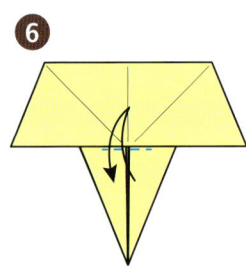

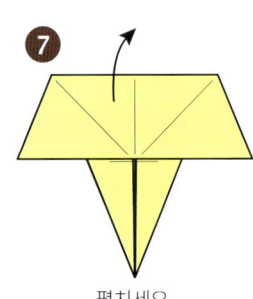

펼치세요.

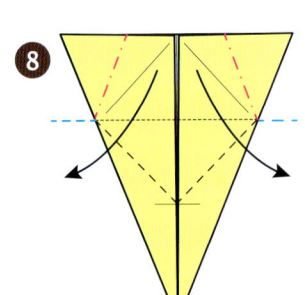

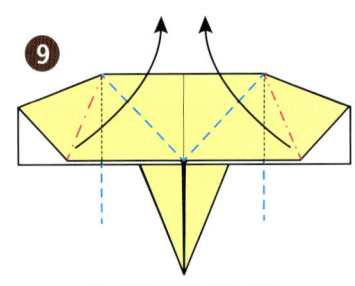

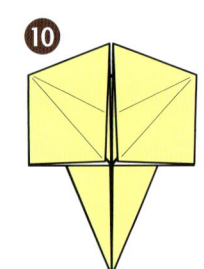

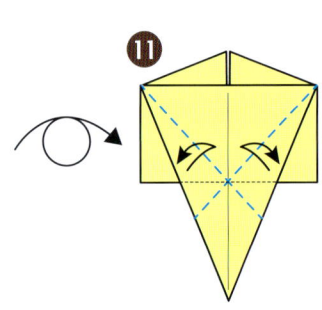

위로 당겨 모아 접으세요.

뒷장에 맞추어 접었다 펴세요.

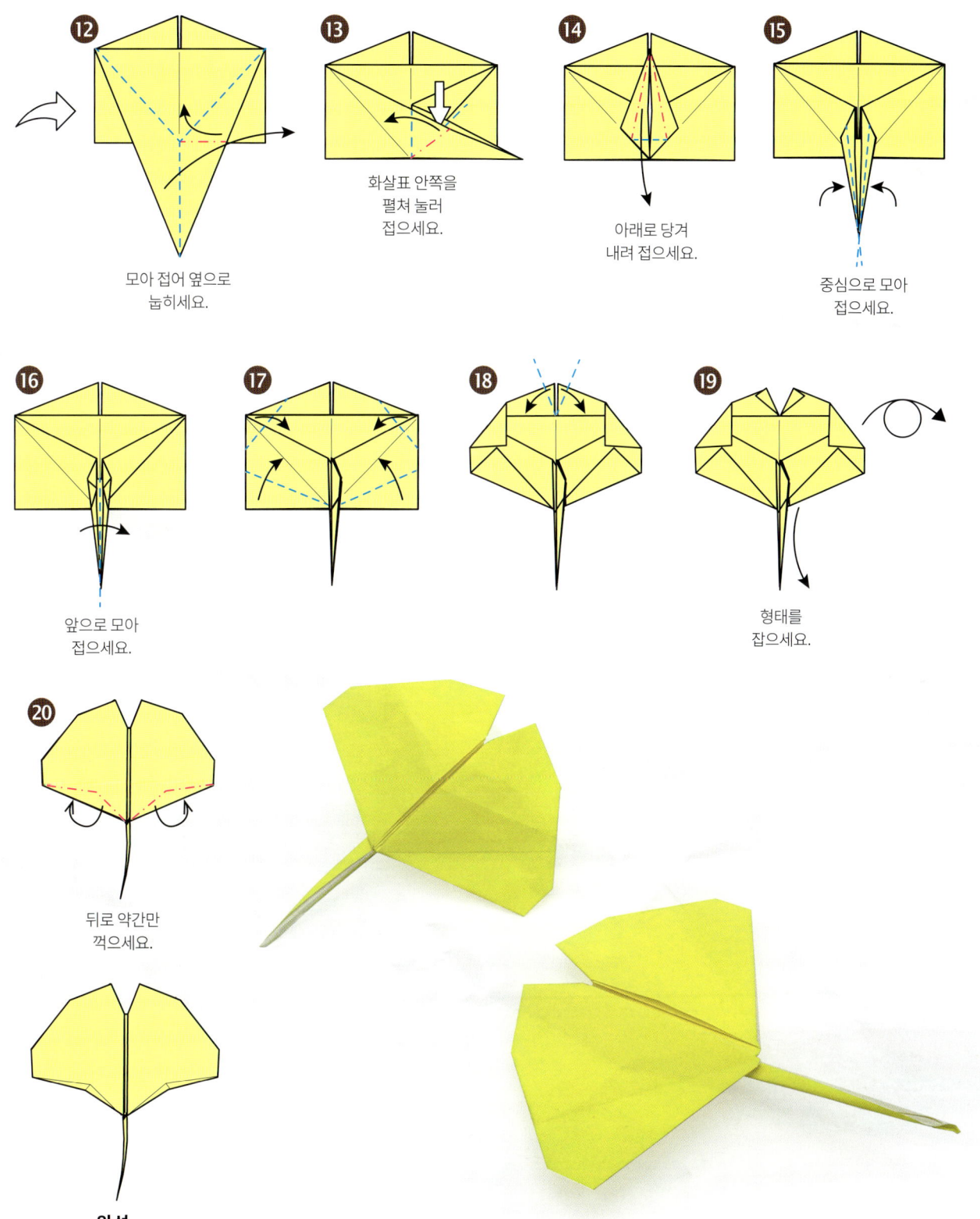

12 모아 접어 옆으로
눕히세요.

13 화살표 안쪽을
펼쳐 눌러
접으세요.

14 아래로 당겨
내려 접으세요.

15 중심으로 모아
접으세요.

16 앞으로 모아
접으세요.

17

18

19 형태를
잡으세요.

20 뒤로 약간만
꺾으세요.

완성

짱뚱어

🌼심사작품

Mudskipper

종이 | 《단면 색종이》 15㎝

15년 전 일본 심포지움에서 발표한 작품으로
다음해 창작자도 모르게 일본 작가에 의해
도면이 만들어져 문제가 되었습니다.
눈과 입으로 표현된 재미있는 표정의 작품입니다.

① 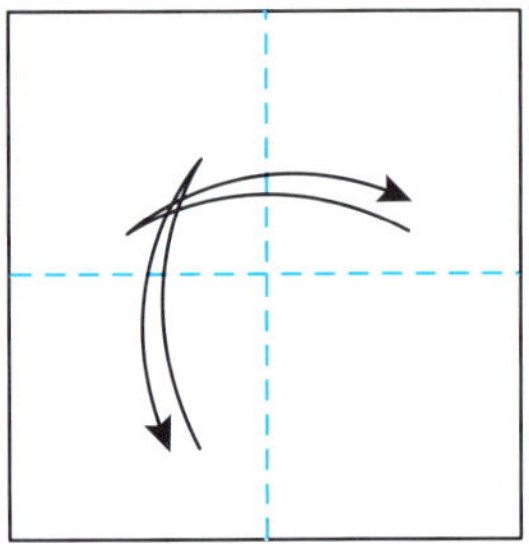 ② 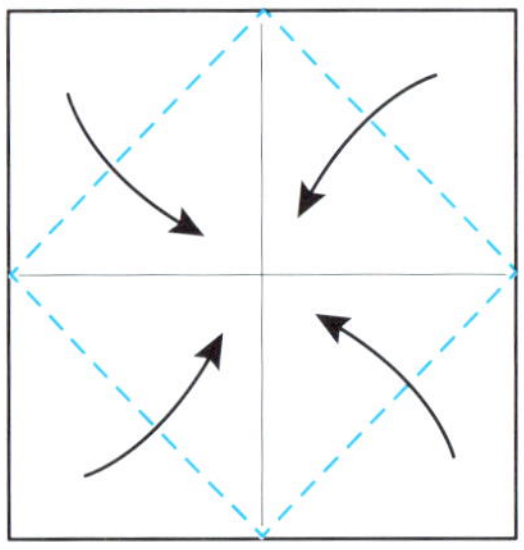 ③ 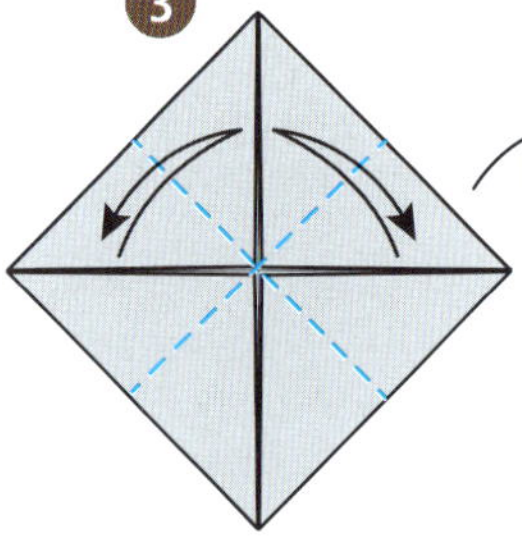 ④

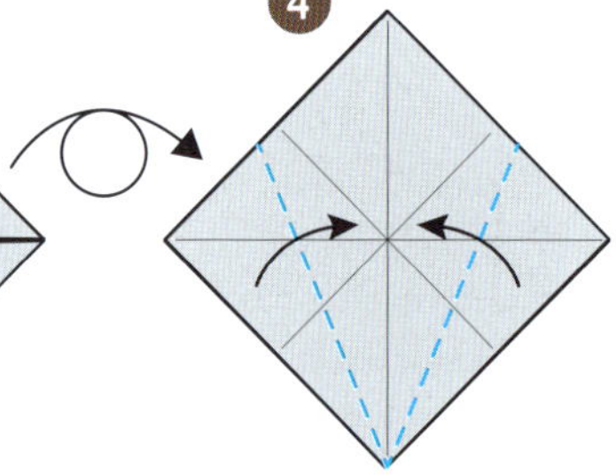

⑤

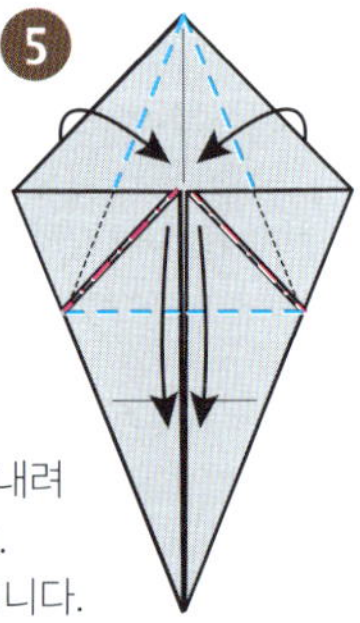

아래로 당겨 내려
접으세요.
뒷장을 펼쳐집니다.

⑥

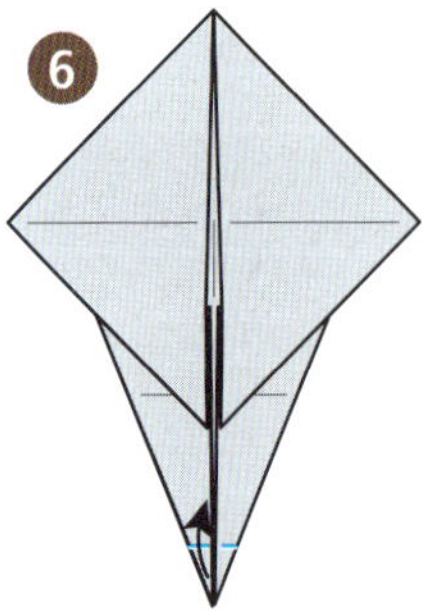

앞으로 올려 접으세요.

⑦ ⑧

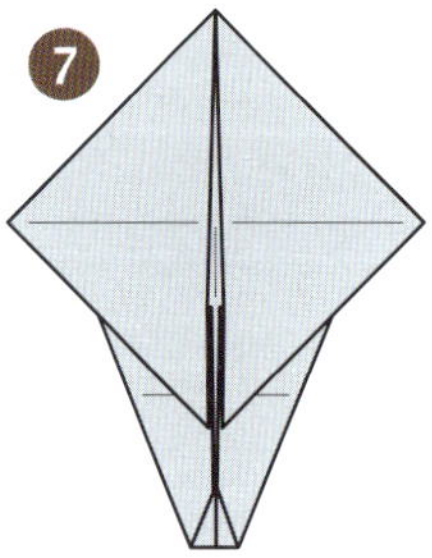

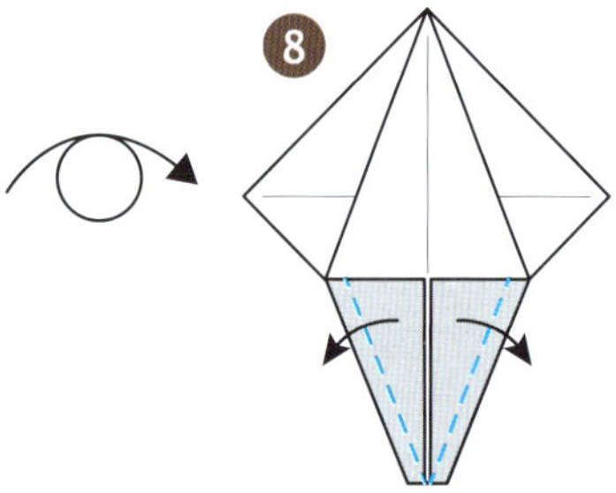

양쪽 밖으로 접으세요.

⑨ ⑩

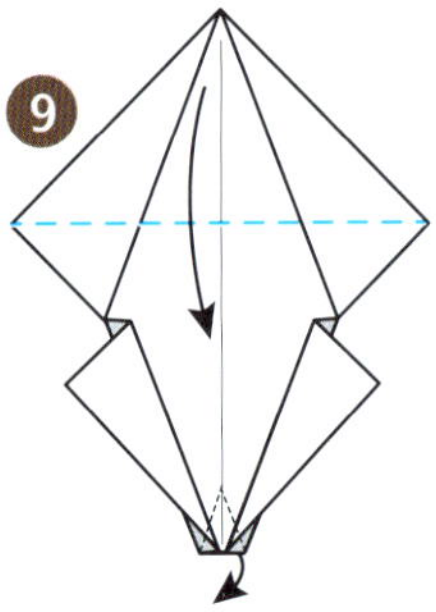

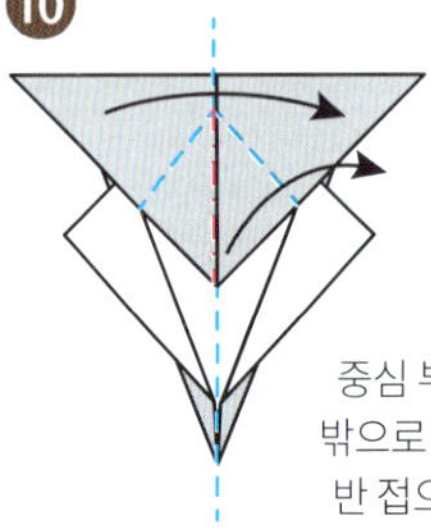

중심 부분을
밖으로 빼내며
반 접으세요.

⑪ ⑫

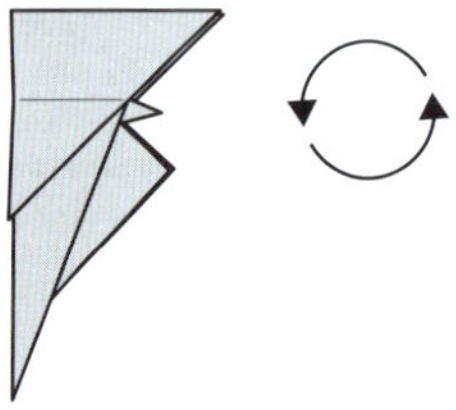

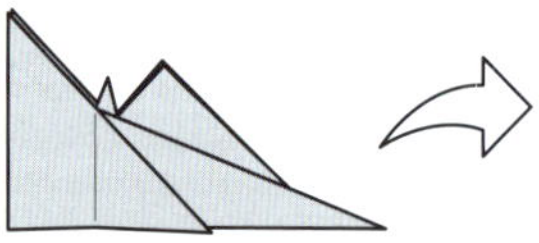

13

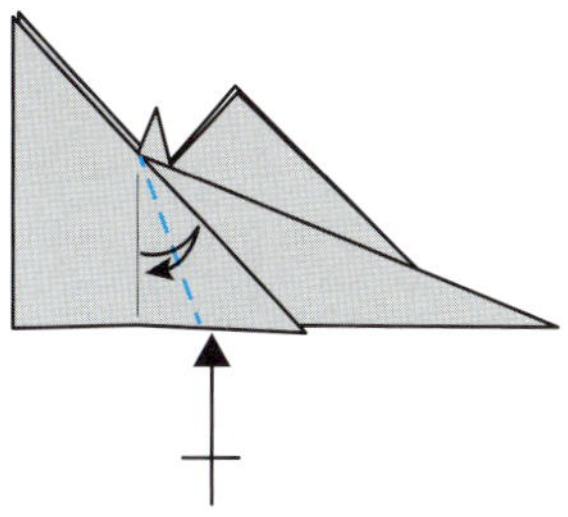

14

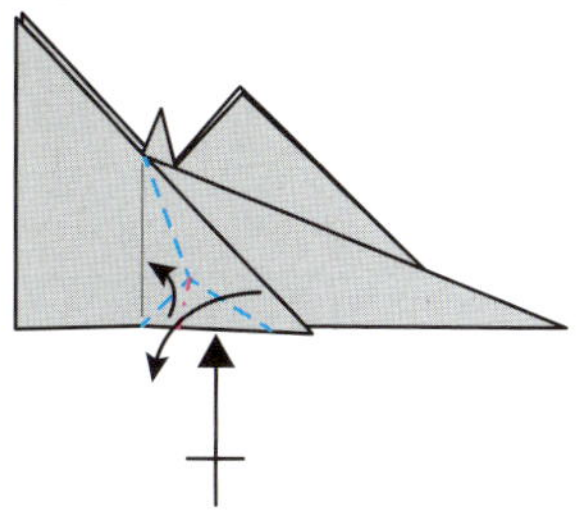

앞뒤 모두
모아 접어 올리세요.

15

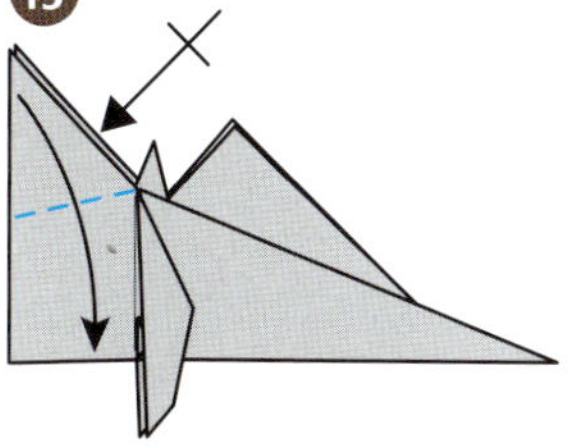

앞뒤 모두 앞으로
내려 접으세요.

16

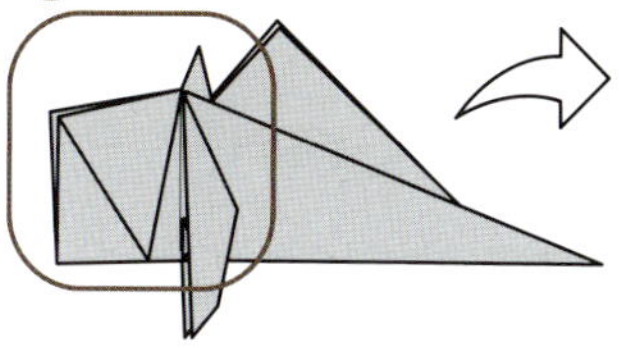

17

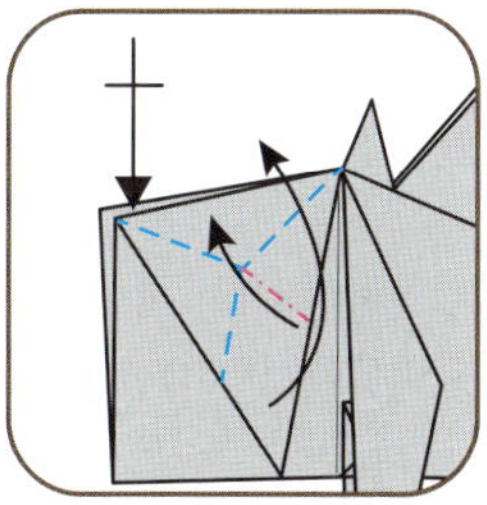

앞뒤 모두
모아 접어 올리세요.

18

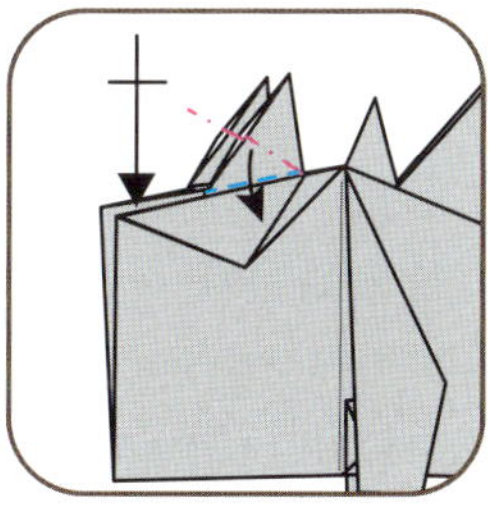

앞뒤 모두
펼쳐 눌러 접으세요.

19

앞뒤 모두 옆으로
접어 눈을 만드세요.

20

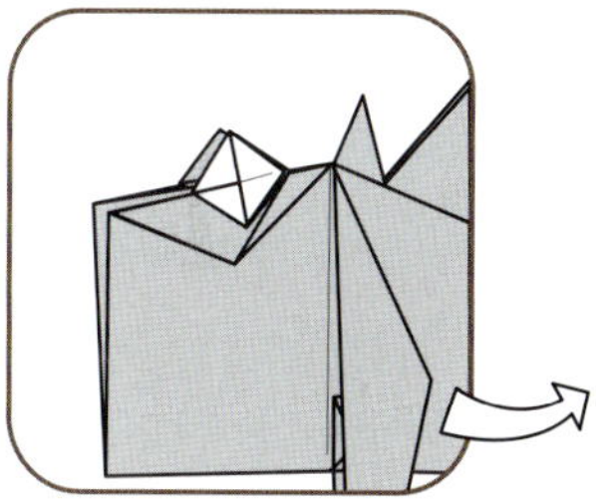

눈을 접은 모습

21

안으로 접어 올리세요.

22

덮어 씌워 내려 접으세요.

23

입 부분을 눌러
입체로 만드세요.

24

지느러미를 계단접기
방식으로 꾸미세요.

25

조금만 벌리세요.

완성

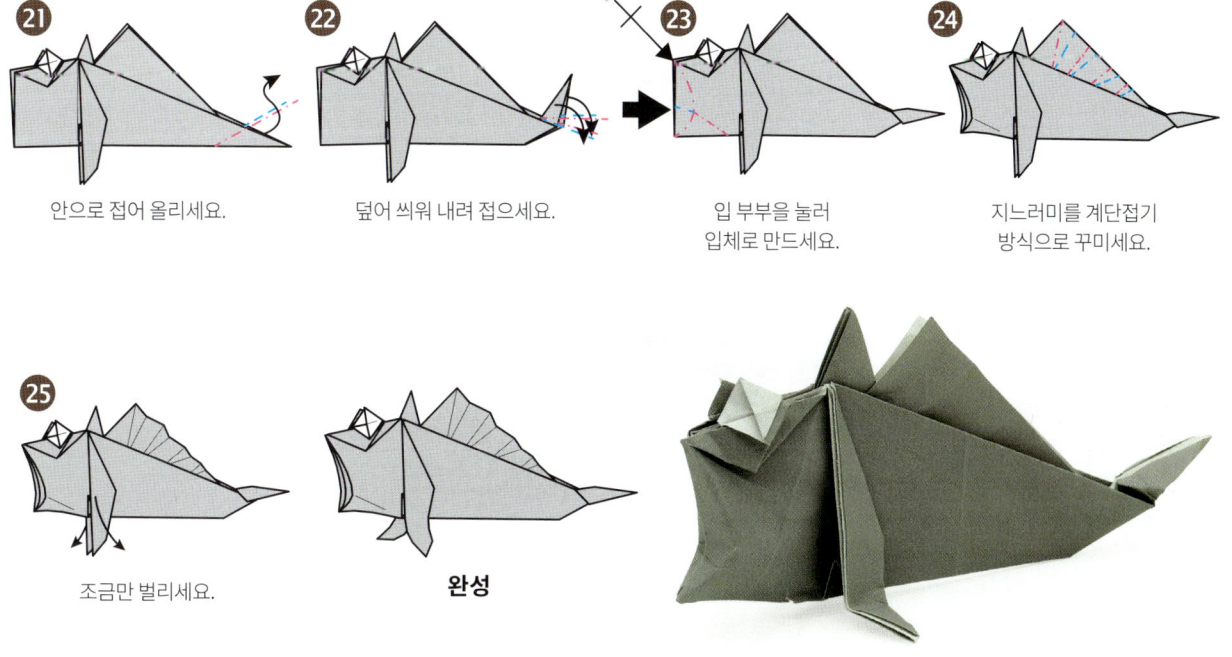

목마

🌸심사작품

Rocking horse

종이 | 《단면 색종이》 15㎝

미국 P.C.O.C. 시애틀컨벤션에 초청작가로
참여하였을 때 접은 작품입니다. 저자의 초기
작품으로 해외에서 많은 사랑을 받은 작품입니다.

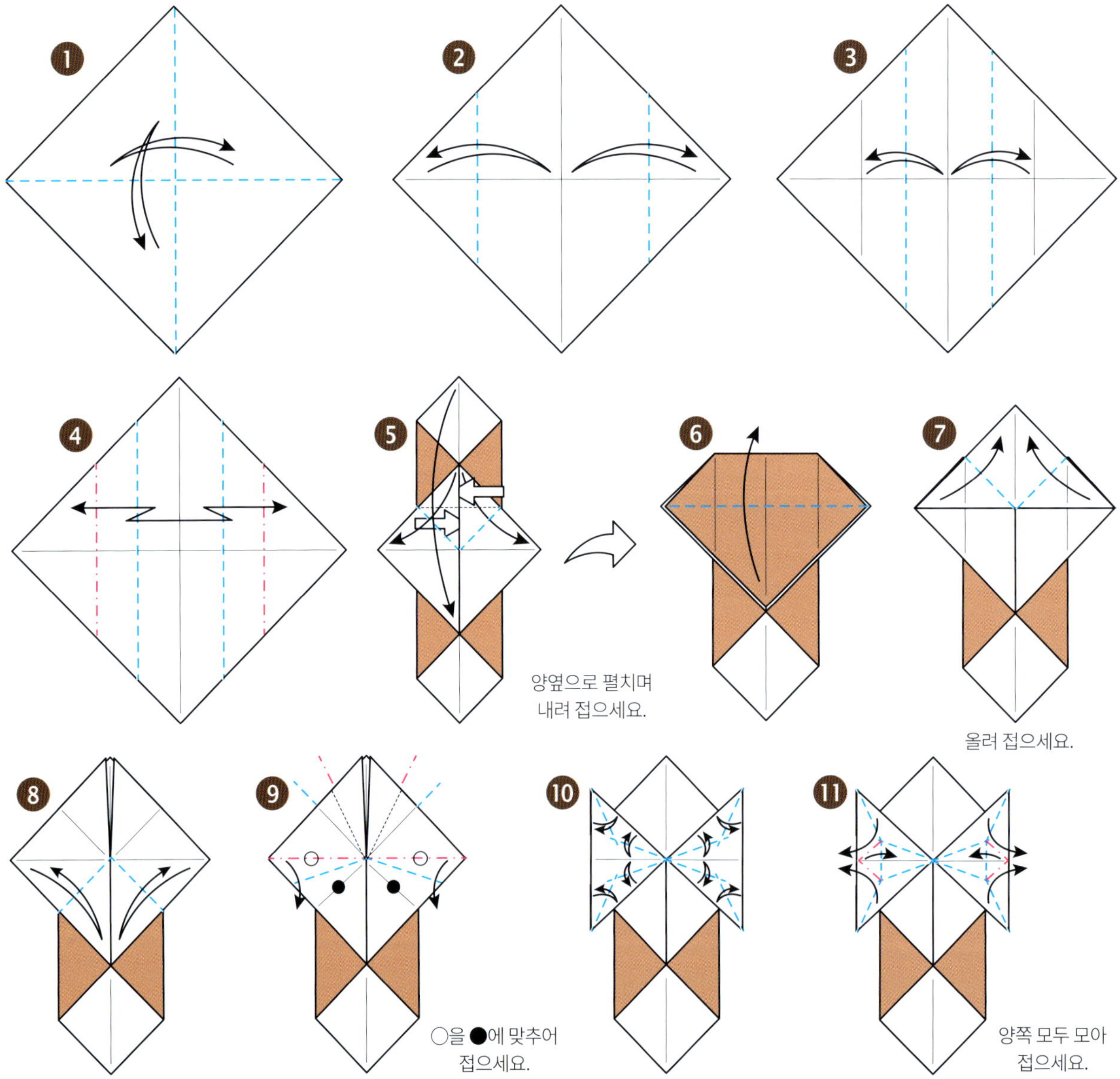

① ② ③

④ ⑤ ⑥ ⑦

양옆으로 펼치며
내려 접으세요.

올려 접으세요.

⑧ ⑨ ⑩ ⑪

○을 ●에 맞추어
접으세요.

양쪽 모두 모아
접으세요.

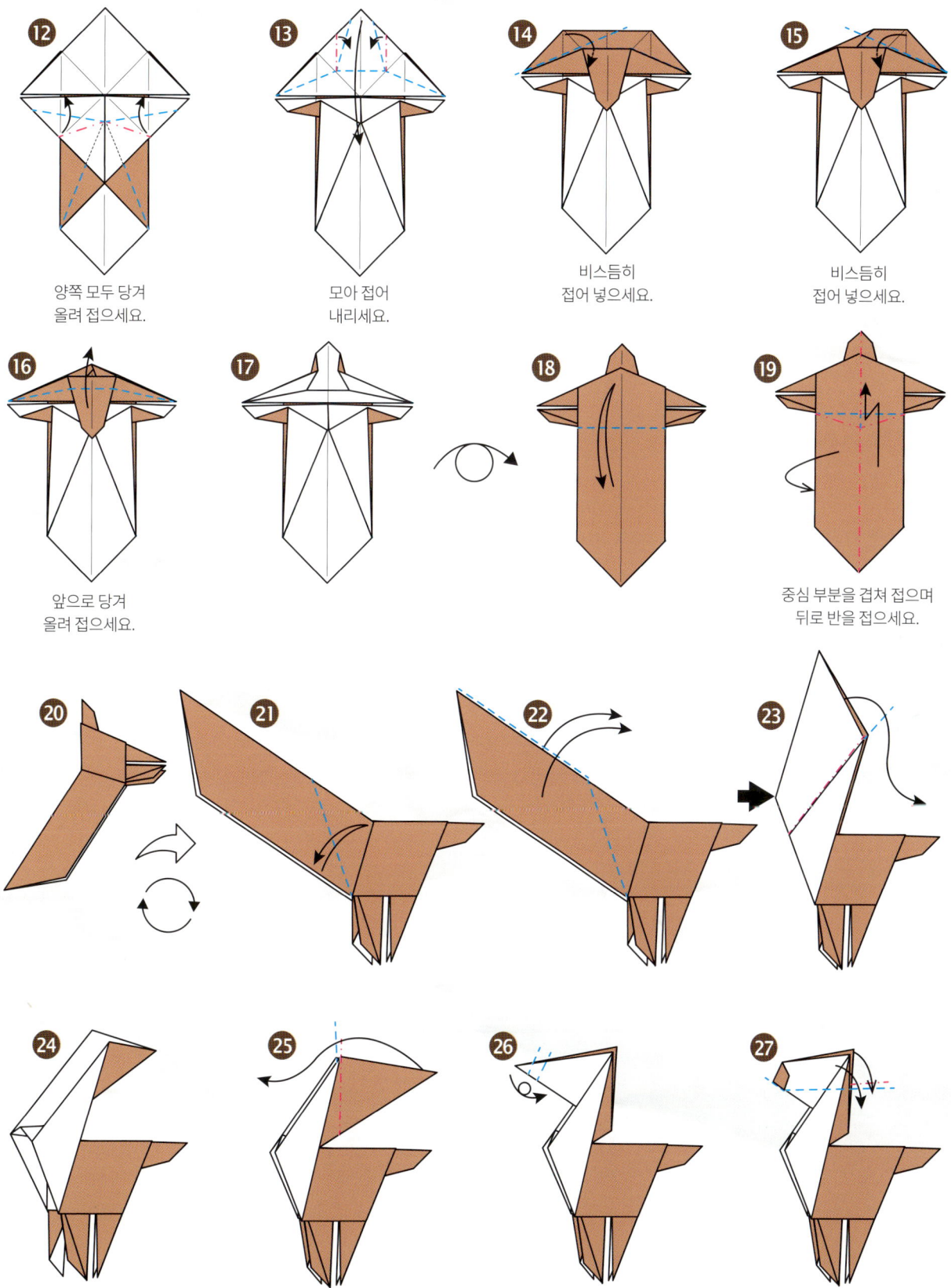

12 양쪽 모두 당겨
올려 접으세요.

13 모아 접어
내리세요.

14 비스듬히
접어 넣으세요.

15 비스듬히
접어 넣으세요.

16 앞으로 당겨
올려 접으세요.

17

18

19 중심 부분을 겹쳐 접으며
뒤로 반을 접으세요.

20

21

22

23

24

25

26

27

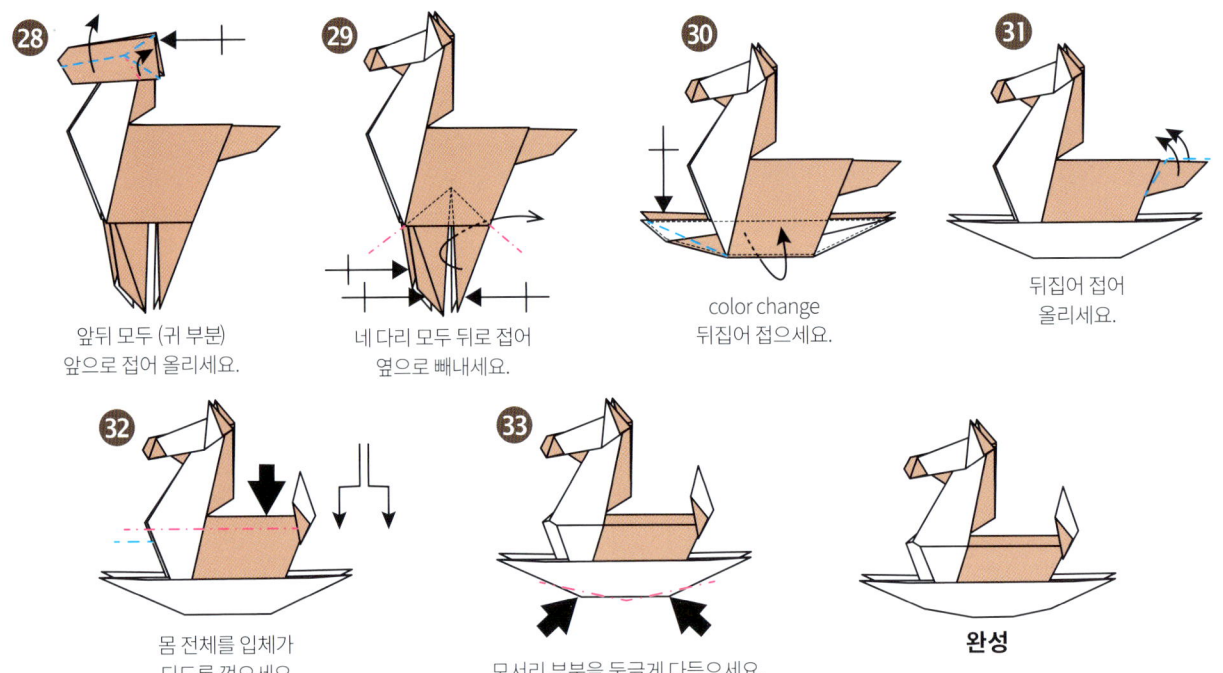

28 앞뒤 모두 (귀 부분)
앞으로 접어 올리세요.

29 네 다리 모두 뒤로 접어
옆으로 빼내세요.

30 color change
뒤집어 접으세요.

31 뒤집어 접어
올리세요.

32 몸 전체를 입체가
되도록 꺾으세요.

33 모서리 부분을 둥글게 다듬으세요.

완성

세계적인 종이접기 마에스트로

릴리언 오펜하이머 Lillian Oppenheimer : 미국종이접기협회 설립자로 그의 종이접기 센터는 미국 전역과
전 세계의 종이접기 마니아들을 모으는 역할을 합니다.

에릭 조이젤 Eric Joisel : 프랑스의 조각가 겸 종이접기 예술가로 동물들과 다양한 종류의 물건들을 만들었지만,
그는 인간의 형태에 대한 연구 마스크 접기 등으로 얼굴의 달인이라고 불립니다.

데이비드 리스터 David Lister : 영국인으로 종이접기의 역사와 문화에 관한 정보의 권위자입니다.
영국종이접기협회인 B.O.S의 홈페이지에 그의 수 많은 자료가 수록되어 있습니다.

데이비드 브릴 David Brill : 영국의 종이접기 작가로 종이접기의 대중화와 예술화에 영향을 끼쳤으며
다양한 종이접기 주제에 대한 많은 독특한 접기 방법을 도입했습니다.

아키라 요시자와 Akira Yoshizawa : 일본의 종이접기 예술가로 종이접기의 세계화와 수많은 현대 작가들에게
영향을 주었으며 현대 종이접기의 아버지라 불립니다.

존 몬트롤 John Montroll : 미국의 종이접기 작가로 가장 많은 종이접기 기본 틀을 창작한 작가이며
많은 종이접기 책을 발간했습니다.

로버트 랭 Robert J. Lang : 미국의 종이접기 작가 겸 이론가로 많은 저서와 작품으로 유명합니다.

카미야 사토시 Kamiya Satoshi : 일본의 종이접기 작가로 현존 최고의 작가로 평가되고 있습니다.
류진3.5, 에인션트, 드레곤 등의 작품이 있습니다.

나비고기

⚜ 심사작품

Butterfly fish

종이 | 《단면 색종이》 15㎝

해외 작가들이 좋아하는 작가의 대표작으로
많은 작가들의 나비고기 작품에
영향을 끼친 작품입니다.
버전을 올려 더욱 진화된 작품이 있습니다.

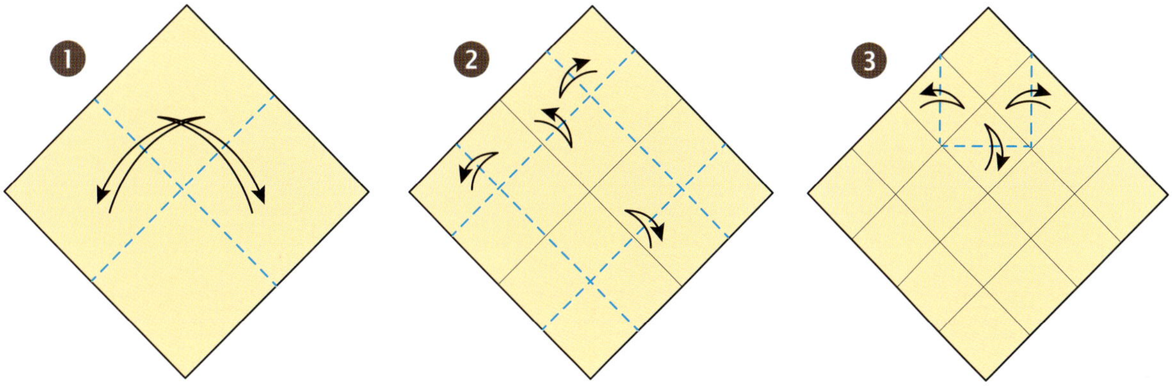

①

②

③

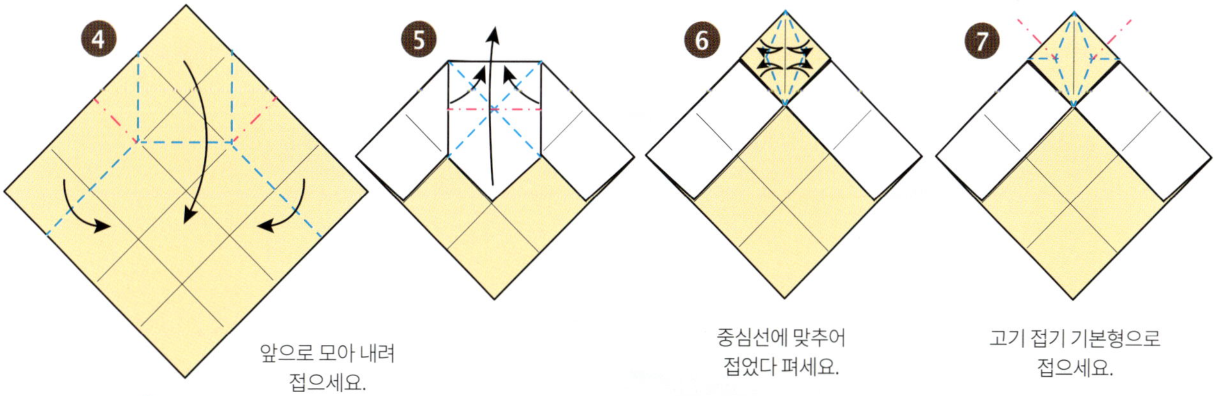

④

앞으로 모아 내려
접으세요.

⑤

⑥

중심선에 맞추어
접었다 펴세요.

⑦

고기 접기 기본형으로
접으세요.

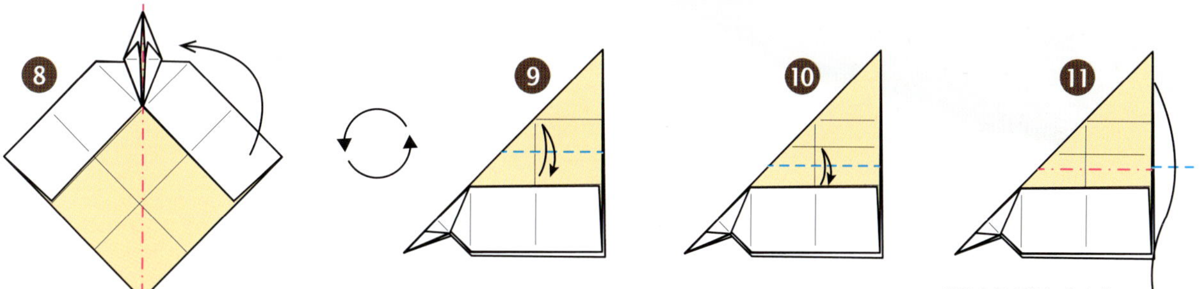

⑧

⑨

⑩

⑪

안쪽으로 접어 내리세요.

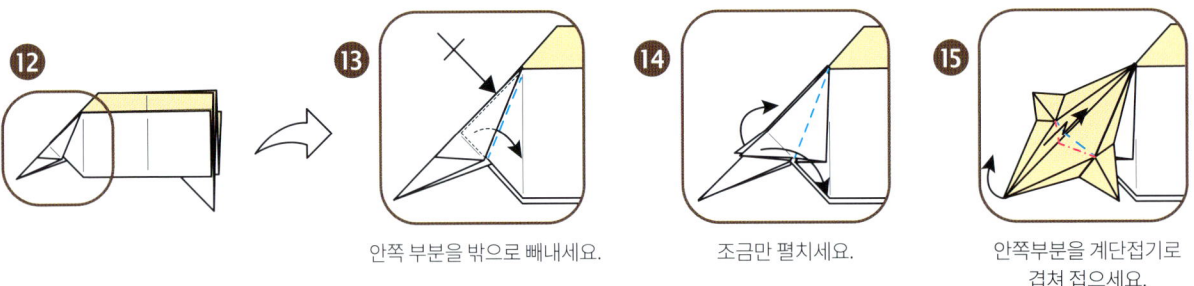

안쪽 부분을 밖으로 빼내세요.

조금만 펼치세요.

안쪽부분을 계단접기로
겹쳐 접으세요.

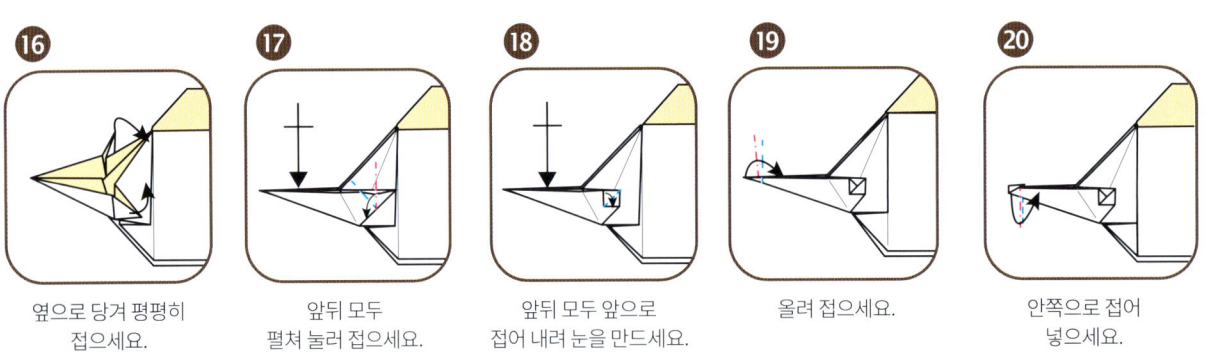

옆으로 당겨 평평히
접으세요.

앞뒤 모두
펼쳐 눌러 접으세요.

앞뒤 모두 앞으로
접어 내려 눈을 만드세요.

올려 접으세요.

안쪽으로 접어
넣으세요.

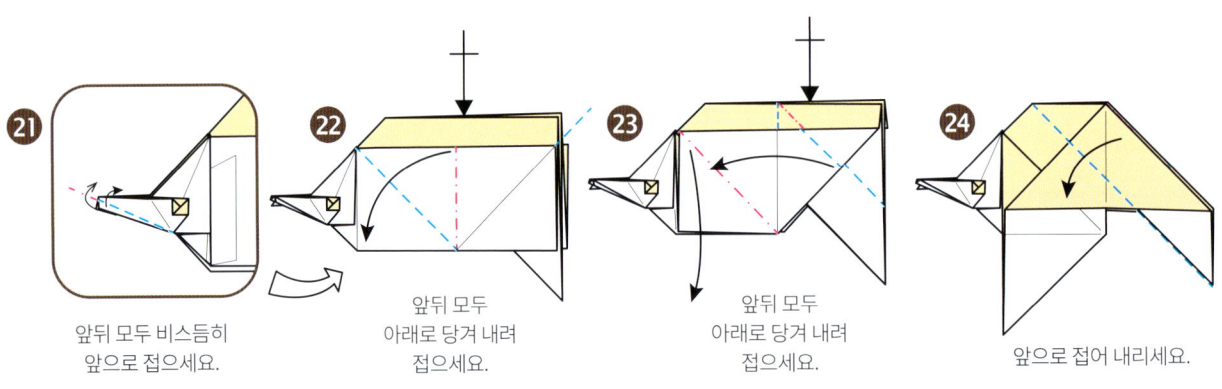

앞뒤 모두 비스듬히
앞으로 접으세요.

앞뒤 모두
아래로 당겨 내려
접으세요.

앞뒤 모두
아래로 당겨 내려
접으세요.

앞으로 접어 내리세요.

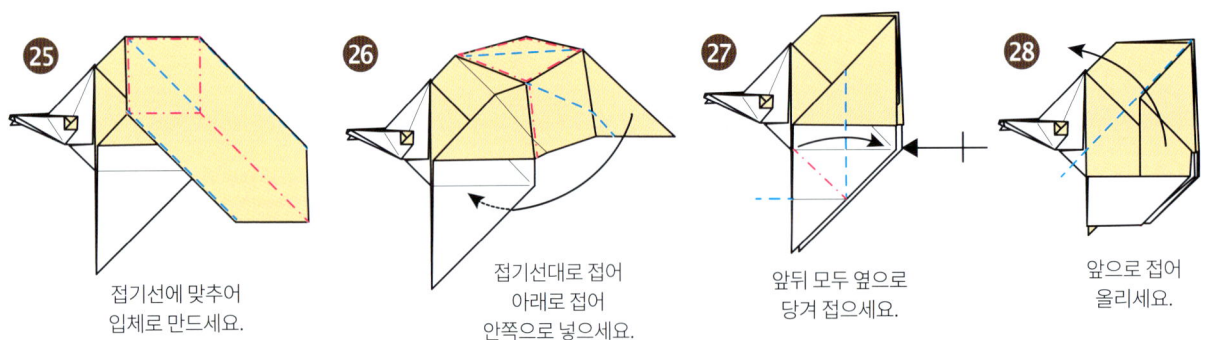

접기선에 맞추어
입체로 만드세요.

접기선대로 접어
아래로 접어
안쪽으로 넣으세요.

앞뒤 모두 옆으로
당겨 접으세요.

앞으로 접어
올리세요.

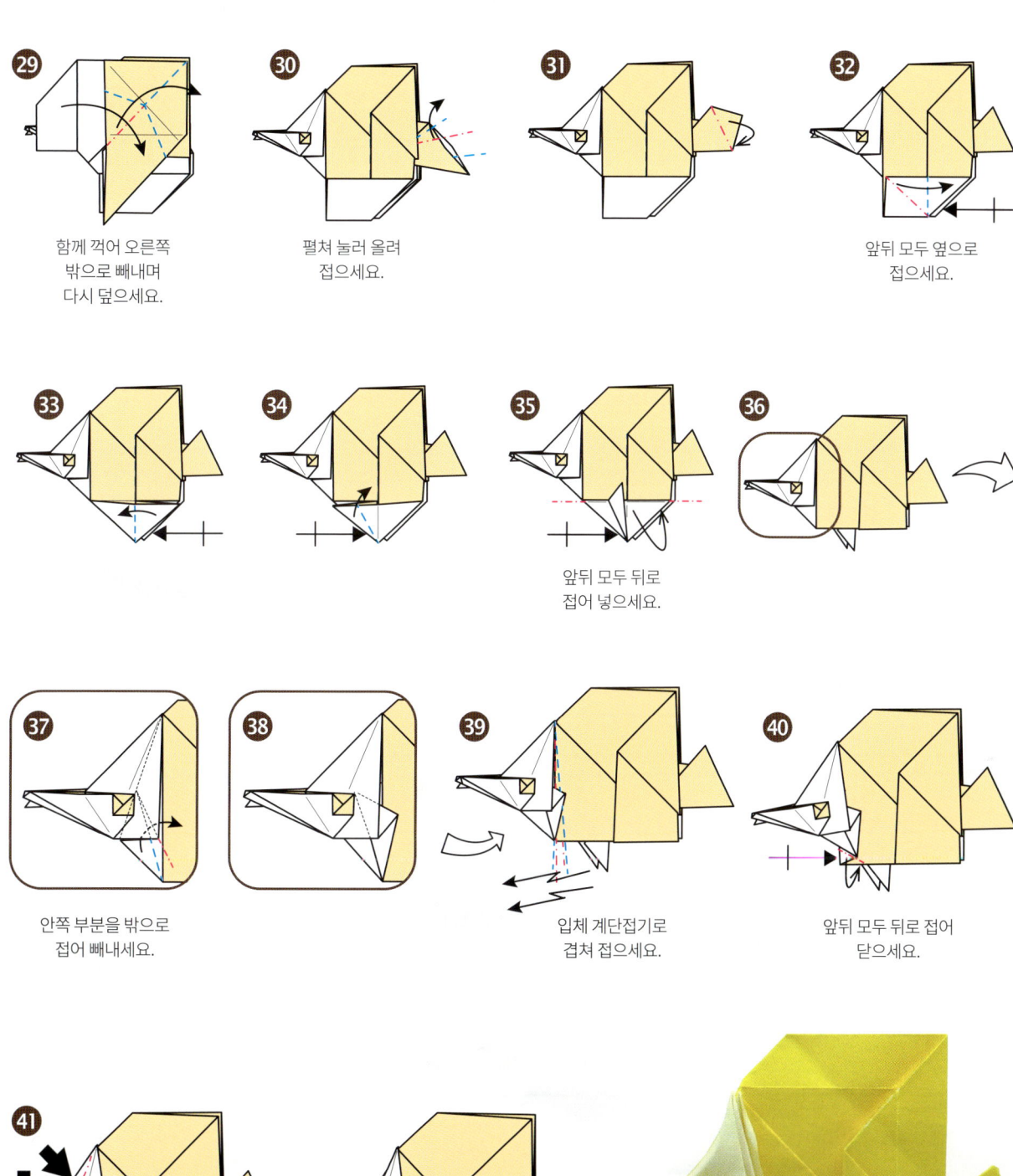

㉙ 함께 꺾어 오른쪽
밖으로 빼내며
다시 덮으세요.

㉚ 펼쳐 눌러 올려
접으세요.

㉜ 앞뒤 모두 옆으로
접으세요.

㉟ 앞뒤 모두 뒤로
접어 넣으세요.

㊲ 안쪽 부분을 밖으로
접어 빼내세요.

㊴ 입체 계단접기로
겹쳐 접으세요.

㊵ 앞뒤 모두 뒤로 접어
닫으세요.

㊶ 머리를 눌러 다듬으세요.

완성

K종이접기 마에스트로 Maestro
1단→2단→3단 유단증 과정

 AI시대, **창의력**과 **문제해결능력**을 갖춘
종이접기 **마니아**를 위한 새로운 과정

 K종이접기 **어린이 1급**(마스터),
K종이접기 **사범**이상 **자격 소지자** 수강 가능

 또는 자격증이 없어도,
K종이접기 마에스트로 소지자의 **추천**으로 수강 가능

K종이접기 마에스트로 유단증 취득을 위한 규정(안)

Ⅰ. 일반인 대상

단계	작품 수	재료	교육개월	월 수강료	심사비	지급품
1단	110개	색종이	4개월 (월 4회)	10만원 (교재비 3만원) (재료비 별도)	6만원	유단증서 등
2단	36개	색종이/다물지	4개월 (월 4회)	10만원 (교재비 3만원) (재료비 별도)	8만원	유단증서 등
3단	20개	다물지/한지	4개월 (월 4회)	10만원 (교재비 3만원) (재료비 별도)	10만원	유단증서 등

Ⅱ. 특별 혜택 대상 - (재)종이문화재단·세계종이접기연합 소속 지도자

단계	교육개월	수강료	교육방법	기타
1단	2개월	월 5만원 (재료비 별도)	주1회/8회/ 150분 24시간	기본사항은 일반인과 동일
2단	2개월	월 5만원 (재료비 별도)	주1회/8회/ 150분 24시간	기본사항은 일반인과 동일
3단	2개월	월 5만원 (재료비 별도)	주1회/8회/ 150분 24시간	기본사항은 일반인과 동일

Ⅲ. 기타

– 「K종이접기 마에스트로」 교재(책)는 온/오프라인 서점 판매

– 유단증 수업 재료 제공(유단증 소지한 연등록자)

– 각 단별로 유단증 취득을 위한 필수 종이접기 작품은 교재에 소개

– 「K종이접기 마에스트로 유단증」을 취득한 자가, 종이접기 강사 자격증 취득(전환) 시 혜택 부여 등

 [K종이접기 마에스트로 유단증 취득을 위한 규정]에 의함, 유단증 취득 사항은 종이문화재단 사무처로 문의바랍니다.

종이문화로 세계화를, 종이접기로 평화를!
종이문화재단
KOREA PAPER CULTURE FOUNDATION
세계종이접기연합
WORLD JONGIEJOPGI ORGANIZATION

TEL (02) 2279-7900   FAX (02) 2279-8333
www.paperculture.or.kr   www.jongiejupgi.com

세계종이접기창작작품 공모전
Global Creative Paper Folding (Korea Jongie Jupgi) Contest

■ **취지**

종이접기는 과학적 탐구심을 높이고 종이를 기하학적으로 접어 조형하는 예술, 디자인 활동으로 이를 통해 국내 및 국외의 종이접기 창작개발과 세계종이접기문화예술 발전에 이바지하고자 다음과 같이 공모합니다.

■ **출품자격** : 국내 및 국외 누구나

■ **출품부문** : 종이접기 단위 창작작품

■ **작품내용**
 1. 창의적인 종이접기 작품
 2. 타인의 작품이나 모방 작품이 아닌 작품
 3. 작품이 종이접기의 과학적, 교육적, 문화예술적 가치가 있는 작품

■ **출품규격**
 – 평면작품 : 4절 크기 이내
 – 입체작품 : 350㎜ × 350㎜ × 350㎜ 이내

■ **출품수, 출품료** : 1인당 2점 이내 / 출품료 없음

■ **제출물**
 완성작품, 작품컬러사진1매(3′x5′), 출품원서
 (종이나라박물관 홈페이지에서 다운받아 작성)
 ※종이접기 도면과 스크랩 제출 시 가산점

■ **접수기간** : 매년 9월 말~10월 초
 접수시간 09:00~17:30 / 직접제출 또는 우편접수
 (마감일 도착분에 한함/일요일,국가공휴일 휴관)

■ **접수장소** : 종이나라박물관
 서울시 중구 장충단로 166 종이나라빌딩 2층

■ **심사결과 발표** : 매년 10월 말
 종이문화재단 홈페이지 http://www.paperculture.or.kr
 종이나라박물관 홈페이지 http://www.papermuseum.or.kr

■ **심사 시 고려사항**
 1. 한 장의 정사각형 종이를 자르거나 풀칠하지 않고 완성한 작품 우선함
 2. 복합작품은 정사각형으로 매수가 적게 들여 접은 것을 우선함
 3. 모빌, 유닛 작품은 풀칠하지 않고 조립할 수 있는 작품
 4. 아이디어나 독창성이 있는 것
 5. 창작작품으로 구성한 모습이 과학적이고 문화예술적인 작품
 6. 접는 기법이나 용지 선택이 우수한 작품
 7. 2020년 신설된 문화재청장상(금상) 부문은 우리나라 전통문화 콘텐츠와 연관되는 주제(문화재 등) 및 소재(한지 등)를 사용한 작품에 한함.

■ **전시 기간 및 장소 (예정)** :
 매년 10월 말~11월 말 / 종이나라박물관

■ **시상 일시 및 장소 (예정)** :
 매년 종이문화의 날 기념(11월 11일)
 종이나라박물관
 ※ 수상자의 시상식 참석여부는 사전 통보됩니다.

■ **시상 내용 (예정)**

시상종류	시상훈격	시상인원	시상금
대상	문화체육관광부장관상	1	상장 및 상금 100만원
금상	문화재청장상	1	상장 및 상금 50만원
	국립중앙박물관장상	1	상장 및 상금 50만원
은상	대한민국종이문화예술작품대전위원장상	2	상장 및 상금 30만원
동상	종이나라회장상	2	상장 및 상금 20만원
장려상	종이문화재단이사장상	약간명	상장 및 상금 10만원
입선	세계종이접기창작개발원장상	다수	상장 및 상금 10만원

※ 수상작품은 종이문화재단 소식지 등에 게재됩니다.
※ 장려상 이상 수상자는 종이접기 도면제작에 적극 협조하며 출품작 및 도면은 종이문화재단 및 세계 종이접기연합에 귀속되어 출판 및 전시 등에 활용됩니다.
※ 주최 측은 수상작품, 도면, 스크랩에 대한 사용권을 가지며 국/내외 출판, 영상 등 2차 저작물에 대한 우선 협상권을 갖습니다.
※ 입선 수상작품은 종이나라박물관 전시(1개월)후 반출가능.
※ 탈락작 반출기간은 심사발표 후 10월 말까지입니다. 기간 내에 찾아 가지 않을 경우 폐기 처리됩니다.
※ **유의사항** : 작품 포장재(박스, 봉투 등)와 반출기간 동안 찾아 가지 않는 작품은 주최 측에서 일체 책임 지지 않습니다.

■ **기타** : 자세한 사항은 종이나라박물관으로 문의하시기 바랍니다.
 TEL (02)2279-7901 / FAX (02)2279-8333

■ **주최** : 대한민국종이문화예술작품대전 위원회

■ **주관** : 종이문화재단 · 세계종이접기연합, 종이나라박물관

■ **후원** : 문화체육관광부, 문화재청, 국립중앙박물관, 국립민속박물관, 국립과천과학관, 한국디자인진흥원, 한국공예·디자인문화진흥원, 문화유산국민신탁

■ **협찬** : 종이나라

THE DAMUL CLASSIC-MATT

종이접기 전문가용지 「다물」 클래식-매트

1000 「15cm 다물 클래식 매트」
가격 1,000원 / 15×15cm / 52g/㎡ / 10색 10매

4000 「30cm 다물 클래식 매트」
가격 4,000원 / 30×30cm / 52g/㎡ / 10색 10매

15000 「45cm 다물 클래식 매트」
가격 15,000원 / 45×45cm / 52g/㎡ / 10색 20매

1단 (Level 1)

2024년 8월 5일 초판 1쇄 발행
2024년 11월 20일 초판 2쇄 발행

창 작 가 | 세계종이접기창작개발원(서원선, 이인경)
펴 낸 이 | 정규일
감   수 | 노영혜

편   집 | 한연재, 안영준, 박선경, 탁준우, 강우정
어 시 스 트 | 김영순, 곽정훈
제작·마케팅 | 국현철, 최정일

발 행 처 | (주)종이나라
등   록 | 1990년 3월 27일 제1호
주   소 | 우)04606 서울시 중구 장충단로 166 종이나라빌딩 7층
전   화 | (02)2264-7667
팩   스 | (02)2277-5781
홈페이지 | http://www.jongienara.co.kr

주문번호 CDD00012
I S B N 978-89-7622-822 2 13630
정   가 29,800원

오탈자 및 도서 내용에 대한 도움이 필요하시면 아래로 연락해 주세요.
• 이메일 : designlab@jongienara.co.kr   • 전화 : (02)2264-4994